BIBLIOTHÈQUE CONTEMPORAINE

HECTOR MALOT

LES VICTIMES D'AMOUR

— LES AMANTS —

DEUXIÈME ÉDITION

PARIS

MICHEL LÉVY FRÈRES, LIBRAIRES-ÉDITEURS

RUE VIVIENNE, 2 BIS, ET BOULEVARD DES ITALIENS, 15

A LA LIBRAIRIE NOUVELLE

1862

LES

VICTIMES D'AMOUR

DU MÊME AUTEUR

LES AMOURS DE JACQUES

un vol. grand in-18.

SOUS PRESSE :

LES ÉPOUX

DEUXIÈME PARTIE DES **Victimes d'Amour**

un vol. grand in-18.

LES ENFANTS

TROISIÈME PARTIE DES **Victimes d'Amour**

un vol. grand in-18.

LAGNY. — Typographie de A. VARIGAULT.

LES

VICTIMES D'AMOUR

— LES AMANTS —

PAR

HECTOR MALOT

DEUXIÈME ÉDITION

PARIS
MICHEL LÉVY FRÈRES, LIBRAIRES-ÉDITEURS
RUE VIVIENNE, 2 BIS, ET BOULEVARD DES ITALIENS, 15
A LA LIBRAIRIE NOUVELLE

1862

A MA MÈRE

Je te dédie ce tableau de mœurs dans lequel j'ai voulu retracer fidèlement ce que j'avais observé. C'est une œuvre de conscience et de franchise, que tu peux lire, comme je l'ai écrite, sans arrière-pensée. Je tiens à placer ce livre à l'abri des malignes interprétations, sous l'invocation de ton honnêteté, de ta bonté, moins pour sa valeur propre, que parce qu'il est mon début dans la carrière des Lettres. La veille d'un début comme le matin d'un départ ou d'un combat, cela doit porter bonheur d'embrasser sa mère.

Moisselles, 4 décembre 1858.

LES

VICTIMES D'AMOUR

PREMIÈRE PARTIE

I

LES AMIS D'UN ENFANT

Parmi les nombreux artistes, poëtes, peintres ou musiciens, qui viennent à Paris chercher la gloire et la fortune, il en est peu qui, après quelques années de luttes et de déceptions, ne retournent dans leurs provinces, aigris, désespérés. Beaucoup ont du talent, mais sont dépourvus de ce courage et de cette persévérance qui doivent résister sans cesse au doute de soi-même, à l'envie des autres, aux souffrances de la misère. Alors ils vont vivre obscurément dans quelque petite ville de deuxième ou de troisième ordre, et les rêves d'avenir se changent en de cruelles réalités : le poëte rédige une feuille d'annonces légales ; le peintre enlumine des portraits de famille ; et le musicien court le cachet et les pensionnats. Les premiers mois sont affreux : au contact des médiocrités qui les environnent et les blessent chaque jour, ils se rejettent avec ardeur dans leur idéal caressé, et ce sont alors toutes les horribles tortures des espérances anéanties, toutes les angoisses des regrets et des souvenirs; puis, peu à peu, ils se sentent gagnés par l'absorbante influence de l'habitude, ils se consolent, ils ne comprennent plus que la paix et la régularité, ils engraissent, ils se marient; et quand au milieu de leur tranquille bonheur on prononce le nom d'un homme qui, par le travail et la fièvre, est sorti célèbre du plus fort de la mêlée, ils disent fièrement : « Il est mon ami et nous avons été camarades. »

Ce fut ainsi que dans un moment de découragement et de lassitude, Frédéric Berthauld abandonna Paris. Ses débuts y avaient été brillants, et, dès sa sortie du Conservatoire, il avait laissé derrière lui la foule des compositeurs habiles et féconds, pour prendre place parmi les cinq ou six talents qui devaient être un jour des maîtres. Mais il avait plus de dignité personnelle que de savoir-faire, plus de pudeur que de force, plus de cœur que de caractère, et bientôt il avait déserté la bataille ; on lui offrait à Rennes la direction de l'orchestre du théâtre et de la Société philharmonique, et faisant trop bon marché de son avenir, il avait accepté sans hésitation.

Le président de cette société était le docteur Des Alleux, grand ami des arts et surtout des artistes ; il accueillit Frédéric avec une affabilité pleine d'égards, et charmé par son esprit, par son bon goût, par son talent, il en fit bientôt son ami et lui ouvrit sa maison.

C'était un de ces intérieurs comme on en rencontre trop rarement en province, simple, joyeux, intelligent. On n'y calomniait jamais, on y médisait fort peu ; on causait, on s'occupait beaucoup de ce qui se faisait, s'écrivait et se disait à Paris ; on lisait les journaux littéraires et les revues; on jouait un whist indulgent et modéré, et de temps en temps on exécutait de bonne et sérieuse musique. Le docteur était la verve et l'esprit de ces réunions, madame Des Alleux en était la grâce et la retenue, et leur fille Marianne, la jeunesse et la gaieté.

A dix-huit ans Marianne était ravissante; déjà chez elle la beauté de la femme s'unissait aux gentillesses de l'enfant, et comme le disait madame Des Alleux dans son enthousiasme maternel: «Elle était digne d'un prince.» Frédéric ne fut pas insensible à tant de perfections réunies, il aima la jeune fille, et bientôt il en fut aimé. La nature semblait les avoir créés l'un pour l'autre. Le docteur ne voulut pas contrarier la nature, et les maria, un peu malgré sa femme, qui tenait au prince qu'elle rêvait, et beaucoup malgré son fils, Guillaume Des Alleux, jeune substitut fat et gourmé, pour lequel un artiste était infiniment moins que le premier boutiquier venu, surtout lorsque cet artiste avait son talent pour fortune et l'amour pour dot.

Les premières années de cette union furent continûment heureuses; pas un nuage, mais un ciel toujours radieux et chaud, et un horizon toujours calme et serein; ce fut une belle et longue journée d'août. La naissance d'un fils qu'on appela Maurice, comme le docteur, vint ajouter une nouvelle joie à toutes ses joies déjà si grandes.

Madame Berthauld voulut le nourrir elle-même, et bientôt il fut l'idole de ses grands-parents. Pour lui, le docteur redevint jeune, il souriait pour appeler son sourire, il lui chantait ses chansons les plus douces pour prévenir ses cris; pour lui, madame Des Alleux se rappela les leçons qu'elle avait reçues de sa mère, et transmit à sa fille, cet héritage précieux que les femmes se lèguent entre elles, comme un bien plus inestimable que la richesse ou que la gloire d'un grand nom.

Toute la famille était folle de ce petit : « C'est le plus gracieux bonheur que l'on puisse voir, » disait-on dans la ville; mais si ce bonheur eut l'éclat des belles choses, il en eut aussi la fin triste et rapide. Dans une opération chirurgicale, M. Des Alleux se fit à la main une blessure légère qu'il crut sans gravité; mais la plaie qu'il venait d'amputer était d'une nature pernicieuse, et l'on était alors dans la saison des grandes chaleurs; bientôt la gangrène se déclara, et en quelques jours ses progrès furent tellement prompts, que malgré des soins empressés, malgré l'ablation du bras, elle envahit le cœur et amena la mort.

La succession du docteur se trouva loin d'être fructueuse. Il gagnait, bon an mal an, une vingtaine de mille francs, mais généreux jusqu'à la prodigalité, dévoué jusqu'à l'abnégation, aimant ce qui était beau jusqu'à la folie, il avait grand'peine à équilibrer son budget; chaque année, il remettait les économies à l'année suivante. Aussi, au moment de sa mort, devait-il quelques sommes assez fortes, et un peu à tout le monde. Selon leur habitude, les créanciers se hâtèrent d'exiger leur remboursement immédiat, et, pour les satisfaire, il fallut tout vendre, maison, livres, tableaux. C'était une véritable ruine. Sans doute, madame Des Alleux pouvait exercer ses reprises et sauver ainsi une petite fortune; elle aima mieux tout payer et se réduire à la misère, aidée en cela par son gendre et sa fille, mais contrariée par son fils le substitut, plus homme de loi qu'homme de conscience.

Quand tout fut acquitté, il ne restait pas quinze mille francs. Pour vivre, il fallait travailler, et Frédéric ne faillit point à la tâche qui lui incombait; il se mit courageusement à l'œuvre; il avait abandonné l'orchestre du théâtre, il y rentra, non plus comme chef, — la place était prise, — mais comme simple exécutant; puis il donna des leçons en ville.

Si l'on connaissait bien la vie des artistes en province, on ne les accuserait point de paresse, comme on le fait souvent. Levé dès six heures du matin, Frédéric commençait sa journée par le collége, courait au Mail, retournait au collége, parcourait en tous sens l'espace enfermé entre l'Ille et la Vilaine, revenait chez lui pour dîner, allait au théâtre et ne rentrait le soir qu'après minuit, les jambes brisées par la fatigue, les oreilles par toutes les gammes diatoniques ou chromatiques qu'il avait entendues. Cependant il était heureux, car si le bonheur réside dans la satisfaction du devoir accompli, ce bonheur est d'autant plus grand que l'on aime davantage ceux pour qui l'on travaille; et Frédéric aimait sa femme, non pas comme au premier jour, mais comme après cinq années d'une constante félicité, alors que le désir subsiste toujours et qu'il s'est accru de la reconnaissance. Mais ses forces le trahirent, il ne put pas longtemps résister à cette vie inquiète et pénible; il tomba malade; puis, ayant voulu reprendre ses leçons trop tôt, il fit une rechute et mourut autant de la maladie que de la crainte d'abandonner sans ressources ceux qu'il aimait.

Pendant un mois on trembla pour la raison de madame Berthauld; mais elle avait un fils, et c'est pour les mères le plus puissant médecin de l'âme et du corps. Les caresses de Maurice lui firent comprendre qu'elle devait vivre; le courage qui était dans le cœur de celui qu'elle pleurait passa dans le sien, et à vingt-quatre ans, dans tout l'éclat de sa beauté, alors qu'elle pouvait reprendre dans le monde la place qu'elle avait perdue, elle se consacra tout entière à son enfant, et à la pauvre madame Des Alleux abattue et vieillie par ces chagrins si violents et si rapprochés.

Comme son mari, madame Berthauld voulut avoir recours au travail; mais notre monde est si bien organisé que les hommes ont envahi tous les emplois, — même ceux où ils sont ridicules, — et qu'il est presque matériellement impossible à une femme, née dans une certaine condition, d'abord d'obtenir du travail, et ensuite de lui faire rendre un salaire qui ne soit point dérisoire.

Par bonheur, un ami de son père vint à son aide; il avait de l'influence, et se chargeant de démarches impossibles à une femme, il lui fit obtenir dans les Côtes-du-Nord, à Plaurach, la direction du bureau de poste. C'était plus que la fortune, c'était la vie et la paix pour cette famille si rudement éprouvée.

Plaurach est un bourg, ou plus justement un village, à six lieues de Lannion. La Manche, qui depuis la pointe de Roscoff, s'est enfoncée dans les terres pour recevoir cinq ou six petits ruisseaux, et former la plage de Saint-Michel-en-Grève, remonte assez loin vers le nord. La côte se découpe en anses et en promontoires, pousse une pointe un peu plus accentuée vers l'archipel des Sept-Iles, et revenant brusquement sur elle-même, s'arrondit en une petite baie dont l'ouverture est à moitié fermée par une île. C'est au fond de cette baie, à cheval sur une petite rivière, que Plaurach est bâti : une chaîne de collines, qui part des monts Arrée, et se bifurque vers Maël en deux ou trois rameaux, le protège contre les vents de l'ouest et du nord. Tout ce qui est exposé à ces deux fléaux, et regarde la mer, est lande et falaise ; le gazon est ras, maigre, distribué par plaques, et des buissons noueux et rabougris d'épines noires abritent, à grand'peine, quelques chétives touffes d'osmonde et de statice ; à pic et déchiquetée, la falaise trempe sa base dans un flot sans cesse tourmenté, qui, dans les jours de tempête ou de grande marée, la frappe avec violence, s'y creuse de retentissantes cavernes, et en détache d'énormes quartiers de granit, qui roulent au loin, et montrent leurs têtes lisses et noirâtres, où le varech même ne peut pas prendre racine ; c'est le refuge des goëlands, des mouettes et des pétrels. Tout ce qui est au levant et au midi offre un contraste absolu : la colline s'abaisse mollement jusqu'aux premières maisons du village, et ses flancs sont couverts d'arbres vigoureux et forts que d'ordinaire on ne rencontre point sur ces rivages déboisés; au bas, dans de fertiles prairies, la rivière serpente au milieu de bouquets d'aulnes et de bourgènes, et plus loin, en montant vers les coteaux de Maël, s'étale doucement la plaine avec ses champs de blé, de chanvre et de sarrasin.

De Lannion on se rend à Plaurach par une assez belle route, chose rare dans ces contrées; mais au dire de la chronique, elle fut ouverte par le duc d'Aiguillon, qui, amoureux fou d'une jeune fille de ce village, voulut, comme un nouveau Jupiter auprès d'une nouvelle Alcmène, se montrer à sa maîtresse dans toute sa gloire, et la visiter à son aise et au gré de ses désirs. Quoi qu'il en soit de la vérité de cette origine, la route est plantée d'arbres assez vieux, et, avant d'arriver au bourg, elle passe sur un pont qu'on peut facilement faire dater de la fin du dernier siècle. Après ce pont, c'est Plaurach. A droite sont les prairies, à gauche est la montagne. D'abord les maisons sont rares, et même ce ne sont guère que de misérables cabanes bâties en argile, avec des toits en chaume; les ouvertures sont étroites et basses, et par-dessus des haies moitié vives, moitié sèches, on voit, sur le fumier, des enfants sales et chevelus jouer pêle-mêle avec les poules et les cochons. Bientôt une rue se forme, les maisons se joignent, quelques-unes ont un premier étage, l'ardoise apparaît et la pierre chasse l'argile. Assises devant les portes, les femmes filent ou raccommodent, en causant, les habits de leurs hommes; d'autres font du filet, d'autres coupent des seiches et amorcent des lignes. En continuant toujours, on est bientôt sur la place; c'est là que Plaurach se montre dans toute sa beauté; c'est sur la place que la mairie dresse le mât où est censé flotter un drapeau; c'est sur la place que se tient le marché; c'est sur la place que demeurent le notaire, l'huissier, le marchand de nouveautés et l'horloger; c'est sur la place que sont les deux cafés, l'un coquet, avec une belle devanture verte, deux lampes et un billard; l'autre tenant à la forge, sale, enfumé, plus bas que le sol; jamais on n'y boit de vin, mais il s'y fait d'effrayantes consommations de café, et de plus effrayantes encore d'eau-de-vie, cette liqueur terrible aux Bretons, et que, dans leur langue expressive, ils appellent du vin ardent. C'est aussi sur la place que s'élève l'église, bâtie en granit vers le XVe siècle. Tout autour est un petit cimetière où les tombes sont les unes sur les autres, mais où l'on n'enterre plus, depuis que le nouveau curé a fait acheter un emplacement loin du village, et cela au grand déplaisir des habitants, qui, comme tous les Bretons, ne trouvent rien de mieux que d'aller et venir sur leurs morts pour les honorer.

Trois rues débouchent sur cette place, l'une est la route de Lannion, l'autre, longeant l'église et le presbytère, gravit la colline du côté d'une grande maison qu'on appelle le château, et la troisième, enfin, conduit à une sorte de grève déserte, où l'on ne voit que le corps de garde de la douane et quelques tas de pierres pour faire sécher les filets ; c'est le port. A cinq cents pas est la plage, et les barques échouent sur le sable.

Voilà tout Plaurach. Pas de commerce, pas d'industrie, pas de débouchés ; une route ne conduisant nulle part et finissant à presque rien ; une population pauvre, composée en partie de paysans, en partie de pêcheurs, et en grande partie surtout de marins qui, embarqués pour les longs voyages, ne reviennent que rarement au pays voir leurs femmes et leurs enfants.

Cependant, madame Berthauld arrivait avec une telle résignation, qu'à première vue Plaurach lui parut presque beau ; et, lorsque dans la grande rue, un peu vers le pont, elle eut trouvé une petite maison de cent soixante francs de loyer par an, elle l'annonça à sa mère, restée à Rennes, par une lettre pleine de joie et d'espérance ; et cependant encore il en était de cette maison comme du village, il fallait, pour les accepter, avoir reçu du malheur plus d'une cruelle leçon : au rez-de-chaussée il y avait trois pièces, un petit cabinet pour le bureau de poste, une cuisine et une salle assez vaste, éclairée par deux fenêtres au midi. Une allée longeant ces trois pièces, communiquait de la rue avec un petit jardin entouré de murs, planté de quelques tilleuls, et brusquement coupé par la rivière qui le séparait des prairies voisines. Trois chambres composaient le premier étage : la plus belle fut donnée à madame Des Alleux et les deux autres furent prises par la mère et le fils. Quelques meubles, débris de la richesse paternelle, les meilleurs livres rachetés à la vente, et par-dessus tout le goût exquis et la gracieuse habileté d'une femme élégante, achevèrent de donner à cette simple demeure, une tournure, qui disait mieux, que le bavardage des voisins, la race et les mœurs de ses habitants.

Car, ce fut dans Plaurach une grande affaire, que l'arrivée de la nouvelle directrice. On s'en occupa pendant un mois, elle était le thème de toutes les conversations ; puis, comme elle ne voulut voir personne, on la déclara fière et tout fut dit.

Cependant, ces caquetages parvinrent jusqu'au château. Son propriétaire, M. Michon, ou mieux, le docteur, comme on disait habituellement, était un vieux médecin de Brest, revenu dans son pays natal, dépenser les dix ou douze mille livres de rente, qu'il s'était laborieusement amassées. Il avait été le camarade d'école et l'ami de M. Des Alleux ; quand il apprit que les étrangères étaient sa veuve et sa fille, il leur fit une visite, et quoiqu'il n'exerçât plus depuis longtemps, « les médecins sont moins infatigables que la mort, disait-il en plaisantant, ils se lassent de tuer ; » il mit à leur service son expérience et ses soins. C'était un homme franc, à la figure ouverte, à la tête un peu rougeaude mais belle, sous une forêt de cheveux blancs hérissés, se posant carrément, parlant haut et parlant bien. Depuis longtemps, il avait fait connaissance avec la douleur, et la maniait avec habileté ; il raconta ses souvenirs de jeunesse, son amitié pour celui qu'il ne manquait pas d'appeler « l'illustre médecin breton, » et sut faire couler de douces larmes. Il plut, et emporta lui-même de madame Berthauld une impression profonde, qui, chez un homme plus jeune et moins sensé, serait peut-être devenue de l'amour, et qui, chez lui, prit la forme d'une amitié vive et durable, amitié de vieillard, amant et père à la fois. Il vint souvent, et initia madame Berthauld aux usages du pays, lui dit ce que chacun était et ce qu'elle-même devait être; il fut son guide et son expérience. — « Je ne saurais trop vous engager, lui conseilla-t-il, à voir le curé; je ne suis pas bigot et j'ai toujours considéré la religion comme un remède désespéré; mais l'abbé Hercoët est le roi de Plaurach, et c'est prudent d'être bien avec lui. Au reste, rien n'est plus facile, c'est un homme de bonne compagnie, et il sera très-heureux de rencontrer des gens du monde. Il est dévoué, charitable et aimé autant que craint. S'il n'avait pas son église il serait parfait. Mais là, il est vraiment par trop despote. Il faut le voir, le dimanche, monter en chaire; chacun tremble; les hommes sont debout contre la balustrade du chœur, ou assis en amphithéâtre sur les marches des deux autels latéraux; les femmes, sans chaises et sans prie-Dieu, sont agenouillées sur les dalles ou accroupies sur leurs talons. Alors, il commence; si la semaine a été calme tout va bien; mais si un paysan a battu sa femme ou bien s'il y a eu quelques scènes d'ivresse, il interpelle les coupables par leur nom, et là, devant toute la paroisse, il vous les sermonne d'importance. Dans le principe, quelques mutins, excités par les matelots, beaucoup plus avancés que nos laboureurs, ont voulu se révolter; mais il les tenait par leurs femmes et leurs enfants, et aujourd'hui, son pouvoir est absolu; il juge et décide souverainement en toutes choses, et le maire ne fait rien sans l'avoir consulté. Aussi, avons-nous très-souvent des querelles à cette occasion ; mais nous n'en restons pas moins de bons et solides amis ; et, si cela vous convient, je vous l'amènerai. »

Il l'amena en effet ; et l'esquisse qu'il en avait donnée était parfaitement exacte. C'était un vrai fils de paysan, petit, trapu, le teint allumé, les yeux noirs, la bouche large, les membres un peu noués. Mais son regard perçant, son air impérieux et bon à la fois, sa démarche hardie et ferme, son geste vif et qui ne manquait pas d'une certaine puissance, rachetaient ce que cet ensemble avait de trop commun ; on devinait qu'un homme de cœur et de volonté, enseveli sous une grossière écorce, s'en était peu à peu dégagé au contact du monde, et que chacune de ses qualités était une conquête. Et, quand on savait, que, pendant quatre années, il avait été secrétaire particulier du dernier évêque de Vannes, on comprenait, à le voir tourmenté sans cesse par le sang, qu'il s'était fait despote pour rester bon prêtre, en usant ainsi la vigueur de son tempérament et de son ambition.

La visite fut longue, et peut-être n'avait-on jamais, ni aussi bien ni aussi longtemps, causé à Plaurach ; l'abbé renaissait à la vie sociale ; pour un moment, il se crut à Vannes, aux jours de sa jeunesse. Il ne fut pas longtemps sans revenir, puis insensiblement des relations se créèrent, et enfin on décida, avec le docteur, de se réunir tous les soirs.

Pour madame Des Alleux, aimant, comme elle les aimait, les plaisirs de la société, il ne lui manquait plus qu'une chose pour retrouver ses anciennes soirées, faire son whist ; M. Michon, qui voyait ce désir et le partageait lui-même, se chargea de le réaliser.

Dans une maisonnette perdue sous un épais rideau de vigne-vierge, de rosiers et de glycines, et adossée presque au sommet de la falaise, sur le versant qui regarde le village, vivait seul, avec un domestique, un gentilhomme nommé M. de Tréfléan : ce fut sur lui que le docteur jeta les yeux.

Parent de l'un des ministres renversés, il avait, en juillet 1830, donné sa démission de capitaine de frégate, pour se retirer près de son père, le baron de Trésléan. Mais le père et le fils n'avaient pas pu vivre longtemps sous le même toit. Le baron était un vieux gentillâtre d'autrefois, vigoureux, emporté, taillé comme un athlète, à la figure toute matérielle, aux mains couturées de muscles et couvertes de poils noirs et rudes, grand coureur de gibier et surtout de jolies filles. Ignorant, comme le dernier de ses garçons de ferme, il était absolu dans le peu d'idées qu'il avait, et ne supportait pas la contradiction ; soldat fidèle de toutes les chouanneries, il parlait sans cesse de ses exploits et s'en faisait grand honneur ; rien n'était comparable dans le passé, rien ne le serait dans l'avenir, aux campagnes de Bois-Hardy, des frères Chouan et de Georges ; cela seulement qu'il avait vu, fait ou entendu, était quelque chose. Après avoir un peu tué par son caractère difficile et brutal la mère du capitaine, — une jeune femme toute frêle et toute distinguée, — il avait épousé une paysanne qui était morte en lui donnant un fils. C'était le vrai portrait du père, on le nomma Audren comme lui, et il fut décidé que, comme lui encore, il serait un fidèle et solide gentilhomme breton. Il n'y avait pas six mois que le capitaine était à Trésléan, qu'il résolut d'en sortir. L'âge avait insensiblement dégradé le baron; et ce qui, chez lui, était défaut à trente ans, à soixante était devenu vice, avec tout ce que la dépravation a d'ignoble chez un vieillard. Vêtu du costume traditionnel, braies, long gilet avec ceinture et habit-veste à la Louis XIV, il courait sans cesse les foires et les marchés ; ou s'il restait au château tombant en ruines, et qui n'avait bientôt plus de dépendances, c'était pour boire avec le premier paysan venu, se quereller avec ses fermiers *convenanciers*, insulter les huissiers et les gardes, chercher quelque moyen d'emprunter un millier de francs, caresser les gothons du village et les admettre à sa table, ou même à mieux. Sur quelques observations bien humbles et bien douces du capitaine, il s'emporta : les enfants n'avaient plus aucun respect pour leur père, c'étaient là les fruits de cette révolution d'exécrable mémoire ; il ne se laisserait pas faire la leçon par un délicat et un pédant; on savait mieux la vie pour l'avoir apprise par l'expérience que dans les livres, et enfin, il était chef de la famille.

Ce fut alors, que, pour ne pas mépriser tout à fait ce vénérable chef de famille, M. de Tréfléan vint habiter Plaurach. La solitude et l'âpreté du pays convenaient à son caractère grave et mélancolique. Il avait deux ou trois mille francs de rente qui lui venaient d'un oncle maternel. Il acheta cinq ou six arpents de bois, à l'abri de la falaise, et se fit construire au beau milieu un petit cottage à l'anglaise. La chasse, la lecture et le jardinage devinrent ses seules occupations, et, deux ans après son arrivée, son jardin n'avait pas de rival dans le département, et son habileté comme tireur était connue dix lieues à la ronde.

Madame Berthauld acquit, en peu de temps, sur ces esprits choisis une influence douce et profonde, influence, qui, chez M. de Tréfléan, puisa bientôt sa source dans un sentiment plus vif que la sympathie, plus complet que l'amitié. A la vue d'une beauté si calme et si pure, il sentit sourdre en lui comme un regain de jeunesse ; mais, après une année d'observation, il comprit, — il savait la puissance des souvenirs, — que tout cœur vraiment épris et qui a connu le bonheur dans sa plénitude, n'oublie jamais, pas plus qu'il ne remplace. Il était femme par l'âme : il aima, souffrit et se dévoua ; jamais un mot ne vint le trahir.

Tous les soirs, on se réunissait dans la salle donnant sur le jardin. M. de Tréfléan arrivait le premier ; presque toujours il apportait un petit panier de fruits ou un bouquet. Il était suivi de près par le docteur, et, en attendant le curé, qui restait à son église pour le salut, on causait. Aussitôt qu'on entendait le pas de l'abbé, madame Des Alleux et le vieux Michon préparaient les jeux.

— « Arrivez donc, criait celui-ci, l'autel est prêt. »

On se plaçait suivant la décision du sort. Madame Berthauld travaillait auprès d'une petite table, et Maurice, à côté d'elle, regardait des images. Quand le docteur était associé avec madame Des Alleux ou M. de Tréfléan, tout allait à merveille. Il essayait bien quelquefois, de donner des distractions au curé, en racontant quelque anecdote de la journée, qu'il réservait pour les coups douteux et décisifs ; mais ce dernier ne s'y laissait pas toujours prendre et se contentait de dire :

— « On ne parle pas au jeu, n'est-ce pas, capitaine ?

— Le nom même de whist vous donne raison, répondait celui-ci ; car il doit venir de l'interjection anglaise *whist*, qui signifie silence. »

Et l'on continuait. Mais quand le curé et le docteur étaient partners, c'était là que la bataille commençait.

— « Allons, l'abbé, disait M. Michon, en donnant lentement et méthodiquement les cartes, à notre jeu, n'est-ce pas ? et soyons attentifs. »

Aux premiers tours, l'abbé veillait sur lui ; mais quelquefois il oubliait une *invite* ou bien une *défense*.

— « Bien, s'écriait le docteur en comptant ses levées, vous nous faites perdre le *tri*. Toujours des distractions ; vous n'avez donc pas vu mon quatre de cœur ; je suis sûr que vous pensez à la confession de quelque petite fille ; est-ce Perrine, Yvonne, Marie-Ange, ou la fille au père Penazen qui vous occupent ? Il me semble qu'elles vous sont bien fidèles. »

Souvent l'abbé ne répondait pas et se contentait de hausser les épaules, mais, parfois aussi, il se laissait emporter et il s'écriait :

— « Vous ne respectez rien, vous êtes un matérialiste.

— Parbleu! répliquait le vieux médecin, et je m'en fais gloire; et, si vous aviez autant de franchise que vous avez de raison, vous le seriez aussi.

— Moi, un prêtre!

— Oui, vous, un prêtre! par état, n'est-il pas vrai? Par caractère, vous devez être calme, modéré, indulgent, et cependant vous vous mettez en colère pour un rien; reconnaissez donc la force du tempérament, la toute-puissance de la matière. Si vous preniez du café, vous ne seriez pas abordable... »

Et ils se querellaient; l'un citait Condillac, Cabanis, Destutt de Tracy; l'autre parlait de Dieu, du libre arbitre, de la dignité de l'homme.

— « Voyons, que faites-vous de l'âme? s'écriait l'abbé.

— Moi? mais je n'ai pas d'âme, répondait le docteur, ou, si j'en ai une, je ne la sens nullement, et c'est comme si je n'en avais pas; d'ailleurs, un médecin qui croit à l'âme, est un mauvais médecin, il ne respecte pas assez le corps.

— Ah! c'est trop fort. Mais c'est affreux, mais c'est indigne, mais...

— *Ah! vous êtes dévot et vous vous emportez*, disait le malicieux docteur.

— Allons, messieurs, au jeu, interrompait M. de Tréfléan, » et l'on reprenait les cartes; le brave curé tâchait de se calmer, faisait écoles sur écoles, et ne voulant avoir rien à se reprocher envers son vieil ami, tentait les avances d'une réconciliation et lui disait de douces paroles.

Mais, cela ne pouvait point désarmer le docteur pour longtemps: argumenter était sa joie et railler le christianisme sa vie.

— « Le christianisme est une tache d'huile tombée sur le monde, disait-il, plus on la pressera, plus elle gagnera; il faut l'attaquer par les mordants et les acides. »

Et suivant cette théorie toujours et à propos de tout, et

souvent même à propos de rien, il revenait à son thème favori.

Il avait lu tous les casuistes, tous les mystiques, tous les recueils d'hagiographie, tous les martyrologes, les philosophes du XVIIIe siècle, et il citait les uns et les autres pêle-mêle à chaque instant, en tirant de ce singnlier mélange les conclusions les plus drôlatiques et les plus voltairiennes.

— « Madame, dit-il un jour sérieusement à madame Des Alleux, vous êtes une méchante bourrique, un affreux ténia. »

Et comme tout le monde se récriait, l'abbé plus que les autres.

— « Ha, ha, continua-t-il, mon cher recteur, vous ne suivez donc point la doctrine des Pères de l'Église, ceci est tout bonnement une aménité chrétienne, c'est du saint Jean de Damas. »

Pour se tenir au courant, il s'était abonné à *l'Univers* et aux *Annales de la propagation de la Foi;* il trouvait, dans ces deux recueils, riche matière à sarcasmes et à railleries; et, si par hasard, le journal était pauvre de dévotes injures, de miracles ou de martyrs, il avait recours à son inépusable érudition.

— « Mon cher abbé, disait-il d'un air souriant, là, sérieusement, voulez-vous m'aider à examiner un point d'histoire assez obscur?

— Quel est ce point? disait l'abbé moitié confiant, moitié méfiant. »

Alors, le docteur, radieux de voir son piége réussir, demandait quelque éclaircissement sur les fonctions naturelles de saint Siméon Stylite, lorsqu'il était perché sur sa colonne; ou bien il l'interrogeait sur la nourriture du prophète Ézéchiel, ou sur les moyens persuasifs employés par saint Romuald.

Et l'abbé tournait le dos, ou ne répondait rien, et ne se

fâchait presque jamais. Il savait que le docteur ne manquait point, lorsqu'il le désignait, de l'appeler un fanatique, mais, il savait aussi, que, ce même docteur était le meilleur homme du monde, l'esprit le plus juste, le cœur le plus dévoué, l'âme la plus sensible; il savait par expérience que la charité était son plus grand bonheur, qu'on pouvait lui toujours demander et qu'on était sûr de toujours obtenir, qu'il n'y avait pas un malheureux dans le village qui n'eût reçu de lui des aumônes, des soins, des prêts, et tous les soirs, il arrivait, bien préparé à la patience, ayant oublié les anciennes épigrammes, ayant résolu de ne point comprendre les nouvelles.

On se séparait à dix heures dans l'été, à neuf heures dans l'hiver. Quand il faisait sombre, un domestique venait avec une lanterne pour ramener le docteur; celui-ci prenait le bras du curé, et ils s'en allaient en causant. Et par la grande rue et la place, leur lumière faisait sauver les chats; le village dormait déjà, quelques rares clartés filtraient seules par les fentes des volets; c'était quelque pauvre femme attardée à recoudre l'unique veste de son homme déjà au lit et endormi. Au loin, on entendait la mer. Pour M. de Tréfléan, il prenait son bâton noueux, abandonnait les deux amis à leur porte, et rentrait chez lui, soit par la cavée, soit par la plage, où souvent les douaniers le rencontraient se promenant encore après minuit.

Maurice grandit au milieu de cette existence uniforme et paisible. Il devint bientôt l'idole du capitaine et du docteur, et il en fit même ses camarades de jeu. C'était à qui l'emporterait dans le cœur de l'enfant. Le capitaine triompha au moyen d'une ruse peu loyale, et qui lui coûta presque comme une lâcheté : chaque jour, il bourra ses poches de pastilles et de bonbons qu'il distribua en cachette à son cher protégé. La ruse ne tarda pas à se découvrir, et au nom de la toute-puissante faculté, le docteur intervint; mais, sans se décourager, M. de Tréfléan employa de nouvelles séductions. Il fit exprès, chaque mois, le voyage de Morlaix, pour en rapporter des joujoux. — « Vous êtes un corrupteur, s'écria M. Michon en colère. — J'imite votre gouvernement, répliqua le capitaine; vous approuvez son système, vous ne devez pas combattre le mien. »

Cette rivalité n'était que puérile; bientôt, elle eut à s'exercer sur un sujet plus important. Il fallait songer à l'éducation de Maurice; et pour qu'elle se fît sans danger, elle devait s'accomplir dans des conditions toutes spéciales. C'était un de ces enfants de l'amour, que l'amour même, au moment sacré de la conception, choisit et marque, pour les combler des dons précieux qui font son essence, et sans lesquels il s'évanouirait promptement, — une beauté éclatante, un généreux dévouement, une exquise sensibilité. Maurice avait reçu toutes ces qualités, mais en vertu de l'inflexible loi des contrastes, il avait reçu aussi les défauts qui bien souvent les accompagnent. Ses impressions étaient d'une mobilité extrême; pour lui une chose désirée devait être une chose obtenue; colère, il se roulait sur le sol; heureux, il riait, chantait, courait par les campagnes. La passion était son seul guide, le premier mouvement son souverain maître.

Le docteur démêla parfaitement ce caractère. « Domptons le moral par le physique, dit-il dans une sorte de conseil de famille, ou bien la lame usera le fourreau. L'abbé, dirigez son esprit; capitaine, développez son corps. — Et moi, interrompit madame Berthauld, que me reste-t-il de mon enfant? — Son cœur! répliqua gravement le vieux médecin. — Et, quant à moi, ajouta-t-il tout bas, je veillerai à ce que le curé n'en fasse pas un calotin, et le capitaine un royaliste; — la liberté seule est le vrai, et Voltaire est son prophète. »

Tout s'accomplit comme il venait d'être décidé, et l'enfant grandit au milieu de maîtres qui avaient la tendresse et les soins d'un père.

Persuadé, qu'un homme doit presque toujours ses succès à des avantages purement corporels, et que l'esprit, dans une enveloppe gauche et maladroite, fait souvent plus souffrir que la bêtise, M. de Tréfléan lui enseigna l'escrime, le tir et l'équitation, le fortifia et l'aguerrit par de longues courses dans les environs, mais en ayant soin de lui aplanir les difficultés, et sans le laisser se perdre dans les détours de la routine. Il le menait droit au but, après le lui avoir d'abord montré, employant pour toutes choses le procédé auquel il eut recours, lorsqu'il voulut le faire jouir d'un des plus beaux spectacles de la nature : un lever de soleil en pleine mer.

Ils partirent par un beau soir de juillet, à l'heure où la terre échauffée commence à renvoyer la brise au large, et mettant le cap droit au nord, ils laissèrent bientôt derrière eux les îles Goë et Melbane; quand la nuit tomba, on ne voyait plus la côte, mais on la devinait encore à quelques nuages blancs; c'était la fumée des tiges de colza qu'on brûle sur le champ même, et que le vent entraînait avec lui. Ils allèrent encore, et quand le phare de Bréhat ne parut plus à l'horizon qu'un point imperceptible et vacillant, M. de Tréfléan amena la voile. A son estime, ils devaient être sur un banc où l'on trouverait fond; il mouilla, et l'ancre mordit; puis, étendant son manteau au fond de la barque, il fit coucher Maurice. « Dors, mon enfant, lui dit-il, quand il en sera temps, je t'éveillerai. » Et il s'assit à l'avant, la main sur le cordage, tout prêt à le larguer, si par hasard il était besoin; mais il faisait une nuit splendide, et d'un ciel constellé d'étoiles tombait sur les flots une lumière argentée. La brise et la vague avaient faibli, et la barque n'était plus soulevée que par un mouvement monotone et presque insensible. Maurice dormait. Quand M. de Tréfléan jugea l'heure arrivée, il l'éveilla.

Lorsque ses yeux ensommeillés purent regarder, il

se vit au milieu de l'immensité. La nuit n'était déjà plus, et le jour ne paraissait point encore; le ciel, sans nuages, était d'un bleu limpide, et vers l'orient une ligne pourprée se détachait sensible et lumineuse; bientôt, cette ligne grandit, elle s'éleva en passant par tous les tons du rose le plus tendre au rouge le plus vif, et son foyer devint une fournaise ardente. Les étoiles pâlirent, puis ne furent plus que des points, puis rien. Le brouillard, qui nageait sur la mer unie, se vaporisa rapide et léger, et le soleil parut lent et majestueux, globe énorme, qui bientôt s'entoura de rayons, et laissa tomber sur le monde la lumière et la vie.

L'enfant était ému jusqu'aux larmes. Alors M. de Tréfléan le levant jusqu'à lui: « N'ajoute jamais foi aux railleries du docteur, dit-il d'une voix puissante, ô mon enfant, il y a un Dieu! »

Six heures après, ils échouaient doucement sous la falaise de Plaurach, et madame Berthauld, qui malgré le calme de la nuit, malgré la sagesse et l'expérience de M. de Tréfléan, était cependant remplie d'impatience et d'inquiétude, embrassait son fils avec les mêmes transports que s'il arrivait d'un voyage autour du monde.

C'est qu'elle aimait Maurice de toutes les forces d'un cœur puissant et jeune; pour elle il était, bonheur, consolation, espérance; il était le passé et il était l'avenir; elle ne vivait que par lui, que pour lui. Quelquefois pourtant le matin, lorsqu'en préparant ses dépêches, elle regardait par sa fenêtre le village s'éveiller, elle tombait en de tristes rêveries. A voir tous les jours cette monotonie fatigante par son uniformité même, à voir les femmes peigner sur le seuil de la porte leurs marmots en haillons, les devantures des boutiques s'ouvrir lentement, les pêcheurs revenir de la mer, pieds nus, le pantalon retroussé jusqu'aux genoux, leurs filets mouillés sur les épaules, tandis que l'un d'eux, chargé de grandes mannes, entre dans les maisons pour offrir du poisson; à entendre sans cesse le bruit cadencé de la forge ou le va-et-vient du métier des tisserands, elle se prenait à penser qu'elle avait eu autrefois des journées mieux remplies, plus remplies, et qu'elle était bien jeune pour cette existence plate et régulière. Mais alors Maurice joyeux, descendait de sa chambre, il venait embrasser sa mère, et aussitôt oubliant rêveries et souvenirs, elle se disait que pour cet enfant tout était bien ainsi, et que ce calme et cette tranquillité lui valaient mieux que la vie de collége, où il n'aurait eu ni M. de Tréfléan, ni M. Michon, ni l'abbé.

Celui-ci cependant, quoiqu'il employât la même méthode d'enseignement que le capitaine, et conduisît aussi son élève par la main, au travers des difficultés, n'obtenait point les mêmes résultats. Maurice n'aimait que les lectures de pur agrément, quant aux sérieuses, elles le rebutaient; aussi, quand il s'agissait d'un devoir de grammaire ou de mathématiques, avait-il toujours quelque bonne excuse toute prête : tantôt c'était M. de Tréfléan, tantôt le docteur, ou bien il arrivait triomphant avec cent vers de Racine dans la mémoire, et l'on remettait au lendemain, et le lendemain c'était à recommencer; d'autant plus faible avec Maurice qu'il était plus féroce avec ses paroissiens, l'abbé Hercoët se plaignait rarement et ne grondait jamais.

Ce que Maurice étudiait avec passion, c'était la musique. Dès qu'il en eut compris et appris les éléments, qui dans leurs principes ont toute la sécheresse des mathématiques, il fit des progrès si grands et si rapides qu'ils annonçaient une véritable vocation. Le sentiment musical était inné en lui. Avec sa mère pour seul maître, ayant pour tout instrument un vieux piano qui lui venait de son père, il fut à seize ans d'une force assez grande pour ne plus trouver de difficultés; mais, par bonheur, c'était son âme qui s'était formée plus que sa main; il était un artiste et non un prodigieux exécutant fabriqué par le

Conservatoire. De pareils dons se rencontrent quelquefois chez les êtres richement organisés : Mozart et Beethoven furent des enfants célèbres avant de devenir d'illustres compositeurs, se disait sa mère.

Ce fut ainsi qu'il grandit; mais ce système d'aplanir les difficultés, s'il avait du bon, avait aussi cela de très-mauvais qu'il ne préparait nullement au sérieux de la vie. Que Maurice eût un chagrin, et aussitôt il accourait près de sa mère, et c'étaient de douces consolations, de bonnes paroles, d'enfantines caresses; pour lui épargner une larme, les deux excellentes femmes ne reculaient devant rien, et il en était au moral comme il en était au physique; c'étaient des soins de chaque instant, de méticuleuses prévenances; tout le monde s'unissait pour lui adoucir les obstacles; et aveuglés par leur amour, guidés par leur seule bonté, ces braves gens oubliaient ce que la difficulté vaincue peut donner d'expérience, de courage et d'utiles enseignements.

Cependant ses facultés musicales se développèrent de plus en plus, et un chant qu'il avait composé en langue bretonne, à l'occasion du naufrage d'une barque, et des souffrances d'un pêcheur resté seul pendant trois jours sur un rocher, devint bientôt populaire dans tout le Trécorois et le pays de Léon. Quand il avait brillamment exécuté une page difficile, ou trouvé dans son cœur une franche et gracieuse mélodie, il allait s'asseoir sur les genoux de sa mère, et lui passant les bras autour du cou, il lui disait à l'oreille : « Eh bien, êtes-vous content, mon maître? » Et la pauvre femme pleurait de joie et le pressait sur son sein.

Mais ce plaisir qui la rendait si heureuse, ce talent qui la faisait si fière, étaient en même temps pour elle la cause de nombreux chagrins. Madame Des Alleux, le docteur et l'abbé voyaient avec peine les tendances de Maurice; ils auraient voulu en faire un médecin, et profiter ainsi des relations du grand-père et de celles de M. Michon lui-même : aussi, étaient-ce des discussions sans cesse renouvelées, où elle ne rencontrait d'appui que dans M. de Tréfléan.

— « Pouvez-vous être assez faible pour laisser Maurice se bercer de la pensée d'être artiste ? lui disait le docteur.

— Mais s'il a du talent ? répondait-elle.

— Où le talent a-t-il conduit son père ? interrompait madame Des Alleux.

— Et puis quelles preuves avez-vous de ce talent ? poursuivait M. Michon. Parce que enfant il compose des complaintes et des chansons assez gentilles, vous croyez qu'il est musicien ; mais quand j'étais enfant, moi, je voulais être militaire, ce qui n'empêche pas que je ne sois devenu un assez bon médecin, et quand je ne jouais pas au soldat, je faisais des petites chapelles en terre et des petits bons dieux en boue, ce qui n'empêche point que je ne sois devenu un parfait athée. Toutes ces prétendues vocations ne sont que des caprices. Si vous voulez fermement que Maurice soit médecin, il le sera, et à trente ans il vous en remerciera. »

Ces objections, perpétuellement répétées et toujours les mêmes, acquéraient de leur répétition une certaine valeur, comme la pierre tombante puise une nouvelle vitesse dans sa propre vitesse ; et, à la longue, elles finissaient par ébranler la foi de madame Berthauld. Chaque jour elle avait une lutte à soutenir avec Maurice ; mais l'enthousiasme de celui-ci était si grand, sa croyance dans l'art si persuasive, qu'elle en arrivait toujours à s'abandonner à la voix de son cœur. Il est si difficile à une mère de ne pas croire à son enfant.

— « Enfin, disait M. de Tréfléan prenant part à la discussion, pourquoi le contrarier ? La vocation est plus forte que tous les obstacles ; Maurice est artiste, et il le sera malgré vous. Vous aurez beau vouloir en faire un avocat ou un médecin, vous le pousserez à la révolte, voilà tout. Que diable! pour être artiste, on ne déshonore pas sa famille; son père l'était bien. Ma parole d'honneur, je ne vous comprends pas, vous surtout, l'abbé. Est-ce que la musique n'est pas un art sacré? Est-ce à vous d'ailleurs de combattre une vocation? N'est-ce pas l'élection par Dieu? Vous prétendez qu'elle fait les prêtres, et vous ne voulez pas admettre qu'elle puisse faire les artistes! »

A toutes ces raisons, le docteur secouait la tête et répétait sans cesse: « Les enfants sont ce que nous voulons. »

Il redoutait Paris et son séjour, et avait d'ailleurs d'excellentes raisons pour ne point l'aimer. Son fils y avait été tué en 1830 sur une barricade, et sa fille y vivait fort malheureuse près d'un mari joueur et débauché, qui, après s'être fait chasser de l'armée, où il occupait un grade supérieur dans l'infanterie de marine, s'était réfugié à Paris, autant pour se cacher que pour être plus libre de donner carrière à des vices et des passions, qui avaient besoin de la corruption et surtout du mystère protecteur d'une grande ville.

Ces discussions jetaient madame Berthauld dans des doutes cruels; car, mère par le cœur, elle n'avait pas la force d'être père par la volonté, et si parfois elle tentait de prendre un air grave, son froncement de sourcils n'était pas sérieux, on sentait que le sourire n'était pas loin, et le baiser se voyait sous les lèvres.

Enfin M. de Tréfléan l'emporta, en proposant une mesure provisoire, la plus habile et la plus infaillible de toutes les tactiques.

— « Maurice va avoir dix-huit ans, dit-il, pensez-y bien, docteur, et le séjour de Plaurach peut lui devenir dangereux; veuillez-y songer aussi, monsieur le curé. Il est donc temps de nous en séparer.

— Parfaitement raisonné, interrompit le docteur ; il ne faut pas qu'un gaillard élevé par le curé porte le trouble parmi les brebis, ce qui cependant serait assez drôle; mais il en sait maintenant assez pour se faire recevoir bachelier. Envoyons-le à Rennes, puis ensuite à Paris, à l'École de médecine, pour ses dernières années.

— A Paris tout de suite, continua M. de Tréfléan, mais pas à l'École de médecine. Ne nous obstinons point à contrarier son désir; nous ne le ferions pas changer, j'en suis certain. Essayons donc de l'art, et s'il n'a pas de talent, il sera toujours temps de se rabattre sur une profession honnête et libérale, comme disent le docteur et le curé.

— C'est-à-dire, s'écria celui-ci, que si Maurice est un sot, vous en ferez un médecin. Merci!

— Ou un curé, continua timidement l'abbé.

— C'est une ressource, poursuivit M. de Tréfléan, qu'on n'aurait pas avec un médecin ou avec un prêtre; on en ferait difficilement des artistes. »

Ces paroles un peu vives terminèrent le combat. On finit par convenir que Maurice irait à Paris. Son départ fut fixé aux derniers jours de l'automne, et M. de Tréfléan dut l'accompagner.

De toutes les passions, il n'en est aucune qui soit plus sublime, plus religieuse, plus complète que la maternité. Chaque jour de la vie crée un nouveau lien entre une mère et son enfant; car chaque jour de la vie offre à la mère un millier de circonstances pour donner une nouvelle preuve de son amour, et au fils un nouveau souvenir à joindre à tous les souvenirs de reconnaissance qui déjà sont dans son cœur. Si la générosité sans arrière-pensée, si le sacrifice pour le sacrifice, si l'abnégation, le dévouement absolu, de tous les instants, toujours actif, jamais las, existent en ce monde, c'est à nos mères que nous devons de connaître ces vertus; et lors même que les femmes n'auraient pas la grâce, la beauté, la jeunesse, l'amour, elles domineraient encore le monde, non par le désir, mais par une puissance plus haute et plus digne, par la gratitude. Celui qui n'aura point été élevé par une mère peut aimer les femmes, mais il ne saura jamais quels trésors de bonté, quelles sources de tendresse renferment leur âme. Voyageur au regard rapide et curieux, il parcourra le monde, jouissant des merveilles de la nature; mais la fécondité du sol qui les engendre restera toujours pour lui un mystère.

Madame Berthauld était une digne et véritable mère. Mère par le cœur et par l'esprit, elle avait bien compris, que, laisser partir Maurice, c'était le perdre à jamais; mais elle s'était résignée; elle l'aimait pour lui, non pour elle. Cependant, ce n'était pas sans souffrir, qu'elle voyait s'approcher le moment de la séparation; et bien des fois elle mouilla de larmes le modeste trousseau de linge qu'elle-même préparait de ses mains. Ce travail était devenu sa joie; elle mettait son orgueil à ce que son enfant bien-aimé eût toutes ces petites choses indispensables au bien-être, et pût se dire, quand il serait seul et loin : « C'est ma mère qui me l'a donné. »

Pour elle, pour son anxiété chaque jour croissante, l'automne marcha avec une effrayante rapidité et toucha bientôt à sa fin. Le dernier jour que Maurice dut passer à Plaurach réunit tout le monde dans un dîner d'adieu. Le temps, qui avait été toute la journée d'une beauté splendide, se mit au froid quand vint le soir; le vent souffla du Nord et remplit le jardin de feuilles desséchées. En voyant, sous ce triste manteau, ses pauvres fleurs à moitié mortes, madame Berthauld ne put cacher sa tristesse : « Elles font comme toi, mon enfant, dit-elle à son fils, elles m'abandonnent; mais je ne te fais pas plus de reproches que je ne leur en fais à elles-mêmes ; c'est la loi de la nature. »

— « Tu commences à voir, dit le docteur à Maurice, ce que coûte l'ambition; certes, la gloire est une belle chose, mais elle ne vaut pas la tranquillité de la maison maternelle. La quitter, c'est abandonner le certain pour l'incertain, le bonheur pour le hasard. Enfin, mon ami, tu te souviendras du vieux papa Michon, quand seul, au milieu du monde, entouré de piéges ou de ténèbres, luttant dans la terrible course au succès, tu penseras aux douces joies de la famille, aux bonnes conversations du foyer domestique, qui maintenant te paraissent des radotages. »

— « Mon enfant, dit l'abbé, si jamais une mauvaise pensée effleure votre âme, songez à votre mère, c'est la plus sûre conscience. »

On se sépara, et Maurice voulut achever ses derniers préparatifs; sa mère vint bientôt le rejoindre et l'aider.

L'aspect de la chambre de son fils, redoubla son émotion : cette chambre, naguère si propre si coquette, si joyeuse, était dans un désordre bien triste. Rien n'était plus à sa place, et les planches de la petite bibliothèque étaient vides; tous ces objets d'affection qui peuplent et font vivre une demeure, étaient dispersés et pêle-mêle; les murs se montraient froids et nus; les cahiers de musique gisaient à terre, et le linge et les habits encombraient les chaises. Près du lit, une grande malle ouverte était déjà presque pleine.

— « Allons, dit madame Berthauld, en s'efforçant de sourire, laisse-moi faire, tu chiffonnerais tout cela; » et elle se mit à plier les vêtements. — « Tiens, regarde, voilà comme il faut rabattre le collet et les revers pour ne rien friper. » Et à chaque chose, c'était une recommandation nouvelle, pour le tailleur, pour le linge, pour la blanchisseuse. Puis elle courait dans sa chambre, rapportait un de ses mouchoirs pour compléter une douzaine, plaçait entre deux chemises quelque petit meuble fragile, retournait dans sa chambre chercher quelque objet de toilette lui venant de son père ou de son mari, rangeait, tassait tout soigneusement, et ne s'arrêtait que devant le trop plein; une malle de plus et sa propre chambre était vide.

Tout était prêt, alors tirant une bourse qu'elle-même avait faite :

— « Tu trouveras cinquante louis dans cette bourse; je ne te dirai pas : c'est là toute notre fortune; mais la vérité est, cependant, qu'il nous en restera bien peu. J'aurais pu te les donner en plusieurs fois, mais j'ai confiance en toi : je te connais; prends, Maurice, travaille de ton mieux, et surtout pense à nous.

— Mère ! s'écria Maurice en sanglotant, mère ! je ne veux plus partir. Reprends cette bourse, remettons toutes ces choses en place ; ici est mon bonheur et ma vie. »

Et ils se tinrent longtemps embrassés ; mais madame Berthauld se sentant faiblir :

— « Non, mon enfant, il faut partir. Du courage; ta mère ne brisera pas ta vie. Adieu jusqu'à demain. »

Et elle sortit. On dormit peu, cette nuit-là, dans la maison ; et quand, au petit jour, la voiture et le domestique du docteur arrivèrent devant la porte, tout le monde était éveillé. Alors il fut décidé que l'on conduirait Maurice à pied jusqu'à la côte de Maël. La bonne dame Des Alleux s'offrit généreusement pour garder le bureau ; mais entraînant Maurice dans le jardin :

— « Tiens, dit-elle en lui glissant une petite boîte, voici mes économies et la montre de ton bon papa Des Alleux; n'en dis rien à ta mère. »

On se mit en route, madame Berthauld s'appuyant sur le bras de son fils; ils se regardaient tristement, en s'efforçant tous deux de sourire; mais ils étaient trop oppressés pour parler. Ils allaient en silence, et derrière eux marchaient les trois amis. Le jour se faisait, et sur la mer, à l'orient, du côté de Paris, le soleil se levait rouge comme un globe de feu. Les coqs du village chantaient en battant des ailes, et, assis sur leurs chevaux, les garçons de charrue passaient se rendant au labourage.

A la côte, il fallut se séparer, et ce furent de longs souhaits et de longs embrassements. Puis Maurice et M. de Tréfléan montèrent en voiture, et ils partirent; mais ils n'avaient point fait trois pas que madame Berthauld cria d'arrêter. Elle voulait une fois encore embrasser son fils.

Maurice écrivit souvent à sa mère; elle était la confidente de ses joies et de ses chagrins, de ses espérances et de ses doutes; elle le suivait dans sa vie; elle était une conscience, suivant la parole de l'abbé Hercoët. Et dès qu'il en trouvait le moyen, il se hâtait même d'accourir passer quelques semaines à Plaurach.

Mais, il vint un jour, où ses lettres furent plus courtes et plus rares, puis enfin même presque indifférentes; la pauvre femme n'était plus tout pour son enfant : — il aimait!

II

MARGUERITE

Il aimait, et, dans son amour égoïste, tout avait été englouti : mère, amis, travail.

Pendant les premières années de son séjour à Paris, se faire un nom avait été son seul but; mais insensiblement, il avait été mordu au cœur par des convoitises, qui chaque jour étaient devenues plus ardentes et plus impatientes; et emporté par des désirs qui ne s'étaient point usés dans des caprices de quelques nuits, par un sang qui ne s'était point rafraîchi dans de faciles plaisirs, son imagination s'était laissée aller à toutes les fantaisies de l'inconnu, et elle avait aspiré avec d'entraînantes cupidités à de belles et de célestes amours.

— « Décidément, disait-il un soir à son ami Aristide Martel, — un jeune peintre, dont les paysages commençaient à abandonner les hauteurs de Notre-Dame de Lorette, pour se glisser aux vitrines aristocratiques des marchands de la rue Laffitte, — décidément, il faut que j'aie une passion.

— Va, mon ami, va, interrompit Martel, démanche sur la corde du sentiment. Il vente au dehors, ta chambre est bien close, la rue Rochechouart est silencieuse, nous sommes tranquillement assis à l'angle du foyer, les coudes sur la table, les pieds dans les cendres, la bouilloire chante au milieu des flammes bleues du charbon de terre ; continue tes variations, mon ami, je t'écoute avec recueillement.

— Tu railles, continua Maurice, mais je t'assure que je parle très-sérieusement. Quand, pour des raisons qui n'étaient point précisément gastronomiques, nous nous rencontrions tous les jours chez Chabannas, où nous faisions de si beaux dîners pour quatorze sous, je n'avais guère le temps de songer à l'amour ; mais aujourd'hui, j'ai vingt-quatre ans, je pourrais, si cela me faisait plaisir, exposer mon portrait lithographié dans une pose mélancolique chez tous les éditeurs ; l'avenir me sourit ; j'ai publié une trentaine de mélodies ; paroles et musique; je suis un peu connu, je me crois du talent, je veux aimer. Jusqu'à présent, j'ai travaillé comme un nègre, j'ai mené une vie de reclus et de galérien, je n'ai pas eu un plaisir, pas une distraction ; mais c'en est assez, à la fin ! je veux aimer, et être aimé.

— Eh bien ! aime, ça n'est parbleu pas difficile.

— Des lorettes, des modèles, n'est-ce pas ? Non, ce n'est point là ce que j'appelle aimer ; ces caprices de quelques heures qui se nouent le soir dans un bal et se dénouent le matin sur les dernières marches d'un escalier d'hôtel garni, ne m'inspirent que mépris et dégoût.

— Alors, c'est l'amour d'une grande dame que tu appelles, l'amour d'une femme comme il faut : je connais ce dada ; tu veux du velours et de la soie pour te rouler dessus ; mais, mon pauvre Maurice, c'est toujours la même chose, va : grande dame ou lorette, quand tu la tiendras serrée et que tu te coucheras sur ses épaules, te dira de la même manière : « Prends garde à tes cheveux, mon petit, tu vas graisser ma robe. »

— Peut-être ! Mais, comme tu le dis, ce que je veux, c'est une femme comme il faut ; cela peut te paraître bien ridicule et bien naïf, mais je veux une femme que je sois fier d'aimer, une femme qui me grandisse à mes propres yeux, une femme belle, jeune, noble, entourée d'hommages, promettant toutes les joies, flattant toutes les vanités, qui descende de son trône pour m'initier aux plus folles ivresses de la passion, au milieu des jouissances, du faste et de la grandeur ; je veux une femme qui partage mes triomphes d'artiste, à qui je puisse dire mes pensées, qui soit mon guide, mon soutien, mon inspiration, ma récompense. Voilà mon rêve, mon dada, comme tu le nommes. Enfin, je veux connaître la passion vraie et absolue, je veux me sentir vivre, je veux souffrir, je veux jouir, je veux avoir la fièvre.

— Ah ! très-bien, très-bien, voilà le grand mot lâché : une passion, il te faut une passion ; l'amour, c'est la vie, n'est-ce pas ? Tout ça, c'est des phrases. Tout ce que tu viens de me débiter là de très-bonne foi, c'est du Stendhal, du Balzac et du George Sand ; parce qu'ils ont admirablement parlé de l'amour, parce qu'ils ont profondément étudié la passion, tout le monde, jusqu'au moindre goujat, s'est cru né pour les grandes choses ; l'exception est devenue la règle ; on a voulu connaître ces émotions, ces jouissances, ces douleurs, qui, dans le livre, faisaient frissonner, et on s'est mis à cavalcader sur les sommets du sentiment. Eh bien ! sais-tu ce que ça a produit ? C'est qu'à cette école de roman s'est formée une génération de jeunes hommes et de jeunes femmes qui a tout mis dans la passion, qui en a fait sa religion et lui a exclusivement demandé le bonheur, et que mainteuant, après de nombreuses expériences, cette génération blessée et désillusionnée, s'est repliée sur elle-même, souriant des lèvres, mais saignant du cœur, et qu'elle n'a plus ni jeunesse, ni fraîcheur, ni espérance, ni enthousiasme, ni croyance, ni rien. Eh bien ! mon ami, tu as eu jusqu'à présent la chance d'échapper à ces blessures, et tu as eu, en même temps, la chance non moins merveilleuse, de te faire un nom assez vite, pour ne pas devenir envieux et méchant, et voilà que tout bonnement tu veux te jeter dans le gouffre, la tête la première. Tu veux vivre! mais, malheureux, tu ne vivras pas, tu tueras en toi tout ce qui est pur et bon : quand tu auras connu ces souffrances que tu désires aujourd'hui, crois-tu que tu seras plus fort comme artiste; tu as fait des choses ravissantes, pleines de jeunesse et de velouté, qui viennent du cœur et qui parlent au cœur; si tu peux faire encore quelque chose, tu ne feras plus que des œuvres cruelles, malsaines, mauvaises pour toi, mauvaises pour tous, de ces œuvres qu'on fait contre soi et malgré soi; — tu te vengeras.

— Oui, mais si j'aime toujours, et si je suis toujours aimé?...

— Alors tu ne feras plus rien du tout : pour l'artiste, la première règle à suivre, c'est d'être chaste.

— Allons donc, mon bon Martel, on voit bien que tu ne l'as jamais été. Je ne suis pas vierge, moi, mais je peux passer pour chaste; eh bien! quand je rentre le soir et que je veux me mettre à travailler, c'est en vain; j'use ma volonté dans des efforts inutiles et je ne fais rien; mes rêveries d'amour m'entraînent irrésistiblement, elles emplissent ma tête et me brûlent les veines; alors, ou je suis fou furieux, ou je tombe dans d'énervantes langueurs qui me désespèrent et m'anéantissent. Mais, dans tous les cas, j'ai beau faire, je ne travaille pas, et si je cherche une guérison auprès de vos femmes, à vous autres, le remède est pis que le mal : ce n'est pas du plaisir qu'il me faut, c'est de l'amour.

— Mais enfin, quel amour veux-tu? L'amour d'une femme de vingt-quatre à trente ans, n'est-ce pas? ayant un mari, des enfants, une voiture et de la dentelle; qui vienne ici voilée et tremblante; qui te reçoive chez elle et dirige sagement sa passion et son pot-au-feu? Certes, je ne suis pas bégueule, mais ces amours-là, ça me révolte. Ce n'est pas au point de vue de la loi que je me place, au point de vue de la morale et de la famille, c'est au point de vue de la délicatesse du cœur et des sens. Les femmes ont toutes de merveilleuses finesses pour nous persuader que leurs maris ne sont que des bûches retirées de l'amour depuis longtemps; mais il n'en est pas moins vrai que ces bûches s'animent quelquefois, et alors, — à moins de ces haines solides assez rares entre époux, — la femme que tu tenais tout à l'heure dans tes bras s'abandonnera parfaitement : le mariage a ses devoirs. Moi, j'aime mieux une fille, j'en ai connu une qui n'a jamais reçu un baiser sur la bouche et n'en a jamais donné, elle avait au moins une certaine conscience.

— Ainsi tu me conseilles d'aimer une fille.

— Je ne dis pas ça ; il y a parbleu bien assez de pauvres jeunes filles qui n'ont que la beauté, la vertu, la grâce et l'amour, mais sans le luxe et tous ces prétendus attraits que tu exiges, pour qu'on puisse être encore heureux. Quand tu as commencé à me défiler ton chapelet, j'avais envie de rire et de gouailler ; maintenant j'ai plutôt envie de pleurer, car je vois un bon garçon que j'aime de tout mon cœur, une nature candide et bonne qui, de propos délibéré, s'en va défier le sort. Mais, malheureux enfant, tu ne sais donc pas quelle influence, a, sur notre vie, un premier amour. Les savants prétendent, que la fécondation de la femme influe sur tout son avenir, et ils en donnent des preuves; sont-elles bonnes, sont-elles mauvaises, je n'en sais rien, et je ne te dirai pas si la jument arabe qui a eu un caprice pour un âne ne peut plus avoir que des petits ânes ; mais ce que je t'affirme d'après ma propre expérience, et d'après ce que je vois tous les jours, c'est qu'il y a une fécondation intellectuelle et morale de l'homme par la femme beaucoup plus puissante que la fécondation matérielle de la femelle par le mâle. Tout homme est fait par deux femmes, sa mère et sa première maîtresse ; par malheur, la maîtresse détruit presque toujours ce que la mère a eu tant de mal à créer, et elle nous féconde en nous appauvrissant; c'est un échange qui s'établit, elle prend ce que nous avons de bon et nous passe ce qu'elle a de mauvais, puis elle nous abandonne, quand nous n'avons plus rien à donner, nous laissant meurtris et épuisés, et comme sa morsure est semblable à celle de la chèvre, la plaie qu'elle fait ne guérit jamais, on en meurt durci et rabougri. Tu serais amoureux que je ne te dirais pas tout cela; quand un homme se noie on lui tend la main et on ne lui fait point de discours; mais tu n'es pas encore à l'eau, avant que tu t'y jettes, laisse-moi te sermonner. Qu'on soit pris par la passion, que malgré soi on s'y abandonne, je le comprends, c'est une fatalité à laquelle on ne peut pas plus échapper qu'au tétanos ou à la fièvre typhoïde; mais tu n'es pas malade et tu veux l'être, ma parole d'honneur, c'est trop violent. Voyons : es-tu un artiste, es-tu un homme? ou bien vas-tu te mettre à la suite de tous les oisons qui t'entourent et crier avec eux : une passion, s'il vous plaît! une passion?

— Si c'est être un oison que de vouloir connaître l'amour, oui, j'en suis un. Tout ce que tu me dis là peut être superbe et parfaitement vrai, mais, je te l'avoue, ça ne me retient pas. Que je veuille ou que je ne veuille pas, j'en suis arrivé à un moment où il faut que j'aime : mon cœur déborde; je ne te dis pas que je vais me jeter à la tête de la première femme que je rencontrerai, mais je veux voir, je veux chercher, et quand j'aurai rencontré, je veux aimer; seulement, comme ce n'est point parmi les lorettes et les petites filles que je trouverai la réalisation de mes rêves, je suis décidé à aller dans le monde. Il y a assez de femmes qui sont tourmentées du même mal que moi, va.

— Oh! pour ça, c'est parfaitement vrai. Il y a bien dans Paris deux ou trois... — je n'ajouterai pas les zéros, tu m'invectiverais, — mais enfin il y a beaucoup, beaucoup de femmes qui se disent à cette même heure : « Mon Dieu, comme mon mari est bête, que les enfants sont ennuyeux, si je pouvais donc être aimée!... Tu rencontreras une de ces charmantes créatures : tu es jeune, beau, spirituel, vos regards se rencontreront, vos cœurs s'accrocheront, tu l'adoreras pendant trois mois, elle cédera avec plus de grimaces que n'en feraient les onze mille vierges, et vous vous mettrez à jouer la comédie du sentiment, de très-bonne foi tous les deux, je le veux bien; mais comme elle aura déjà une revanche à prendre, tu paieras pour le mari ou pour le premier amant : tu deviendras inquiet, fiévreux, insupportable aux autres et à toi-même; puis, après un certain nombre de mois, je te laisse toujours libre de les fixer, ta maîtresse se dira de nouveau : « Mon Dieu, comme mon mari et mon amant sont bêtes, que les enfants sont ennuyeux, si je pouvais donc être aimée! » et tu resteras tout seul, le cœur mort, l'espérance détruite, le grand ressort de la vie brisé; et tu seras comme j'en connais tant, tu riras et tu railleras en public, et quand tu seras seul, tu pleureras toutes les larmes de tes yeux, si tu peux résister à la tentation de te tuer.

— Allons donc, prophète de malheur, tous les amants trompés ne se tuent point.

— Tu ne m'en dis pas plus long? tu ne m'écrases pas?

— Non, mon ami.

— Sais-tu que tu es bien généreux?

— J'ai besoin de toi.

— Et pourquoi faire, s'il te plaît?

— Pour me présenter.

— Moi! Ah! je la trouve un peu forte, celle-là. Que je te présente après mon discours; sais-tu que tu es véritablement très-joli, toi; et d'ailleurs, mon pauvre Maurice, je n'ai jamais vu de salon qu'au Gymnase ou au Théâtre-Français, et les seules grandes dames que je connaisse sont des grandes dames de théâtre, et encore est-ce par-dessus la rampe.

— Oui, mais tu connais Donézac?

— Parbleu! s'il était là, il te dirait même qu'il est mon meilleur ami. Oh! je t'assure qu'il m'aime beaucoup, il me fait monter en voiture ouverte quand il me rencontre, il m'appelle Aristide devant ceux qui nous connaissent tous deux, et Martel devant ceux qui ne me connaissent que de nom; c'est un véritable ami, il sait que j'ai les reins forts et que j'arriverai.

— Eh bien, sur ta recommandation, il me présentera, lui.

— Oh! ça, où tu voudras : quartier Breda, chaussée d'Antin, Marais, faubourg Saint-Germain, à ton choix : il connaît Dieu et le diable, il fait de la peinture, de la littérature, de la sculpture, de la musique, et pas trop mal, assez proprement même pour éblouir les bourgeois qui le croient un grand artiste; il commence sa soirée aux Italiens et la finit à la Halle, après avoir passé par deux ou trois brasseries et cinq ou six salons.

— Veux-tu me faire trouver avec lui?

— Pour que tu deviennes amoureux, non.

— Oh! puisque le germe de la maladie est contracté, tu ne l'empêcheras pas d'éclater, va, et tu peux me rendre un vrai service.

— Tu y tiens sérieusement?

— Très-sérieusement.

— Tout ce que je t'ai dit ne t'a rien fait?

— Tu as peut-être raison, mais quoi qu'il puisse arriver, je suis bien décidé; jamais la fièvre de ma douleur, si douleur il y a, ne sera aussi horrible que ne l'est la fièvre de mon désir.

— Alors, mon pauvre ami, que ta volonté soit faite, viens me prendre demain, nous irons chez Donézac. »

Le lundi suivant, à neuf heures du soir, Maurice était assis sur les coussins d'un coupé de remise, à côté de Donézac.

— « Cher monsieur, disait celui-ci, je vous aurais bien présenté chez la comtesse de Pervenchère, chez M. de Carabeuf ou chez le baron de Senones, mais ils sont un peu entichés de noblesse et vous n'auriez point été tout à fait à votre aise. J'aurais pu aussi vous présenter chez madame Lhuintre-Legras, chez M. Fremondeau, chez M. Lapolade, chez M. Casimir Durand, mais ils sont par trop bourgeois, malgré leurs prétentions, et vous vous seriez vraiment ennuyé. Quand notre cher Aristide m'a parlé de vous, j'ai pensé tout de suite à madame Baudistel, j'y suis allé le soir même; on connaissait parfaitement votre nom et aussi quelques-unes de vos œuvres; j'ai parlé de vous comme d'un ami, et c'est madame Baudistel elle-même qui la première a demandé à vous voir : ainsi vous êtes attendu, et on peut le dire, très-bien attendu. Je ne vous affirmerai pas, que la maison où je vous conduis, est la première maison de Paris; tout le monde ne voudrait point y aller, mais tout le monde non plus n'y serait pas reçu; cependant on peut être fier de laisser traîner une lettre d'invitation de madame Baudistel, et même cela pose parfaitement. Vous trouverez là une société assez mélangée, mais, dans tous les cas, pas du tout vulgaire : des médecins et des avocats qui veulent devenir journalistes, des journalistes qui veulent devenir spéculateurs, et beaucoup de gens d'affaires et à affaires; mais vous y trouverez aussi quelques hommes qu'il est bon de connaître et qui peuvent vous pousser; si Martel avait voulu venir, il y a longtemps qu'il vendrait ses tableaux. »

Ainsi commencé, l'entretien se continua sur le même ton, et Donézac fit à Maurice, dans les plus petits détails, l'histoire et la chronique de la maison Baudistel. Il lui dit comment M. Baudistel, ayant mis sa turbulence provençale en action au lieu de la dépenser en paroles, comme beaucoup de ses compatriotes, était venu à Paris ambitieux et misérable; comment il avait fait une première fortune, comment il l'avait perdue; comment il en avait refait une autre; comment il était sorti, à son plus grand avantage, de deux ou trois faillites ou exécutions à la Bourse; quelles avaient été ses spéculations; la part qu'il avait prise dans cinq ou six grandes affaires scandaleuses; les sociétés dont il était le gérant ou l'administrateur caché; les journaux qu'il avait fondés; et comment il était arrivé à grouper un chiffre de millions assez formidable et assez éblouissant pour lui donner honneur, considération et crédit. Il lui dit encore comment, à la vente de Gougenheim, le banquier allemand, il avait acheté son splendide hôtel de la rue de Varennes qui, sous la monarchie, avait appartenu aux Polastron; il lui dit comment, au grand étonnement de tous ses amis et ennemis, il avait épousé une jeune fille, mademoiselle Marguerite de Fargis, pauvre de dot et d'espérances, mais alliée à deux ou trois des bonnes familles de France. Enfin, comme une gazette vivante, il lui apprit tous les faits, grands ou petits, tous les bruits, vrais ou faux, qui se rapportaient à la maison dont il se disait l'ami, et il ne laissa pas à Maurice la moindre occasion de commettre une gaucherie, car en une demi-heure, il lui fit connaître cette société mieux que ne l'auraient fait plusieurs mois d'expérience.

En traversant la cour de l'hôtel, Maurice fut vivement ému, et, quand par la porte du salon, un valet vêtu de noir cria son nom et celui de Donézac, son cœur battit fort: il lui sembla qu'il était quelqu'un; il entrait donc dans ce monde que, depuis si longtemps, il brûlait de connaître; l'orgueil et la joie lui donnèrent presque de l'assurance.

Il fut gracieusement accueilli, on lui fit force compliments, et, chose plus rare et plus flatteuse, on eut, sinon des prévenances, au moins de l'attention pour lui. C'était chez madame Baudistel, une habitude invariable de faire aux nouveaux venus les honneurs de la soirée.

Donézac avait dit vrai, et ce salon était des plus agréables : on y sentait bien un peu la prétention, comme dans les réunions où il y a des gens d'esprit qui ne sont pas tous des amis, et où il n'y a point de femmes pour éteindre et égaliser la conversation ; mais madame Baudistel seule, dans tous les cas, était assez séduisante pour faire comprendre qu'on fût heureux d'être de ses fidèles.

Elle paraissait avoir vingt-six ans : elle était merveilleusement brune, grande plutôt que petite, un peu grasse, et dans toutes ses attitudes, soit de mouvement, soit de repos, d'une pureté de lignes et d'une beauté de formes à ravir un artiste.

Vers minuit, elle pria Maurice de prendre le thé avec quelques intimes. Ce fut alors seulement que M. Baudistel parut ; c'était un petit homme sec, nerveux, tourmenté d'un asthme et de terribles insomnies ; il ne dormait que debout, et son visage était jaune comme s'il eût été couvert de poussière d'or ; les deux époux présentaient un contraste absolu, et un certain ridicule même en rejaillissait sur le mari. Comme à son ordinaire, il avait travaillé toute la soirée. Il salua Maurice négligemment, parla peu, ne dit même que quelques mots à un jeune financier, et encore ce fut un conseil pour la Bourse du lendemain.

En revenant chez lui, Maurice ne pensa qu'à madame Baudistel ; jamais une femme ne lui avait révélé aussi complétement la beauté et le désir. Aussitôt que les convenances le permirent, il se présenta pour faire sa visite. Il fut reçu ; et, bonheur inespéré, il fut invité aux petites réunions du lundi.

Un mois après, il était amoureux fou ; et sa vie si calme et si tranquille était devenue une vie d'émotions et de fièvre ; il n'avait plus qu'une pensée, qu'une obsession : voir celle qu'au fond de son cœur, il nommait tout bas du doux nom de Marguerite.

Cependant, malgré les folles ardeurs avec lesquelles il

voulait un amour, ce ne fut point sans de longues craintes et de douloureuses hésitations, qu'il reconnut en lui-même cette toute-puissante passion; car il la sentait si envahissante, si exclusive, qu'il se voyait perdu, et comprenait que c'était folie de s'abandonner à un amour sans issue possible. Et cependant, il s'y abandonna. Il se dit bien que jamais une femme belle comme Marguerite, entourée d'hommages et de flatteries, ne laisserait tomber son regard sur le plus indigne et le plus obscur de ses amants; et cependant, il fit tout pour obtenir ce regard. Il se dit bien que s'engager dans cette voie, c'était briser à jamais son avenir de travail et de gloire; et cependant, il s'y engagea. La passion était entrée dans son cœur, elle l'avait empli, et elle en avait chassé tout le reste; il était l'esclave de l'amour, il n'écoutait plus que lui, il n'aimait plus que lui.

Les soirées du lundi le rendirent d'abord bien heureux, il y pensait huit jours à l'avance, il se forgeait des joies et des craintes insensées; et en descendant rapidement sa montagne, il avait de terribles angoisses : comment va-t-elle me recevoir? se disait-il, et il ralentissait le pas; il s'arrêtait, il avait peur, il aurait voulu retourner en arrière; mais une force plus puissante que tout le conduisait. Dans le salon, c'étaient des frayeurs nouvelles : quels seraient les visiteurs? remarquerait-on sa présence? parlerait-on de son assiduité? un mot imprudent ne pourrait-il pas le faire congédier? et c'était en tremblant qu'il entrait. Alors son embarras recommençait de plus belle; il ne fallait pas attirer trop vivement l'attention, exciter la jalousie des gens précisément les plus jaloux du monde, et il ne fallait point non plus cependant, passer pour un sot auprès de la maîtresse adorée; cruelle alternative qui exigeait toute son application et paralysait sa verve, alors qu'il aurait si bien voulu montrer devant *Elle* tout ce qu'il y avait en lui de cœur, d'esprit et d'enthousiasme.

Si Marguerite lui disait une bonne parole en lui tendan la main, ou si dans la conversation elle le regardait pendant un peu plus qu'un instant, en revenant il s'abandonnait à de folles ivresses. C'était à peine si la porte de la rue de Varennes était assez haute pour le laisser passer. Il se répétait *ses* paroles, il frissonnait au souvenir de *son* regard; il était ébloui, transporté; il allait comme un fou et aurait volontiers crié son bonheur par-dessus les toits; il était quelque chose dans ce vaste Paris qui dormait dans sa tranquille insouciance, et il n'avait que de la pitié et du mépris pour ces riches demeures emplissant la rue d'ombres, et pour leurs hôtes moins fortunés que lui. Elle lui avait parlé, elle lui avait souri; avait-il un égal sur la terre ? et de tout son être partaient des frémissements qui faisaient éclater en son âme un hymne d'allégresse. Elle lui avait souri, elle lui avait parlé; tout espoir ne lui était donc pas interdit, et l'hymne devenait plus tendre, il avait toutes les hardiesses, il chantait les célestes joies de l'amour triomphant. Mais il arrivait aussi quelquefois que Marguerite l'oubliait parfaitement pour un nouveau venu, ou pour une illustration naissante, et alors c'étaient des pleurs, des désespoirs qui ne pouvaient se comparer qu'à ses bonheurs passés. Tout était fini. Elle ne l'aimerait jamais; et déjà peut-être voulait-elle lui montrer qu'il était importun; sans doute bientôt elle le congédierait, si lui-même ne renonçait pas à venir. Et pendant une semaine entière il ne vivait pas; la fièvre et l'inquiétude le dévoraient.

Ces tourments, quoique déjà bien assez pénibles, n'étaient cependant point les seuls qui fussent venus s'abattre sur lui. Aimer une femme qui ne nous aime pas encore, et vouloir se donner l'ineffable bonheur de frémir sous son enivrant regard quelques minutes de plus que les circonstances de la vie ne le permettent, est un labeur auprès duquel celui de l'agent le plus actif de la brigade de sûreté, attaché à la surveillance d'un dangereux bandit, n'est qu'un jeu des plus innocents.

Il s'en aperçut bientôt, car bientôt les soirées du lundi ne suffirent plus à l'exigence de ses désirs. Mais comme il n'avait point accès dans les maisons où allait ordinairement Marguerite, et ne pouvait guère songer à s'y faire recevoir, il dut chercher quelque moyen de la rencontrer ailleurs. Elle allait le jeudi aux Italiens, il y alla. Et pour être bien certain de se trouver en face d'elle, et de pouvoir, pendant deux heures, la contempler tout à son aise, le pauvre garçon, pour qui dix francs étaient une fortune, prenait chaque fois sa place d'orchestre au bureau de location. Que la musique était peu de chose pour lui, et combien le grincement de la porte de sa loge qu'il avait fini par distinguer entre tous, lui paraissait plus doux et plus émouvant que les cantilènes de Mozart ou de Rossini. Elle arrivait, et en s'asseyant elle distribuait à droite et à gauche ses saluts et ses minauderies, et lui, bienheureux, la regardait; il attendait patiemment qu'elle daignât l'apercevoir. Au milieu du dernier acte (lui, un musicien!), que Mario ou l'Alboni eussent ou n'eussent plus à chanter, il sortait et allait se mettre en faction, avec les valets de pied, au bas du grand escalier des loges. Elle passait enveloppée dans sa pelisse; il la suivait sous le péristyle, et pendant que l'on faisait avancer son coupé, il la voyait encore une dernière fois; elle relevait sa robe pour sauter des marches dans la voiture, sa taille se tordait, les chevaux partaient, et la vision était évanouie.

Il avait donc deux jours de bonheur sur sept; mais ce n'était point encore assez. Elle suivait les premières représentations, — car elle était de ce *tout Paris* inventé par les feuilletonnistes, c'est-à-dire de ce groupe qui se distingue de la foule par la richesse, le ridicule, la naissance, le vice ou l'esprit; — Maurice ne manqua point une seule de ces réunions exceptionnelles. Puis, comme, plus il la voyait plus il la voulait voir, il sacrifia les heures consacrées à ses leçons,—qui étaient sa vie même,—comme il avait déjà sacrifié les heures de son travail, — qui étaient sa seule chance de gloire, — et tous les jours il vint attendre son passage dans les Champs-Élysées. Lorsqu'il faisait soleil, il s'asseyait au pied d'un arbre, mais lorsque le vent soufflait rude et glacial, il arpentait à grands pas l'asphalte du trottoir, les yeux sur la chaussée, épiant les voitures. Il connaissait les chevaux, la livrée, les domestiques; il la devinait de loin et ne la perdait pas de vue au milieu des équipages; et elle, nonchalamment étendue, chaudement blottie dans ses fourrures, elle passait indifférente et rapide; quelquefois même elle n'était pas seule. Quelquefois on la distinguait à peine derrière la vitre relevée, déjà obscurcie par le froid, et c'était trop facilement que Maurice pouvait compter les jours où il recueillait un sourire; et cependant il ne s'éloignait jamais qu'il ne l'eût plus ardemment regardée et contemplée, lorsque, vers la nuit tombante, elle revenait de sa banale et indispensable promenade.

Même chez lui, surtout chez lui, dans cette chambre où il avait autrefois si tranquillement et si courageusement passé tant de jours et tant de nuits au travail, il ne trouvait plus ni joie ni repos.

Aussi, au lieu de revenir travailler un peu les jours où il ne devait point rencontrer Marguerite, cherchait-il tous les moyens de se distraire et de tuer le temps.

Habituellement il allait chez Martel, non-seulement parce que celui-ci était son meilleur ami, mais encore parce qu'avec lui il pouvait parler d'amour. Par une sorte de respect et de pudeur, et non par défiance, il n'avait jamais nommé Marguerite, mais il avait fièrement avoué qu'il aimait, et il mettait une orgueilleuse ostentation à raconter ses joies et ses espérances; pour ses chagrins et ses déceptions, il les cachait ou les atténuait soigneusement. C'eût été trop tôt donner raison aux lugubres prophéties de Martel.

— « Eh bien, disait celui-ci lorsqu'il le voyait entrer, où en sommes-nous aujourd'hui?

— Ah! mon cher Martel, je suis le plus heureux des hommes.

— Vraiment, mon ami, est-ce que, comme dit Shakspeare : *The beast with two backs*...

— Si tu me dis des ordures je m'en vais.

— Allons, ne te fâche pas, je n'ai point voulu t'offenser; je ne te referai pas ma demande avant quinze jours.

— Encore!

— Non, je ne t'en parlerai plus; viens t'asseoir et conte-moi un peu ton bonheur, car bien sûr je ne devinerais pas.

— Eh bien, mon ami, j'ai passé hier la soirée avec elle.

— Seuls tous deux?

— Pas précisément, elle dans sa loge, moi dans mon fauteuil : deux mille personnes nous entouraient.

— C'est joli.

— Songe donc, mon cher, que je ne savais pas au juste si elle y serait, et si elle n'était pas venue ça m'aurait fati quatre jours sans la voir.

— C'était aux Italiens?

— Mais non, hier était mercredi; c'était à la Porte-Saint-Martin; on donnait une première représentation.

— Est-ce bon?

— Peuh! je ne saurais trop te dire, ça paraît vieillot.

— De qui?

— Ma foi, je n'en sais rien, je suis sorti avant qu'on ne nommât les auteurs.

— Ah! c'est fort ingénieux ça.

— J'ai cru qu'elle allait partir avant la fin, alors j'ai été l'attendre, et quand elle a passé nos regards se sont croisés,

— Qu'est-ce qui jouait?

— Rouvière, madame Laurent; je n'ai pas vu les autres.

— Ah! ah!

— C'était superbe, un brillant, un éclat, un vrai triomphe, mon ami; j'aurais voulu que tu fusses là.

— J'aurais rudement applaudi.

— Qui, applaudi?

— Rouvière, parbleu!

— Est-ce que je te parle de Rouvière, je te parle d'elle; toute la salle l'admirait, mon cher.

— Ma parole d'honneur, s'écria Martel en riant, tu es magnifique, je t'avais bien prédit que tu deviendrais stupide, mais je n'aurais jamais cru que tu deviendrais, en si peu de temps, aussi splendidement crétin; comment, je te parle théâtre, tu me réponds « elle »; je te parle de la pièce, tu réponds « elle »; je te parle de Rouvière, tu me réponds « elle. » Elle, toujours elle, c'est trop fort à la fin.

— Ah! si tu la connaissais, tu ferais comme moi.

— Alors je suis condamné aux confidents à perpétuité.

— Si ça t'ennuie, je peux m'en aller.

— Bon, voilà que tu te fâches maintenant; mais, monsieur le susceptible, est-ce que je me suis jamais plaint de tes récits? est-ce que je ne te les demande pas moi-même le premier? seulement faisons une règle, on parlera d'elle et rien que d'elle, tout autre sujet sera interdit. Allons, tu peux commencer, je t'écoute. Tu l'aimes, n'est-ce pas?

— Ah! mon ami.

— Réponds-moi en adverbes, c'est la mode; l'aimes-tu considérablement, complétement, absolument?

— Eh bien! je l'aime follement et passionnément.

— Ce n'est pas trop, et d'ailleurs *ces deux adverbes joints font admirablement*. Passons à son portrait maintenant, n'est-ce pas? Comment est-elle?

— Plus belle que l'*Antiope* du Corrége.

— Je ne te demande pas ça. Je sais très-bien que la femme qu'on aime est toujours la plus belle des femmes ; mais comment sont ses cheveux ?

— Noirs.

— Ses yeux ?

— Jaunes avec des petits points foncés.

— Sa peau ?

— Brune et veloutée.

— Tu parles comme un passe-port.

— Eh comment veux-tu que je parle ? Est-ce qu'il y a des mots pour dire combien elle est belle ? Il faut la voir, longtemps la voir ; et encore !... Figure-toi une tête un peu petite, comme dans les statues grecques, et d'un ovale arrondi plutôt qu'allongé ; un front haut et bombé, se creusant un peu au-dessus de deux sourcils noirs et épais ; des paupières mobiles et relevées en cintre, des yeux habituellement ternes et voilés, mais qui, dans de certaines circonstances, concentrent une puissance extraordinaire de vie et de passion ; un nez droit d'un tissu aminci et transparent ; des lèvres charnues et sanguines ; un menton lisse et court ; des joues imperceptiblement duvetées, et des cheveux, oh ! des cheveux splendides. Et pour porter cette tête, mon ami, un torse admirable ; une poitrine large et développée ; des épaules pleines, blanches et grasses ; des seins fermes et droits, et des bras durs, et modelés comme s'ils étaient de marbre. Tu comprends qu'avec tout cela elle soit éblouissante, et cependant ce n'est pas tout, car elle a une façon de marcher en imprimant à sa robe des plis amples et franchement dessinés qui enthousiasmeraient un sculpteur, et il paraît que dans l'art de la toilette, du moins on me le disait encore avant-hier, elle est d'une habileté et d'une fécondité qui sont devenues célèbres. On la copie. Eh bien ! es-tu content, maintenant ? Que dis-tu de mon portrait? Comprends-tu que je sois fou d'amour?

— Je dis que s'il n'est point trop flatté, l'original est bien réellement superbe; mais je dis aussi que si à vingt ans on peut souhaiter une femme pareille, un peu plus tard on doit se contenter de l'admirer, attendu qu'il y a de fortes présomptions pour qu'une telle femme n'aime jamais, et que lors même qu'elle prendrait un amant, ce ne serait pas pour faire de l'égoïsme à deux, mais bien à un, c'est-à-dire pour elle seule. Voilà ce que je réponds. »

Presque tous les jours, les deux amis recommençaient les mêmes variations. Martel écoutait avec complaisance, et Maurice parlait avec bonheur, répétant dix fois la même chose, entrant dans les plus petits détails, s'appesantissant sur des riens qui pour lui renfermaient un monde de félicité. Puis après ces longs entretiens, s'il ne devait point voir Marguerite, il rentrait chez lui presque heureux, et le bruit de ses propres paroles, retentissant longtemps dans sa tête, prolongeait longtemps encore sa folie et son ivresse.

C'est qu'en vérité, comme il le disait, il aimait Marguerite passionnément. Son amour, qui avait commencé par l'admiration, en était promptement arrivé à l'adoration sans bornes. Il était artiste et poëte, et Marguerite était la complète réalisation de son idéal longtemps caressé, et mieux, cent fois mieux que cela, condition inespérée et inappréciable, il la connaissait assez peu pour trouver en elle tout ce qu'il voulait imaginer, pour avancer sans cesse et ne point rencontrer de terme, pour désirer toujours et n'être jamais assouvi, et se sentir assez haut dans le ciel pour ne craindre pas qu'un horrible désenchantement le précipitât tout à coup sur la terre. Il pouvait à son aise la parer de tous ses désirs, lui donner son enthousiasme, sa chaleur d'âme; il pouvait la créer à son image. C'était une statue commode à laquelle il pouvait appendre, comme des *ex-voto*, toutes les illusions de sa jeunesse; il pouvait lui mettre la robe d'innocence et la couronne de virginité; il pouvait la faire riche de toutes les qualités qu'il tirait de son propre cœur; il pouvait la faire noble de toutes les noblesses, grande de toutes les grandeurs, vertueuse de toutes les vertus; et ainsi parée, ainsi placée par lui-même sur le piédestal, il pouvait la reconnaître pour son idole, son dieu, se prosterner devant elle, l'adorer et dire: « N'es-tu pas la plus belle entre les plus belles; n'es-tu pas la plus pure; n'es-tu pas la plus chaste; n'es-tu pas l'étoile des jours heureux, la source de toute joie, la reine des amours? » Ce n'était plus Marguerite, ce n'était plus une femme: c'était la femme, c'était l'amour. La passion, chez les poëtes, a des mensonges spécieux, et la femme aimée, ils ne la regardent jamais qu'au travers du miroir grossissant de leur imagination. Ils ont fait l'amour, non tel qu'ils le voyaient, mais tel qu'ils le voulaient, et ils en ont exalté les bonheurs et grandi les souffrances; mais lorsqu'ils les éprouvent, ces souffrances ou ces bonheurs, c'est encore plus fortement qu'ils ne l'avaient rêvé; les premiers esclaves d'un tyran qu'ils ont eu l'imprudence d'exalter, ils en sont, ou les plus grandement récompensés, ou les plus grandement punis.

Maurice n'en était encore qu'à la récompense, heureux de sa passion, il aimait sa passion même et n'osait point demander davantage. A la seule pensée de l'avouer à Marguerite, il se sentait saisi d'une frayeur invincible: « Si je lui disais que je l'aime, pensait-il, elle me repousserait. Ne suis-je pas heureux ainsi? Pourquoi plus? » Et il se taisait, et il revenait toujours; il était près d'elle, il la voyait, et durant cet instant rapide rien ne manquait à son bonheur.

Dès la seconde soirée, cependant, Marguerite avait deviné facilement cet amour; mais elle ne laissa point paraître qu'elle en fût blessée, et sans encourager Maurice, elle ne le repoussa point. Elle resta pour lui ce qu'elle était pour tous, aimable et souriante des lèvres, mais des lèvres seulement. Cet amour était si respectueux, il ressemblait si bien à un culte dégagé de toutes les choses de la terre, qu'une femme seule pouvait le distinguer; or, comme elle était la seule femme de son salon et se trouvait ainsi à l'abri d'une fâcheuse curiosité, elle laissa se développer sans obstacles une passion qui l'intéressait, si elle ne lui plaisait pas encore, et que son imagination aventureuse et romanesque se promettait de suivre et d'observer. Elle se mit à jouer à l'amour; et dédaigneuse aujourd'hui, aimable demain, elle prit plaisir à abuser de son pouvoir sur Maurice pour en éprouver toute la force; toujours soumis, il aima toujours la main qui le frappait ou le caressait, et supporta tout sans se plaindre et sans se trahir. Mais peu à peu et à son insu, elle devint personnage important dans cette pièce dont elle n'avait d'abord voulu jouir que comme simple spectatrice, et l'esprit céda la place au cœur; car pour être insensible à une passion comme celle de Maurice, pour n'être point gagnée par une ardeur comme la sienne, pour rester froide en face de ce foyer d'amour, pour résister à son attraction sympathique, il fallait aimer déjà, et non-seulement Marguerite n'aimait pas, mais encore elle n'avait jamais aimé; elle avait été désirée, elle avait désiré elle-même; les plaisirs des sens, elle les connaissait; mais des chastes joies de l'amour elle était ignorante et vierge; et c'étaient ces joies que Maurice lui offrait. Elle commença par être fière de ce sentiment d'adoration qu'elle inspirait, puis elle en fut bientôt heureuse, et des cordes, jusque-là restées muettes en elle, résonnèrent et frissonnèrent au contact impérieux de cette brûlante passion. Sous cette prestigieuse influence, elle compara Maurice aux autres hommes qui l'entouraient et le trouva charmant, lui qu'elle avait été si longtemps sans remarquer, sa voix la fit tressaillir, elle aima à entendre prononcer son nom, et au théâtre elle chercha son regard. Sa candeur, son abnégation, son dévouement, sa fidélité, son enthousiasme lui parurent remplis d'enivrantes promesses, et elle attendit de lui la révélation de jouissances inconnues; une ardente curiosité, une soif souvent trompée, mais toujours inassouvie, la poussèrent vers lui; elle crut qu'une vie nouvelle allait commencer; elle fut pleine de mépris et de pitié pour les jours passés et pleine d'espérance et d'orgueil pour les jours à venir. Et lentement elle s'enivra de ce décevant espoir qui pousse les femmes à chercher dans un nouvel amant la rare et merveilleuse fleur d'idéal qu'elles n'ont point rencontrée dans les premiers; fleur qu'elles ont trop souvent foulée à leurs pieds sans la voir, et que dans leur fol orgueil, dans leur infatuation désespérée, elles cherchent encore en accusant la fortune, au lieu d'accuser leur propre aveuglement, ou leur propre stérilité. C'était ainsi que Marguerite se laissait entraîner vers Maurice; il était jeune, plein d'illusions, inconnu, perdu dans la foule : quel meilleur sujet pour une dernière expérience; mais surtout, preuve bien évidente qu'il était le Messie attendu, le révélateur espéré, c'est que, quoiqu'il n'eût point encore parlé, elle était déjà heureuse; elle se délectait dans cette pensée qu'il était un cœur ne vivant que pour elle, qu'elle était adorée le jour, invoquée la nuit; qu'il lui suffisait d'un geste pour donner le plus grand bonheur ou la plus terrible souffrance, qu'elle inspirait une passion infinie; que pour un homme jeune, intelligent, remarquable, elle était la seule femme, elle était tout, elle était Dieu! L'orgueil et la joie doivent être permis à qui se sent ainsi aimée.

Et puis, ce qui la poussait encore, c'était son expérience de la vie. Elle avait vingt-sept ans et depuis dix années elle vivait dans la duperie et dans le mensonge, toutes les croyances de sa jeunesse ne lui avaient donné que de cruelles déceptions, et maintenant l'amour seul lui paraissait efficace et réel : en lui était toute son espérance, il était son refuge, la branche vers laquelle elle tendait les bras avant de disparaître engloutie dans le flot bourbeux qui l'entraînait; mais ce qu'elle voulait, c'était un amour jeune et exalté, qui eût assez de force pour l'enlever jusqu'à lui, elle déjà si lasse et si accablée, assez de puissance pour ne se décourager pas, assez d'infini pour les nourrir tous deux et les soutenir toujours. Et Maurice tel qu'elle le voyait et le connaissait lui paraissait digne et capable d'accomplir cette grande œuvre de rédemption et d'initiation.

Ainsi poussée par le raisonnement et par l'esprit, elle l'était non moins fortement par l'instinct et par les sens. Tandis que son orgueil rougissait de n'avoir point encore inspiré ni éprouvé une de ces grandes passions, qu'on admire tout en les condamnant, sa chair brûlante et impatiente voulait enfin jouir. Pour cet homme jeune et beau, elle était saisie de ces violentes ardeurs qui mordent les femmes de trente ans, et qui, même sur les plus vertueuses, ont quelquefois un empire si fatal et si despotique.

Et il n'y avait pas beaucoup de semaines qu'elle connaissait Maurice, qu'il lui fallut bien s'avouer qu'elle l'aimait et le désirait, et que tout en elle le voulait impérieusement.

Pour lui, cependant, il était loin de savoir ce qui se passait dans le cœur et dans l'esprit de sa maîtresse. Bien souvent il avait été profondément ému de la tendresse de sa voix et de la douceur de son regard, mais jamais, tant son amour était timide et respectueux, il n'avait cherché à en deviner la cause; il avait tout l'aveuglement et toute la sainte bêtise du premier amour; il se croyait indigne d'elle : prosterné dans la poussière, il n'osait lever les yeux sur son idole, et ne voyait point les signes qu'elle commençait à lui faire.

Sur ces entrefaites, M. Baudistel ayant voulu dormir

dans son lit, mourut tout à coup, étouffé par son asthme, et sa femme en éprouva tout juste le chagrin que doit ressentir une brune en se voyant condamnée pour trois mois à un deuil de laine. Cependant pour se conformer aux convenances, — sa suprême règle en toutes choses, — elle dut fermer sa maison, renoncer à ces distractions qui faisaient le fond de sa vie même, et s'imposer une contrariété réelle pour feindre une douleur qu'elle ne ressentait pas.

Mais l'ennui ne tarda pas à la prendre, et le souvenir de Maurice lui revint plus séduisant et plus importun tout à la fois. Elle avait si bien l'habitude de le voir chaque jour qu'il lui manquait : que faisait-il? que devenait-il? Elle voulut le savoir ; mais comme la chose était impossible directement, elle fit demander Donézac, sous prétexte d'affaires, et sans qu'il s'aperçût de la moindre ruse, elle le pria de venir bientôt passer une soirée et d'amener Maurice pour la distraire un peu.

La joie de celui-ci fut grande quand Donézac vint lui faire part de cette invitation, car la mort de M. Baudistel l'avait brusquement jeté des nuages sur la terre : tout d'un coup la nuit s'était faite pour lui. A cette pensée qu'il ne savait pas quand il la reverrait, et même s'il la reverrait jamais, il avait désespéré du présent et plus encore de l'avenir. Il était stupide d'inquiétude, sans force, sans volonté, sans but ; il ne pouvait pas travailler, il ne pouvait pas rester seul et près de ses amis il ne pouvait pas parler. Absorbé dans son amour, il tâchait d'occuper son corps, il faisait des routes insensées, parcourant les boulevards extérieurs, indifférent aux choses qui l'entouraient ; puis, machinalement ses jambes le portaient où elles avaient l'habitude d'aller, et il se trouvait dans les Champs-Elysées : il s'asseyait où il avait coutume de s'asseoir, il regardait passer les équipages ; mais *elle*, hélas! il ne la voyait pas alors il s'enfuyait chez Martel, il se jetait sur un vieux canapé, et là il achevait sa journée, immobile et silencieux comme s'il était idiot. Les premiers jours, Martel avait voulu l'interroger, il n'avait point répondu; plus tard, il avait voulu le distraire en lui racontant toutes les drôleries de son répertoire; mais il n'avait pas mieux réussi; alors, respectant une douleur qu'il voyait grande et comprenant que le pauvre garçon avait besoin de n'être pas seul avec lui-même, il n'avait plus quitté son atelier, peignant le jour, dessinant des bois d'illustration le soir, et il avait laissé Maurice libre de suivre des yeux les mouches au plafond, ou de jouer négligemment avec Badaud, grand chien de Terre-Neuve qui se montrait fort orgueilleux et fort reconnaissant de ces caresses peu sincères.

Ce fut avec d'incroyables impatiences qu'il attendit le jour fixé, et longtemps avant l'heure, il courut chez Donézac pour le presser de partir.

La joie avec laquelle Marguerite l'accueillit aurait éclairé un amant moins épris et moins jeune, mais lui, abandonné à sa folle ivresse et n'écoutant que les suggestions de son ardeur, ne vit rien, n'entendit rien, et, perdu dans son propre tourbillon, il fut d'abord pleinement heureux. Puis à mesure que les minutes s'écoulèrent, la tristesse le gagna, il songeait que bientôt il faudrait partir.

Mais Marguerite, qui voyait ce trouble et en jouissait intérieurement, prit alors pitié de ce pauvre niais; et comme ils n'étaient point seuls, et qu'elle ne voulait pas non plus se livrer, elle lui demanda une de ses dernières compositions, pour lui donner une occasion de revenir.

Il revint le lendemain, puis le surlendemain, puis tous les jours; et chaque fois ce fut sous un nouveau prétexte laborieusement cherché, et que Marguerite recevait en souriant.

Il était d'une exactitude merveilleuse, et il arrivait tous les soirs l'esprit chargé de nouvelles et d'anecdotes; car, ignorant qu'il était lui-même le bonheur, il cherchait à se rendre agréable et même nécessaire en amusant. Il disait les bruits de la journée; mais Marguerite l'écoutait avec une impatience que souvent elle laissait échapper; était-ce pour parler des autres? était-ce pour faire de l'esprit? qu'elle souhaitait si ardemment sa présence.

Et lui s'en allait désespéré, criant au fond de son cœur : « Elle ne m'aime pas, elle ne m'aimera jamais! »

Il avait entouré son astre de tant de rayons qu'il en était maintenant ébloui; il était victime de la grandeur même de son amour; il en avait fait une chose céleste, et ne comprenait plus la réalité : Marguerite était l'ange, lui n'était que l'homme, et par un téméraire orgueil devait-il se faire chasser du ciel? Cependant lorsqu'il était seul, lorsqu'il n'était plus sous l'influence immédiate de ce regard qui le fascinait, il raisonnait un peu plus froidement et admettait l'espoir : « Elle est femme, se disait-il, elle n'est que femme, et mon cœur est l'égal du sien. » — Et alors il se jurait d'être brave, non pas aujourd'hui, ni demain, mais un jour qu'il fixait et dans une certaine circonstance; il préparait ses paroles, il se les répétait, il prévoyait les réponses de Marguerite; mais s'il venait à penser à son regard, il se sentait perdu. Alors il écrivait, il racontait toutes ses joies, toutes ses espérances, toutes ses tortures, il se faisait bien humble, bien suppliant, et s'enhardissant dans un projet décisif, il partait. Jusqu'à la rue de Varennes, il osait tout, il imaginait tout, même Marguerite dans ses bras; mais, en levant le lourd marteau, il était déjà moins ferme. La cour, qui était longue, lui paraissait infinie, tant ses artères battaient vite. En montant les marches du perron, ses jambes tremblaient. Mais, lorsqu'au milieu d'un vestibule éclairé comme pour une fête, il trouvait des valets plus richement vêtus que lui-même, et traversait toutes ces vastes pièces qui avaient fait de cet hôtel une des plus belles demeures de Paris, involontairement il serrait son habit sur sa poitrine; il avait peur qu'on ne devinât même sa lettre. Et il repartait sans avoir dit un mot de son amour. Car ce qui aurait dû faire son espoir était précisément cela même qui faisait son découragement. M. Baudistel vivant, Marguerite aurait été bien certaine qu'on l'aimait pour elle-même ; mais aujourd'hui qu'elle était libre de sa main, aujourd'hui qu'elle possédait une grande fortune personnelle, tout amour n'aurait-il pas l'air d'une spéculation. Et à cette idée seule, Maurice se sentait rougir ; toute sa force, déjà bien hésitante, l'abandonnait complétement. Ah ! pourquoi n'avait-il point parlé plus tôt ?

Cependant Marguerite ne comprenait rien à toutes ces alternatives de joie et de tristesse, et n'imaginait même pas que Maurice pût avoir un seul instant les scrupules qui le tourmentaient. Si, en sa présence, elle subissait quelquefois, et malgré elle, la divine pudeur du premier amour, et laissait son âme se perdre à ces hauteurs qu'elle n'avait point encore soupçonnées ; si elle n'était plus maîtresse d'elle-même, si son esprit ne trouvait rien à dire pendant que son cœur s'unissait dans une céleste joie au cœur de son amant, elle était trop femme pour rester ainsi longtemps dans les nuages, elle revenait sur la terre et, raillant l'idéal et ses affections toutes platoniques et toutes éthérées, elle se disait que notre vie se nourrissait de réalité et n'était point toute immatérielle.

La situation lui paraissait clairement indiquée, et, voyant que les choses en resteraient encore longtemps à ce point si elle n'en prenait pas la direction, elle descendit deux ou trois marches de son piédestal et se décida à intervenir activement dans leur destinée à tous deux. Il lui en coûtait bien de se dépouiller ainsi elle-même de quelques-uns des rayons de sa couronne lumineuse, ce rôle de divinité la flattait agréablement ; mais il en est de la religion de l'amour comme de toutes les autres religions où la foi qui *n'agit point* paraît tiède et peu sincère.

Jusqu'à ce jour Maurice avait été très-sobre de détails sur sa vie; elle la lui fit raconter. Pour les malheurs de sa jeunesse, elle eut des compassions touchantes; elle plaignit madame Berthauld, elle l'admira; elle voulut qu'il la peignît avec précision, comme un portraitiste de la vieille école allemande, ou avec la recherche et la minutie du procédé de Balzac. Elle l'aima, et elle aima aussi M. de Tréfléan, dont le nom de pure noblesse lui était bien connu, et aussi le vieux Michôn, et aussi l'abbé Hercoët; et tout cela c'était avec des caresses pleines de grâce et de chatterie. Elle lui prenait la main pour mieux le plaindre; elle le regardait avec des yeux mouillés pour mieux le consoler. Il en vint à son séjour à Paris; il parla de ses luttes, de ses souffrances, de son élan vers la gloire et de son ambition d'amour. Il dit avec une voix tremblante les bonheurs qu'il avait éprouvés à être admis chez elle. Puis alors il s'arrêta, il avait peur de se trahir; le mot amour lui paraissait de feu, comme la robe de Marguerite lui paraissait de plomb : il n'osait prononcer l'un, et se croyait trop faible pour relever l'autre.

Alors Marguerite, à son tour, raconta l'histoire de sa vie : Son père, le comte de Fargis, après avoir dissipé une assez belle fortune, avait épousé la fille naturelle d'un petit prince allemand, le duc d'Allmahl-Regnitz. Deux motifs avaient fait ce singulier mariage : l'amour et l'intérêt; et tous deux avaient eu précisément un résultat contraire à celui qu'on en attendait. La jeune fille ne s'était point montrée très-tendre et très-passionnée, et le duc, malgré ses promesses, était mort sans rien laisser à son gendre. M. de Fargis avait plaidé et avait perdu. Et de ce mariage il n'avait eu qu'une centaine de mille francs en diamants, qui lui avaient été donnés avant le contrat, et une femme qui était loin de s'appliquer à lui rendre la vie facile et agréable. Aussi n'avait-il point tardé à quitter Paris et à s'enfuir en Russie, où il avait de hautes amitiés qui probablement lui auraient refait une fortune, s'il n'était point mort presque aussitôt son arrivée à Saint-Pétersbourg. Restée sans la moindre fortune avec trois enfants, trois petites filles, au lieu de chercher à se rapprocher de la famille de son mari, qui serait venue à son secours, madame de Fargis l'avait fâchée et éloignée par ses chicanes et ses exigences. Alors, comme sa beauté détruite et ses enfants ne lui permettaient point un nouveau mariage, elle avait eu recours à un moyen héroïque : elle était protestante, elle s'était convertie et elle avait commencé à vivre aux dépens du clergé et de quelques personnes pieuses qui avaient eu les honneurs de son abjuration. Son plan, s'il n'était pas fort honnête, était assez habile et montrait qu'elle avait étudié la vie mieux qu'il n'appartenait à une Allemande. Deux de ses filles seraient religieuses, et Marguerite, qui était la plus jolie, gagnerait avec sa beauté une dot et un riche mari.

A cet endroit de sa confession, vraie dans le fond, mais habilement dramatisée dans la forme, Marguerite se cacha le visage entre ses doigts, puis regardant Maurice et le voyant tristement ému, elle continua :

« Ah! mon ami, vous ne savez pas, vous, si tendrement élevé, ce que c'est qu'être reçue par charité dans un couvent. A huit ans, grâce à de toutes puissantes influences, j'entrai au Sacré-Cœur et j'y restai jusqu'à dix-sept. Alors je revins près de ma mère, et moi, naïve et pure, j'appris le rôle que je devais jouer. Tous les matins nous allions à la messe, et presque tous les soirs dans quelques salons respectables, où nos religieux amis nous avaient fait recevoir. J'étais presque parée, et mes toilettes étaient toujours convenables; mais, dans notre intérieur, nous payions chèrement ce luxe. Oui, mon ami, ces mains, que vous voyez aujourd'hui si blanches, ont souvent balayé et épousseté. »

Et, par un mouvement d'une adorable coquetterie, elle

montra deux mains longues et étroites où dans une chair d'une pâleur lactée, les veines se dessinaient légèrement fines et bleuâtres, des mains admirables qui, par le velouté et la transparence du tissu, faisaient délicieusement songer et donnaient une brûlante idée de ce que pouvaient être d'autres beautés plus délicates encore et plus mystérieuses.

Puis reprenant :

« A mesure que le temps s'écoulait, nos ressources diminuaient, car nos protecteurs commençaient à se lasser, et plus d'une fois nous avons déjeuné avec un seul œuf, ma mère et moi, et nous faisions même si peu de feu, que ma jeune sœur retrouva à Pâques, dans la cheminée, un papier illustré de bonshommes au fusain qu'elle avait mis sous l'attisée de bois pendant ses vacances du Jour de l'an. Cependant je ne me mariais pas, et les beaux jeunes gens de la société de Saint-Vincent-de-Paul, sur lesquels ma mère avait tant compté, ne daignaient guère jeter les yeux sur moi. L'hiver nous habitions Paris, et, dans l'été, nous allions à Bagnères, à Dieppe, à Ems, à Bade, à Spa, et dans tous ces lieux de réunion que fréquentent les mères en peine de filles à marier. Je voudrais dire tout ce que j'ai souffert dans mon orgueil et dans ma pudeur pendant ces longues années que je ne le pourrais pas : plus d'une fois j'ai sérieusement pensé à mourir. Enfin M. Baudistel fit sa demande, et nous en étions arrivés à un tel degré de misère, que j'acceptai un homme que je savais fourbe et déshonoré. Et ce mariage qui me faisait riche et enviée, me faisait aussi la plus malheureuse des créatures; et la pauvre femme qui vous paraissait peut-être insoucieuse et frivole, au milieu de son salon, jouait une horrible comédie qui la brisait. Ma vie de femme a peut-être encore surpassé en douleurs ma vie de jeune fille; et aujourd'hui, arrivée à vingt-quatre ans, je n'ai point encore connu une seule joie du cœur; je n'ai été aimée de personne, et je n'ai jamais aimé. »

Tout cela fut dit avec un art et un naturel admirables. Marguerite exagérait, mais elle exagérait de bonne foi; c'était son cœur plus que son esprit qui parlait, seulement c'était un cœur de femme : elle avait des regards et des intonations qui tiraient des larmes; plus d'une fois, pendant ce récit, Maurice avait été pour l'interrompre en criant son amour, en disant que désormais elle avait un ami et un amant; mais elle s'était faite si chaste et si immaculée, si immatérielle, qu'à chaque parole elle était devenue plus sainte et plus grande dans son cœur.

Ce soir-là, il partit désespéré. Ce n'était pas une femme. Il ne l'aimait pas encore autant qu'elle le méritait. Jamais il ne serait digne d'un tel ange. Et il songea sérieusement à tuer cet amour insensé et sans espoir. Il voulut partir. En arrivant chez lui, il trouva une lettre de sa mère; elle était malade, et le rappelait près d'elle. Il fut aussitôt décidé. Là-bas, pensa-t-il, loin de sa présence, au milieu de mes amis, peut-être retrouverai-je le calme et le travail.

Il vint chez Marguerite, décidé à lui annoncer son départ. Ce soir-là, précisément, elle était joyeuse et plus charmante qu'elle ne l'avait jamais été; lui, était triste et silencieux, il la regardait pour emporter son image et la mettre en son cœur solide et palpable : chacun de ses coups d'œil avides valait une étreinte. L'entretien ne tarda pas à devenir pénible; enfin, Maurice ne pouvant pas se contenir plus longtemps :

— « Je dois vous faire mes adieux, dit-il d'une voix tremblante.

— Vos adieux? interrompit Marguerite.

— Ma mère est malade, continua Maurice, et elle désire ma présence.

— Et vous partez?

— Il le faut.

— Ah! »

Et sur ce ah! bien sec, Marguerite, qui le regardait avec

un étonnement plein de curiosité, détourna les yeux. Il se fit un long silence. Maurice était immobile sur sa chaise, il étudiait très-attentivement une fleur du tapis.

— « Et quand partez-vous? fit tout à coup Marguerite.

— Mais, dans deux jours.

— Déjà!... c'est très-bien... c'est d'un bon fils... Mais pourquoi ne partez-vous pas demain?

— C'est que demain, dit Maurice en se levant, je voulais... j'espérais venir une dernière fois. »

Et les paupières gonflées de larmes, les dents serrées, il attendit une réponse.

— « Eh bien, venez demain, » dit-elle.

Elle se leva à son tour. Mais alors elle rencontra les yeux de Maurice, elle les vit suppliants, elle sentit toutes ses douleurs, et cédant à l'amour autant qu'à la pitié:

— « Venez de bonne heure, ajouta-t-elle en adoucissant sa voix, nous dînerons ensemble. »

Et elle lui tendit la main.

Maurice saisit cette main, et tombant à genoux, il l'embrassa à plusieurs reprises avec frénésie, puis, se relevant, il s'enfuit brusquement sans même oser se retourner.

Toute la nuit il trembla d'avoir été trop loin, et son inquiétude fut grande de savoir comment elle le recevrait.

Elle le reçut le sourire aux lèvres, et sa première parole fut une parole de politesse, son premier regard fut un regard de bonheur et d'amour.

— « Vous voyez, dit-elle en se levant, je n'ai point fait de cérémonies. »

Mais c'était là un gros mensonge; car elle s'était faite irrésistible. Ce n'était ni une toilette de ville, ni une toilette de soirée, ni une toilette d'intérieur; mais c'était à la fois quelque chose de tout cela, quelque chose de frais et de jeune, quelque chose de provoquant et de familier. Ses cheveux, rejetés en arrière, découvraient ses tempes lisses et polies; sa robe, d'une mousseline blanche, légère comme une toile d'araignée, laissait ses bras nus; et ses épaules s'estompaient mollement sous une guimpe transparente; pas un ornement étranger, pas un bijou, pas un diamant, pas une fleur dans la coiffure; mais la beauté seule dans ce qu'elle avait de plus simple.

Elle fut pleine d'attentions et de séductions pendant le dîner. Maurice, qui se sentait une soirée devant lui, retrouva un peu de calme et de liberté d'esprit, et il sut presque jouir de son bonheur.

Mais au salon son embarras et ses craintes le reprirent. Il sentait que la situation était devenue de plus en plus difficile, et qu'une parole, un geste, pouvaient la trancher. Et il avait peur. Il ne pouvait pas toujours se taire. Mais de quoi parler, à moins de parler d'amour? Que dire, à moins de tout dire? Il n'osait même regarder Marguerite; car il sentait que de ses yeux partaient des éclairs plus éloquents que des paroles.

On était alors aux premiers jours de l'été, et il avait fait une grande chaleur; l'air était lourd : il fallut, pour respirer un peu, ouvrir les fenêtres qui donnaient sur un jardin allant jusqu'aux arbres du boulevard; puis comme les lumières attiraient une nuée de petits papillons nocturnes, Marguerite les fit enlever.

Assis loin l'un de l'autre, ils restèrent longtemps silencieux.

Enfin, pour échapper au vertige qui l'entraînait, Maurice se leva et, allant s'asseoir au piano, il se mit à jouer fiévreusement ce que la musique italienne a su produire de plus gai, de plus riant, de plus fou; il voulait réagir contre son cœur et s'étourdir lui-même.

Cette verve factice ne dura guère; bientôt il oublia la promesse qu'il s'était faite de rester calme et froid, il ne songea plus qu'à sa passion, à ses espérances déçues, à ses joies anéanties, à son départ prochain, et il sentit sourdre dans son âme et dans son esprit une étrange symphonie.

Sans affronter le regard de Marguerite, sans parler lui-même, il lui sembla qu'il pouvait avouer son amour, le laisser enfin éclater dans tout son emportement, et que, si elle l'aimait, elle le saurait bien comprendre.

Alors, en des accents passionnés il se mit à chanter ses désirs, son bonheur, ses souffrances, toutes les phases de sa vie d'amant; il les traduisit une à une, celle-ci avec ravissement, celle-là avec désespoir, et quand il en arriva à l'heure présente, à cette heure où il allait s'éloigner peut-être pour jamais, il unit sa voix aux accords du piano, et abandonnant l'improvisation pour rappeler une mélodie qui bien souvent avait fait pleurer Marguerite, il s'écria :

La mort est une amie
Qui rend la liberté,
Adieu donc pour la vie
Et pour l'éternité.

Jusqu'à ce moment, Marguerite était restée accoudée sur l'appui de la fenêtre, écoutant délicieusement cette explosion d'amour; mais lorsqu'elle entendit ces vers qui, peut-être, étaient prophétiques, elle ne fut plus la maîtresse de son émotion, et quittant la fenêtre pour s'approcher du piano :

— « Oh ! assez, assez, » dit-elle faiblement.

Et ne sachant trop ce qu'elle faisait, elle posa sa main sur l'épaule de Maurice qui s'était levé.

Ils demeurèrent ainsi longtemps immobiles, les yeux dans les yeux; puis, irrésistiblement attirés l'un vers l'autre, ils se rapprochèrent encore, et sans un seul mot de refus ou de prière, tous deux frissonnants, éperdus, ils s'enlacèrent fortement.

III

AU FOND DES BOIS

Maurice ne partit point.

Pour mieux jouir de leur bonheur, pour être plus longtemps seuls ensemble, pour être toujours loin des regards curieux et jaloux, ils décidèrent, dès le lendemain, de quitter Paris et de s'enfuir à la campagne. N'est-ce pas là seulement qu'on peut aimer?

Ils n'allèrent pas bien loin et choisirent dans les bois de Montmorency, un peu vers la forêt de l'Isle-Adam, une petite vallée étroite et profonde qu'on appelle l'Entonnoir.

Maurice la connaissait pour y être venu un jour dîner avec des amis. Il la proposa, et sa proposition fut acceptée avec enthousiasme. Que leur importait le pays, pourvu qu'ils eussent le silence et la solitude? Que leur importaient le bien-être et les distractions, quand ils ne vivaient que pour eux-mêmes et par eux-mêmes?

C'est un véritable nid perdu au fond des bois et qui n'a pas même d'horizon, car, de tous les côtés montent assez rapidement des collines qui se réunissent pour former le plateau séparant la Seine de l'Oise. A leur sommet; on ne rencontre qu'une chétive végétation, le sol est caillouteux, la bruyère est brûlée par le soleil, les bouleaux sont maigres et les buissons de châtaignier noueux et rabougris; mais, à mesure que le terrain s'abaisse, les arbres sont plus forts, leur écorce est plus lisse, leur feuillage plus touffu; la terre ne résonne plus sous le pied, elle devient molle, humide et spongieuse; les charmes montent hauts et droits et les trembles agitent dans l'air leurs feuilles bruissantes. On marche dans les laiches et dans les roseaux, et une eau rouillée emplit les trous que font les pas. Entraînée par la pente, mais retenue par les herbes, cette eau s'écoule lentement et par petits filets souvent interrompus. Enfin deux ou trois ruisseaux se forment et vont presque aussitôt se perdre dans un étang qui occupe tout le fond de cette vallée, d'où ils ressortent réunis en un seul cours pour aller se joindre à la Seine. Rien n'est plus frais, plus ombreux que les bords de cet étang; de gros chênes branchus s'inclinent pour lui faire un dôme de verdure, les clématites et les viornes retombent en cascades, les renoncules montrent leurs clochettes au milieu des fléchières, et les iris dressent en faisceaux leurs sabres menaçants.

Sur une petite langue de terre formant promontoire s'élève une construction assez étrange; c'est un parallélogramme flanqué de quatre tours et bâti en grès et en blocage. Les tours sont démantelées et recouvertes au milieu, à peu près de leur hauteur première, d'un toit en tuiles moussues et vertes; les fenêtres sont étroites et à ogives géminées, et çà et là on aperçoit encore de longues meurtrières maintenant remplies de plâtre. C'était autrefois un lieu de refuge bâti, vers le XIIe siècle, par les sires de Montmorency. Aujourd'hui, c'est la maison d'un garde où l'on donne de la crème, du lait et des œufs. Là où était le préau, des poules gloussent et picorent. Le pont-levis est remplacé par une solide chaussée, et sur l'esplanade, on voit une balançoire entre deux poteaux peints en vert, quelques tables sur quatre pieux non dégrossis, et des bancs dont les barreaux de châtaignier sont faits avec des bâtons tout simplement fendus et posés à plat. Pendant la semaine, tout est calme; le silence n'est troublé que par le bruit de l'eau qui s'écoule de barrages en barrages; les bassets aux longues oreilles dorment sur le seuil, et la barque reste immobile, la chaîne pendante, au milieu des herbes et de ces petits insectes aux pattes immenses que les paysans appellent des patineurs. Mais le dimanche l'aspect est tout autre. Dès le matin, les bourgeois en partie de campagne arrivent les uns après les autres; il en vient de Montmorency avec des ânes portant des paniers pleins de provisions, et il en vient de Paris par les stations d'Ermont et de Franconville. Sur l'esplanade, c'est un tumulte insupportable; on mange, on boit, on crie, on s'embrasse; les femmes se font balancer par les maris de leurs amies; celles qui sont plus sentimentales se promènent dans la barque en laissant leurs mains tremper dans l'eau, comme on voit dans les lithographies en tête des romances; les hommes, en chemise, les bretelles tombant sur les hanches, jouent au bouchon, dorment sur l'herbe, ou, saisis d'un accès bucolique, parlent d'acheter une campagne, mais moins sauvage, avec un petit jardin clos de murs, des persiennes vertes aux fenêtres et des statues de plâtre sur les gazons.

Ce fut le soir que Maurice et Marguerite arrivèrent, et on leur donna la plus belle chambre, celle qui regarde le midi.

Ils y restèrent deux jours sans sortir, et cependant le soleil, glissant par-dessus la cime des arbres, s'allongeait en deux grands rayons sur leur lit, les oiseaux chantaient dans les branches, les arbres faisaient entendre leurs puissantes voix, et pendant la forte chaleur l'eau qui clapotait sur les cailloux de la muraille versait dans l'air une fraîcheur engageante; mais ils étaient tout à leur amour, et cela seul les séduisait qui venait de leur amour.

Enfin, le matin de la troisième journée ils descendirent. Marguerite, pour être plus libre et plus à son aise, avait abandonné ses vêtements de femme : elle avait des bottines montantes, un large pantalon et une petite blouse de toile; son col de chemise à la Colin était rabattu sur une cravate noire, et un chapeau de feutre mou, à grands rebords, lui couvrait la tête. Elle était délicieuse ainsi, et le père Michel, qui ne l'avait vue que le soir, ne la reconnut pas; mais madame Michel, qui les avait servis dans leur chambre, poussa des cris de joie et d'admiration : — « Comment, c'est vous, madame! mais regarde donc, Michel! regarde donc! »

Ils étaient déjà loin qu'ils entendaient encore les exclamations de leur hôtesse. Ils se tenaient par la main et ils allaient en courant; mais bientôt ils s'arrêtèrent. Le soleil n'avait point encore frappé sur la vallée, et les feuilles des grands arbres laissaient tomber goutte à goutte la rosée de la nuit. Les chemins étaient glissants. Marguerite prit le bras de Maurice. Ils marchèrent doucement, l'un à l'autre enlacés; de temps en temps elle s'appuyait la tête sur la poitrine de son amant, et, se haussant sur la pointe des pieds, elle lui donnait un baiser. Ils ne parlaient point, mais ils jouissaient de la nature comme si elle venait d'être créée pour eux; tout leur était nouveau; ils respiraient un air plus pur, plus léger, plus enivrant; ils n'avaient jamais vu les feuilles si vertes, ni les fleurs si brillantes; les ronces et les digitales exhalaient des parfums inconnus; sous les chênes la mousse s'était faite épaisse et moelleuse exprès pour les recevoir, et de chaque buisson, de chaque arbre, de chaque plante sortaient des voix mystérieuses qu'ils n'avaient point encore entendues. C'était l'hymne d'amour et leurs âmes chantaient à l'unisson dans ce divin concert.

— « Que je t'aime! mon Dieu, que je t'aime! » disait Maurice en la pressant sur son cœur.

Et ils se regardaient longuement; ils s'embrassaient et reprenaient leur route.

— « Pourquoi ne nous sommes-nous point aimés plus tôt? s'écria tout d'un coup Marguerite.

— Comment as-tu pu m'aimer jamais? répondit Maurice.

— Enfant, je t'ai aimé pour ton amour.

— Et moi, je t'ai aimée pour ta beauté, pour ta grâce, pour ton esprit; je t'ai aimée sans réfléchir, sans le vouloir, au premier regard.

— La première fois que je soupçonnai ton amour, ce fut au Théâtre-Italien; je tournais le dos à la scène et je lorgnais dans la salle; tu vins au balcon; il me sembla que quelque chose de magnétique m'attirait; je me retournai, nos yeux se rencontrèrent, et je fus inondée d'un rayon de chaleur; t'en souviens-tu?

— Et toi, te rappelles-tu mes joies quand tu me tendais la main? Si tu savais comme je tremblais, comme j'attendais ce terrible moment avec impatience, avec inquiétude.

— Tu n'as donc jamais vu que je t'aimais?

— Je le sentais vaguement, mais mon respect était encore plus grand que mon espoir. Et puis pourquoi te montrais-tu souvent si cruelle? pourquoi restais-tu des soirées entières sans me parler? pourquoi t'occupais-tu des autres?

— Étais-je libre?

— C'est vrai; mais je n'en suis pas moins sorti bien des fois la mort dans le cœur.

— Pauvre enfant! je te payerai toutes tes peines, et t'aimerai pour ce que tu as souffert. »

Ils continuèrent longtemps ainsi, refaisant l'histoire de leurs amours, remontant pas à pas dans leur vie, s'embrassant pour un chagrin, s'embrassant pour un bonheur.

Ils dînèrent sous un sureau en fleurs. Leurs jambes s'enlaçaient sous la table; ils buvaient au même verre et se querellaient en riant à qui jetterait le plus adroitement des morceaux de pain à un braque qui s'étranglait à tirer sur sa chaîne. Souvent les morceaux lancés par Marguerite n'arrivaient point au but ; les poules s'en emparaient aussitôt et se sauvaient de çà de là en caquetant fièrement.

— « Nous dînerons ici toujours, dit Marguerite.

— Toujours, répondit Maurice. »

La nuit vint. Ils allèrent s'asseoir sous un chêne. Il ne faisait pas un souffle de vent, et les feuilles des peupliers, même demeuraient immobiles. Bientôt la lune parut, et sa lumière, tamisée par les déchiquetures du feuillage, cribla l'étang de paillettes argentées ; sur le chemin les arbres projetaient des ombres immenses et fantastiques, et les vers luisants étincelaient dans les buissons. Tout était silence ; on n'entendait que le bruit de l'eau glissant par-dessus la vanne ; quelquefois un gland se détachant de lui-même, tombait de branche en branche jusque dans l'herbe ; et quelquefois aussi, tout au loin, les rainettes chantaient dans leurs ornières. Les deux amants se tenaient étroitement serrés, leurs mains échangeaient des torrents d'effluves électriques, et ils se laissaient enivrer par les pénétrantes senteurs que dégage le châtaignier. Tout à coup ils tressaillirent, une note éclatante avait déchiré l'air : le rossignol chantait.

— « Ah ! s'écria Maurice, la nature est tout, il n'y a pas d'art : on n'apprend pas, on reçoit. »

Ils revinrent en frissonnant. Ils n'étaient plus eux-mêmes ; quelque chose de subtil les avait envahis ; ils voyaient plus loin qu'avec leur raison ; l'air leur semblait habité ; ils entendaient tout un monde immatériel, étrange, qui leur parlait d'infini.

— « Eh bien, comment trouvez-vous la contrée ? dit le père Michel qui les attendait.

— Charmante, répondit Marguerite en regardant son amant, et nous y resterons. »

Ils y restèrent longtemps. Le matin, ils étaient éveillés

par les merles et les fauvettes, et ils allaient sur le plateau de Bouffemont voir le soleil se lever derrière les collines de Mareil et de Champlatreux. Ils eurent bientôt une tradition ; il était des arbres qui rappelaient de chers et précieux souvenirs : là ils s'étaient embrassés, et plus loin, Maurice, pour donner orgueilleusement à Marguerite une idée de sa force et de son adresse, était tombé au beau milieu des roseaux en voulant franchir un fossé.

Un jour qu'ils regardaient leur vieux château démantelé, Maurice se mit à lui imaginer une histoire.

— « Il était une fois, dit-il, un page amoureux de sa dame. Le page était bien pauvre, bien humble, bien timide ; la dame était belle, puissante, adorée de tous ; de hauts et de grands seigneurs s'empressaient autour d'elle, et le page mourait d'amour.

— Mais la dame, continua Marguerite, eut pitié de son page, elle devina son désespoir et son amour ; elle fut touchée au cœur, et, lui tendant les bras, elle dit : « Et moi aussi je t'aime, enfant. »

— Grand fut leur bonheur, et, pour le cacher aux jaloux, abandonnant la ville, ils s'en vinrent au fond des bois. Leurs jours furent de beaux jours ; leurs nuits furent de belles nuits ; ils s'aimaient.

— Ils s'aimaient ; mais, après plusieurs mois, le son du cor retentit un soir dans le lointain. Le page pensa à la guerre, aux combats, à la gloire, et, disant qu'il reviendrait bientôt, il partit ; mais, hélas ! il ne revint point, et jamais plus elle ne le vit.

— Ce ne fut point le page qui partit, s'écria Maurice, ce fut la dame ; elle regretta la ville, la cour et ses triomphes ; et, sans rien dire, un matin, elle s'enfuit. Le page l'attendit longtemps, bien longtemps ; puis, désespéré, il mourut ; sa tombe est là-bas sous ce gros chêne.

— Ce ne furent ni le page ni la dame qui partirent, reprit Marguerite ; ils restèrent tous deux à s'aimer ; ils moururent tous deux le même jour, et leur tombe à tous deux est là-bas, sous ce gros chêne. »

Quand ils eurent bien parcouru et reparcouru tous les alentours, Sainte-Radegonde, la Fontaine-aux-Mères, le Château de la Chasse, ils firent des courses un peu plus lointaines. Marguerite était infatigable, jamais ses muscles ne furent amollis par la sueur; c'était une âme de feu dans une enveloppe ferme, polie, flexible comme l'acier. Ils partaient de bonne heure. Maurice emportait le déjeuner dans une gibecière au père Michel, et presque toujours ils s'en revenaient, le soir, par les hauteurs d'Andilly. Ils s'asseyaient; c'était une halte obligée, et, sans être jamais fatigués, ils admiraient encore ce qu'ils avaient admiré la veille. La campagne s'étalait jaunissante à leurs pieds, le lac d'Enghien faisait une petite tache blanche au milieu, et tout au loin, par-dessus Saint-Denis, on apercevait Montmartre, Paris sous son éternel nuage de brouillard et de fumée, et les deux clochers de Belleville qui, comme les deux mâts d'un brick à la voile, semblent glisser à l'horizon. Ils restaient là longtemps couchés, à voir le soleil disparaître, et regardaient avec plaisir, un spectacle toujours le même et cependant toujours nouveau, toujours splendide. Maurice parlait de Rousseau, qui avait dû venir bien des fois s'asseoir en cet endroit même avec sa chère comtesse; et, marchant dans les sentiers incertains, écartant les branches qui leur fouettaient le visage, il racontait quelque histoire d'amoureux illustres; les ornières devenaient moins distinctes, et c'était avec la nuit qu'ils descendaient dans leur tranquille vallée.

Marguerite aimait ces promenades pour les enthousiasmes de son amant; car, pour le cœur de Maurice, tout était motif d'amour; un souvenir, un arbre, une fleur, un oiseau lui donnaient le ton, et tout aussitôt il exécutait à grand orchestre la symphonie du bonheur; il y avait en lui des trésors de passion ; et, toujours inspiré, il recommençait toujours un éternel chant lyrique. Comme une enfant naïve, Marguerite se laissait docilement conduire au travers de ce monde inconnu. Mais cette nature qui les environnait, et que naguère elle avait trouvée si pleine de charmes et d'inspirations, commençait à lui paraître bien pauvre et tout à fait indigne de l'amour céleste et grandiose qu'elle croyait sentir en son cœur. Les fleurs, naguère si brillantes, étaient ternes et décolorées ; les arbres étaient chétifs, les vallons brûlants, les ombres maigres, les ronces n'avaient plus que des épines. Ce qui tant de fois l'avait transportée de bonheur et remplie d'une divine ivresse, ne savait plus l'émouvoir et la laissait froide et désenchantée. Et cependant en elle rien n'était changé ; sa passion toujours croissante était devenue plus complète, plus absolue, plus impérieuse, et c'était sa grandeur même qui la faisait étouffer dans un cadre trop étroit.

Ces lieux, ces arbres, ces collines, ces paysages toujours les mêmes, avaient pu lui plaire par leur nouveauté, mais n'étaient-ils pas réellement bien mesquins et bien monotones ? L'amour, le véritable amour, l'amour des sens, l'amour de l'âme est-il possible à trois lieues de Paris ? dans des plaines peuplées comme un village ? dans des bois sillonnés de chemins où les bruits et la fumée même de la grande ville arrivent avec le vent ? A des désirs infinis ne faut-il pas l'infini pour horizon ?

Et puis ce nom même de Montmorency n'était-il pas bien vulgaire et bien bourgeois ? Ce nom ne traîne-t-il pas partout : les amants de Montmorency, les cerises de Montmorency, les ânes de Montmorency ? N'est-ce pas à Montmorency que tous les vaudevillistes ont fait promener leurs héros ? Tous les commis et toutes les grisettes n'arrivent-ils pas de Paris les dimanches pour cavalcader dans cette plate forêt et y dîner sur l'herbe ? Est-il au monde rien de plus romance, de plus troubadour ? Et cependant c'est là que Maurice l'a amenée, elle qui aime le grandiose et l'imprévu. Était-il donc fou ? La connaissait-il donc si peu ?

Alors elle ne tarda pas à trouver les promenades longues et fatigantes ; les sentiers furent rocailleux ; les montées furent trop rudes, les descentes trop rapides, les plateaux trop réguliers ; le soleil fut toujours de feu, la brise ne souffla plus, le vent fut une bourrasque, le jour eut des clartés aveuglantes, la nuit n'eut pas assez d'étoiles ; sous chaque brin de mousse il y eut une fourmi ; dans chaque cépée il y eut une vipère ; — pour la première fois elle sentit que la rosée lui mouillait les pieds.

Maurice fut longtemps sans remarquer ces symptômes ; puis, quand il les eut remarqués, il fut plus longtemps encore sans les comprendre. Son premier mouvement fut de voir si par quelques-unes de ses actions, par quelques-unes de ses paroles, il n'avait point involontairement blessé sa maîtresse ; mais à toutes ses demandes sa conscience resta muette, et malgré sa bonne volonté, il ne put rien se reprocher. Alors, plein d'inquiétude et de crainte, il interrogea Marguerite ; il lui montra combien les derniers jours qui venaient de s'écouler étaient autres que les premiers temps de leur bonheur ; il la supplia de ne rien lui cacher, de dire franchement ce qui se passait en elle, et s'il l'avait offensée, d'avoir assez de générosité et assez d'amour pour expliquer sincèrement ses griefs et ses douleurs. Mais Marguerite, — trop femme et trop habile pour avouer que l'ennui qu'elle sentait en elle venait d'elle-même, ignorant encore d'ailleurs les causes de son désenchantement, et n'ayant aucun reproche direct et précis à formuler, soit contre son amant, soit contre ce pays toujours le même et où elle avait tant de fois promis de rester toujours, — Marguerite ne fit a toutes ces demandes que des réponses vagues et mensongères, et s'excusa sur la mobilité de ses nerfs, sur la faiblesse de sa santé : « Elle était heureuse; jamais elle n'avait été plus heureuse... De quoi pouvait-elle se plaindre? N'était-il pas le plus tendre, le plus dévoué des amants?... Mais si le cœur est puissant, le corps, ce pauvre corps, est bien faible pour résister au bonheur. »

Maurice accepta ces paroles en homme qui demande une explication bien plutôt pour être rassuré que pour être éclairé; et plus que jamais il entoura Marguerite de soins et d'amour.

Elle avait parlé de fatigue et de faiblesse ; il la força de renoncer aux longues courses dans la forêt, et ne voulut plus faire que de courtes promenades aux environs. Lui-même choisit les heures et le temps, évitant soigneusement l'humidité ou la trop grande chaleur. Il marchait près d'elle, la soutenait de son bras, et lorsque les ornières étaient trop profondes ou la montée trop rapide, il la soulevait et la portait comme une enfant délicate et fragile. Les repos étaient fréquents, mais là il montrait des exigences encore plus grandes; il fallait que la terre fût bien sèche, que l'herbe fût épaisse, et que sous les feuilles l'ombrage fût frais et aéré; il prenait la tête de Marguerite sur ses genoux, et par de douces paroles il tâchait de la bercer ou de la distraire; et si, lorsqu'elle s'était endormie, un rayon de soleil perçant à travers les branches venait la menacer, il se levait avec des précautions infinies, roulait un de ses vêtements, le lui passait comme un coussin sous la tête, et se plaçant immobile devant elle, il lui faisait ombre de son corps. Il restait à la regarder dormir; mais à la voir belle et tranquille, il lui venait de vagues inquiétudes. Les explications de Marguerite avaient ébranlé sa croyance au bonheur éternel; il n'avait interrogé que pour obtenir un démenti à l'évidence, et elle avait répondu par des plaintes. Elle souffrait!... Son corps était malade!... Mais alors pourquoi ces tourments et cet ennui pendant la veille? et pourquoi ce calme si parfait, cette sérénité si complète pendant le sommeil? Et le pauvre amoureux songeait tristement; il cherchait à comprendre, et par de cruels doutes son esprit tourmentait son cœur. Mais Marguerite, en s'éveillant, l'arrachait bientôt à ces douloureuses réflexions. Alors il s'efforçait de sourire, il se mettait à genoux près d'elle, il la prenait dans ses bras, et jaloux de son premier regard, il plongeait ses yeux dans ses yeux. Puis, autant pour échapper à ses propres pensées que pour distraire celles de sa maîtresse, il essayait de lui dire combien elle était belle au milieu de cette nature paisible et douce; et se laissant entraîner par son inspiration, il oubliait ses peines, il célébrait l'amour et parlait d'un éternel bonheur dans une campagne toujours verte, sous un soleil toujours radieux. C'était le sourire aux lèvres que Marguerite écoutait ses chants, et si son esprit les trouvait d'une poésie un peu trop éthérée et trop idéale, elle ne se révoltait pas, et dissimulait ce que son sourire pouvait avoir d'incrédule et de moqueur; car elle savait par expérience que cette exaltation devait bientôt en arriver à un discours plus substantiel et plus positif.

Mais tout cela ne parvenait ni à la distraire ni à la réconcilier avec la forêt, et plus Maurice redoublait de soins et d'amour plus elle se sentait envahir par un irrésistible ennui. Souvent même c'était avec une impatience mal déguisée qu'elle recevait ses caresses, elle souffrait de ses prévenances, elle se désespérait de voir ses plaintes si faussement interprétées, ses désirs si peu compris, et elle se demandait si ces jours uniformes et monotones allaient ainsi se suivre et se ressembler, si Maurice était aveugle ou bien s'il était sot.

Ni sot ni aveugle, mais ignorant et maladroit, car, au lieu d'interroger le cœur de sa maîtresse, il s'obstinait à s'interroger lui-même et à chercher en lui ce qui se passait en elle. Cependant, comme malgré ses efforts il ne trouvait rien, il fallait bien qu'il en vînt à la fin à voir ce qui depuis si longtemps lui crevait les yeux : — Marguerite s'ennuyait !

C'était beaucoup que d'en être arrivé à cette conclusion, mais ce n'était pas tout, car il lui restait à faire une découverte non moins importante et tout aussi difficile, c'était de connaître les causes de cet ennui. Car Marguerite l'aimait, chaque jour il en avait la preuve ; et ce qui pour lui valait mieux que des preuves, chaque jour il en avait sa parole. Alors, de souvenirs en souvenirs, de circonstances en circonstances, il lui devint évident qu'il ne devait accuser que lui même, ou que ce pays peut-être bien triste et bien prosaïque.

Pour lui-même, il fit le serment de redoubler encore de soins et d'amour.

Pour le pays, il résolut de le quitter le lendemain ; et quoiqu'il lui en coûtât d'abandonner cette forêt où il avait été si heureux, il n'hésita pas un instant : — Elle s'y ennuyait !

Tout fier de cette merveilleuse découverte, il courut radieux la dire à Marguerite. Mais ce n'était point ainsi que celle-ci l'entendait. Sans doute elle était heureuse de partir enfin, mais c'était à condition qu'elle paraîtrait suivre et non commander ; elle était heureuse de se voir comprise enfin, mais c'était à condition qu'elle ne serait pas forcée de convenir qu'il avait rencontré juste et qu'elle s'ennuyait ; elle ne voulait pas, dans sa longue prévoyance, avouer que cette idée de départ venait d'elle, car c'était avouer en même temps qu'elle seule avait changé, que son esprit dévorait son cœur, qu'il lui fallait des assouvissances sans cesse nouvelles, que ses serments n'étaient que des paroles, que ses *toujours* n'étaient même pas des *longtemps*. Elle voyait l'avenir, et en femme vraiment femme, elle se ménageait, — à elle-même l'excuse, — et à Maurice la faute.

Cependant comme elle ne voulait pas le désespérer, elle avoua, — tout en repoussant très-vivement l'accusation d'ennui, — que peut-être il avait raison quant à ce pays, et que maintenant qu'il venait de le lui faire comprendre, elle le trouvait bien peu digne de leurs amours. Elle laissa entendre que puisque tous deux ils aimaient les bois, il devait en être dans le Morvan, ou même à Fontainebleau, de plus vastes, de plus sombres et de plus déserts.

Ce fut avec empressement que Maurice accueillit cette idée qui paraissait due au hasard seul, et il fut aussitôt convenu qu'on abandonnerait Montmorency pour Fontainebleau. Grande fut la joie de Marguerite, mais plus grande encore peut-être fut celle de Maurice : lui qui, tout à l'heure encore, trouvait ce pays si splendide et si beau, lui qui voulait y passer tous ses jours, ne pensa plus qu'à le quitter, et mit son bonheur et ses espoirs dans l'inconnu. Il fit une querelle à Marguerite de ne pas s'être plainte, et il l'aurait volontiers accusée de mauvais goût. Puissant écho de la voix qui le faisait résonner, il s'enthousiasma pour ce que naguère il méprisait, et méprisa ce qu'il avait tant aimé; les arbres ne furent plus que des broussailles, l'étang ne fut même plus une mare; et calomniant, injuriant, déblatérant, il renia son passé, se moqua de lui-même et déshonora ses souvenirs; le tout de la meilleure foi du monde, et à la grande joie de Marguerite qui applaudissait ou enchérissait encore.

Mais cette exaltation tomba bientôt, et dès le lendemain, jour fixé pour le départ, il expia cruellement son sacrilége. Étant sorti le matin, pendant que Marguerite dormait encore, il prit, plutôt par habitude que par volonté, un chemin qui s'offrit à lui; le milieu, défoncé par le pied des chevaux, était raboteux ou glissant, et, de chaque côté, on ne voyait guère que des ronces, des épines salies par de larges plaques de boue et de grandes herbes mortes. Après quelques pas, ce chemin rencontre l'étang, fait un brusque détour et se perd sous le bois, en gravissant la colline. Cela forme une sorte de petite clairière où trois ou quatre chênes, plongés dans un sol trop humide, végètent assez pauvrement; le gazon est mou et clair-semé, les cépées sont couvertes de lichen, et, dans l'eau qui croupit, l'ombrage ne laisse pousser que quelques touffes de jonc et de renoncule aquatique. Cela est parfaitement prosaïque et vulgaire, cela se rencontre partout, cela ne dit rien ni aux yeux ni à l'imagination, et justifie de point en point tout ce que Maurice avait pu, la veille, en dire de désagréable et d'insultant. Et cependant, à la vue de ce petit coin si banal et si peu romantique, il se sentit pénétré d'une émotion profonde, car si pour tout le monde, c'était chétif et muet, c'était pour lui plein de célestes charmes et d'éloquentes beautés. C'était par là que, le premier jour de leur arrivée dans la forêt, ils avaient commencé leurs promenades, et c'était là que, depuis, ils étaient venus tant de fois encore s'asseoir et se dire leur amour. Chaque arbre, chaque branche, chaque brin d'herbe, étaient des témoins du bonheur passé : tous avaient une histoire, tous avaient un heureux souvenir. Ce fut alors que Maurice paya son crime de la veille, et qu'il regretta ses paroles insensées; devant lui se dressaient ses joies flétries et son amour déshonoré, et il commença de sentir la cruelle blessure que lui-même s'était faite. Il pleura; mais il était trop tard. Il est des fautes que les larmes ne peuvent laver, et qu'au contraire elles étendent et agrandissent, en les incrustant dans le cœur plus profondément encore. La faute de Maurice était une de celles-là, la pensée et la réflexion la rendaient plus sensible et plus douloureuse. Que n'eût-il donné pour effacer ou tout au moins pour oublier des paroles qui maintenant lui paraissaient non-seulement de détestables blasphèmes, mais encore des mensonges; car ce petit paysage, qu'il avait si grossièrement injurié, se transfiguraît en ce moment sous les magiques rayons du soleil levant. Il n'y avait plus là rien de commun et de monotone, tout était splendeur et vie. La lumière, glissant sous les feuilles, transformait chaque goutte de rosée en une perle étincelante. Les branches jaunes ou rouges des osiers miroitaient comme de l'or ; et, par derrière l'étang, les saules bleuâtres, encore noyés dans une légère vapeur, reculaient indéfiniment l'horizon. Les oiseaux commençaient leurs chansons dans les arbres, et au bord de l'eau tranquille et noire, les renoncules et les trèfles ouvraient leurs fleurs nouvelles.

C'en était trop pour son cœur que cette poésie du matin s'unissant à la poésie du passé; il jeta un long regard d'adieu à la vallée, cueillit deux ou trois de ces petites clochettes de renoncule roses et blanches qui nagent sur l'eau, reprit le chemin et gravit la montée à grands pas ; maudissant une faute qu'il ne pouvait racheter, il voulait au moins faire à tous les anciens pèlerinages de leur amour une station expiatoire et emporter un dernier souvenir qui, en résumant toutes ses impressions de bonheur, les rendît à jamais solides et lumineuses.

Le soleil frappait déjà presque d'aplomb sur les arbres lorsqu'il rentra, tenant à la main un bouquet qui, par sa taille, montrait que les pèlerinages d'autrefois étaient en nombre respectable, et cependant il n'avait pris à chacun que ce qui le caractérisait : à l'un une petite branche de fraisier, à un autre une feuille de fougère, à un autre encore une tige de digitale ; et cela faisait un mélange sombre et vulgaire, image assez fidèle du pays où il avait poussé, mais qui, comme ce pays lui-même, en disait au cœur de Maurice plus que toutes les splendeurs et toute la flore des Tropiques.

Marguerite dormait encore. Il alla doucement s'asseoir sur son lit, et lorsqu'elle ouvrit les yeux, la prenant dans ses bras :

— « Pardonne-moi, dit-il, de t'avoir abandonnée ce matin, mais j'ai voulu, avant de partir, revoir les lieux où nous avons été heureux et t'y cueillir ce bouquet. Garde-le précieusement, ô ma bien-aimée! car ce sont les fleurs de nos amours. »

Puis, pour ne point céder à l'émotion qui rendait sa voix tremblante, il se leva, fit quelques tours dans la chambre, se mit à la fenêtre, et regarda machinalement sur l'eau les libellules qui décrivaient, en bourdonnant, des cercles rapides et fantastiques.

Ils devaient partir le soir; la journée fut longue et pénible à passer; tous deux ils étaient embarrassés; Marguerite ne voulait pas laisser voir sa joie, et Maurice cachait son chagrin. Mais où leur contrainte redoubla, ce fut dans une courte promenade qu'ils firent en passant sous le gros chêne, où, suivant l'histoire qu'ils avaient composée, se trouvait la tombe de leurs amants modèles.

— « Et cependant, dit Maurice, répondant à leur commune pensée, ni le page ni la dame ne devaient partir; ils devaient rester tous deux à s'aimer, ils devaient mourir tous deux le même jour, et leur tombe à tous deux devait être sous ce gros chêne.

— Pourvu que l'on aime, interrompit Marguerite, qu'importe le pays; ce n'est pas ce qui nous environne qui fait notre joie, c'est notre propre cœur. »

Un amant moins amant que Maurice eût tristement réfléchi en entendant ces paroles qui donnaient un si complet démenti à toutes les plaintes qu'on lui faisait depuis longtemps, mais lui n'y vit qu'une promesse pour l'avenir, et pressant Marguerite sur son cœur, il la remercia par un baiser.

Enfin le soir arriva, au grand chagrin de madame Michel qui pleurait comme un fleuve, et tandis que le père Michel attelait la carriole qui devait porter Marguerite à la station la plus prochaine, — Maurice ne partant qu'une heure plus tard, de peur de quelque rencontre indiscrète,

— ils prirent les devants par un petit sentier qui, au travers des bois, allait joindre la grande route.

Le soleil avait disparu depuis quelques instants déjà derrière les coteaux d'Andilly, l'ombre devenait épaisse et compacte sous les taillis, et par toute la forêt commençait le silence de la nuit troublé seulement, à de longs intervalles, par la chanson d'un ouvrier qui, sa journée finie, regagnait joyeusement son village. Les deux amants marchaient lentement et recueillis en eux-mêmes, ressentant alors, plus qu'ils ne l'avaient jamais ressentie, l'ineffable mélancolie du soir. Plus d'une fois ils essayèrent d'échanger quelques paroles, mais ce fut en vain ; Maurice retenait ses larmes et Marguerite était plus émue qu'elle ne l'eùt voulu. Le moment était solennel; ils le comprenaient, et comprenaient aussi combien pouvaient être dangereux des mots irréfléchis et involontaires.

Ce fut ainsi qu'ils gagnèrent la route; mais, par bonheur, ils n'attendirent pas longtemps : presque aussitôt le père Michel les rejoignit.

Il fallait enfin se séparer. Alors ne pouvant plus se contraindre et cédant à l'émotion qui les étreignait, ils se jetèrent dans les bras l'un de l'autre et s'embrassèrent à plusieurs reprises, longuement et fortement. Mais, hélas ! ce n'était point le même sentiment qui les inspirait; dans les baisers de Marguerite il y avait plus d'espérance que de regrets, et dans ceux de Maurice plus de regrets que d'espérance.

La voiture partit, et Maurice revint sur ses pas.

En entrant dans leur ancienne chambre, la première chose qui attira ses regards fut, sur le lit, le bouquet flétri et à moitié écrasé que le matin même il avait donné à Marguerite, avec de si tendres et de si pressantes recommandations.

Elle l'avait oublié !

Jusqu'à ce moment, tout en souffrant de leur départ, il

n'avait point élevé contre Marguerite la plus légère accusation; mais, à cette vue, son cœur se brisa; cette marque de négligence ou de mépris lui portait le dernier coup. Alors, et bien tristement, il prit ce bouquet, le dénoua lentement, déchira une à une toutes les fleurs, et par la fenêtre ouverte jeta dans l'étang ces chers et précieux souvenirs des beaux jours de son bonheur.

Deux heures après il était à Paris, et le lendemain soir ils arrivaient à Fontainebleau. Marguerite était rayonnante.

IV

INITIATION

Dès le lendemain, et à leur première sortie dans la forêt, ils retrouvèrent presque les fertiles émotions des premiers temps de leurs amours. La réalisation de ses désirs, le voyage, l'imprévu d'une vie nouvelle, l'idée préconçue et la volonté, bien arrêtée d'avance, de trouver tout charmant, avaient tranformé Marguerite; sa tristesse s'était changée en une verve fiévreuse et son apathie en une activité dévorante; elle avait pour Maurice des mots pleins de tendresse, elle l'aimait pour son sacrifice, et elle l'en eût remercié si montrer trop de joie ou de reconnaissance n'eût point été avouer les ennuis de Montmorency et en même temps insulter plus cruellement que jamais les plaisirs qu'on y avait trouvés.

Pour échapper aux rencontres importunes, ils avaient cherché un de ces jolis villages isolés sur la lisière de la forêt et qui, par des coteaux couverts de cerisiers, descendent jusqu'aux prairies que bordent et avivent la Seine et le Loing, et c'était Brévannes qu'ils avaient choisi.

C'était de là qu'ils partaient chaque matin pour leurs courses dans la forêt. Marguerite dirigeait elle-même les promenades, et comme avec sa gaieté étaient revenues sa force et son intrépidité d'autrefois, elle choisissait les plus longues et les plus fatigantes; toujours avide d'émotions nouvelles, elle les cherchait n'importe à quel prix, et bien souvent elle était servie à souhait.

Car, malgré ses nouvelles plantations alignées à la charrue, malgré ses sentiers battus et encombrés de poteaux indicateurs, malgré l'absence de précipices, de montagnes, de torrents, de sites imposants ou sauvages, cette vieille forêt a des beautés encore assez originales pour satisfaire l'imagination la plus difficile, la plus insatiable. Son étendue, ses solitudes, ses entassements de grès noirâtres, ses collines dénudées, l'étouffante chaleur de ses vallons de sable blanc, ses masses de rochers éboulés où croissent à grand'peine quelques genêts ou quelques bouleaux; les points de vue qui, du sommet de ses hauteurs, se déroulent en s'étageant; dans certaines parties, les bois ombreux et frais, dans d'autres, les landes arides et torréfiées, le calme et la majesté des futaies, le silence et la tristesse des gorges, le soleil du matin sur les bruyères fumantes, le vent dans les vastes plaines de sapins, tout cela forme un ensemble étrange, attrayant, divers, et qui, dans son inégalité et son heurtement, vous donne et vous laisse une impression de grandeur et de poésie.

C'était cette poésie qui transportait Marguerite et la rendait rayonnante. Heureux de la voir heureuse, Maurice oubliait ses inquiétudes et ses tourments.

Il se rassurait, lorsque après une longue marche, elle venait se reposer près de lui, et que loin de se plaindre de la fatigue et de la chaleur, elle n'avait que de douces et joyeuses paroles; il ne croyait plus qu'à l'amour et au bonheur, lorsque le soir ils rentraient tous deux las et brisés, et qu'après leur dîner, plein de jeux, de cris et de rires, elle s'appuyait sur son bras, et voulait encore, à la douce clarté du jour finissant, se perdre dans les chemins creux, ou frileuse, blottie contre lui, regarder du haut des collines le brouillard s'élever sur la rivière et noyer dans ses brumes les prairies, les saules et les clochers de la plaine. Les anciens temps n'étaient plus; loin d'eux les tristesses, loin d'eux les contraintes, plus de malaises comme autrefois; mais toutes journées uniformément remplies et uniformément radieuses.

Il s'était donc trompé à Montmorency, et c'était une fatigue momentanée qui avait changé Marguerite et l'avait rendue brusque, froide, mécontente; les marques qu'il avait cru surprendre de son indifférence, ses paroles, ses railleries auxquelles il avait attaché une importance si décisive, l'avaient donc égaré; ce bouquet même, qui lui avait si bien gonflé le cœur, ne parlait plus contre elle avec la même force. Elle l'avait toujours aimé, elle l'aimait encore, et pour quelques nuages noirs qui avaient menacé, le ciel n'en serait à l'avenir ni moins pur, ni moins bleu, ni moins chaud.

Ainsi il raisonnait; mais s'il ne s'était point trompé autrefois, il se trompait maintenant, et si les signes d'ennui chez Marguerite avaient causé sa première erreur, les signes de sa gaieté aujourd'hui en causaient une nouvelle.

Car ce qui la charmait ce n'était plus l'amour, c'était la nature, et dans cette nature elle ne cherchait plus qu'une incessante distraction, elle qui s'y était plongée avec tant d'égoïsme pour y trouver le recueillement en elle-même et la concentration du bonheur. Ce qu'elle aimait, c'étaient les joies toutes poétiques de la solitude de la liberté; c'était de courir dans les fougères, de sauter hardiment de rocher en rocher, de dormir dans quelque crevasse pleine de mousse, ou sous l'ombrage des vieux hêtres qui ont vu les galanteries du roi Henri. Ce qu'elle voulait, c'étaient les gorges désolées de Franchard, avec leurs éboulements de grès qui se lèvent, s'abaissent, se roulent comme des vagues solides; c'étaient les bouleaux du mont Chauvet, les grands arbres de la Tillaie, les chênes de la Mare-aux-Fées; c'étaient les genêts couleur d'or se détachant sur la sombre verdure des sapins et des genévriers; c'était, le matin, le chant des oiseaux aux premiers rayons du soleil levant, et le cri des écureuils qui s'élançaient de branche en branche, sans oser descendre dans la rosée; c'était, le soir, après une journée brûlante, quand tout fait silence, quand il n'y a pas un souffle dans l'air, pas un bruissement de feuilles, pas un murmure vivant, d'entendre au loin les cerfs bramer, et par les collines que la lune éclaire, de voir les biches descendre rapidement, s'arrêter inquiètes, écouter quelques instants, puis bondir toutes joyeuses vers la voix qui les appelle. Ce qu'elle aimait, c'était l'églogue, la pastorale, l'idylle, la poésie, mais ce n'était plus l'amour. A Montmorency, elle s'était délicieusement enivrée des jouissances du cœur, maintenant elle s'enivre des jouissances des yeux et de l'imagination : d'amante elle est devenue artiste, et Maurice est resté toujours amant. Elle s'enthousiasmait pour ces riens qui sont tout dans l'amour, pour un mot, un geste, un regard, un silence, et elle ne s'enthousiasme plus que pour un aspect joyeux ou mélancolique, pour un paysage, un arbre, un oiseau; et comme à toute admiration, comme à tout plaisir de la pensée il faut un confident, c'est avec bonheur qu'elle traduit ses impressions à Maurice, toujours prêt et toujours attentif. Les rôles sont changés : autrefois c'était lui qui parlait, maintenant il écoute; et grande est la distance qui sépare le passé du présent; elle ne chante plus que la nature, et lui chantait l'amour.

Cependant telle est la puissance du plaisir et quelle que soit sa source, telle est son heureuse influence que Maurice put ainsi se tromper assez longtemps; mais bientôt et insensiblement il lui fallut une fois encore reconnaître la vérité, car bientôt Marguerite ayant tout vu, tout épuisé, fut lasse d'une contrée qui ne lui offrait plus rien de neuf et de provoquant, et comme ses excitations avaient été purement extérieures, dès qu'elle ne trouva plus d'aliments pour ses insatiables exigences, elle retomba dans ses dégoûts et son apathie d'autrefois.

Tout autre à sa place eût perdu courage et désespéré de l'amour ou de cette femme, mais lui voulut lutter encore.

Cette fois, il croyait la bien connaître. Les tristes expériences de Montmorency lui avaient révélé une nature dévorante, insatiable, avide d'émotions fortes et de sensations excessives, qui toujours voulait jouir et ne se reposer jamais, car pour elle le repos était l'ennui. Il se voyait en présence d'un gouffre, et pour n'y être point précipité, pour résister au courant qui l'entraînait en le submergeant, il comprenait qu'il lui fallait donner sans cesse une nouvelle pâture à l'âme de Marguerite; il fallait échauffer son cœur, distraire son esprit, lasser son corps. Après l'avoir enlevée de hauteurs en hauteurs en montant toujour, il devait l'enlever encore plus loin; condamné à une perpétuelle ascension, il n'y avait point pour lui de sommets; le jour où il voudrait non pas redescendre, mais s'arrêter, il serait perdu: plus loin, encore plus loin, toujours plus loin. Cette horrible tâche, que l'ingénieuse Symbolique des Anciens a personnifiée dans Sisyphe, était pour lui plus difficile et plus laborieuse encore que pour le damné de la fable, car, à celui-ci, un effort énergique, mais toujours le même, suffisait, tandis que pour soutenir Marguerite, il fallait joindre à une prodigieuse volonté de résistance, une fertilité d'invention plus prodigieuse encore, et, par malheur, c'était précisément cette fertilité qui lui manquait dans cette décisive occasion. Son esprit s'était fatigué aux dernières luttes qu'il avait dû entreprendre, déjà il avait tout épuisé, et quand, pauvre de son propre fonds, il avait voulu recourir à ces grands excitateurs de l'amour, mademoiselle de Lespinasse, *Manon*, *Werther*, *Valentine*, *le Lys dans la vallée*, *les Nuits* de Musset, comme le personnage de Shakespeare, Marguerite avait répondu: « Des mots, des mots, des mots! »

Il ne lui restait donc qu'un seul refuge, — refuge certain, parce qu'il est infini, — appeler à son aide une nature plus séductrice et plus grandiose : la forêt Noire, les Alpes, l'Italie.

Mais, avant d'en venir là, il rencontrait des difficultés que les circonstances rendaient insurmontables. Depuis qu'il aimait Marguerite, il était tombé dans une détresse d'argent qui, s'augmentant chaque jour, en était arrivée à ce qu'il faut bien nommer par son nom laid et vrai, — la misère. Pour la suivre aux Italiens, il avait usé jusqu'à ses dernières ressources. Il devait à tous ses amis et à ceux qui l'avaient bien voulu pour débiteur : à celui-ci cinq cents francs, à un autre cinq sous. Le séjour à Montmorency l'avait forcé de vendre ou d'engager ce qui pour le fripier, le bouquiniste ou le Mont-de-Piété, avait la moindre valeur. Pour venir à Fontainebleau, il était — la honte dans les yeux et l'anxiété dans le cœur, — retourné chez ceux de ses amis les moins exploités, et accueilli par l'un, repoussé par l'autre, il avait ramassé pièce par pièce une somme à peu près suffisante. Mais aujourd'hui de cette somme il restait bien peu de chose, et toutes les portes lui étaient fermées, même celle de Martel, qui pour lui s'était mis complétement à sec ; il n'avait plus rien à vendre, sa parole même était sans valeur, trouver cent francs était une de ces impossibilités devant lesquelles il faut s'arrêter vaincu, et cependant devant lui se dressait l'Italie, avec le repos, la joie, le bonheur, l'espérance, mais aussi avec le terrible accompagnement du voyage : les chemins de fer, les paquebots, les hôtels, les guides, les voiturins, les mendiants, les moines, les palais, les églises.

Il faut avoir aimé pour comprendre à quels vertiges, à quels désespoirs, à quels projets peut entraîner la misère : et les passions et les vices de ce monde tous réunis, n'ont jamais inspiré autant de crimes que le seul amour. Rien qu'en une semaine, et de luttes en luttes, la conscience de Maurice admit et rêva toutes les infamies ; et cependant, pour que ce voyage se fit, il n'avait qu'un mot à dire : Marguerite était riche ; mais ce mot, il ne le disait pas, car, pour un amant, les souffrances les plus douloureuses sont celles de l'orgueil, et il en est de fiers et de nobles qui préfèrent se mépriser eux-mêmes à s'humilier devant la femme aimée. Les questions d'argent ne sont rien pour ceux qui ont été élevés et qui ont vécu dans l'aisance ; pour le pauvre, elles deviennent une honte, et la susceptibilité est d'autant plus grande que la misère est elle-même plus profonde : on ne reçoit sans rougir que lorsqu'on est certain de pouvoir rendre un jour.

Aussi, tout en se désespérant, Maurice se taisait, et pour tous deux le temps s'écoulait péniblement ; chacun avait son secret, et ce secret, toujours à la veille de s'échapper, ne laissait à aucun des deux ni abandon ni liberté. Les plus mauvais moments de Montmorency étaient revenus, et ils s'étaient aggravés non-seulement des anciennes souffrances, mais encore du sombre aspect avec lequel se présentait l'avenir.

Enfin, ce fut Marguerite qui cette fois prit les devants. Un jour que, par une chaleur accablante, ils marchaient tristement au milieu du désert d'Arbonne, mornes, silencieux, perdus dans leurs propres pensées, enfonçant dans le sable qui manquait sous le pied, aveuglés par l'éblouissante réverbération des grès en poussière, étouffés par l'air embrasé, — ils furent croisés par un élégant équipage. Mollement renversée en arrière, une femme jeune, belle, à demi cachée dans les bouffements d'une blanche et fraîche toilette d'été, s'appuyait contre l'épaule d'un homme jeune aussi ; sur ses genoux elle avait des véroniques, des roses sauvages, des campanules ; et les deux amants, — ils ne pouvaient être que des amants, — les deux amants en tressaient une couronne pour de jolis cheveux blonds qui flottaient au vent, et quand leurs mains se rencontraient, ils s'étreignaient avec amour. Entraînée par deux chevaux ruisselants de sueur, la voiture disparut rapidement.

— « Eh bien? dit Marguerite en s'arrêtant.

— Eh bien? fit Maurice qui ne comprenait point cette interrogation.

— Eh bien, cher enfant, voilà des gens qui sont plus heureux que nous.

— Ah! ils ne s'aiment pas plus que nous ne nous aimons, va.

— Non, mais ils s'aiment en voiture, et c'est moins fatigant; ils s'aiment en toilette, et c'est plus gracieux.

— Ah! Marguerite, encore des plaintes.

— Crois-tu qu'elles ne sont pas justes, et veux-tu que je me taise quand, brûlée par le soleil, aveuglée par le sable, je vois deux amants se promener doucement, sans ennui et sans fatigue. La belle figure que j'aurais faite, avec ma blouse déchirée, si, par hasard, ces gens-là m'avaient connue!

— Quand tu aurais été en voiture, la rencontre, il me semble, n'en eût point été pour cela moins fâcheuse.

— C'est vrai, mais elle n'eût point été ridicule.

— Ridicule?

— Oui, ridicule, car il est ridicule à une femme comme moi de courir les bois en costume de carnaval.

— Tu ne trouvais point cela ridicule à Montmorency.

— Peut-être: mais, maintenant, je trouve que c'en est assez comme ça de pastorale et de poésie, et que si la liberté a ses plaisirs elle a aussi ses gênes et ses ennuis. Voyons, viens t'asseoir là et causons un peu raison, si cela est possible. »

Sans rien dire et sans lever les yeux, Maurice s'assit. A la tournure que prenait l'entretien, il croyait trop bien prévoir ce qu'il allait être.

Marguerite reprit:

— « Tu conviendras, n'est-ce pas? que cette vie d'artistes

et de bohêmes nous a donné tout ce que nous en pouvions attendre, et tu conviendras aussi qu'à ceux qui se promènent en voiture le ciel n'est pas moins bleu et que l'amour au milieu du luxe a bien ses douceurs et ses plaisirs. Eh bien, je voudrais que nous nous missions à les goûter enfin, ces plaisirs et ces douceurs. Jusqu'à ce moment je t'ai laissé le soin de choisir et de préparer notre bonheur, ne te fâche donc point si, à mon tour, je demande ma part de cette direction.

— Que veux-tu donc? interrompit Maurice, et qu'ai-je négligé?

— Rien, cher enfant; mais si j'ai été heureuse par toi, je te supplie d'être heureux par moi : à chacun sa tâche, tu as eu la première, je veux la seconde. Certes, je n'aurai jamais assez de paroles de reconnaissance pour les félicités que tu m'as données, et Montmorency laissera dans mon cœur des souvenirs qui seront éternels; mais les temps ne sont point encore venus où nous ne devons vivre exclusivement que de souvenirs : il est d'autres pays, d'autres plaisirs que ceux que nous avons connus.

— Tu veux partir?

— Oui, Maurice, je veux quitter ce pays et cette vie; je veux faire pour toi ce que tu as fait pour moi. Par amour, tu m'as sacrifié Rome, tes études et ton avenir d'artiste. Je veux te rendre tout cela; je veux aller à Rome. Tu n'y seras pas envoyé par des juges qui t'auront choisi parmi tes rivaux, mais tu y seras près d'une femme qui t'aime, qui t'a choisi parmi ce que Paris offre de plus illustre, et dont les caresses vaudront bien, peut-être, le triste séjour de la villa Médicis.

Pour répondre à ces paroles qui traduisaient si bien ses secrets désirs, pour répondre à cette habileté, à cette délicatesse, Maurice, qui s'attendait à des plaintes et à des reproches, ne trouva que des baisers : son orgueil se tut, et ce fut son cœur qui dit sa reconnaissance.

Le lendemain ils quittèrent Brévannes pour Paris, et huit jours après descendant la route du Simplon, ils entrèrent en Italie.

Ce n'est pas de sang-froid qu'on aborde cette terre magique, et son seul nom donne des enivrements et des vertiges qui exaltent l'imagination et transportent l'esprit ; aussi, dès la vallée de Domo-d'Ossola, Maurice et Marguerite étaient-ils fous de joie et d'enthousiasme. Jeunes tous deux, tous deux surexcités, ils trouvaient dans chaque chose le bonheur qu'ils portaient en eux ; et, perdus dans les îles Borromées, au milieu des jardins de l'Isola-Bella, ils oubliaient le monde et les chagrins passés : ils étaient revenus aux beaux jours de Montmorency ; pour la première fois ils croyaient voir l'azur du ciel, pour la première fois ils croyaient se bien aimer.

Pleinement heureux, ils eurent, d'un commun accord, la sagesse d'abandonner ces îles enchantées et d'emporter un souvenir qui fût pur de tout ennui. Ils partirent, et, sans s'arrêter à Milan, ils gagnèrent Venise.

Ce fut un changement de bonheur ; mais s'il changea, ce fut sans s'interrompre, car si le temps et la guerre ont enlevé à Venise doge, artistes, noblesse, sénat, marine de commerce et de conquête, Vénitiens mêmes et liberté, malgré tout et malgré l'Autriche, elle a conservé sa joyeuse hospitalité, ses danses, ses canaux, ses gondoles, ses palais, son ciel splendide, son Adriatique, qui fut si longtemps son épouse soumise, et c'en est assez pour que de tous les points du monde y viennent toujours ceux qui veulent aimer et vivre.

Maurice, cependant, aurait préféré au luxe, à la foule et aux palais de marbre, les bois de Montmorency, où, seul avec sa maîtresse et son amour, il aurait eu Marguerite tout entière. Mais, puisqu'elle aimait cette foule et ces palais, il les aima aussi; puisqu'elle était heureuse, il fut heureux.

Et vraiment elle était heureuse, et même un mois après son arrivée à Venise, elle n'avait encore éprouvé ni fatigue ni déception. Il est vrai, cependant, que toutes leurs paroles n'étaient plus, comme autrefois, des paroles d'amour ou sur l'amour; mais quand, le soir venu, ils se faisaient conduire en pleine mer, quand la nuit était resplendissante d'étoiles, quand l'Adriatique n'avait pas une vague, pas un pli, quand la brise insensible apportait les parfums de la terre, elle s'asseyait sur les genoux de Maurice, lui passait les bras autour du cou, se haussait jusqu'à ses lèvres, et le corps renversé en arrière, mourante de volupté, les yeux au ciel, les sens ravis, l'esprit en extase, elle ne se demandait pas si c'était amour, érotisme ou poésie : elle était heureuse !

Au reste, s'ils parlaient moins souvent d'eux-mêmes, il n'y avait toutefois entre eux jamais de ces silences involontaires, où, soit par fatigue, soit par embarras de trouver quoi dire, chacun suit sa propre pensée et ramène tout à soi; leurs deux esprits, sinon leurs deux cœurs, étaient toujours à l'unisson, et l'art, la poésie ou la nature étaient le lien qui les maintenait toujours en contact; ils parlaient du Titien, du Giorgion, du Tintoret, de Veronèse, des Foscari, de Dandolo, de Byron, d'Othello, de Desdemone, et le bruit de ces grands noms retentissait en eux assez profondément pour empêcher Maurice d'entendre les plaintes de son amour, et pour cacher à Marguerite le vide de son propre cœur.

Ces conversations, toutes de cerveau, avaient d'abord été assez rares, puis elles étaient insensiblement devenues plus fréquentes; Padoue, Florence, la galerie Pitti, Santa-Maria del Fiore, le palais Riccardi, le Baptistère, les rendirent presque continuelles; et quand les deux amants arrivèrent à Rome, ils étaient dans les meilleures conditions morales pour visiter ses chefs-d'œuvre et pour en parler convenablement.

Rome était le but du voyage. C'était à Rome que l'on devait habiter. Marguerite n'y était venue que pour permettre à Maurice de travailler; mais Maurice ne travailla point. Les premières semaines furent prises par l'installation dans une villa près d'Albano. Maurice était indispensable; il fallait ses avis, ses idées, son goût; puis on visita les palais, les musées, les églises. Naturellement Maurice fit les honneurs de toutes ces promenades, et on en eut pour longtemps; puis quand Marguerite fut lasse de tableaux, de statues, de colonnes, de ruines, et qu'elle voulut se reposer dans cette douce oisiveté que favorisent si bien le climat et les mœurs de l'Italie, il se reposa près d'elle, lisant ou parlant lorsqu'elle désirait des distractions, chantant ou se mettant au piano lorsqu'elle désirait de la musique, lui souriant lorsqu'elle souriait, l'accompagnant lorsqu'elle sortait, et lorsqu'elle voulait dormir la contemplant tendrement ou s'endormant près d'elle. Les jours suivaient les jours, les semaines s'ajoutaient aux semaines, et il ne trouvait pas une heure pour l'étude. Tantôt Marguerite était joyeuse, et le temps s'écoulait rapidement sans qu'on s'en aperçût; on se promenait l'un à l'autre enlacés, on riait, on s'embrassait, on jouait comme des enfants, on se disait de bonnes et douces paroles, on rappelait le passé, on interrogeait l'avenir, et tout à son amour, Maurice ne pensait qu'à l'amour, méprisait le travail et la gloire, et les trouvait bien peu dignes de lui faire perdre une minute d'un bonheur tel que le sien. Tantôt, au contraire, elle était triste, des reproches, des mots de regrets ou d'injures avaient été mutuellement lancés; dans la mémoire de tous deux la colère grondait longtemps, et Maurice, la tête en feu, les larmes aux joues, le cœur brisé, s'abandonnait à sa douleur, tournait et retournait de sa propre main le couteau dans sa chair, se redisait à lui-même les mots irréparables qui lui avaient échappé, se rappelait une à une les circonstances de la querelle, croyait tout à jamais perdu, pleurait son bonheur anéanti, et se sentait, à cette pensée, si abattu et si épouvanté, qu'il ne songeait plus qu'à rentrer en grâce et n'en cherchait plus que les moyens et les occasions.

Comment travailler au milieu de ces alternatives de joies et de chagrins, d'énervantes ardeurs ou de fatigues plus énervantes encore. Si par hasard, dans un moment de trêve, il s'enfermait courageusement, c'était tout, il ne pouvait aller plus loin ; sa volonté ne lui répondait pas, il ne pouvait s'absorber en lui-même, et si les idées se pressaient nombreuses et éblouissantes dans sa tête, quand il était pour les saisir elles devenaient ternes et rares ; car, depuis longtemps, la concentration de la vitalité ne se faisait plus au profit du cerveau, et s'il sentait, s'il concevait, s'il imaginait encore, il avait perdu la douloureuse habitude de l'exécution, toujours si lente, si laborieuse, et qui exige tant de patience et tant d'énergie. Alors il se voulait contraindre, il cherchait ; mais, d'efforts en efforts, il en arrivait promptement à toucher, à gratter en quelque sorte, le tuf de son cerveau et à se donner le sentiment désespérant et désespéré de son impuissance. Alors la rêverie, cette consolatrice menteuse des artistes stériles, s'emparait de lui, l'absorbait, et, des hauteurs de son art où il s'était un instant élevé et où il n'avait pu se maintenir, il redescendait lâchement et mollement à Marguerite, et malgré lui, à cette seule pensée, il avait des espérances qui l'enivraient, des souvenirs qui lui donnaient de longs frémissements ; c'était en vain qu'il se raidissait pour y échapper, il y revenait sans cesse, et trop faible pour lutter et vaincre, il cédait et il courait près d'elle lui demander des consolations et des inspirations. Mais Marguerite ne savait ni consoler ni inspirer, elle était femme et ne pouvait donner que l'oubli ou la distraction, et encore elles étaient mortelles pour un artiste, ces distractions, car elle était si parfaitement égoïste, elle ramenait tout si bien à soi, elle dirigeait tout si bien pour elle seule, que, de jour en jour, elle le laissait et plus anéanti et plus épuisé. Enfin il le sentit vaguement, et il commença de comprendre qu'il lui aurait fallu le calme continu et assuré, les libertés de la solitude, les excitations de l'ennui, les économies du silence ; mais il comprit aussi qu'on ne peut être à la fois amant et poëte, et que l'art, comme la religion, a ses rigoureuses exigences, qu'il lui faut la chasteté et le détachement des choses de ce monde ; — et à l'art et à la gloire, il préféra son amour.

Mais il ne fut point sans souffrir, et les comparaisons que presque chaque jour il put faire, en rencontrant ses anciens camarades de Paris, aujourd'hui à Rome, entretenus par l'État, tandis que lui-même l'était par une femme, venaient encore aviver ses souffrances et les rendre plus incessantes et plus cruelles. Eux, ils pouvaient travailler, ils étaient joyeux, ils avaient de faciles amours avec les belles madones du Transtevère, ils étaient pleins de confiance dans l'avenir, et pour le présent, la France leur avait donné un titre qui les rendait fiers et tranquilles ; — tandis que lui, à la suite d'une maîtresse, amoindri dans sa propre estime, humilié dans son orgueil, morose, tourmenté, plein de doute et d'inquiétude, ayant tout sacrifié à l'amour, il se voyait trahi par l'amour.

Car en même temps qu'il s'était interrogé lui-même, Marguerite, de son côté, plus calme et plus expérimentée, avait aussi commencé de juger froidement la situation qu'ils s'étaient faite, et chacune de ses questions avait été une accusation contre l'amour. Depuis son arrivée en Italie, elle avait marché de déceptions en déceptions, et si son enthousiasme poétique avait pu l'étourdir quelque temps, si les ruines de la ville des empereurs, si les richesses de la ville des Papes, si le Vatican, Saint-Pierre, le Colisée sous les rayons de la lune, avaient fortement impressionné son esprit, son imagination ou ses souvenirs, elle n'avait, en face de ces splendides créations de l'art, éprouvé aucune des sensations qui l'avaient si délicieusement enivrée dans les bois de Montmorency. Sans comprendre qu'à cet heureux instant qui avait traversé sa vie comme un éblouissant éclair, elle avait été entraînée par un sentiment inconnu qui l'avait faite jeune et pure, qui, malgré sa coquetterie, son éducation, ses préjugés, malgré sa corruption d'esprit et sa sécheresse de cœur, malgré son âge, lui avait donné quinze ans, l'avait vaincue par une irrésistible puissance, et l'arrachant aux habitudes du monde, avait remplacé dans son âme purifiée le savoir et la triste expérience de la femme par la candeur et l'ingénuité de la jeune fille; sans s'avouer à elle-même qu'elle avait été saisie par cet amour naïf et virginal, toujours absolu malgré les railleries dont le bon sens et le bon goût l'accablent, et qui, tôt ou tard, nous dompte tous, honnêtes ou vicieux, nous rendant à l'exaltation, au dévouement, à la poésie, à la jeunesse; sans songer seulement à regarder en soi, sans interroger son cœur, sans rien demander aux choses, aux faits ou au temps, elle accusait Maurice et elle accusait l'amour. Et cependant, c'étaient l'amour et Maurice qui avaient fait ce miracle. Mais parce que ce miracle ne se reproduisait pas sans cesse et à chacun de ses caprices, elle gémissait. Elle se disait que la passion était bien mesquine et bien étroite; que ses joies étaient bien courtes, ses bonheurs bien limités; qu'elle n'était pas ce que les poëtes la faisaient, mais plutôt illusion et mensonge, et que si pour un jour elle pouvait nous enlever à des hauteurs infinies, elle nous laissait retomber bientôt, d'autant plus malheureux et plus découragés, qu'elle nous avait montré des splendeurs auxquelles on ne pouvait atteindre, et que nous ne pourrions même jamais revoir.

Et c'étaient des désolations, des regrets, des chagrins qui la tourmentaient chaque jour davantage. Elle ne se rendit pas d'abord un compte bien clair et bien précis de toutes ces idées qui sommeillèrent longtemps dans son esprit, mais peu à peu elle en eut conscience, petit à petit elles s'éveillèrent; les réflexions s'ajoutèrent aux réflexions; la logique des faits se révéla avec une évidence implacable, et trop faible ou trop orgueilleuse, Marguerite s'arrêta aux effets sans pénétrer les causes. La vie commune empêchant de juger à distance et obscurcissant le bien pour ne laisser voir que le mal, elle en vint à comprendre la possibilité d'une rupture, puis bientôt à la regarder comme un bonheur. Les mille précautions qu'il lui fallait prendre sans cesse lui faisaient désirer la liberté. Elle songeait à Paris, au monde qu'elle avait abandonné, aux plaisirs, aux triomphes qu'elle avait sacrifiés; et si ces sacrifices avaient pu lui paraître légers aux commencements d'une liaison qui promettait toutes les joies, maintenant que cette liaison n'avait plus à offrir que des chagrins et des luttes, ils lui paraissaient bien grands et bien durs; sans doute Maurice était un charmant esprit, un excellent cœur, elle avait pour lui la plus vive affection, elle l'aimait sincèrement, mais enfin les plus belles choses ont leur terme, il est des exigences plus fortes que notre volonté, et elle ne pouvait point ainsi se sacrifier toujours.

Cependant à la pensée d'abandonner celui qu'elle avait tant aimé et qui, lui, l'aimait encore avec une tendresse si aveugle et si absolue elle avait des frémissements qui gonflaient son cœur; loin de lui elle s'affermissait dans son projet; mais quand il la regardait avec ses yeux suppliants, quand il la prenait dans ses bras et se couchait sur son sein en lui disant de douces et joyeuses paroles d'avenir, elle était prise d'une tendre pitié, elle se sentait bien faible et bien irrésolue, et si elle ne l'aimait plus avec passion, elle l'aimait encore avec compassion.

Mais, chaque jour, cette compassion diminuait, et les difficultés de situation devenaient plus fréquentes et plus rudes; aussi, après une de ces difficultés qui avait amené une brouille, se décida-t-elle à en finir, non pas brusquement, mais d'après son procédé habituel en toutes choses, c'est-à-dire adroitement et progressivement.

Comme bien des fois déjà, en des jours de tristesse et de lassitude, ils avaient tous deux parlé d'abandonner Rome, elle proposa de continuer le voyage et d'aller à Naples. Elle mit en avant le prétexte ordinaire, la distraction, tandis que le vrai motif était que là, n'ayant plus rien à visiter en Italie, elle trouverait un moyen tout naturel pour revenir en France, et que, dès qu'elle serait à Paris, le monde et ses exigences lui seraient de merveilleux prétextes pour rompre la vie commune, écarter insensiblement Maurice, et recouvrer enfin l'indépendance.

Mais à Naples il arriva précisément tout le contraire de ce qu'elle avait projeté, et elle dut reconnaître qu'elle n'était point encore, comme elle l'avait cru, tout à fait détachée de Maurice, tout à fait détachée de sa passion.

A Montmorency, elle avait aimé l'amour; à Fontainebleau, elle avait aimé la nature; à Naples, elle aima tout à la fois, et malgré elle, l'amour et la nature. Ce fut un regain, mais un regain plus riche que ne l'avait été la première moisson; ce fut une surprise, mais une surprise entraînante, irrésistible.

Sous ce climat, ses sens et son esprit s'exaltèrent, et la fougue de ses désirs, qu'elle croyait bien apaisée, se réveilla plus tyrannique et plus insatiable.

A la veille d'une séparation, son cœur fut touché de regrets et de pitié.

Et ces deux influences la poussant, elle se retrouva aux bras de Maurice plus étroitement que jamais. Elle voulut jouir, sans perdre une seule minute, de ses derniers jours de bonheur; et comme elle savait que si les excès conduisent sûrement à la lassitude et au dégoût, elle savait aussi qu'alors qu'on est décidé à une rupture ils aident à faire passer les derniers moments et empêchent de la regretter; elle ne chercha point à résister, et elle s'abandonna pleinement à ses nouvelles aspirations, à ses nouvelles espérances.

Alors ce qui s'était déjà produit chaque fois qu'un changement s'était fait dans sa vie se reproduisit encore; elle redevint ce qu'elle avait été à son arrivée à Montmorency, à Fontainebleau, aux îles Borromées; mais avec cette terrible différence, cependant, que ces mêmes choses qui avaient excité son enthousiasme: l'éloquence de deux regards confondus, le bruit des feuilles sous les arbres, le soleil sur la rosée, ne la touchaient plus aussi vivement. Maintenant, lorsqu'on se promenait sur la plage du Pausilippe par une de ces belles nuits du Midi, on ne se laissait plus émouvoir seulement par la majestueuse poésie de la mer; en marchant au milieu de ces ruines, on se demandait envieusement quels avaient dû être les plaisirs et les amours de ceux qui se montraient si grands encore dans le plus mince de ces débris. Au tombeau de Virgile, Maurice, — obéissant à la nouvelle inspiration qui le guidait comme il avait toujours obéi, — oubliait Didon et parlait de Catulle et de Martial; à Caprée, on laissait le soleil se lever derrière les oliviers du mont Solaro, quand naguère, pour le voir sur les plaines de l'Ile-de-France, on avait fait tant de courses matinales; et se tournant vers les ruines du temple de Tibère, on pensait aux nuits de Quartilla, aux orgies de Trimalchion.

Ils vécurent dans un continuel état de fièvre, et tout ce que les sens emportés par une insatiable volonté peuvent donner d'embrasements et de délires, ils le connurent; mais ils connurent aussi des dégoûts, des fatigues, des prostrations qu'ils n'avaient jamais éprouvés au temps où ils savaient être heureux plus naïvement et plus facilement.

Quelquefois et pendant des journées entières ils s'enfermaient dans leur villa de Sorrente, sans se laisser séduire ni par l'ombrage des orangers, ni par l'humide verdure des ravins qui descendent à la mer; et nattes et tapis étendus sur le carreau, au milieu d'une atmosphère chargée de parfums, sans cesse rafraîchie par de nombreux bucaros qui versaient le froid par leurs pores, ils restaient dans les bras l'un de l'autre. Marguerite, oubliant ses idées de séparation, jouissait de l'heure présente sans vouloir songer à l'avenir; Maurice, oubliant ses chagrins et ses inquiétudes, s'enivrait d'espérance et de joie; et c'étaient des rages de caresses, de folles étreintes, de longues extases. Ils s'excitaient mutuellement, ils s'encourageaient, ils s'applaudissaient; ils se juraient un amour absolu, une éternelle reconnaissance, une inaltérable fidélité. Jamais bonheur n'avait été aussi grand; ils étaient les plus heureux du monde; ils se le disaient, ils le croyaient. Et pour quelques heures ils l'étaient en effet, mais à la condition de tout oublier et de se concentrer toujours en eux-mêmes; car s'ils venaient à retrouver leur raison dans un peu de repos; si, après une de ces crises, ils venaient à sortir, alors que sous les premiers rayons du soleil la terre encore fumante se montre splendide de jeunesse et de limpidité, alors que l'air souffle pur et rafraîchissant, alors que de toute la nature s'élève le concert de joie et de vie, souvent leurs yeux s'emplissaient de larmes, ils se cachaient l'un de l'autre, ils marchaient silencieux; et en face de cette ineffable poésie du matin, ils se sentaient bien las et bien tristes.

Plusieurs semaines se passèrent ainsi; puis, quand Maurice, toujours aux aguets, crut remarquer en Marguerite quelques symptômes de fatigue, ne voulant pas les laisser se développer et amener des malaises et des luttes qu'il connaissait trop bien, il proposa lui-même d'abandonner l'Italie et de revenir en France. Il ne lui était plus possible de se faire illusion, et il n'avait plus d'espérance que dans les ressources infinies de Paris ; ce n'était plus la poésie, les voyages, les distractions qu'il devait appeler à son secours, mais tout le savoir, toutes les expériences, tous les raffinements de l'extrême civilisation. Sans doute il savait qu'il viendrait un jour où, n'étant plus rien qu'ils n'eussent flétri et épuisé, Paris lui-même serait impuissant ; mais tout en ne pensant qu'avec effroi à ce terrible dénoûment, tout en ayant la douloureuse conviction qu'il était inévitable, comme le malheureux en face de la mort, il voulait au moins lutter jusqu'au bout, et tant qu'il lui resterait un souffle de force et d'intelligence, lui disputer les défaites une à une et le retarder pas à pas.

Marguerite accueillit avec empressement la proposition de retour. L'Italie n'avait plus rien à lui donner, et aussitôt elle s'attacha soigneusement à préparer Maurice aux nouvelles dispositions qu'elle entendait prendre dès qu'ils seraient arrivés à Paris. Les heures de la traversée servirent à souhait ses desseins, et elle eut le temps de l'accoutumer, avec toutes sortes de finesses et d'habileté et par de savantes gradations, à la pensée qu'il faudrait renoncer à la vie commune. Elle lui expliqua qu'elle se devait à elle-même et au monde de reparaître chez elle avec ses habitudes et ses obligations d'autrefois ;—que son absence n'avait dû être déjà que trop remarquée, et qu'elle aurait besoin de toute son habileté, et même de l'appui de sa mère, pour l'expliquer d'une façon satisfaisante ; — que, malgré ce qu'elle pourrait faire, les soupçons devaient être trop éveillés pour leur permettre à tous deux la plus petite imprudence ; — que c'en serait une fort grande à lui, Maurice, de se montrer dans les soirées qu'elle serait forcée de reprendre; — qu'un mot, un regard pouvaient les perdre; — que, s'aimant comme ils s'aimaient, ils ne pourraient pas être maîtres de cacher leur amour, et que c'était au nom même de cet amour, et pour en assurer l'éternelle durée, qu'ils devaient savoir supporter des privations. Elle lui jura qu'elle ne serait pas la moins à plaindre; — qu'elle penserait toujours à lui; — qu'elle serait toujours près de lui de cœur et de souvenir; — que le temps consacré à ses devoirs de société serait un véritable enfer; — qu'elle l'abrégerait autant que possible, et que toutes les fois qu'elle en verrait le moyen, elle se hâterait de tout abandonner pour revenir dans ses bras et lui payer en tendresses et en caresses longuement amassées les chagrins du sacrifice et de l'absence.

Maurice souffrit, pleura, résista à chacune de ces exigences; mais il en fut encore ce que déjà il en avait toujours été; il se résigna la rage dans le cœur, et ce qu'elle voulut lui faire comprendre il le comprit ou il l'accepta; moins que jamais il savait lui résister, et si, lorsqu'il était loin d'elle il raisonnait, il s'emportait, il la maudissait, près d'elle, il était sous un charme irrésistiblement entraînant; à sa vue, au son de sa voix, il perdait sa volonté et sa personnalité, l'émotion trop vive l'empêchait de répondre et même souvent de comprendre; il devenait *elle-même* triste si elle était triste, riant si elle était riante; la puissance qu'elle exerçait sur lui était celle que donne le magnétisme, elle l'attirait, le repoussait, l'exaltait, lui faisait toucher ce qui n'existait pas, trouver chaud ce qui était glacé, charmant ce qui était horrible, éblouissant ce qui était sombre; et pourvu qu'il la vît, pourvu qu'il l'entendît, il obéissait, il ne se révoltait point, ne pensait qu'à elle seule, ne cherchait qu'à lui plaire; pour qu'elle daignât rire, il riait le premier des blessures qu'il se portait à lui-même; entre ses mains, il était devenu une chose souple et molle, un jouet, un écho, un miroir.

V

OU CONDUIT L'IDÉAL

Son premier soin, dès qu'ils arrivèrent à Paris, fut de choisir un logement où Marguerite pût venir à toute heure et sans danger.

Il le prit rue de la Sourdière. C'est une de ces rues à double aspect comme le sont presque toutes celles de ce quartier, demi-fille, demi-honnête; vers les Tuileries elle est bruyante et obscure; vers la rue de la Corderie elle est calme et convenable; on ne rencontre que de braves gens parfaitement vulgaires, et les maisons, comme leurs habitants, prennent un air discret et vertueux. Ce fut une de ces maisons ayant une seconde entrée rue Saint-Roch, que Maurice choisit, et presque toutes les conditions imposées par les convenances s'y trouvèrent heureusement réunies: — bijoutier au premier étage, ce qui donnait une satisfaisante réponse à Marguerite, en cas de rencontre fâcheuse; — double sortie, ce qui lui permettait de dépister les recherches et les soupçons; — enfin, voisinage des Tuileries, de l'église Saint-Roch, du Théâtre-Italien et des grandes couturières, ce qui lui permettait d'accourir à toute heure avec une justification naturelle et spontanée, même pour l'esprit le plus incrédule ou le plus malveillant.

Lorsqu'elle eut vu par elle-même, — car en ces sortes d'affaires elle ne s'en rapportait qu'à son examen, — elle daigna se déclarer satisfaite; mais comme il fallait à ses amours un nid élégant et moelleux, et qu'elle savait la détresse de Maurice, elle voulut seule se charger des dépenses; et Maurice, dont la fierté eût autrefois si cruellement pleuré, se laissa sans trop rougir donner l'argent nécessaire; l'habitude avait émoussé sa dignité personnelle, et en acceptant avec une crédulité voulue cette attention de Marguerite, c'est à une preuve d'amour qu'il croyait croire. On meubla donc ce petit appartement avec un luxe et une coquetterie que Maurice n'avait jamais vus que chez les autres. La porte d'entrée fut matelassée pour étouffer les bruits, on cloua sur le carreau une épaisse moquette; dans la chambre à coucher, de doubles rideaux de mousseline et soie jaune (Marguerite était brune et n'avait plus vingt ans) ne laissèrent pénétrer qu'une tranquille lumière; les meubles, fauteuils et ottomane, furent larges et moelleux; le lit fut bas et un peu dur; il y eut des glaces aux trois côtés et au plafond de l'alcôve; on réserva une armoire pour quelques porcelaines et une cave richement fournie; et, sur la cheminée et les consoles, se dressèrent des bronzes et des plâtres, réductions savantes des originaux qu'on avait admirés à Naples. C'était la chambre d'une courtisane plutôt que celle d'un homme; mais Marguerite l'avait voulue ainsi, et Maurice s'y installa presque avec bonheur.

Cependant les premiers jours y furent pour lui bien longs et bien pénibles à passer; car, de toutes nos habitudes, les plus douloureuses à rompre sont celles que forme l'accord de deux volontés, et qui, brisées par l'isolement, nous laissent sans initiative et sans but. Lui qui depuis si longtemps ne vivait que par Marguerite, ramenant tout à elle, n'agissant que pour elle, n'ayant d'autres désirs que ses désirs, d'autre bonheur que son bonheur, d'autre conscience que sa conscience, se trouva sans force et sans direction lorsqu'il fut seul; tout d'un coup la nuit s'était faite, et de la clarté la plus limpide il était tombé dans les ténèbres. Blessé, meurtri, déchiré par tout ce qui l'enviconnait, il s'efforça de vivre dans le passé ou dans l'avenir; mais il eut beau faire, le présent vint toujours le ressaisir, et alors le contraste de sa solitude avec ses espérances ou ses souvenirs l'accabla encore plus péniblement. Les heures lui étaient éternelles, il ne pouvait ni lire, ni travailler, ni même penser à autre chose qu'à son amour; son cœur avait paralysé sa tête, et il restait des journées entières, immobile de corps, fiévreux d'esprit, incapable de former une idée précise et de la suivre, mais lourdement perdu dans des songes inconsistants où Marguerite revenait toujours. Ces hallucinations le brisaient, mais il ne voulait rien faire pour s'en arracher, et au lieu de demander des distractions à ses amis ou au travail, au lieu d'aller chez Martel, qu'autrefois il visitait tous les jours, et à qui même il n'avait pas écrit depuis cinq ou six mois, il se plongeait dans sa douleur, il s'y plaisait, il en était presque heureux, et il lui semblait que plus ses tortures seraient grandes, plus grandes aussi seraient les obligations de Marguerite, plus grande serait sa reconnaissance, plus grand serait son amour.

Mais elle était loin, en réalité, de payer ces sacrifices aussi chèrement qu'il l'espérait, et qu'elle-même d'ailleurs l'avait si formellement promis. D'abord elle était venue presque tous les jours, puis petit à petit ses visites s'étaient faites de plus en plus rares, de plus en plus irrégulières, et Maurice avait passé de longues journées à sa fenêtre, la poitrine incrustée dans l'appui, brûlé par l'attente, épiant chaque voiture qui passait, tressaillant pour un chapeau, une robe, pour une démarche qu'il croyait reconnaître, éperdu lorsque le frou frou d'une jupe bruissait dans l'escalier, se consolant de chaque déception par une espérance nouvelle et attendant du soir ce que le matin ne lui avait pas donné. Mais, bien souvent, le soir et le matin s'écoulaient sans amener Marguerite, car elle se laissait retenir non-seulement par ses nouveaux devoirs, mais encore par son propre égoïsme; et s'il l'attendait, lui, avec une impatience dévorante, elle venait avec une désespérante lenteur.

Aucun attrait, aucune illusion possible ne la poussait plus vers cette chambre et ne faisait plus bondir son cœur dans sa poitrine; elle en savait trop pour être émue ou surprise, elle en savait trop pour désirer encore, et elle ne se sentait plus entraînée ni vers l'amour ni vers l'amant par la mystérieuse attente de l'inconnu. Comme l'acteur qui sait trop son rôle et qui l'a joué jusqu'à en être lassé, la prévision et la certitude des effets probables lui en corrompaient tout le plaisir. Ce qui pour Maurice était encore à venir, pour elle était déjà passé.

Aussi les rares journées qu'elle se décidait à lui consacrer étaient-elles pour elle, pour son ennui, pour sa fatigue, bien longues et bien mortelles : elles n'amenaient plus rien de nouveau, elles n'ajoutaient plus que des souvenirs fastidieux à de délicieux souvenirs, elles creusaient l'abîme, elles augmentaient la distance, elles accomplissaient insensiblement la séparation.

Et par une logique implacable, la progression du désir chez l'un, était en raison de la progression de la satiété chez l'autre. Chaque rendez-vous laissait Maurice plus altéré, Marguerite plus dégoûtée.

Elle avait épuisé le désir et ne croyait plus à la passion; aussi rien de ce qui était passion ne la touchait plus, et enveloppant dans un même dédain l'amour et l'amant, chaque fois maintenant qu'elle se séparait de Maurice, elle s'en allait plus injuste et plus irritée envers lui. Car tout naturellement c'était lui qu'elle accusait, c'était lui le seul coupable, lui qui l'avait entraînée sans avoir la force de la soutenir, lui qui n'avait jamais su résister au moindre caprice, lui en qui elle s'était confiée et qui n'avait jamais été qu'un guide sans expérience, sans initiative, sans volonté, sans énergie.

Et alors elle le jugea avec une impitoyable sévérité; elle avait, jusqu'à cette heure, regardé ses qualités par le petit bout de la lorgnette et ses défauts par le gros bout; elle fit tout le contraire; et le point de vue étant ainsi changé, la vision changea aussi.

Elle avait vu Maurice jeune et gracieux, le regard parlant et perçant, la bouche fraîche, le front large, les sourcils épais et soyeux, les cheveux noirs, longs et légèrement bouclés, la peau fine et blanche, la démarche naturelle et facile ;—elle le vit mal peigné, dégingandé, le nez trop gros, les doigts trop maigres, les ongles trop courts. — Il était franc, naïf, original ; il n'avait point deux caractères, un de parade, l'autre intime, un pour ses amis, un pour le monde; il disait tout ce qu'il pensait et comme il le pensait ; il se laissait aller à toutes ses impressions et les traduisait crûment ; — elle le trouva grossier et vulgaire, manquant de cette politesse que la société met au-dessus du cœur et de l'esprit; elle rougit d'enfantillages et d'étonnements dans les choses de la vie qui, autrefois, l'avaient amusée et charmée, et qui lui parurent communs et bourgeois, et elle accusa de petitesse et de pauvreté des sentiments qui bien souvent l'avaient ravie par leur gentillesse et leur fraîcheur.—Il était bon, il fut bête ; il était emporté, il fut brutal ; il était faible, il fut lâche ; il était exalté, il fut ridicule.

Elle fit si bien qu'elle en vint à rougir de son amour; elle le trouva banal, ses platitudes et ses mesquineries lui soulevèrent le cœur, et comparant Maurice aux hommes qu'elle voyait chaque jour, elle le renia et se demanda naïvement comment elle avait pu l'aller choisir entre tant d'hommes distingués pour l'élever jusqu'à elle. — Qu'avait-il donc de si entraînant? — Que lui avait-il donné, que lui donnait-il encore en échange de tous ses sacrifices? — A quelles hontes, à quelles railleries ne s'exposait-elle point? — Le monde si indulgent pour les fautes qu'il partage, aurait-il jamais assez de colère et de mépris pour une liaison aussi vulgaire, aussi indigne? Et à cette pensée, elle s'irritait et se dévorait intérieurement.

Ces dispositions malveillantes, qu'elle s'expliquait chaque jour d'une façon plus précise et plus pénible, étaient encore éperonnées et envenimées par sa mère, qui apportait dans cette tâche un empressement et une amertume véritablement dignes de la plus haute moralité.

C'était une femme sèche et osseuse, de haute taille, le nez fort et aquilin, les yeux grands et d'une merveilleuse mobilité, le visage en lame de couteau, la gorge nulle, les hanches à peine indiquées,—se balançant comme un saule pleureur, penchant la tête à droite, à gauche, en avant, en arrière, mais plus souvent en arrière;—parlant mielleusement, et au milieu d'un soupir vous décochant une épigramme cruelle, vénéneuse comme la langue qui l'avait lancée; — avec cela un air doucereux quand elle se le donnait, haineux quand elle s'oubliait, et une physionomie générale où éclataient l'intrigue et l'esprit.

Marguerite, qui avait vécu près d'elle de seize à vingt-deux ans, et qui avait eu le temps de la connaître et de l'apprécier, s'était hâtée, aussitôt son mariage, de la reléguer dans une terre magnifique que M. Baudistel possédait en Sologne, et où elle pouvait à son aise commander, quereller, chicaner les paysans, et blesser, humilier, diviser les voisins, qui tout d'abord avaient été ses amis. A la mort de M. Baudistel, un rapprochement avait été tenté de part et d'autre; après quinze jours, la mère et la fille avaient eu trente querelles, une par repas, et elle était repartie pour la province. Mais au retour d'Italie, Marguerite voulant reprendre ses réceptions, et ayant en outre besoin de sa mère pour expliquer son absence, lui avait écrit une lettre presque affectueuse, dans laquelle elle l'engageait à revenir, et madame de Fargis, heureuse de cette remise en activité, était arrivée pleine d'interrogations, de projets et de conseils.

Aux interrogations, Marguerite avait carrément refusé de répondre, et l'avait priée seulement de laisser dire et croire qu'elles avaient fait ensemble un voyage en Italie: et la mère avait cédé devant la fille. Il existait entre ces deux femmes un passé qui supprimait obéissance et respect. Par les intrigues qui flétrirent sa jeunesse, par la pension qu'elle faisait à sa mère, Marguerite était seule maîtresse: ni l'une ni l'autre ne l'oubliaient.

Aux projets et aux conseils, elle fut plus facile et plus patiente. Ces projets, c'était tout simplement la reprise ou plutôt la continuation des anciens, c'est-à-dire un mariage. M. Baudistel n'était point encore au Père-Lachaise que déjà madame de Fargis songeait à un nouveau gendre. Toutes deux n'étaient plus au temps où, pour se montrer le soir au bal du salon de Spa ou de Dieppe, il leur fallait elles-mêmes, dans la journée, laver, sécher et repasser leurs mouchoirs et leurs jupons. Grâce au banquier, maintenant Marguerite était riche: de la dot qui, dans une sage et habile prévoyance, lui avait été faussement reconnue au contrat, elle avait un million et l'hôtel de la rue de Varennes; et de sa part dans la société d'acquêts et donations au plus vivant, 15 ou 1,800,000 francs, sans compter le domaine de la Sologne. C'était un revenu d'au moins 250,000 livres, qui pouvait faire un bel appât, et lui donner enfin dans le vrai monde une position supérieure à celle que M. Baudistel occupait dans la banque et les affaires.

Quand, le soir de l'enterrement, elle avait exposé à sa fille ce plan merveilleux, Marguerite, trop heureuse de sa nouvelle liberté et tout entière d'ailleurs à Maurice, l'avait nettement interrompue; mais plus tard, quand rassasiée d'amour, dégoûtée de son amant, fatiguée de la passion qu'elle avait reconnue impuissante et qu'elle croyait morte à jamais dans son cœur, elle avait entendu les mêmes idées reprises et caressées avec une inaltérable persistance, elle les avait écoutées plus favorablement.

— « Chère mignonne, disait chaque jour madame de Fargis, revenant à son thème et encensant de la tête, chère mignonne, tu te dois à toi-même et tu me dois aussi un peu de ne pas t'appeler plus longtemps madame Baudistel. Et ne fût-ce que pour nous venger de la famille de ton père, qui nous a si indignement repoussées et oubliées depuis qu'il est mort, tu devrais t'élever assez haut pour les humilier et les repousser à ton tour. Tu es jeune, belle, riche; tu serais une sotte de n'être point ambitieuse. D'ailleurs, dans la position que tu t'es faite, un mariage est indispensable; lui seul peut faire taire bien des bruits, et te rendre la considération que ton voyage en Italie t'a fait perdre.

— Mais, ma mère...

— Mais, ma fille, je ne vous fais pas de reproches; je vous avertis amicalement. Tu comprends bien, n'est-ce pas, qu'on ne trompe point une femme comme moi ? Tu es la maîtresse d'un petit monsieur, un artiste qui doit se nommer Berthauld, ou quelque chose comme ça. Les médisances de tes amis ne me l'auraient point dit que tu me l'apprendrais toi-même par tes imprudences, tes sorties éternelles, et tes précautions de dire à tes gens que tu viens passer la journée ou la nuit chez moi, tandis qu'en réalité tu vas les passer chez lui. Eh bien ! ma fille, tout cela est enfantin, maladroit et ridicule. Tu es veuve, je le veux bien; mais tu n'es pas libre comme tu le crois. Mariée avec le monde, ton amour, pour un homme qui ne lui appartient pas, est un adultère; c'est une faute qui te perdrait à jamais. Il t'a plu; il est charmant, spirituel, adorable, tu l'as aimé, c'est bien; mais vous n'êtes point unis pour l'éternité. Ces gens-là, ma chère, sont sans conséquence : on les prend, on les quitte au gré de son caprice. Ils le savent; et plus d'une fois je leur ai entendu dire à eux-mêmes, que leur rôle était d'avoir les femmes sans en garder une seule; on les choisit pour leur esprit, leurs drôleries, leur originalité; on les sait habiles et savants dans l'art d'aimer; et c'est cette habileté et cette science qu'on leur demande: rien de plus!... Leurs leçons servent plus tard pour la vie réelle, et préparent le bonheur dans un amour honorable et sérieux. Tu sais, comme moi, que ce n'est jamais pour soi-même que l'on fait des élèves.

Marguerite écoutait et ne répondait pas; mais, symptôme plus grave, elle laissait sa mère écarter petit à petit ses anciens amis et nouer des relations qui pouvaient conduire à un mariage.

Et, pendant ce temps, Maurice attendait des visites de plus en plus rares, et, au fond du cœur, il était plein de colères et de désespoirs, tandis que Marguerite était pleine de lassitude et d'hésitations, et de là naissaient des querelles irréparables.

Souvent elle arrivait rue de la Sourdière des heures et des journées même après l'instant promis. Pour Maurice, le temps s'était lentement écoulé en fiévreuses alternatives. Tout ce qu'un esprit sagace peut prévoir de malheurs, vingt fois il l'avait prévu: toutes les probabilités, il les avait essayées et pesées, toutes les impossibilités, il les avait admises: — Marguerite malade, — Marguerite retenue par sa mère, — Marguerite empêchée par ses devoirs, — Marguerite blessée, écrasée par une voiture, — Marguerite oubliant l'heure fixée, — Marguerite fâchée, — Marguerite infidèle, — Marguerite l'abandonnant, l'oubliant, le repoussant. Mais les deux idées qui revenaient sans cesse c'étaient les plus probables, celles de maladie ou d'oubli, car pour les obligations et les nécessités sociales, il ne les acceptait point. — Malade! malade loin de lui, sans qu'il pût la voir, sans qu'il pût la soigner, la veiller, l'endormir, sans pouvoir même apprendre quelle était cette maladie! — Mais était-elle bien réellement malade? — Depuis longtemps elle avait si étrangement changé, ses regards étaient si froids, ses paroles si indifférentes ; son amour lui pesait, sans doute, elle voulait rompre ; elle ne l'aimait plus, elle ne viendrait plus, il ne la verrait plus? Et il en revenait à la maladie, à l'infidélité, et ainsi toujours sans relâche, mais avec de faux espoirs qui ne l'arrachaient à son irritation que pour l'y rejeter aussitôt, et plus accablé et plus malheureux, il se consumait lamentablement.

Elle arrivait.

— « Enfin, te voilà!... s'écriait Maurice, mais qu'as-tu donc fait? d'où viens-tu? »

A ces interrogations où se mêlaient la colère et la joie, Marguerite, qui souvent accourait pleine de cette bienveillance que nous donne le sentiment de notre propre faute, Marguerite rentrait le sourire qui était sur ses lèvres, laissait retomber les bras qu'elle ouvrait déjà pour l'embrasser, et prenant un air calme et sérieux, répondait froidement qu'il lui avait été impossible de venir plus tôt.

— « Toujours la même réponse! s'écriait Maurice, se contenant à peine; tout, maintenant, est impossible pour toi, autrefois, rien ne te l'était.

— Ce qui veut dire? interrompait-elle.

— Ce qui veut dire qu'autrefois tu m'aimais et que maintenant tu ne m'aimes plus.

— Si je ne vous aimais plus, je ne serais point ici.

— Si tu m'aimais comme je t'aime, tu y serais toujours.

— Voyons, Maurice, disait Marguerite, qui sentait l'impatience la gagner, voyons, ne nous querellons point ; tu as souffert de mon retard, j'en ai souffert aussi ; par tes propres douleurs, juge des miennes; tous deux malheureux, soyons sages tous deux et ne nous fâchons point. »

Et levant sur lui ses yeux que jusqu'alors elle avait baissés, et l'inondant de lumière et de chaleur, elle reprenait plus doucement:

— « Allons! n'en parlons plus, n'est-ce pas? et viens m'embrasser.... le veux-tu?... »

Et fortement ils s'embrassaient, et s'embrassaient encore.

Mais Maurice ne pouvait point ainsi se calmer en quelques minutes : au milieu des caresses, sa colère, lentement amassée, étreignait son cœur et y soulevait encore d'irrésistibles éclats.

—« Que tu m'as fait souffrir, disait-il, et que tu es cruelle de ne pas m'avoir écrit ; au moins ne pouvais-tu pas me prévenir.

— Eh bien, tu m'en veux donc encore? disait Marguerite, et nous allons recommencer?...

— Non, non; mais tu m'aimes, n'est-ce pas? tu ne m'as pas oublié? tu ne m'as pas trahi? tu ne veux pas rompre? tu m'aimes, n'est-ce pas? tu m'aimes? Jure-moi que tu m'aimes toujours. »

Et toutes les promesses, tous les serments qu'il voulait, elle les lui faisait d'un air recueilli et solennel.

C'était là un de ses moyens de séduction les plus efficaces. Elle s'était toujours si hautement posée dans sa dignité, et au milieu de ses railleries et de son mépris pour toutes choses, elle avait toujours si habilement su faire croire à sa religion pour la parole jurée, qu'elle avait persuadé Maurice de la sincérité de cette parole, en même temps qu'elle l'avait encore persuadé qu'on ne trompait point, sans qu'il s'en aperçût, un homme aussi habile et aussi rusé que lui ; — ce que le pauvre garçon avait cru très-sérieusement, comme d'ailleurs l'a toujours cru et le croira toujours l'amour-propre des maris et des amants trompés.

Et, sur ces serments, Maurice s'efforçait d'avoir la foi et de ne plus douter ; mais à certains moments la tentation était trop forte, et un mot, un rien réveillaient ses soupçons; et alors c'était Marguerite qui s'emportait. Douter d'elle était un crime qu'elle ne pardonnait point. Et la querelle recommençait plus violente, plus acerbe.

D'abord ils essayaient de se contenir, et parlaient sans se regarder; puis, ils s'excitaient, la prudence leur échappait, leurs yeux se relevaient en se cherchant, et tandis que, par leurs paroles, ils entassaient outrages sur outrages, ils se poignardaient du regard.

Ce qu'ils avaient fait l'un pour l'autre, ils se le reprochaient mutuellement.

— « Oui, disait Marguerite, je t'ai sacrifié mon honneur et ma réputation.

— Moi, mon avenir, répondait Maurice, ma jeunesse, mon talent, ma santé. Car, depuis que nous avons quitté Montmorency, je vis dans la fièvre et je n'ai point eu une seule minute de bonheur parfait : j'ai senti que tu m'entraînais dans un gouffre et je t'y ai suivie; j'ai senti que j'étais perdu, et cependant j'ai lutté, non pour moi, mais pour toi, pour toi qui m'abandonnes aujourd'hui. »

Et ils continuaient ainsi, cherchant tous deux les paroles les plus acérées et les plus amères; ils se déchiraient, ils se calomniaient sans relâche; comme deux ennemis, ils s'admiraient dans leurs attaques et dans leurs ripostes, et, irrésistiblement poussés par l'ardeur de la lutte, ils en venaient, dans leur furie, à se lancer des injures qu'ils savaient fausses, que la haine seule pouvait inventer et qu'ils s'acharnaient à dire et à redire, pour la seule satisfaction de répondre à une blessure par une plus cruelle blessure.

A quelques paroles trop brutales, Marguerite, sans répliquer, se levait, prenait son châle, mettait son chapeau et s'enfuyait en tirant fortement la porte.

Mais, à ce bruit, Maurice devenait lâche, le cœur lui manquait; il courait après elle, et, dans l'escalier, prières, supplications, humiliations, il employait tout pour la retenir et la rappeler. Quelquefois elle cédait, mais le plus souvent elle se dégageait sans pitié, lui décochait un dernier regard chargé de menaces et de fureur, descendait rapidement sans se retourner, et, sur le trottoir, elle marchait droite, légère, ne lui faisait point son signe d'adieu, si plein de caresses et de promesses.

Alors, éperdu, il se jetait sur son lit et éclatait en sanglots. Il se rappelait ses paroles les plus dures et les plus injustes ; il les maudissait, se maudissait lui-même, et, tombant dans un douloureux abattement, il pleurait toutes les larmes de son cœur. En cette extrémité, sa seule consolation était de lui écrire ; et, dans des lettres interminables, il se mettait à genoux, la face dans la poussière, et, se frappant la poitrine, demandait grâce : dans chaque page, le mot pardon se trouvait plus de dix fois.

Sa lettre envoyée, il retrouvait un peu de calme dans son espérance, et attendait. Un jour s'écoulait, elle ne venait point. Un second jour s'écoulait encore, puis un troisième, puis un quatrième. Il écrivait de nouveau, plus humble, plus pressant, plus suppliant, et il attendait encore. Il n'avait plus conscience de lui-même. Ses artères ne battaient plus. Dans sa tête, les idées se mêlaient confuses, assourdissantes. Sa raison lui échappait avec les minutes qui s'enfuyaient. — Il voulait courir chez elle. — Il ne voulait plus la revoir. — Il se fixait un jour où il se tuerait, si elle n'était point venue. Il était stupide ; il était fou ; il tournait en courant dans sa chambre ; il restait immobile, couché sur le tapis ; puis, à bout de patience et de force, il avalait un verre d'eau, avec quelques gouttes d'opium ; et, se jetant sur son lit, il s'endormait enfin : le réveil était horrible, mais au moins il avait eu quelques heures de trêve pendant lesquelles, supprimant le temps et détruisant la réalité, il s'était transporté dans un monde merveilleux où il trouvait repos et bonheur.

Mais, lorsqu'enfin elle se décidait à revenir, c'étaient des joies, des transports, des débordements, où la douleur disparaissait comme une goutte d'eau dans la mer.

Loin de les séparer, ces querelles et ces rapprochements les rejetaient plus étroitement dans les bras l'un de l'autre. Marguerite y trouvait des émotions qui la réveillaient, et son orgueil jouissait délicieusement à se sentir aimée avec cette frénésie. Mais, cependant, il y avait dans ces excitations quelque chose de malsain et de fatal; car ce n'est point impunément que l'on prononce de certaines paroles; et si, dans l'amitié, les querelles sont sans conséquence, c'est que les qualités que l'on nie et que l'on calomnie sont des qualités réelles et solides qui, la colère passée, réapparaissent lumineuses et sereines; mais en amour, où presque tout est illusion et imagination, où l'objet aimé est aimable surtout par les dons que l'on a groupés autour de lui, par les charmes, les grandeurs, les enthousiasmes, les poésies qu'on lui a attribués, le jour où l'on touche à ces dons, à ces charmes, à ces grandeurs, à ces enthousiasmes, à ces poésies, ce jour-là, comme la neige, ils nous fondent dans la main, ils disparaissent à jamais, et plus jamais nous ne les retrouvons.

Aussi, après leurs querelles, les deux amants, qui déjà s'aimaient moins, en arrivaient-ils à s'estimer moins; ces rapprochements factices et fouettés les laissaient retomber bientôt plus affaissés, et les visites de Marguerite devenaient de plus en plus irrégulières.

En même temps, elle s'affermissait chaque jour davantage dans ses idées de rupture, et n'attendait plus qu'une occasion favorable. Car elle avait cette sorte de bonté nerveuse qui, attentive à nous épargner la moindre souffrance, nous empêche de faire souffrir ceux qui nous entourent et voudrait les éloigner pour ne point entendre leurs plaintes. Elle avait cherché mille moyens; elle avait tâché de faire naître les occasions : — projets de voyage pour lui; excitation à la gloire; conseil d'aller quelques jours en Bretagne; railleries de leur amour qui ne serait point éternel; bouderies, brusqueries, colères, absences; — mais tout avait été inutile : les querelles s'étaient toujours terminées par des rapprochements; il n'aimait plus la gloire; il avait bien le temps de voir sa mère; les voyages ne lui serviraient de rien; il voulait être toujours près d'elle, là était son seul bonheur, et s'il était possible qu'un jour elle le quittât, elle savait bien qu'il était parfaitement décidé à mourir.

Lorsqu'elle était fatiguée ou mal disposée, cette constance et cette résignation, loin de la désarmer, ne faisaient que la pousser à bout. Cette douceur l'exaspérait, cette menace de suicide lui semblait le comble de l'égoïsme. Elle s'irritait, se montait la tête, et partait de chez elle avec la volonté bien arrêtée de s'affranchir enfin de cet indigne esclavage. En chemin elle préparait ses paroles, elle s'encourageait et s'affermissait. Provoquer Maurice à l'injure ne lui était pas difficile, et alors, ce qu'elle savait de plus cruel et de plus mortifiant, elle le disait; elle frappait à coups serrés sur son caractère, sur son cœur, sur son esprit; puis, quand elle le voyait désespéré, pleurant, suppliant, elle redoublait; pendant des heures entières, elle prenait plaisir à éperonner cette douleur, puis à la retenir, à l'accélérer, puis à la mâter brusquement, puis enfin à la précipiter à toutes brides; mais, malgré sa volonté et ses projets, elle se laissait prendre à ce jeu, elle s'attendrissait à voir ces larmes et ce désespoir : il était si accablé, si malheureux, qu'elle revenait à une sorte de justice; elle sentait ses torts, elle accusait sa dureté, elle faisait de douces avances, elle le plaignait, elle s'approchait de lui, s'asseyait sur ses genoux, le prenait dans ses bras, l'embrassait sur les yeux, et leurs larmes se confondaient.

Ils recommençaient à s'aimer et ils retrouvaient encore des plaisirs; mais le paisible bonheur, le calme, la continuité, la confiance, ils ne les retrouvaient plus.

En ces jours de trêve cependant, Marguerite s'excitait à l'amour. Elle se demandait si, après quelques mois d'affranchissement, elle ne se prendrait point à regretter cette passion que tant de fois elle avait maudite; elle se demandait quelles joies seraient assez puissantes pour combler le vide qu'elle allait faire dans sa vie; et elle se demandait encore s'il était un regain pour l'amour, et s'il pourrait donner une seconde moisson de fleurs aussi belle et aussi parfumée que la première. Et alors elle voulait résister au désastre; elle évoquait ses souvenirs : Montmorency, Fontainebleau, l'Italie; elle lisait les grands poëtes de l'amour; elle y cherchait des refuges, et même des armes pour lutter; elle se cramponnait aux branches; elle soufflait sur les charbons éteints de son cœur; mais ils ne pouvaient plus donner ni chaleur, ni lumière, et il lui fallait reconnaître que c'en était à jamais fini, car elle ne pouvait pas toujours combattre; et au point où ils en étaient venus, sa passion se heurtait à chaque instant à son orgueil, à son ambition, à ses désirs, à sa volonté, à son caractère; c'était une bataille de tous les jours, sans victoire possible, où tous deux ne pouvaient que souffrir. Sans doute elle avait été heureuse de se laisser promener par un guide aimable dans un pays plein de charmes et de mystères; mais, maintenant qu'il fallait venir au secours de ce guide épuisé, maintenant qu'il fallait partager ses labeurs et ses fatigues, devant cette tâche, elle reculait effrayée, et se disait que, bien évidemment, elle n'était point faite pour l'amour, qu'elle voulait rester tranquille et belle, et que la passion déflore la pureté des traits, argente la chevelure, entoure les yeux d'un cercle marbré et voue ses victimes à toutes les souffrances et à tous les sacrifices, au doute, à l'inquiétude, à la jalousie, à l'abnégation. Pour s'être donnée une fois, fallait-il qu'elle se donnât toujours? Et très-sincèrement elle plaignait ce pauvre Maurice; mais, lui aussi, n'était-il pas bien coupable, et s'il s'était montré plus habile et plus prévoyant, s'il n'avait point toujours abdiqué force et vouloir, s'il avait su inspirer cette tendresse respectueuse qui fait voir dans l'homme aimé un homme supérieur, s'il ne s'était point mis à genoux devant tous ses caprices ou toutes ses colères, peut-être seraient-ils encore heureux, et pour aujourd'hui et pour de longues années ?

C'était ainsi et fatalement qu'elle en revenait à accuser Maurice, et à s'éloigner de lui par les routes mêmes qu'elle prenait pour s'en rapprocher. Tous ses efforts arriveraient-ils donc au même résultat, et par une passion qui n'était plus qu'une habitude, se laisserait-elle ainsi toujours vaincre et tourmenter ? Et comme elle se sentait trop faible pour rompre en face, elle se promettait de le voir de moins en moins, et d'en finir lentement.

Et, pendant ces absences froidement préméditées, Maurice attendait et se dévorait. Puis à l'heure où elle ne pouvait venir, emporté par le besoin de la voir, il allait au Bois, attendre son passage. Et, confondu dans la foule, il la regardait passer, nonchalamment renversée dans sa voiture, distribuant ses sourires à ceux de ses amis qui la croisaient, se penchant pour échanger quelques paroles avec d'élégants cavaliers qui couraient à ses côtés ; et lui sur le trottoir, les pieds dans la boue, mesquinement vêtu, poussé, coudoyé, dérangé, elle ne le voyait même point, ou lorsqu'elle le voyait, elle ne le reconnaissait pas. Il rentrait plein d'angoisses. Lui aussi il voulait rompre. Il méprisait cette femme, il la jugeait, il voulait la tuer et se tuer ensuite ; il voulait se distraire, s'amuser, se guérir ; mais chaque pas qu'il faisait pour s'éloigner d'elle lui arrachait un lambeau de chair, et la maladie dont il se sentait mourir lui paraissait encore moins douloureuse que la guérison.

Cependant que chaque jour apportait ainsi sa pierre à la muraille qui s'élevait entre eux, il survenait d'heureuses fortunes, qui rouvraient de l'un à l'autre des échappées de lumière et de confiance. Parfois, Marguerite arrivait pleine d'ardeurs; malgré ses résolutions d'indifférence et de calme, elle avait été mordue par une vague réminiscence, et quoiqu'elle en rougît, quoiqu'elle s'en révoltât, elle avait succombé à cette mémoire des sens, si violente, si tyrannique.

Alors, dans leur chambre, c'étaient des cris de joie, des délires, des extases, comme c'était bien rare qu'elle en vît maintenant. Marguerite appelait les souvenirs à son aide, elle évoquait les anniversaires, et demandait au passé ce que la lassitude ne pouvait plus lui offrir : les paroles de feu qui, jadis, lui avaient échappé, elle les cherchait dans sa tête pour les redire encore, et elle cherchait aussi les baisers et les étreintes d'autrefois. Mais elle avait beau, de toutes ses forces, se ruer dans le plaisir, elle n'y trouvait plus rien de neuf ni de spontané; elle avait fait aux souvenirs un appel désespéré, et pour la satisfaire, ce n'étaient que des souvenirs qui y avaient répondu; ce qu'ils pouvaient avoir de vivace et de puissant, la comparaison venait aussitôt l'amoindrir et le déflorer.

Après une semaine affreuse, où les choses en étaient venues à un tel point, qu'ils avaient tous deux pensé à la rupture, avec un égal bonheur, elle voulut faire une dernière tentative, et, arrivant un soir chez Maurice :

— « Me voici, dit-elle, et je reste jusqu'à demain soir; si tu le veux, nous irons à Montmorency.

— Est-ce donc pour un dernier adieu ? interrompit-il.

— Non, continua-t-elle, mais pour un pieux pèlerinage. Ah ! Maurice, pourquoi de l'amertume et du sarcasme, quand je viens à toi pleine de tendresse et de douceur ? Cette proposition ne te prouve-t-elle point que je t'aime encore? Dis, veux-tu que nous partions demain ?

— Oui, Marguerite, je le veux de tout mon cœur, et c'est à genoux que je te remercie. »

Et, lui prenant les mains, il les baisa avec reconnaissance.

— « Tu vois donc, enfin, que je t'aime toujours, reprit-elle, et que tes doutes et tes colères sont folies toutes pures; mais j'espère que, demain, tu le verras mieux encore, en nous retrouvant dans ce pays où nous avons été si doucement heureux. Ah! pourquoi l'avons-nous quitté?

— Ah! oui, pourquoi l'avons-nous quitté?

— Est-ce ma faute?

— Est-ce la mienne?

— Voyons, ne nous lançons point dans de mutuels reproches, n'est-ce pas? et tâchons de passer une journée sans querelles. Va retenir une voiture, et qu'elle soit à notre porte à six heures pour que nous arrivions là-bas avec le jour. »

Le lendemain, à l'heure dite, ils partirent, et, pendant tout le chemin, serrés l'un contre l'autre, bien cachés derrière les vitres que leur haleine couvrait de buée, ils causèrent délicieusement du passé.

Ils laissèrent leur voiture à Saint-Prix, et à pied ils se mirent en route.

Mais elle aussi, au premier aspect, elle était tristement changée, la forêt.

On était au commencement de février, et toute la nuit il avait tombé une petite pluie fine qui, vers le matin, s'était prise en glace; l'herbe, cristallisée, craquait sous les pas; la boue s'était séchée en croûtes jaunâtres, et sur l'eau des ornières il y avait çà et là des treillis de glaçons. Le ciel était gris et le vent soufflait faiblement, mais continûment, piquant et froid. Ils arrivèrent. Tout était triste et morne. Les arbres n'avaient plus de feuilles, l'étang n'avait plus de fleurs, et l'eau qui descendait des ravins, s'y amoncelait sale et bourbeuse, et, par la vanne ouverte, entraînait, dans de rapides tourbillons, des mousses, des roseaux et des branches. La balançoire, où tant de fois elle s'était balancée, n'était plus sur l'esplanade; la table, où tant de fois ils avaient dîné, n'était plus sous le sureau; le chien n'était plus dans sa niche, et les poules, qui tant de fois avaient picoré autour d'eux, s'étaient réfugiées sur le fumier pour trouver un peu de chaleur. Dépouillé de sa parure de rosiers et de chèvrefeuilles, le vieux donjon montrait ses deux tours sombres et verdâtres, et, sous son enveloppe de lierres et de lichen, il attristait comme un tombeau.

La porte était fermée; ils la poussèrent et entrèrent. Près de la cheminée où brûlait un petit feu de feuilles, madame Michel ravaudait des bas. Au bruit, elle leva la tête, et, les reconnaissant, se mit à pousser des cris de joie; puis, sa surprise étant un peu calmée, elle jeta dans l'âtre deux ou trois brassées de brindilles qui s'enflammèrent aussitôt, et répandirent dans la cuisine la chaleur et la gaieté. Ce feu et les paroles affectueuses de la brave femme leur firent du bien; le contraste de ce qu'ils venaient de voir avec ce qu'ils se rappelaient, leur avait étreint et comme étranglé le cœur; leurs yeux étaient pleins de larmes et ils n'avaient point encore osé échanger un seul mot.

Ils voulurent déjeuner dans leur ancienne chambre.

— « Elle n'a pas été occupée depuis votre départ, » — dit madame Michel, et ils la retrouvèrent telle qu'ils l'avaient laissée, avec sa grande cheminée, son grand lit d'indienne, ses chaises de noyer et ses cadres en bois blanc où se lisaient les aventures d'un officier français en Afrique. Mais le soleil ne glissait plus par la fenêtre, les hirondelles ne tournoyaient plus à la vitre, les fauvettes ne chantaient plus dans les branches, et l'on respirait une nauséabonde odeur de linge, de pommes et de renfermé.

Ils n'étaient point entrés, qu'ils eurent hâte de s'enfuir; ce n'était plus là leur chambre. Ils descendirent promptement et commencèrent leur pèlerinage de la forêt.

Comme autrefois elle s'appuya sur son bras, comme autrefois il la serra doucement sur son cœur, comme autrefois encore ils se parlèrent bas, lui penché vers elle, elle plongeant ses yeux dans ses yeux, et de temps en temps se haussant sur la pointe des pieds pour lui donner un baiser.

— « C'est là, disait Maurice...

— C'est là, t'en souviens-tu? » répondait Marguerite.

Et leur phrase ils l'achevaient dans un regard ou dans un baiser.

A chaque pas il leur semblait qu'un de leurs chagrins les abandonnait et s'envolait au travers des bois; à chaque pas ils étaient plus légers, plus calmes, plus confiants, ils se sentaient devenir heureux et jouissaient délicieusement de cette nature qui les enivrait et les berçait.

Et cependant elle était bien peu splendide cette nature. Le ciel était toujours morne et le vent soufflait toujours. Les arbres étendaient en l'air leurs grands bras nus, les feuilles mortes tournoyaient et s'amoncelaient aux pieds des cépées, et des herbes sèches et veules s'inclinaient sur le chemin; dans cette vallée, qu'ils avaient vue si fraîche et si fleurie, il n'y avait plus ni verdure, ni chansons d'oiseau, ni parfums, ni lumière, ni chaleur, et le gazon où tant de fois ils étaient venus s'asseoir avait disparu sous une épaisse couche de sable et de vase qu'avaient apportée les grandes pluies. Mais cette désolation ils ne la voyaient point, c'étaient les yeux du cœur et du souvenir qui regardaient, et les feuilles bruissaient dans la lumière, les fraises rougissaient le bord des sentiers, sous les chênes ombreux les digitales dressaient leurs longs épis aux fleurs pourpres et ventrues, la brise apportait une pénétrante senteur de muguet et de bouleau, et tout au loin les merles et les fauvettes chantaient leurs joies et leurs amours. La poésie du passé les avait enlevés sur ses ailes : ils étaient aux derniers jours de mai, au temps où, pour la première fois, ils avaient parcouru ces sentiers, où leur cœur débordait d'amour, où un mot, un geste, un regard, un silence les ravissait à la terre, où perdus en eux-mêmes, ils n'aimaient que ce qui venait d'eux-mêmes, où leurs désirs ne connaissaient ni les longues préparations, ni les longues excitations, où leurs lèvres n'avaient encore prononcé que des paroles d'amour, où leurs yeux n'avaient encore que souri, où leurs mains n'avaient encore que caressé ; au temps des joyeux rires dans les courses au soleil, au temps des mystérieuses étreintes sous les nuits étoilées.

Ce fut ainsi qu'ils parcoururent successivement les diverses stations de leurs anciens pèlerinages, et jamais ils n'avaient ressenti une aussi profonde félicité. Il leur semblait qu'ils étaient arrivés flétris, épuisés, abattus, et qu'à mesure qu'ils marchaient l'espérance et la vie leur revenaient au cœur ; ils étaient, comme cette nature, endormis sous le linceul de l'hiver, mais où cependant rien n'était mort ; déjà la séve bouillonnait dans les rameaux, les feuilles et les fleurs éclataient en bourgeons, et, sous un souffle plus doux, bientôt allait éclore un nouveau printemps plus jeune, plus frais, plus riche.

Marguerite était folle de bonheur, Maurice plus discret et plus recueilli. Elle allait, elle courait, elle revenait à lui, elle l'entourait de ses bras, elle se pendait à ses lèvres, et doucement elle murmurait de douces paroles.

Pendant qu'ils étaient assis sur un des coteaux qui regardent le pays de France, elle s'éloigna quelques instants. Au pied d'une cépée un bois-joli commençait à fleurir, elle en détacha quelques rameaux, y joignit deux ou trois petites branches de houx aux baies rouges et joyeuses, les entoura de chatons de saule, et revenant vers Maurice qui la contemplait, elle se mit à genoux devant lui :

— « Cher Maurice, dit-elle de sa voix la plus séduisante, quand nous avons quitté ce pays, tu m'as donné un bouquet, et moi je l'ai oublié, et depuis je t'ai fait bien souffrir. Veux-tu me pardonner et prendre ces fleurs que je t'offre à mon tour? Si à l'avenir je suis encore injuste et cruelle, tu me les montreras, et elles me diront que mon bonheur est près de toi, que c'est toi seul que j'aime et que je t'aimerai toujours. »

Et elle se jeta dans ses bras, et ils se tinrent longtemps embrassés, longtemps ils pleurèrent, et longtemps ils se dirent et se redirent leurs promesses, leurs projets, leurs espoirs.

VI

LA GRATITUDE FILIALE

Ils revinrent à Paris, ivres de joie, fous d'espérance; mais cette espérance et cette joie eurent une courte durée, car, dès le lendemain matin, Maurice reçut une lettre qui, du ciel, le précipita brusquement sur la terre : elle était de M. de Tréfléan, et contenait les lignes suivantes :

« Mon cher enfant, il y a trois semaines que ta mère » garde la chambre; le bon docteur est rempli d'inquié- » tude. Depuis ton dernier voyage, elle a été sans cesse » s'affaiblissant, et nos soins et notre amitié ont été mal- » heureusement inutiles. Aujourd'hui, elle ne peut être » sauvée que par toi; tu sais comme elle t'aime, comme » elle sera heureuse de t'avoir près d'elle, hâte-toi donc » d'accourir.

» Si depuis dix-huit mois tu as eu des excuses pour ne » point venir, tu n'en peux plus avoir.

» J'espère que tu me comprendras.

» Ton vieil ami,

» J. DE TRÉFLÉAN. »

Il fut atterré; car depuis longtemps, absorbé dans sa passion, s'il pensait encore à sa mère, c'était bien faiblement, et il se hâtait aussitôt de chasser une pensée qui ne lui apportait qu'inquiétude et tourment; mais en lisant cette lettre, le passé lui revint, le remords l'étreignit et sa conscience se révolta; et quoiqu'il eût été convenu avec Marguerite qu'il n'irait jamais chez elle, il se hâta d'y courir dès qu'il jugea qu'il pourrait convenablement s'y présenter. Une voiture armoriée attendait dans la cour, les chevaux piaffaient et hennissaient, et dans le vestibule les valets se tenaient roides et importants.

C'était jour de réception. On le fit monter au premier étage par le grand escalier et on l'introduisit.

A l'angle d'une haute cheminée, Marguerite, en toilette, était étendue sur un fauteuil.

Lorsqu'elle entendit annoncer Maurice, malgré tout l'empire qu'elle avait sur elle-même, elle eut un moment de surprise et d'embarras; mais ce ne fut qu'un éclair; elle se remit aussitôt, le salua calme et polie, et reprit tranquillement, avec la personne placée à l'autre angle du foyer, l'entretien interrompu.

Ce fut alors seulement que Maurice, qui osait à peine lever les yeux, put regarder cette personne. C'était un homme de quarante à quarante-cinq ans, frais, rosé, frisé et pommadé comme un mannequin de coiffeur, fashionablement habillé, portant à sa boutonnière une rosette bariolée de toutes les couleurs héraldiques, excepté, toutefois, celle de la Légion d'honneur, parlant haut en grasseyant un peu, appelant Marguerite « chère dame », tandis qu'elle lui répondait « cher comte », et paraissant au mieux avec elle.

Après quelques minutes de banale conversation, il se leva, serra la main de Marguerite, salua à peine Maurice, et sortit en sautillant.

La porte n'était pas refermée, que Marguerite se tournant vers son amant :

« Qu'y a-t-il donc? fit-elle d'une voix brève, et pourquoi êtes-vous venu? »

Sans répondre, Maurice lui tendit la lettre de M. de Tréfléan.

Elle la lut d'un seul coup d'œil ; puis, la lui rendant :

— « Quand pars-tu? dit-elle plus doucement.

— Ah ! merci, s'écriait-il avec effusion, tu me comprends, et je n'attendais pas moins de toi.

— Oui, mon ami, pars, va près de ta mère, ne la fais pas souffrir plus longtemps ; c'est à nous de nous sacrifier.

— Ah ! Marguerite, que tu es bonne.

— C'est si doux une mère qui vous aime. Va près d'elle, restes-y tout le temps qu'elle voudra, et ne t'inquiète pas de moi ; je serai heureuse de te donner cette preuve d'amour.

— Mais tu m'écriras, n'est-ce pas?

— Aussi souvent que tu voudras.

— Et moi, je pourrai t'écrire?

— Pourrais-je vivre sans tes lettres? Je ne te laisse partir que si tu me promets de m'écrire tous les deux jours ; mais tu ne me les adresseras point ici, si tu veux bien ; quand elles venaient de Paris, c'était sans danger, mais le timbre de Plaurach, toujours le même, pourrait éveiller l'attention de mes gens ; j'aime mieux aller les chercher chez toi. Tu diras à ton concierge de les monter, et je les prendrai sur ton bureau ; ce me sera, en même temps, une occasion de me rappeler notre bonheur, et, en me retrouvant chez nous, je penserai à toi.

— Marguerite, tu es un ange.

— Je t'aime, voilà tout.

— Tu ne m'oublieras point, n'est-ce pas?

— A toutes tes lettres je répondrai : je te dirai ce que je fais, où je vais, qui je vois ; ce sera un journal, et tu seras ainsi toujours près de moi.

— Tu me le promets?

— Je te le jure.

— C'est que je serais horriblement malheureux, va, si tu manquais à ta promesse. Si tu sentais comme je souffre déjà, à te savoir au milieu de ces gens qui te parlent, te regardent et te serrent la main, comme ce monsieur qui vient de sortir, qui t'a appelée chère dame, t'a caressée des yeux, et qui ne m'a pas seulement salué.

— En serais-tu jaloux?

— De lui, comme de tout le monde.

— Allons, rassure-toi, sauvage; ce monsieur, comme tu dis, est le comte de Lannilis, et tu devrais le connaître, car sa gentilhommière est précisément aux environs de Plaurach; il se prétend amoureux de moi, et me fait la cour; mais tu vois qu'il n'est pas bien dangereux.

— Tu me le jures?

— Je fais mieux, je te le prouve : va regarder cette jardinière dans l'embrasure de la fenêtre.

— Que veux-tu dire, et pourquoi?

— Pour que je puisse me trouver auprès de vous, pauvre sot, avec une raison toute prête, si, par hasard, on ouvre brusquement la porte. »

Maurice fit ce qu'on lui disait, et alors Marguerite, se levant et s'approchant, lui prit la tête entre les deux mains. et vivement elle l'embrassa sur les lèvres.

— « Maintenant, pars, dit-elle, et ne doute plus de moi.

— Tu m'écriras?

— Je te le promets.

— Adieu, Marguerite, adieu.

— Adieu, cher enfant, et surtout ne m'oublie pas. »

Il sortit, et, deux heures après, il montait en wagon, se demandant avec anxiété dans quel état il allait trouver sa pauvre mère, et si la lettre de M. de Tréfléan cachait une partie de la vérité, ou bien si elle ne l'exagérait point pour hâter son retour.

Par malheur, elle l'atténuait plutôt qu'elle ne la grossissait; et madame Berthauld était réellement fort malade, et cela depuis longtemps déjà.

Ç'avait été pour elle un profond chagrin, que les lettres sèches et indifférentes que son fils lui avait écrites, lorsqu'il avait commencé à aimer; mais quand ces lettres avaient cessé tout à fait, elle avait été frappée au cœur; et, après avoir mis tant de confiance et tant d'espoir dans cet enfant, elle avait senti sa vie, déjà si rudement atteinte, brisée une seconde fois, et plus irréparablement que la première; car tout amour est égoïste, et, quel que soit son dévouement, il y a toujours en lui de l'intérêt.

Son intérêt et son égoïsme, à elle, étaient bien purs et bien excusables; elle voulait tout simplement se consacrer, comme autrefois, à son fils bien-aimé, et elle espérait que, devenu indépendant et fort, il la ferait venir à Paris, et que là, ils pourraient vivre toujours ensemble. Et souvent la digne femme, le soir, après une journée de fatigue et de tristesse, elle bâtissait tout un avenir — de joies et de triomphes pour lui, — et pour elle de soins et d'amour. Mais le silence de Maurice avait fait s'écrouler ces riants projets, elle s'était vue séparée de lui pour toujours, et pour toujours exilée à Plaurach. Elle avait alors enduré de cruelles souffrances, mais en vraie mère, sans se plaindre, et poussant jusqu'au bout son courageux sacrifice, elle avait, à toutes les questions de madame Des Alleux, de M. Michon, de l'abbé, de M. de Tréfléan, inventé de satisfaisantes réponses, comme si la correspondance eût toujours été active et régulière. Mais, à cette contrainte de chaque instant, ses forces s'étaient usées, et bientôt une affection nerveuse avait inquiété tous les amis. « Il faut écrire à Maurice de venir, avait dit le docteur. » Elle avait écrit. Maurice n'était point venu. Deux mois après cette lettre, la bonne dame Des Alleux avait sensiblement baissé, et madame Berthauld avait eu la douleur de la voir mourir. Ç'avait été une nouvelle et cruelle douleur à ajouter à toutes celles qui la minaient déjà. On avait encore écrit à Maurice, et Maurice, tout à son amour, avait répondu par une longue lettre pleine d'excuses habilement groupées, qui n'avait trompé que M. Michon et l'abbé Hercoët.

— « Pauvre mère, avait dit M. de Tréfléan, soyez patiente et forte, sans doute il aime, et l'amour est bien puissant. »

Elle n'avait rien répondu, et son regard, chargé de pleurs, s'était levé vers le ciel, empreint de cette sublime expression de douleur résignée que l'on trouve dans les *mater dolorosa* des maîtres italiens. Loin de fermer sa blessure, la raison donnée par M. de Tréfléan n'avait fait que l'agrandir ; car ce n'est point sans souffrance qu'une mère apprend les amours de son fils, et le voit heureux par une autre que par elle-même ; il s'engage alors dans son cœur une lutte qui tantôt fait chérir la femme aimée, tantôt la fait détester, mais qui toujours déchire cruellement ce cœur. Alors, aux maux de l'abandon s'étaient joints ceux de la jalousie maternelle, et sans résistance, elle s'était abandonnée à un état qui avait été s'aggravant toujours. Rien ne l'attachait plus ni dans le présent, ni dans l'avenir : sa mère était morte et son fils était perdu pour elle ; ses amis l'aimaient toujours ; mais, pour une mère, qu'est-ce que des amis? quel bonheur pouvaient-ils lui offrir pour remplacer ses espérances détruites?

Et cependant ils faisaient ce qui était en leur pouvoir, et chaque jour ils venaient fidèlement, comme par le passé ; mais tout était inutile et le mal grandissait toujours.

— « Madame Berthauld se meurt, dit un soir M. de Tréfléan au vieux Michon ; ne la sauverez-vous pas?

— L'âme est encore plus malade que le corps, répondit le docteur, et je ne peux rien sur le physique tant que le moral ne sera pas guéri. Nous avons affaire à une anémie, et j'échoue sans cesse contre une disposition morale qui trouble la nutrition et l'hématose, et qui paraît avoir sans cesse des causes nouvelles. Maintenant l'affection se complique de symptômes alarmants, et j'ai peur ; il faudrait du repos et un calme absolu. Demain, elle gardera la chambre. »

Trois semaines s'écoulèrent, et le mieux ne se prononça point.

— « Il faut écrire à Maurice, dit le docteur, il y a danger; moi, je vais faire venir de Morlaix MM. Guillou et Baulant; à trois, nous prononcerons plus sûrement; je crains une infiltration de la cavité de la poitrine, et par suite une hydropisie. »

Ce fut alors, et dans ces graves circonstances, que M. de Tréfléan écrivit la lettre qui décida Maurice à partir enfin.

Jusqu'à Lannion, il fit la route assez rapidement; mais, arrivé là, il dut parcourir à pied la distance qui le séparait de Plaurach. Il marchait à grands pas, et son esprit inquiet le devançait près de sa mère. Il cherchait à prévoir comment elle allait l'accueillir, quels seraient ses reproches, quelles seraient les accusations de ses amis. Lui-même était le premier à s'accuser, et, pensant à Marguerite, il se sentait encore plein de doutes et de tourments de ce côté. Leur brusque séparation, malgré ses douces promesses et ses caresses, avait jeté son cœur dans une tristesse craintive et défiante; présent, il croyait pouvoir faire face à tous les périls, c'est-à-dire combattre et triompher; mais, absent, il avait peur de tout, et derrière lui, comme devant lui, il n'avait qu'un effrayant incertain. Tout ce que rencontraient ses regards semblait aussi sympathiser avec ses lugubres pensées. Il faisait une journée de février, grise et froide. La terre du chemin se levait par lourdes plaques sous le pied qui glissait; la plaine s'étalait triste et nue; quelques ajoncs d'un vert noirâtre apparaissaient seuls çà et là; et, au loin, de place en place, à l'horizon, montaient, par-dessus les arbres, d'épaisses et jaunes colonnes de fumée qui s'élevaient d'un chétif feu de lande ou de bouses de vaches pétries avec des feuilles et du gazon. Le vent soufflait humide; le silence était morne, et l'on n'entendait dans la campagne que les corbeaux qui passaient en troupes et criaient la faim.

Maurice n'avait plus qu'une lieue à faire lorsqu'il croisa une voiture. Il crut reconnaître un médecin de Morlaix, et, pensant qu'il venait sans doute de chez sa mère, il fit arrêter. Il ne se trompait pas.

— « L'état de madame votre mère est fort grave, dit le médecin, répondant à ses interrogations, et vous devez vous attendre à la trouver bien changée. M. Michon, M. Baulant et moi, nous avons de grandes craintes. Au reste, votre présence produira peut-être nne crise; mais elle eût été encore plus décisive et plus efficace il y a deux mois. Ainsi, hâtez-vous, ou plutôt hâtons-nous, je vais retourner sur mes pas et vous accompagner; j'ai besoin d'assister à cette entrevue et d'en suivre les effets. Montez près de moi. »

La voiture reprit rapidement le chemin de Plaurach. Et Maurice, perdu dans les tristes réflexions que ces paroles venaient de faire naître, disait dans son cœur : « O Marguerite! Marguerite! » et, en une minute, il paya chèrement les plaisirs d'une année; sa conscience se souleva et son amour de fils se prit à pleurer et à maudire son amour d'amant.

Aux premières maisons du village, le docteur fit arrêter.

— « On peut entrer chez madame votre mère par le jardin, dit-il, prenez par là, moi je vais annoncer votre retour; nous avons beaucoup à craindre d'une émotion trop vive. »

Maurice s'engagea dans les prairies; elles étaient détrempées par les grandes eaux, et il avançait péniblement; autour de lui tout était vide, et les têtards de saule se penchaient, raides et bourgeonnants, au bord de la rivière, qui coulait rapide et bourbeuse, entraînant avec elle de longues herbes vertes, minces et tortueuses comme des couleuvres. Arrivé à la petite planche qui servait de pont, il fut forcé de s'arrêter, il ne voyait plus où se posaient ses pieds, il chancelait. Un murmure vague, mêlé de cris et de hennissements, passait par-dessus les maisons; il écouta tremblant; mais il fut bientôt rassuré; plus forte que ce bruit confus, s'élevait une voix traînante et rhythmée, c'était celle du père Gouriou, qui chantait ses chansons; on était au samedi, et c'était jour de marché. Il se remit et entra. L'aspect de ce petit jardin où son enfance s'était écoulée, était, hélas! bien changé; partout on sentait l'abandon et la tristesse; le sable, vierge de toute empreinte, laissait voir seulement les petits sillons creusés par les dents du râteau, et les quelques fleurs de cette saison, se dressaient fières et intactes, sans qu'une tige brisée vînt dire : la main du maître a emporté d'ici un souvenir.

M. Michon l'attendait au bas de l'escalier.

— « Montons, dit-il, ta mère est prévenue; mais sois calme, ce n'est pas ma faute à moi, si tu la trouves bien changée. »

Ils montèrent, et Maurice s'appuya sur la rampe; il voyait trouble.

— « Maurice! s'écria la malade en lui tendant les bras.

— Ma mère! »

Et elle le tint longtemps serré sur son cœur; elle embrassait son front, elle embrassait ses cheveux, elle le regardait avec amour et l'embrassait encore.

Lui aussi la regardait; mais, hélas! le docteur avait dit vrai, elle était bien changée. Pâle, maigrie, les joues creuses, les lèvres blanches, la peau décolorée et ayant pris une teinte mate de cire, les yeux languissants et abattus dans des paupières bouffies, elle n'était plus que l'ombre d'elle-même. Elle devina la douleur de Maurice aux efforts mêmes qu'il fit pour la cacher.

— « Oui, dit-elle faiblement, je suis bien malade ; mais enfin, te voilà et tu vas me guérir.

—Que ne suis-je venu plus tôt, s'écria Maurice, oh! pardon! pardon!

— Mais, reprit-elle d'une voix douce et résignée, ne te défends point ; je te plains, je ne t'accuse pas, mon cher enfant ! »

Un baiser termina cette scène de reproches maternels et Maurice serra la main de ses vieux amis. Alors, seulement, il aperçut, assise à l'écart, une jeune fille, au maintien modeste, aux cheveux blonds comme des épis mûrissants.

— « Ma petite-fille Armande, dit le vieux Michon.

— Mon ange gardien depuis un mois, » continua madame Berthauld.

Et, toute rouge de pudeur et de timidité, Armande s'inclina sans lever les yeux.

— « Nous reviendrons ce soir, interrompit le vieux docteur, sortant avec M. Guillou et voulant laisser seuls la mère et le fils, mais du calme, et ne parlez pas trop. »

Et Maurice prit place au chevet de sa mère, résolu à ne plus l'abandonner.

Ils restèrent longtemps silencieux à se regarder, et tous deux firent d'attristantes observations ; car il s'était fait aussi en Maurice de profonds changements. Il était jaune, fatigué, les pommettes de ses joues étaient saillantes, ses narines dilatées, ses yeux étaient brûlants dans des paupières enflammées, et ses sourcils, en se rapprochant souvent, avaient creusé sur son front des rides transversales qui s'étendaient jusqu'aux tempes ; on voyait dans toute sa personne les traces de la passion,—du plaisir et de la douleur. « Pauvre enfant ! » murmura madame Berthauld, et ils retombèrent dans leurs pensées. Sous les fenêtres passaient les paysans qui revenaient du marché, et la forge retentissait toujours, et toujours les métiers à tisser se balançaient en cadence. Ces bruits, les mêmes qu'autrefois, rappelèrent à Maurice les souvenirs des heureux jours, et les larmes emplirent ses yeux.

— « Tu vois, dit madame Berthauld pour échapper à cette douloureuse situation, tu vois, Plaurach est toujours le même, monotone et tranquille. Hors d'ici tu trouveras peu de changements. Nos vieux amis sont toujours parfaits pour moi, et peut-être meilleurs encore, si cela est possible. M. de Tréfléan a perdu son père, et il a pris chez lui son jeune frère, M. Audren, qui restait absolument sans fortune par suite des dernières folies du vieux baron. Tu voudras bien être aimable pour lui; il est un peu fantasque, un peu sauvage, mais plein de droiture et de dévouement; tâche de le traiter en camarade. Mais ce que je te recommande surtout, mon enfant, c'est d'avoir pour Armande toute la reconnaissance qu'elle mérite; c'est un ange. Depuis six semaines elle a passé toutes ses journées auprès de moi, et je n'ai jamais souhaité des soins plus attentifs et plus intelligents; on voit bien que la pauvre fille a connu la souffrance. Elle était fort malheureuse à Paris, et quand sa mère est morte, il y a deux ans, son misérable père, ne voulant plus la garder près de lui, l'a envoyée ici, toute seule, en écrivant une lettre indigne au bon docteur. Aujourd'hui, nous l'aimons tous comme une fille. N'oublie jamais ce qu'elle a fait pour moi.»

Quand le docteur revint, le soir, avec Armande, il trouva madame Berthauld les joues légèrement empourprées et les yeux brillants :

— « Nous aurons trop parlé, dit-il d'un ton sévère, et Maurice n'a pas été prudent; — à l'avenir, Armande passera la journée près de notre malade, et pour la nuit on fera venir une garde.

— Si vous le voulez, interrompit Maurice, je serai moi-même cette garde, et ne ferai que ce que vous ordonnerez. »

Ainsi chacun prit son rôle, et madame Berthauld eut autour d'elle tous amis attentifs et dévoués. Mais le mal avait fait de trop sérieux progrès, pour qu'elle pût revenir à la santé, et chaque jour amena un nouvel affaiblissement; on eût dit qu'elle attendait son fils pour mourir, et que, maintenant qu'il était près d'elle, rien ne la retenait plus. Cependant il était des heures où sa force morale reprenait quelque énergie; alors, elle voyait sa position, elle voyait la mort qui s'emparait d'elle lentement; et, si le docteur arrivait dans un de ces moments, c'était avec désespoir qu'elle s'écriait : — « Ah! sauvez-moi, guérissez-moi, non pas pour me faire heureuse, mais pour empêcher le malheur de Maurice; il va rester seul, mon bon ami, seul, et il souffre. »

La pauvre femme ne se trompait pas, son fils souffrait mille tortures et mille jalousies; il voyait, par sa propre faute, sa mère mourante, et celle à laquelle il avait sacrifié cette mère adorée, l'abandonnait à lui-même, sans un mot d'espérance ou d'explication. Il était depuis trois longues semaines à Plaurach, et, malgré les serments de Marguerite, il n'avait point encore reçu une seule lettre. Le courrier de Lannion, c'est-à-dire de Paris, arrivait à six heures du matin; dès cinq heures, Maurice descendait lui-même au bureau; il s'asseyait, il se promenait fiévreusement, il tâchait de lire, il pensait à elle, il se disait que, bien certainement, il aurait une lettre; que, sans doute, elle avait été retardée, égarée; mais, enfin, il l'attendait avec confiance ; d'avance, il la voyait dans son enveloppe oblongue, avec son adresse fine et courue; il respirait son parfum dont le souvenir seul l'enivrait. Et les uns après les autres, les facteurs arrivaient en secouant leurs chapeaux de cuir bouilli et en frappant des pieds sur le trottoir; ils s'informaient de leur bonne directrice, et, causant des nouvelles de la journée, ils se mettaient devant le feu ; leurs blouses à collet rouge fumaient sans sécher; et, sur le parquet, leurs gros souliers faisaient des taches d'eau et de boue. Des grelots retentissaient dans le lointain, on entendait un bruit de ferraille sur le pavé, les chiens aboyaient dans les cours, une batterie de coups de fouet déchirait l'air : — c'était le courrier.

Maurice saisissait le paquet ficelé et cacheté dans son papier jaunâtre, et, d'un coup de ciseaux, l'éventrait rapidement; sur la table glissaient les lettres, les journaux et les imprimés. Les facteurs s'avançaient pour faire le tri. Mais lui, plus rapide, éparpillait le tout d'un seul mouvement de bras, et ses yeux cherchaient la bienheureuse enveloppe. Le mot Paris faisait bondir son cœur; mais ce timbre si impatiemment attendu, était le plus souvent sur un sale papier, sentant le soldat à l'hôpital, ou bien encore sur une grande pancarte bleue, dénonçant non moins sûrement les offres de service d'un marchand en gros à ses clients de province. Mais de Marguerite, rien, toujours rien. Et, impassibles, tout à leur besogne, les facteurs se jetaient les lettres les uns aux autres, puis ils allaient chercher leurs sacs, rangés dans un coin, emportaient un charbon pour allumer leur pipe dans le corridor, et se mettaient enfin en route, chacun de son côté. Maurice restait seul, anéanti, désespéré. Pourquoi ce silence? Que faisait-elle? Et les angoisses de l'incertitude et de l'anxiété le prenaient à la gorge.

Le soir seulement, il retrouvait un peu de calme; après avoir passé la journée entière à se tourmenter, il sentait l'espérance renaître à mesure que les heures s'écoulaient, et il attendait tout du courrier qui devait venir le matin suivant. Et, un peu plus tranquille, il reprenait sa place auprès de sa mère; Armande préparait les choses nécessaires à la nuit, le docteur venait faire une dernière visite, donnait de nouvelles instructions, et l'on se séparait. Une lampe, la mèche à moitié baissée, éclairait la chambre, et Maurice s'asseyait dans un grand fauteuil, avec une ample provision de bois sous la main, pour alimenter le feu. Tout devenait silencieux et dans la maison et dans le village. Assoupie par une potion calmante, madame Berthauld sommeillait, et parfois, d'un mouvement subit et nerveux, elle agitait ses rideaux qui criaient dans l'ombre. Maurice lisait, en tournant les feuillets avec une craintive précaution ; mais, brisé par les fatigues, par ses cruelles insomnies du jour, il s'abandonnait quelquefois à un demi-sommeil, ses sens et son corps s'engourdissaient, mais son oreille restait toujours attentive et préoccupée. Alors, ramené malgré lui à l'éternel sujet de ses pensées, il revenait à Marguerite, à son silence ; tantôt il la voyait malade aussi, mourante, morte ; tantôt, au contraire, il la voyait souriante et belle, au milieu d'une fête, et il se réveillait en sursaut, honteux d'avoir pu oublier sa mère pour une autre. Tremblant, il écoutait, et il ne se rassurait qu'après avoir entendu la respiration lente et oppressée de la malade, ou alors que son souffle était trop faible, après s'être penché sur son lit, pour la voir dans cette terrible immobilité qui ressemble si effroyablement à la mort.

Ces inquiétudes brûlaient son sang, et autour de lui il ne voyait plus qu'abandon : abandon par la mort de sa mère, abandon par l'oubli de sa maîtresse. Car il avait beau se révolter contre cette pensée, il avait beau s'exciter à la foi, il avait des heures où il la sentait vaguement perdue. Il ne savait pas comment il était trahi ; mais il était certain de la trahison. Alors que n'eût-il point donné pour courir à Paris ! Il ne serait que quelques jours, le temps de la voir, puis il reviendrait en toute hâte ; mais il entendait sa mère soupirer, et ce projet était aussitôt rejeté, car le dénoûment s'avançait à grands pas.

L'hydropisie de poitrine avait été heureusement prévenue ; mais la maladie première avait été toujours s'augmentant. Maintenant madame Berthauld ne pouvait plus ni se mouvoir ni se mettre dans une position verticale sans être frappée de syncope. Un froid fort vif la faisait sans cesse souffrir; elle se plaignait d'étourdissements et de vertiges, et l'abattement moral était arrivé à un tel point qu'il allait parfois jusqu'à la stupeur, avec complication de délire et d'horribles contractions névralgiques.

Alors il fallut, pour ne pas la fatiguer, renoncer aux soirées amicales qui tout d'abord lui avaient fait grand bien.

Persuadé, comme il l'avait dit à M. de Tréfléan, que l'esprit était au moins aussi dangereusement attaqué que le corps, le docteur, aussitôt que Maurice était arrivé, avait organisé de petites réunions qui, en multipliant les soins autour d'elle, en lui faisant une atmosphère de tendresse, devaient apporter quelque distraction dans cette vie depuis longtemps si désolée. Après le dîner, les amis se réunissaient en silence. M. de Tréfléan et l'abbé jouaient à l'écarté; auprès de la table, Armande brodait ou faisait de la tapisserie, Audren s'asseyait près d'elle, le docteur se plaçait au pied du lit, et Maurice, au piano, jouait de temps en temps ces airs simples et doux des vieux maîtres allemands qui berçaient sa mère sans la fatiguer. Dans les intervalles, on causait doucement des nouvelles de la journée, tandis que Audren essayait d'entamer une conversation particulière avec Armande et d'attirer son attention. Et quand, au moment de se séparer, le docteur prenait la main de sa chère malade, il trouvait la pulsation artérielle un peu plus forte et moins diffuse. Le sang paraissait vouloir revenir dans les veines superficielles, et les yeux étaient presque brillants.

Mais lorsque la faiblesse, au lieu de diminuer, eut marché toujours en se développant, lorsque les vertiges furent devenus presque continuels, on dut à toute force interrompre ces réunions, et les amis ne vinrent plus que séparément et à des intervalles éloignés; elle leur tendait la main en souriant doucement, et c'était tout. Maurice disait l'état de la nuit, et Armande celui de la journée. Comme elle ne pouvait plus se lever, lorsque se montrait un rayon de soleil engageant et joyeux, on roulait son lit jusqu'à sa fenêtre, et elle restait là une heure à regarder les prairies reverdir ; au loin, les coteaux de Maël prenaient des tons doux et veloutés, les crocus et les perce-neige émaillaient le jardin, et, sur le chaperon du vieux mur, les ravenelles sauvages. s'épanouissaient aux premiers souffles du printemps.

Armande et Maurice, depuis qu'ils la gardaient, s'étaient toujours attachés à tenir sa chambre dans un état d'ordre et de propreté trop rare auprès des malades; mais bientôt encore, il fallut éviter tout bruit, tout mouvement inutiles, et les longues fioles et les tasses encombrèrent les tables et le marbre de la commode, tandis que la poussière s'y entassait tranquillement. Ce fut avec une profonde tristesse qu'elle vit ce désordre, car cette chambre lui était chère, et elle parlait à chaque pas de fidélité ; tout ce qui avait appartenu à M. Berthauld le père avait été pieusement mis en évidence; son violon, ses livres, sa musique étaient religieusement exposés ; à côté, se montraient, non moins bien placés, des débris de joujoux, des exemples d'écriture, des dessins naïfs, comme des bonshommes en pain d'épice; c'étaient des souvenirs de l'enfance de Maurice. La vie de cette femme était tout entière dans cet appartement, et il apparaissait comme un autel de l'amour et de la maternité. Depuis quelques années, toutes ses joies avaient été enfermées entre ces murs ; souvent elle était venue y pleurer son chagrin, et reprendre un peu courage; et maintenant, ces objets qu'elle avait si pieusement entourés de soins et de tendresse, elle les voyait tristement abandonnés.

Son danger devint de jour en jour plus imminent, et des signes trop certains annoncèrent sa fin prochaine. Cependant elle s'efforçait toujours de sourire, et voyant la douleur inquiète de ceux qui l'entouraient, elle faisait à leurs demandes les réponses les plus rassurantes, et sans se tromper elle-même, cherchait à les tromper jusqu'au dernier moment. Mais malgré l'aveuglement que donne l'amitié, le docteur ne put pas se faire illusion plus longtemps; sa science était à bout, elle ne pouvait plus lutter contre la mort.

Ce fut l'abbé qui se chargea de lui annoncer cette terrible condamnation. Elle la reçut avec calme et voulut se confesser aussitôt.

Puis, après s'être confessée, elle demanda à rester seule avec Maurice, et alors, lui faisant signe de s'asseoir près d'elle, elle le regarda longtemps avec amour, l'embrassa plusieurs fois de toute son âme de mère, puis lui prenant la main :

— « Mon fils chéri, dit-elle d'une voix lente, toute espérance est perdue, et dans quelques jours, dans quelques heures peut-être, tu vas rester seul, et c'est là ce qui me désespère, car tu es malheureux.

— Mère ! mère! s'écria Maurice en pleurant.

— Oh ! je ne te demande pas ton secret, mais depuis que tu es ici je t'observe, et quand tu crois que je dors, souvent je te regarde et je vois combien tu souffres.

— Je t'assure...

— Ne cherche pas à me tromper; tu aimes, je le sais, et c'est horrible pour moi de t'abandonner quand tu aurais tant besoin de consolations. Oh ! pourquoi nous sommes-nous revus?

— Mais je te jure....

— Peux-tu me jurer que tu es heureux ? Non, n'est-ce pas? et pour que tu ne m'aies pas avoué tes souffrances, il faut que tu en rougisses; eh bien! mon pauvre enfant, ces amours-là ne peuvent apporter que la honte et le malheur; je ne suis pas bien expérimentée dans les choses du monde, mais une passion comme celle que tu ressens tue un homme quand elle ne le déshonore pas : vois ce que déjà tu es devenu. Oh ! Maurice, si tu m'aimes toujours, si tu as de la pitié et de la reconnaissance pour ta mère, il faut que tu lui fasses une promesse.

— Oh ! parle, s'écria-t-il, parle !

— Eh bien ! mon enfant, tu vas bientôt rester seul au monde, accablé, désespéré, jure-moi de te jeter dans le travail; tôt ou tard, cette femme que tu aimes et qui ne sait pas te donner le bonheur, t'abandonnera ; il faut que tu aies un refuge ; ce n'est pas pour ta fortune que je te le demande, c'est pour ton repos, pour ta vie. Ah ! si tu avais la force de le faire, je te supplierais de renoncer à cet amour ; mais je ne veux pas exiger l'impossible ; promets-moi seulement de travailler comme tu travaillais autrefois, et le talent te rendra fort contre la passion. Promets-moi de reprendre la vie d'étude que tu avais commencée, et je meurs moins malheureuse. Allons, Maurice, ne refuse pas ta mère, et fais-moi ce serment, le premier et le dernier que je te demande.

— Je le jure ! s'écria Maurice, et pressant sa mère entre ses bras, il l'étreignit en pleurant ; et il était de bonne foi, il se haïssait lui-même, il haïssait Marguerite, il ne pensait qu'à sa mère, il ne voyait qu'elle ; et pour prolonger sa vie de quelques heures, il aurait tout donné, avenir, gloire, amour ; et se mettant à genoux devant elle, il s'accusa d'être un misérable, de l'avoir tuée ; et il versa de cruelles larmes, demandant sans cesse un pardon que depuis longtemps dans son cœur elle lui avait accordé, mais que sa propre conscience lui refusait et lui refuserait toujours. »

Cependant, après ce long effort et cette crise douloureuse, madame Berthauld se trouva plus faible, et le soir, faisant un signe à l'abbé Hercoët, qui vint aussitôt près de son lit, elle lui parla quelques minutes à l'oreille ; il parut vouloir la rassurer, mais comme elle insistait :

— « Mes amis, dit-il d'une voix grave et émue, notre chère malade, désirant recevoir le divin sacrement de l'extrême-onction, vous voudrez bien vous trouver ici demain à neuf heures, pour unir vos prières aux nôtres. »

Le lendemain, après sa messe, l'abbé revêtit une étole violette par-dessus son rochet, puis, précédé du sacristain qui portait la lanterne aux sacrements, d'un enfant de chœur qui tenait la croix, et encore d'un autre enfant de chœur qui agitait, à de longs intervalles, la lugubre sonnette, il se mit en marche, tantôt récitant à voix haute, tantôt à voix basse, le psaume *Miserere meî Deus*. Sur la place du marché, les affaires furent interrompues, et s'agenouillant sur la terre nue, tout le monde s'inclina en joignant pieusement les mains.

Dans la chambre, auprès du lit de la malade, on avait dressé une table couverte d'une nappe blanche; il y avait dessus un crucifix entre deux cierges, et, de chaque côté, un vase plein d'eau bénite avec le buis des Rameaux, et une assiette dans laquelle on voyait sept petites boules de coton.

Le bruit de la sonnette retentit dans la rue, puis il s'approcha rapidement, et, malgré sa résignation, madame Berthauld jeta à son fils un regard bien triste et bien éloquent.

La sonnette retentit de nouveau, mais cette fois dans l'escalier même. On se mit à genoux : Maurice avec Armande, immédiatement près du lit; derrière eux le docteur qui affectait de regarder par la fenêtre, M. de Tréfléan, Audren, et, dans le reste de la chambre, qui était pleine, les autres amis moins chers. Le prêtre entra, et allant déposer sur la table le phylactère qu'il tenait suspendu à son cou et dans lequel est l'huile bénite des infirmes, il prit le rameau de buis, et aspergea la malade et les fidèles en disant :

« Pax huic Domini. »

Et les enfants de chœur de leurs voix aigres et claires, répondirent aussitôt : « *Et omnibus habitantibus in ea.* »

Un frisson agita tous les assistants, et Maurice ne put retenir un sanglot. Rassemblant toutes ses forces, la mourante voulut se mettre sur son séant, mais elle fut presque aussitôt obligée de se laisser retomber sur son oreiller, et Armande l'y arrangea le mieux qu'elle put, en lui tenant la tête un peu haute.

Alors, l'abbé s'approchant du lit :

— « Chrétiens, mes frères, dit-il avec une douce dignité, unissons-nous de toute notre âme pour implorer Dieu ; et vous, ma sœur, ne vous laissez pas aller à de tristes pensées, les desseins du Tout-Puissant sont remplis de mystères, mais sa miséricorde est infinie, et il a des joies infinies comme elle pour ceux qui ont souffert ici-bas ; il ne fait rien en vain, et s'il nous frappe rudement, c'est pour nous sauver ou pour sauver ceux que nous aimons. »

A ces paroles, madame Berthauld tourna ses yeux vers Maurice avec un céleste sourire ; elle semblait tout heureuse de donner sa vie pour racheter celle de son enfant ; celui-ci comprit ce qu'il y avait là de sublime abnégation et de sacrifices, et ses pleurs, qu'il avait pu contenir, s'échappèrent malgré lui ; il baissa la tête, et ils coulèrent lentement, continûment ; ils tombaient sur le parquet, et lui, n'entendant plus rien, les regardait se grossir dans la poussière.

Cependant la cérémonie continuait ; la mourante avait murmuré le *Confiteor*, elle avait reçu l'absolution, et on avait récité les litanies des Saints et les sept Psaumes de la pénitence ; alors le prêtre étendant les mains :

— « Au nom du Père, du Fils et du Saint-Esprit, qu'en toi s'éteigne toute vertu des puissances infernales par l'imposition de mes mains, et par l'invocation des saints anges, archanges, prophètes, patriarches, martyrs, vierges et tous les saints. »

Puis, prenant de l'huile dans le phylactère, il commença les onctions :

Aux yeux il dit : *Per istam sanctam onctionem* (et il fit sur la paupière le signe de la croix du bout de son pouce,) *et suam piissimam misericordiam, indulgeat tibi Dominus quidquid per visum deliquisti. Amen.*

Et essuyant l'huile avec une des petites boulettes de coton, il continua par les oreilles, les narines, le creux des mains, les pieds, le cou, et lorsqu'il en vint à la bouche, la mourante serra instinctivement les lèvres en frémissant, et ne les rouvrit que pour baiser pieusement le crucifix qu'on lui présentait.

Alors elle se souleva un peu, et faisant un signe, elle remercia tous ceux qui étaient venus, et avec une touchante effusion, l'abbé, le docteur, M. de Tréfléan et surtout Armande, qu'elle voulut embrasser; puis, prenant Maurice par la main, elle l'attira vers elle, et le tint longtemps sur son cœur.

Tout le monde pleurait à chaudes larmes.

Bientôt il n'y eut plus auprès de la mourante que les amis intimes, et la sonnette des enfants de chœur retentit de nouveau dans la rue.

La journée s'écoula assez paisiblement, mais le soir, la faiblesse augmenta de telle sorte, que le docteur jugea tout perdu : « Elle n'a pas quarante-huit heures à vivre, dit-il à M. de Tréfléan, avec leur horrible cérémonie, ils l'ont si bien épuisée et fatiguée qu'elle n'en peut plus; ces gens-là ne peuvent pas nous laisser seulement mourir en paix, et, sous prétexte de sauver notre âme, ils nous torturent le corps et l'esprit, quand on aurait le plus besoin de tranquillité. Je crains beaucoup pour la nuit; il ne faut pas que Maurice reste seul. » M. de Tréfléan s'offrit à passer la nuit, et s'installa dans une des pièces du rez-de-chaussée.

Maurice, lui, comme tous les soirs, prit place auprès

de sa mère. La chambre était plongée dans l'obscurité; car, de peur d'une trop vive clarté, il avait mis un grand in-folio devant la veilleuse, et c'était seulement après s'être réfléchie dans les angles opposés au lit, que la lumière retombait dans l'appartement. Au dehors, il faisait une de ces bourrasques si fréquentes en cette saison; le vent soufflait avec force et fouettait la pluie contre les volets, en sifflant d'une façon lugubre; et, dans les intervalles de repos, on entendait le formidable bruit de la mer poussée par la tempête. Silencieuse et paraissant assoupie, madame Berthauld respirait péniblement, et lorsqu'un courant d'air, s'engouffrant dans la cheminée, venait raviver l'activité du feu, en emplissant la chambre de lueurs rougeâtres, elle tressaillait avec frayeur, et soupirait un peu plus fortement. Vers le milieu de la nuit, le vent s'apaisa, et le calme qui se fit, la rendit moins oppressée; mais elle étouffait encore, et, d'instants en instants, son souffle était plus rapide et plus court. Au matin, elle pria son fils d'ouvrir une fenêtre, l'air lui manquait. Les oiseaux commençaient leurs chants et mêlaient leurs voix joyeuses aux cris des insectes qui s'éveillaient dans la vallée. Un signal venu d'en-haut avait rappelé la campagne à la vie, et la nature saluait le soleil.

Cette poésie du matin enivra doucement la malade; elle oublia les souffrances de la condition terrestre, et, posant une main sur la tête de son enfant chéri, elle le regarda en silence avec la divine expression d'une mère qui va mourir.

En la voyant ainsi, Maurice eut une pensée d'espérance, et, sans disparaître entièrement, ses craintes perdirent de leur vivacité, ses anxiétés devinrent moins poignantes; il douta de tous les tristes présages qui s'étaient accumulés depuis quelques jours, et de la science qui avait condamné sa mère; tant il est difficile de croire que ceux que nous aimons peuvent mourir.

Mais cette lueur ne tarda pas à s'évanouir : le tintement de l'*Angelus* rompit l'extase dans laquelle madame Berthauld était plongée ; par un brusque mouvement, elle voulut se soulever pour embrasser son fils ; mais ses forces faillirent, elle retomba : — « Maurice... dit-elle faiblement, Maurice... » Puis ses lèvres s'agitèrent sans former des paroles ; ses yeux devinrent immobiles et sinistres ; ses mains se crispèrent en se promenant sur les draps, comme pour saisir quelque chose ; sa tête se renversa en arrière ; un soupir plus puissant sortit de sa poitrine, et la respiration cessa.

— « Mère !... s'écria Maurice, mère !... » Mais sa voix n'éveilla point une autre voix.

Il resta quelques instants à regarder avec un stupide étonnement ce corps inanimé ; puis, sentant la main qu'il avait prise devenir inerte et lourde, il comprit tout ; un cri déchirant s'échappa de son cœur, et, saisissant sa mère dans ses bras, il se jeta sur le lit en sanglotant.

A ce cri, M. de Tréfléan monta, et en deux pas il fut près du lit ; alors Maurice se retournant :

— « Le docteur... le docteur, courez... Peut-être est-il encore temps... courez, courez... »

Mais, voyant M. de Tréfléan qui restait immobile et la tête baissée, il se laissa retomber sur le lit ; et tous deux pleurèrent longtemps : l'enfant et le vieillard, le fils et l'ami étaient sans paroles l'un pour l'autre.

M. Michon et l'abbé arrivèrent bientôt, et l'on voulut emmener Maurice, mais ce fut en vain.

— « Laissons-le, dit M. de Tréfléan, il a trop peu vu sa mère, et il la verra trop peu de temps encore, pour que nous insistions ; n'est-il pas d'ailleurs plus naturel de rester près de ceux que nous aimons, que de les fuir aussitôt qu'ils sont morts ?

— Après ma messe, continua l'abbé Hercoët, je viendrai réciter les prières avec vous. »

On tendit la chambre de grands draps blancs, et çà et là on fit des plis cintrés au moyen d'épingles, et on y attacha des bouquets de violettes et de cinéraires. La morte, les cheveux bien peignés et revêtue de ses plus beaux habits, fut exposée sur le lit, la tête élevée sur plusieurs oreillers, les mains jointes sur la poitrine; autour d'elle, on disposa de grands cierges tout couverts d'arabesques et de larmes en papier noir. Le prêtre s'assit près de la fenêtre, avec un prie-Dieu devant lui, et M. de Tréfléan et Maurice restèrent immobiles auprès du feu.

La journée fut d'une longueur éternelle, et les minutes étaient des heures. Souvent, Maurice se levait, et s'approchant du lit, il restait là longtemps à regarder sa mère; dans sa mémoire fidèle, arrivaient une à une les mille petites circonstances de leur ancienne et heureuse vie; et à chacune des preuves de tendresse qui lui revenaient, c'étaient des regrets immenses, désespérés. Pourquoi n'était-elle plus là pour qu'il pût lui dire toute sa reconnaissance?

Et quand il revenait s'asseoir, il se trouvait lâche de vivre encore et d'être si patient pour la souffrance; sa mère était morte, et lui pensait, sentait, et ne pouvait même pas s'absorber tout entier dans sa douleur. Plus puissante que sa volonté, son imagination l'entraînait loin de cette chambre, et plus d'une fois il se vit à Paris, cherchant Marguerite, se demandant où elle était, ce qu'elle faisait en ce moment; son cœur était si misérable et si faible, qu'il lui fallait des joies et des espérances, même en face de la mort. Mais où il eut tout à fait honte de lui, ce fut quand le docteur, l'ayant emmené au château quelques instants, le força de se mettre à table. Quand, près de sa mère malade, il se l'était quelquefois représentée morte, il lui avait semblé alors qu'assurément, ce jour-là, tout dans le monde serait perdu pour lui, et qu'il resterait sans force, sans volonté, sans raison. Et cependant, aujourd'hui, il marchait, ses idées étaient claires, suivies, et même il avait faim!

Le soir, une voiture s'arrêta à la porte, et un étranger se présenta. C'était Martel, que Maurice avait appelé pour faire le portrait de la mourante, quand il l'avait sue condamnée.

— « Il est trop tard ! s'écria Maurice, en le voyant : ma mère... »

Et les larmes lui coupèrent la parole. Mais bientôt il releva la tête, et, prenant Martel par la main, il l'amena devant le lit.

— « Peux-tu peindre à la lueur des cierges? lui dit-il.

— Oui, répondit Martel.

— Eh bien ! mets-toi là. »

Alors, celui-ci allant chercher une toile qu'il avait apportée et sa boîte, disposa les cierges d'un seul côté; et, inclinant le corps de la morte qui avait déjà toute la rigidité du cadavre, de façon à ce que la lumière tombât en plein sur le visage, il commença.

Maurice allait fiévreusement par la chambre, se haussant souvent par-dessus l'épaule de son ami, pour voir si le travail avançait, et si bientôt il retrouverait sur la toile une ressemblance qui lui montrât toujours cette tête aimée, que dans quelques heures on allait lui enlever pour jamais. Martel, debout, la palette à la main, peignait avec ardeur ; les cierges fumaient en jetant des rayons jaunes ; la cire coulait lentement, et les gouttelettes, s'ajoutant sans cesse aux gouttelettes, faisaient des taches larges et blanchâtres sur le parquet; de temps en temps, la garde ouvrait une fenêtre, emplissait la cheminée d'une grande brassée de sapins ; et l'air devenait un peu moins lourd.

Brisé par la fatigue et l'émotion, Maurice s'endormit dans un fauteuil; mais bientôt il se réveilla haletant; ses larmes, qui ne coulaient plus, le suffoquaient ; sa poitrine ne se dilatait plus ; son cœur crevait de sang.

Le jour parut et les cierges brûlèrent encore.

Aussitôt après l'*Angelus*, les cloches commencèrent leur lugubre sonnerie; et, alors, arrivèrent le menuisier et les ensevelisseuses.

On entraîna Maurice en bas; les invités de la cérémonie se montraient déjà sur leurs portes.

Un grand bruit se fit dans l'escalier : on descendait le cercueil, qu'on exposa dans l'allée, entre deux rangées de cierges.

Les cloches reprirent, et la salle s'emplit peu à peu de monde; ceux qui vinrent les derniers, restèrent dans la rue. Maurice allait de groupe en groupe, donnant des poignées de main, et tâchant de ne pas rester sans réponse aux banales consolations qu'il n'écoutait pas.

Les cloches sonnaient toujours. On partit pour l'église.

Le clergé, revêtu de ses ornements de deuil, attendait sous le porche, tapissé de noir. L'abbé Hercoët entonna le *De profundis*.

On monta dans le chœur, et l'office commença. Près du lutrin, le cercueil était placé sur des chevalets, et recouvert d'un drap noir à larmes d'argent. Immédiatement, derrière, sur un grand chandelier en triangle, brûlaient dix cierges. Après le premier nocturne, il se fit un silence, et le bedeau, s'avançant gravement, en souffla trois; après le second nocturne, il en souffla trois autres; puis, trois autres encore, après le dernier nocturne; un seul restait allumé; le prêtre dit l'oraison, et alors on le souffla comme on avait soufflé tous les autres.

A cette puissante évocation de la nuit éternelle, Maurice se sentit défaillir, il s'affaissa dans sa stalle, un nuage voilait ses yeux, il se crut mort aussi.

Mais les terribles accents du *Dies iræ* l'arrachèrent bientôt à cette stupeur. Les chantres, avec leurs chapes noires et blanches, les bras croisés sur la poitrine, la tête haute, passaient et repassaient en se balançant gravement, et les assistants alternaient en chœur les versets de cette Prose, la plus belle et la plus lugubre de l'Église romaine.

Enfin le prêtre descendit de l'autel, et alors, suivant l'usage breton, six femmes, vêtues de noir, vinrent se placer autour de la bière, trois de chaque côté ; elles la soulevèrent avec des bâtons, et l'on se mit en marche. Les cloches reprirent leur glas funèbre.

De temps en temps l'on s'arrêtait ; les porteuses fatiguées cédaient leurs places à d'autres, et l'on repartait ; le clergé recommençait à psalmodier l'*In paradisum*, et la croix s'inclinait au caprice des branches qui tombaient sur le chemin. Dans les champs, les paysans quittaient leurs charrues et, venant s'agenouiller au bord du fossé, ôtaient leurs larges chapeaux, joignaient les mains et disaient une fervente prière.

La fosse était au milieu du cimetière, dans une allée de pommiers vigoureux. Les chantres entonnèrent le psaume *Benedictus Deus Israël*. Le fossoyeur et ses aides prirent le cercueil, les cordes ronflèrent ; sur les cailloux le coffre rendit un bruit sourd, le prêtre jeta l'eau bénite, puis il tendit le goupillon à Maurice. Alors, celui-ci s'avança, pâle comme un cadavre, regarda le trou béant à ses pieds avec une horrible curiosité, se pencha tout entier pour mieux voir, puis, laissant tomber le goupillon, il se sauva à quelques pas de là en se bouchant les oreilles et en éclatant en sanglots.

On revint lentement et religieusement ; seul, le clergé, comme à son ordinaire, regagna à grands pas le village ; en avant, couraient les enfants de chœur, puis venaient les chantres et les sacristains, la soutane retroussée dans la ceinture, les chandeliers sous le bras, la croix sur l'épaule. Pour la première fois depuis vingt ans, l'abbé Hercoët resta en arrière, et au grand étonnement de ses paroissiens, surpris d'une telle marque d'estime et d'amitié, il vint prendre le bras de Maurice, et le passant sous le sien :

— « Allons, mon cher enfant, lui dit-il, de la résignation. » — Et d'une voix douce, il se mit à vouloir le consoler ; mais peu à peu sa parole émue céda à la force de l'habitude, elle devint abondante et prêcheuse, l'ami ne pleurait plus, le prêtre parlait.

Maurice s'efforçait d'écouter, mais il ne comprenait rien à tous ces grands mots : de joies éternelles des élus, de soumission aux volontés du Tout-Puissant ; — il ne pensait qu'à une chose, à la fosse, encore béante sous ses yeux ; il n'entendait qu'une chose, le bruit que la terre avait fait en tombant ; mais ce bruit emplissait tout son être, et sa tête et son cœur, comme de fidèles échos, se le renvoyaient sans cesse. Cependant, il tâchait parfois de réagir sur lui-même, et de croire aux paroles de l'abbé ; mais ces paroles de résignation chrétienne, loin de calmer sa douleur, excitaient sa colère, il accusait Dieu, il accusait l'abbé, il s'accusait lui-même ; et si, évoquant en lui ses souvenirs d'enfance, il s'efforçait à la piété, c'était en vain, sa pensée revenait toujours au fait matériel, au cercueil, à l'enterrement.

Ainsi se fit la route. En arrivant aux premières maisons de Plaurach, le docteur, que sa longue familiarité avec la mort rendait moins sensible, arrêta M. de Tréfléan qui marchait près de lui, sombre et absorbé dans ses tristes pensées :

— « Interrompez donc l'abbé dans son prêche, et prévenez Maurice qu'on se réunit chez moi ; je vais inviter ces braves gens à venir prendre leur part du festin d'usage. »

Alors, le cortége abandonna la grande route pour suivre le chemin du château. De longues tables avaient été préparées dans la salle et dans le vestibule, et Armande, à la porte d'entrée, accueillait chacun par son nom en l'engageant à prendre une place.

La vue de ces préparatifs, qui respiraient plutôt la joie que la tristesse, souleva le cœur de Maurice en même temps qu'elle lui causa un cruel désappointement, car, pendant la nuit, il avait formé le projet de retourner immédiatement à Paris; aussi s'approchant du docteur :

— « Pardonnez-moi, lui dit-il, d'une voix ferme, de vous abandonner dans un pareil moment, mais il faut que je parte. »

Et comme M. Michon, surpris, voulait lui démontrer que c'était impossible, M. de Tréfléan intervint dans le débat.

— « N'insistez pas, dit-il, Maurice a des motifs irrésistibles; d'ailleurs, ce festin ne pourrait que redoubler sa peine; laissez-le partir, et excusez-le auprès des invités; pour moi, je vais le conduire jusqu'à la côte de Maël. »

Les préparatifs ne furent pas longs, Martel était prévenu et Maurice ne songeait qu'à se hâter.

Alors, les adieux se firent. Il embrassa M. Michon et l'abbé en pleurant, donna une poignée de main à Audren, puis, quand il fut devant Armande :

— « Mademoiselle, dit-il, d'une voix tremblante, je n'oublierai jamais les soins que vous avez eus pour ma mère... j'en emporte une reconnaissance éternelle, et... »

Mais il n'en dit point davantage, les sanglots l'étouffèrent, et il laissa tomber ses larmes sur la main que la jeune fille, toute émue, lui tendait instinctivement.

On se mit en route; et Martel, qui sentait que Maurice et M. de Tréfléan avaient besoin d'être seuls, prit bientôt les devants.

Mais ce que M. de Tréfléan avait à dire était si délicat et si difficile, qu'il marcha longtemps en silence; enfin, au bas de la côte de Maël, il ralentit le pas, et de cet accent profond et grave qui donnait tant de puissance à sa voix :

— « Tout à l'heure, dit-il, pour décider ton départ, j'ai prétendu que je savais la raison qui te faisait agir, et en réalité, je la savais... Tu es ramené à Paris par une passion inflexible... Ne le nie pas, je me connais, par malheur, assez en amour, pour avoir deviné le tien. Tu es malade d'amour, et si tu n'y prends garde, cette maladie te sera bientôt mortelle. Vois ce que déjà elle a fait de toi : depuis deux ans, ton talent, s'il t'en reste encore, sommeille et s'éteint, et ton cœur est si complétement envahi, que tu as laissé mourir, — et il faut le dire, — que tu as tué ta mère. »

A cette double accusation, Maurice fit un geste pour répondre, car, ce qu'il y a de plus vivant dans un homme, c'est le fils et l'artiste ; mais M. de Tréfléan continuant avec autorité :

— « Oui, tué, et je ne fais que répéter ici ce que ta conscience t'a crié déjà bien des fois. Tu as été entraîné, sans réfléchir, je le veux bien ; mais, maintenant que tu vois où tu as été conduit, iras-tu plus loin ? Avec ton tempérament et ton âme, si tu ne prends pas un parti héroïque, tu es perdu ; le suicide seul te reste. Réfléchis, je t'en supplie, et surtout pense à ta mère. Je t'ai parlé comme elle-même l'eût fait. Dans un mois, j'irai à Paris et je ne t'abandonnerai pas : si tu la quittes, je serai près de toi pour te soutenir ; si tu persistes, j'y serai pour te le reprocher. Embrasse-moi. »

Ils s'embrassèrent, et M. de Tréfléan, triste et recueilli, redescendit la colline.

Pour Maurice il ressentit presque du plaisir à cette séparation. Les dernières paroles de M. de Tréfléan l'avaient blessé ; ces paroles, les mêmes à peu de chose près que celles que sa mère lui avait dites avant de mourir, accusaient Marguerite, et si, au fond de son cœur, il pouvait en reconnaître la justesse, il ne les supportait qu'avec peine et avec colère lorsqu'elles étaient directement articulées. Et puis cet indulgent ami de ses jeunes années, aujourd'hui le reproche vivant de sa conduite, qui allait disparaître au tournant de la route, était le dernier lien, la dernière attache de cœur et de raison qui le retenait loin de Marguerite.

Maintenant il était libre : quelques pas le séparaient encore du point où la pente allait descendre du côté de Lannion, c'est-à-dire du côté de Paris. Il les fit rapidement. Enfin tout était fini. Rien ne le retenait plus, ni devoir, ni mère, ni amis ; l'irréparable était accompli, il était libre, il était seul au monde, il était tout entier à Marguerite. A elle désormais toute sa vie, en elle tous ses espoirs, d'elle toutes ses joies, tout son bonheur.

Cette pensée, qu'il allait enfin la revoir, l'enivra et mit fin à ses réflexions. Il se retourna vers Plaurach, lui dit un éternel adieu, et se lançant rapidement sur la pente, il courut sans reprendre haleine, jusqu'à ce qu'il eût rejoint Martel qui cheminait tranquillement.

VII

LE DÉSESPOIR D'UN ARTISTE

En arrivant au débarcadère de la rue Saint-Lazare, Maurice, qui pendant le voyage avait gardé un silence absolu, se sépara de Martel en lui disant simplement qu'il avait besoin d'être seul, et celui-ci, qui ne voulait point paraître provoquer une confidence qu'on ne lui offrait pas, serra la main de son ami sans rien répondre, et s'éloigna de son côté.

Aussitôt Maurice courut chez lui : là, au moins, il espérait trouver une lettre de Marguerite; femme et Parisienne, elle avait pu ne point se rappeler le nom d'un obscur village de Bretagne, mais elle connaissait trop bien cette chère demeure, où elle avait été si heureuse, pour l'avoir oubliée; et d'ailleurs, n'avait-elle pas promis, n'avait-elle pas juré d'y revenir!

— « J'ai reçu des lettres pour monsieur, répondit le concierge à ses questions précipitées, et je les ai montées comme monsieur me l'avait recommandé. »

En deux ou trois bonds, Maurice eut enjambé son escalier, et, sur son bureau, il aperçut un paquet de lettres : il sauta dessus; mais, singulière ironie des circonstances, ces lettres étaient toutes de lui, c'étaient celles mêmes qu'il avait écrites de Plaurach; et non-seulement il n'y en avait point de Marguerite, mais encore, elle n'était point venue chercher celles qui lui étaient destinées.

— « Allons chez elle, » se dit-il.

Mais prêt à partir il hésita, il eut peur d'apprendre la vérité, il eut même peur de se préciser sa propre pensée,

Alors il se décida pour un de ces moyens qui, tout en ne brusquant rien, pouvaient cependant l'éclairer; et il se rendit chez Donézac.

— « Pourvu que je ne me trahisse pas, » se disait-il en marchant, et il préparait un thème de conversation, et se le répétait pour bien l'apprendre.

Mais ces habiles préparations furent perdues, Donézac n'était point chez lui.

C'était un contre-temps auquel il n'avait même pas songé, aussi en fut-il véritablement hébété, et, en se retrouvant sur le trottoir, ne sut-il de quel côté tourner ses pas. Il alla durant quelques minutes tout droit devant lui, en tâchant de réfléchir et de se reconnaître, puis, exaspéré par les gens qui le choquaient et le dérangeaient, il entra dans un café. Longtemps il chercha, mais il avait beau faire, il n'imaginait rien. Dans la situation où il était avec Marguerite, une démarche imprudente pouvait avoir les suites les plus graves, et d'ailleurs, des personnes qu'il avait connues près d'elle, Donézac était la seule qu'il pût interroger, car pour les autres, il n'avait eu avec elles que des relations de simple politesse, et lors même qu'il eût su leur demeure, il n'avait pas le plus léger motif pour s'y présenter. Plus il chercha, moins il trouva, et cependant les heures marchaient toujours et la soirée s'écoulait; enfin, poussé à bout, il se décida à aller chez elle; il n'était pas revenu à Paris pour rester dans l'anxiété, quoi qu'il dût apprendre, il voulait l'apprendre, et s'il ne pouvait pas la voir, il verrait au moins quelque domestique, qui lui dirait où elle était et ce qu'elle faisait; enfin il saurait toujours bien quelque chose.

Il se mit donc en route pour le faubourg Saint-Germain; mais, malgré sa hâte, il avançait lentement. C'était un soir de mi-carême, et la foule, qui débouchait des rues, riait, causait et marchait sur place en se coudoyant, tandis que sur la chaussée du boulevard des centaines de voitures entre-croisaient leurs joyeuses lanternes, et que, çà et là, apparaissait un char de blanchisseuses avec son orchestre formidable et ses branches de sapin enguirlandées de rubans tricolores. Quoique la préoccupation de Maurice fût profonde, ces cris et ces éclats bruyants le frappèrent par l'étrange contraste qu'ils faisaient avec ce qu'il avait vu deux jours auparavant. Au milieu de cet éblouissant pêle-mêle, de cet assourdissant tumulte, il lui sembla presque qu'un malheur était impossible, et le drap mortuaire qu'il avait toujours devant les yeux, s'en alla lambeau par lambeau à mesure qu'il s'enfonça dans le tourbillon de la fête. Au pont de la Concorde, il fut arrêté par cinq ou six fiacres qui défilaient; c'étaient des étudiants et des femmes du quartier Latin, qui s'en allaient aux bals de Montmartre et de Batignolles; tous criaient et chantaient, et trouvaient dans leur propre gaieté un bonheur qu'ils ne demandaient point à leurs amours faciles.

— « Oh! tout le monde est heureux! » se dit-il, et il se hâta encore plus. En deux minutes, il gagna la rue de Bourgogne, et il la trouva également pleine de bruit. De nombreux équipages étaient alignés le long du trottoir. Il suivit cette file de voitures qui se continuait jusqu'au boulevard des Invalides, et il arriva ainsi devant l'hôtel de Marguerite. La grande porte était ouverte à deux battants, la cour était pleine d'animation et de mouvement, et toutes les fenêtres jetaient des flots de lumière.

Il s'arrêta stupéfait: là où il s'attendait à trouver le silence, et peut-être même le deuil, il trouvait une fête. Cela lui parut si prodigieux et si incompréhensible en même temps, que, croyant s'être trompé, il passa et repassa deux ou trois fois; mais il ne se trompait pas, c'était bien la cour, c'était bien l'hôtel de Marguerite, c'était bien une fête : on entendait un prélude de contredanse.

Il écouta pendant quelques secondes et voulut se recueillir; mais, irrité, et décidé aussi par cette musique, il courut jusque sous un bec de gaz, jeta un coup d'œil sur la toilette qu'il avait faite pour se rendre chez Donézac, la trouva à peu près convenable, et, revenant sur ses pas, il franchit hardiment la porte de l'hôtel.

Il allait si franchement, que les valets du vestibule, qui, d'ailleurs, l'avaient déjà vu autrefois, le prirent pour un invité et le laissèrent passer.

En donnant son pardessus à un de ces valets, il remarqua que la livrée était changée, de bleue elle était devenue amarante; mais, sans chercher à s'expliquer cette anomalie, il monta le grand escalier rempli de camellias et de bruyères, et, comme le domestique, placé dans la première antichambre, lui demandait son nom : — « N'annoncez pas, » dit-il, et il entra résolûment.

Un souffle brûlant et parfumé le saisit à la gorge; et, par-dessus des groupes d'hommes qui se pressaient aux portes pour causer et respirer, il aperçut une enfilade de pièces splendidement illuminées. Les lampes et les bougies manquant d'air, paraissaient brûler dans une aréole rouge et poussiéreuse. De la foule s'élevaient des bruits confus de paroles, de bruissements de soie, de pieds glissant sur le parquet; tout cela dominé par les sons clairs et aigus du violon et de la flûte, et par les fermes accords du cornet à piston.

Sa détermination commença à fléchir; la première fièvre du coup de tête se calmait, et il entrevoyait vaguement les difficultés de son entreprise. Cependant il ne recula point et se glissa dans le grand salon. La contredanse venait de finir; il n'osa s'aventurer au milieu du parquet, et, s'effaçant derrière un groupe, il chercha des yeux Marguerite. Il ne la vit point; mais, en poursuivant son examen, il fut frappé d'une remarque analogue à celle qu'il avait faite à propos de la livrée : il n'apercevait que des figures inconnues, sans rencontrer un seul des habitués d'autrefois. Partout c'étaient des hommes à l'allure aristocratique, à la démarche facile et assurée, et, au milieu d'eux, des femmes qui, si elles n'étaient pas toutes jeunes et belles, avaient presque toutes cette noblesse ou cette grâce que donne seule la naissance. Les appartements aussi étaient en harmonie avec ce changement, les peintures avaient été refaites, les tentures avaient été remplacées, et l'or flambant neuf des corniches laissait tomber ses rutilants rayons sur l'or des parures et des bijoux.

Maurice se demandait ce que pouvaient signifier ces métamorphoses, lorsque Marguerite parut, belle, éblouissante et fière; elle s'avançait au bras d'un homme qu'il reconnut pour le comte de Lannilis, et, toute à son manége de maîtresse de maison, elle distribuait à droite et à gauche de gracieux sourires.

Lorsqu'elle eut fait quelques pas de plus, leurs regards se rencontrèrent.

Comme si elle eût été atteinte d'une commotion électrique, elle tressaillit et pâlit.

Lui, se sentit défaillir; mais, sans baisser les yeux, il la regarda toujours en face; il croyait qu'elle allait s'approcher et lui adresser la parole : elle passa et lui tourna le dos.

Elle paraissait calme et tranquille, elle était tremblante et chancelante; une sueur froide lui mouillait les épaules : les yeux de cet amant étaient si effrayants, son visage était si bouleversé, elle s'attendait si peu à le trouver là devant elle, qu'elle avait peur; et, craignant un éclat, elle fut même pour revenir sur ses pas et recourir à la douceur et au mensonge; mais, comme aller à lui, c'était s'exposer au milieu du monde à une explication, et que cette explication pouvait, malgré l'habileté qu'elle y mettrait, amener cet éclat beaucoup plus inévitablement que le silence, elle comprit tout de suite, grâce à cette puissance merveilleuse qu'elle avait toujours eue sur elle-même, que l'unique moyen de se sauver, c'était de n'être pas seule une minute de toute la soirée, c'était de le tenir à distance et de le désespérer sans cesse; car, assurément, il n'oserait jamais, de son propre mouvement, l'aborder et lui parler : elle connaissait son empire et son prestige.

En une minute, ce plan fut bâti; en dix secondes, son exécution fut résolue, et, comme le moment était venu d'accorder une valse qu'elle avait promise, elle l'accorda; et, la main dans la main de son valseur, elle s'avança au milieu du salon.

Quand il l'avait vue s'éloigner, froide et dédaigneuse, Maurice avait été frappé d'un stupide étonnement, et pendant qu'elle avait inventé et arrêté son projet, il avait essayé de deviner et de comprendre les raisons de cet étrange accueil; mais, quand il la vit revenir et s'élancer aux premières mesures de l'orchestre, il fut saisi d'une colère folle et désespérée.

D'abord, ils allèrent lentement; puis, bientôt, ils repassèrent en tournoyant plus vite; puis, ils repassèrent encore : chacun des tours qu'ils avaient faits, les avait plus étroitement unis. Marguerite, la taille souple et ondoyante, la tête renversée en arrière, appuyait sa poitrine sur la poitrine de son valseur; et lui, le beau poseur, plongeait son regard curieux dans un corsage battu par une gorge haletante; il paraissait prendre un plaisir raffiné à voir, sous l'envahissement successif de l'oppression, le sang descendre et refluer des pommettes au cœur. Longtemps ils tourbillonnèrent ainsi, et ce fut seulement avec l'orchestre qu'ils s'arrêtèrent.

Dix fois, pendant cette valse cruelle, Maurice, les yeux hagards et les nerfs crispés, fut p[illegible] à s'élancer sur Marguerite, et à tout terminer brutalement; mais la crainte respectueuse qu'elle lui inspirait toujours, bien plus que sa raison qui lui échappait, l'avait heureusement retenu.

Mais comme aux tortures qu'il endurait, aux efforts qu'il lui fallait faire, il comprenait que, d'un moment à l'autre, il pouvait se laisser emporter par la fureur, il fut repris de ces hésitations qui déjà l'avaient abattu lorsqu'il était entré; et, de minute en minute, voyant de nouvelles impossibilités et de nouveaux dangers surgir, il regretta d'être venu et pensa à s'en aller. — Marguerite était sans cesse environnée, — elle ne serait jamais seule, — il ne pourrait pas l'approcher, — il pourrait encore moins lui parler, — la forcer à une explication, c'était folie, c'était se perdre et la perdre, c'était se condamner à une rupture irréparable; — elle avait peut-être, d'ailleurs, d'excellentes excuses; — il l'avait vue, elle n'était pas malade, — sa plus vive anxiété était calmée, ne pouvait-il attendre au lendemain, pour apprendre le reste? — n'avait-il pas assez souffert, pour prendre le courage de souffrir encore?

Et, avec cette mobilité d'un esprit qui sent et ne raisonne pas, il voulut retourner en arrière. Mais il lui fallait retraverser le grand salon dans toute sa longueur, passer au milieu des fauteuils, déranger les groupes, affronter ces regards qui déjà l'avaient, croyait-il, si curieusement observé; et le bal était dans son éclat, l'espace était à peine suffisant pour se mouvoir, les danses continuaient, les lustres pâlissaient, et, dans ce brouhaha et ce coudoiement général, les fleurs des parures tombaient pétale à pétale; — cette tâche lui parut au-dessus de son courage, une réaction de timidité et de faiblesse le paralysait tout entier.

Alors et comme il avait hâte de s'enfuir, il songea à descendre par un escalier de service qui, du boudoir à la porte duquel il s'appuyait, conduisait aux petits appartements du rez-de-chaussée. Au bas de cet escalier était une serre, puis une bibliothèque, puis la chambre de Marguerite. Connaissant les issues et les passages comme il les connaissait, rien ne lui serait plus facile, en cette nuit de désordre, que de s'échapper soit par la cour soit par le jardin.

Sans oser regarder du côté de Marguerite, car il se sentait si peu sûr de lui-même qu'il savait qu'un rien pouvait le retenir ou l'entraîner, il descendit donc.

La serre était déserte, et tout y était à peu de chose près tel qu'il l'avait vu si souvent autrefois ; cactées et orchis laissaient paisiblement tomber, des vases suspendus et des rocailles, leurs fleurs étranges et parfumées. Cette vue et ces parfums ranimèrent en son cœur tout un poëme de souvenirs heureux : c'était là qu'auprès de Marguerite, étendue dans un hamac à l'abri des fougères et des lataniers, il avait passé des heures si joyeuses et si doucement remplies.

Cependant il ne s'arrêta point, et entra dans la bibliothèque. Des joueurs graves et recueillis s'y étaient retirés loin du bruit et des curieux, et sur le vert sombre des tapis, l'or miroitait et se détachait. Personne ne parlait ; mais de temps en temps on entendait le flic flac des cartes, et le bruit clair et sonore des louis qu'on poussait et qu'on ramassait.

Il n'avait point prévu cette complication, et il demeura embarrassé ; mais tandis que d'un air qu'il s'efforçait de rendre indifférent il réfléchissait et s'ingéniait à trouver un moyen d'ouvrir la porte, qui, de la bibliothèque communiquait avec le vestibule, sans éveiller l'attention des joueurs, il aperçut, par une portière à demi-relevée, la chambre de Marguerite obscure et silencieuse ; aussitôt un nouveau projet germa dans son esprit, et saisissant un moment où les regards étaient enchaînés par un coup décisif, il se glissa vivement dans cette chambre.

Une lampe d'albâtre, qui brûlait dans l'alcôve et laissait

tomber une clarté pâle, lui permit de se guider sans renverser aucun meuble; et comme il savait parfaitement qu'il ne trouverait pas le moindre recoin ou le moindre cabinet pour lui servir de cachette, il alla se blottir derrière les rideaux d'une fenêtre. Par bonheur la moire en était épaisse; ils se rejoignaient complétement, et l'espace qu'ils laissaient libre entre eux et les volets était plus que suffisant pour qu'il pût s'y tenir à son aise, et même pour qu'il pût s'asseoir sur la plinthe. Il se blottit donc dans cet espace, et sûr de voir Marguerite, sûr de la tenir en sa puissance, et de l'interroger comme il le voudrait et tant qu'il le voudrait, il attendit avec une espérance pleine de sécurité et d'orgueil.

Longtemps encore le tumulte du bal retentit au-dessus de sa tête; mais enfin il s'éteignit graduellement. Les joueurs abandonnèrent la bibliothèque, les voitures l'une après l'autre défilèrent dans la cour, et la grande porte roula sourdement sur ses gonds.

— « Enfin! se dit Maurice. » Et autant il avait eu de craintes et de faiblesses dans l'attente, autant il eut de calme et de résolution: il savait que Marguerite allait venir.

Elle arriva; mais elle n'était point seule. De son abri il ne pouvait rien voir, mais il entendait; à la voix, il reconnut un homme.

Un fauteuil glissa sur le tapis; sans doute on s'asseyait.

— « Qu'aviez-vous donc ce soir? dit la voix continuant une conversation, vous paraissiez tourmentée; êtes-vous souffrante, mon amie?

— Un peu brisée, voilà tout, répondit Marguerite; mais vous êtes trop bon de vous apercevoir de ces riens; et demain, ma fatigue dissipée, nous pourrons parfaitement partir.

— Cependant peut-être vaudrait-il mieux...

— Non, interrompit-elle, ce n'est rien, je vous l'assure,

il n'y a pas là de quoi nous arrêter, et je vous prie même de commander la voiture pour dix heures.

— Vous savez que je suis à vos ordres; mais à demain, n'est-ce pas? car je ne veux pas plus longtemps abuser de votre hospitalité.

— A demain, mon ami.

— A demain.

— Ah! reprit Marguerite, soyez donc assez aimable pour m'envoyer Sophie. »

Et la porte se referma pour s'ouvrir presque aussitôt devant mademoiselle Sophie.

Quand Maurice entendit cet entretien, la colère lui revint violente et désordonnée. Que voulaient dire ces détails familiers? Pourquoi ce départ quand elle le savait à Paris? Quel était cet homme dont il reconnaissait la voix, mais dont il ne pouvait retrouver le nom dans sa mémoire troublée? Et les soupçons de parjure, qu'il avait chassés pour un moment, l'assaillirent de nouveau plus évidents et plus douloureux.

Sophie resta longtemps auprès de sa maîtresse; mais tout finit, même la toilette d'une jolie femme, et la caméristе alla enfin mettre les verrous, et sortit en marchant discrètement sur la pointe des pieds.

Il était seul avec elle, mais il ne quitta point encore sa cachette; il attendit quelques instants de peur que mademoiselle Sophie ne revînt, puis le silence s'étant établi sans que rien le troublât, il écarta doucement les rideaux et s'avança dans la chambre.

A demi couchée sur une chauffeuse, Marguerite, devant la cheminée, paraissait absorbée dans une accablante préoccupation, et regardait machinalement les tisons du foyer.

Elle tournait entièrement le dos à la fenêtre par laquelle Maurice entrait; mais au bruit de la soie qui cria, au bruit des pas qui glissèrent sur le tapis, elle se souleva effrayée, et apercevant un homme qui marchait vers elle, sans prendre le temps de regarder quel était cet homme, elle se leva brusquement, et se reculant instinctivement elle poussa un cri étouffé.

Mais Maurice s'avançant d'un seul bond, et lui fermant la bouche avec la main :

— « Ne crie pas, dit-il à voix basse, c'est moi.

— Toi, murmura-t-elle avec stupéfaction, toi !

— Oui, moi. Ah ! tu ne t'attendais pas à me trouver là, n'est-ce pas? et tantôt, quand tu m'as évité en me jetant le défi et le dédain, tu te croyais bien en sûreté : mais maintenant je te tiens et tu vas me répondre. »

Il se fit un silence. Elle tremblait, et plus elle le regardait, plus son effroi redoublait, car il était fou de colère, furieux de désespoir, et elle était en sa puissance. Que savait-il ? que venait-il lui reprocher ? que voulait-il? A cette pensée elle songea un moment à appeler, mais presque aussitôt elle repoussa cette idée, car c'était sûrement se perdre, et il lui restait encore la ressource de lutter et de se défendre : avec l'empire qu'elle avait toujours eu sur lui, avec de l'adresse et du calme, rien n'était encore perdu. Que savait-il? tout était là.

— « Eh bien, fit-elle avec une assurance qu'elle n'avait guère, mais qu'elle eut la force de feindre, que voulez-vous? et que faut-il que je réponde?

— Quel est l'homme qui était là tout à l'heure dans ta chambre ? et pourquoi veux-tu partir quand je reviens à Paris? Sans phrases et sans détours, réponds à ces deux questions, et après, si tu le peux, tu répondras encore à celles qui me restent à te faire. »

Ces paroles éclairèrent Marguerite : du premier coup il était tombé dans le piége qu'elle lui tendait : il ne savait rien, il arrivait à l'instant même, et ses plaintes étaient celles d'un amant jaloux, qui, pour connaître la vérité, la demande tout franchement. Elle était sauvée : et pourvu qu'il ne lui échappât point quelque mot dur ou maladroit, la victoire était à elle, il fallait seulement gagner du temps.

— « Voyons, dit-elle d'une voix plus douce, et en se replaçant dans son fauteuil, comme si elle ne craignait plus rien, et comme si elle continuait une explication amicale, pourquoi cet emportement, Maurice? N'ai-je pas toujours répondu à toutes tes demandes, quelque insensées qu'elles aient été? Je vais encore répondre à celle-ci.

— Il ne s'agit pas du passé, mais du présent, et si j'ai pu me laisser tromper autrefois, je ne me laisserai pas tromper aujourd'hui. Réponds.

— Mais je ne veux pas te tromper, Maurice, et pour que je parle tu n'as pas besoin d'employer la violence. »

Et elle essaya de dégager son bras, que machinalement il avait pris et qu'il serrait avec brutalité.

Lui, tout honteux, le laissa échapper.

C'était un premier avantage; elle continua:

— « Je sais que les apparences m'accusent, et je peux paraître coupable; mais, avant de me condamner, tu aurais dû m'entendre.

— Pourquoi tantôt m'as-tu repoussé?

— Au milieu du monde je ne pouvais rien te dire.

— Pourquoi ne m'as-tu pas seulement souri?

— J'avais peur de me trahir.

— Toi! peur de te trahir, allons donc! Mais puisque tu as si bien excuse à tout, réponds tout de suite à mes deux premières questions: quel est cet homme? quel est ce voyage? »

Voyant que la douceur lui réussissait assez mal, elle voulut recourir à une autre tactique:

— « Ah! dit-elle avec fermeté, encore des ordres et des doutes, c'est trop fort à la fin: et moi aussi la colère me gagne.

— Marguerite, prends garde à toi!

— Est-ce que mes premières réponses ne prouvent pas assez mon innocence? et parce que j'ai pitié de ta stupide fureur et que je me défends comme si j'étais coupable, tu en abuses! Eh bien! je ne dirai plus rien : je pourrais te donner des raisons à te rendre fou d'amour, je ne te les donnerai pas.

— Marguerite!

— Tu dis que tu me tiens : eh bien! nous allons voir ce que tu vas faire; si tu m'avais priée, je t'aurais tout dit; mais tu me menaces, je me tais. Tu ne me feras pas parler malgré moi, sans doute? »

Et, anxieusement, elle épia l'effet de ces dernières paroles, en qui elle avait grande confiance, et qui, autrefois, eussent jeté Maurice à ses pieds; mais le résultat fut tout autre que celui qu'elle attendait; elle avait manqué de patience et lâché trop tôt cette explosion de dignité qui, un peu plus tard et mieux préparée, eût probablement réussi.

— « Ah! s'écria Maurice, avec une frénésie forcenée, ah! tu ne veux pas parler; eh bien! oui, nous allons voir, nous allons voir. Je t'ai épargnée tantôt au milieu du monde, quand je pouvais te perdre; mais je te jure bien que maintenant, de force ou de bonne volonté, tu parleras, va! Tiens, regarde-moi bien. »

Et, lui saisissant les deux poignets avec violence, il la tira vers lui, et penché sur elle, il lui montra sa face blême et frémissante.

— « Tu vois dans quel état je suis, n'est-ce pas? N'essaie donc point de mentir et de lutter, ou je ne réponds pas de moi; je n'ai plus rien à ménager, ma mère est morte...

— Morte! interrompit Marguerite, épouvantée.

— Oui, morte, tuée par moi, tuée par nous; fais donc bien attention à ce que tu vas dire, car si tu me trompes, je t'étrangle moi-même de mes deux mains. Ah! ah! tu trembles! Mais ne regarde pas le cordon de ta sonnette, car, si tu fais un mouvement pour appeler, je crie à tout le monde, que j'étais ton amant. Je ne suis plus le jouet que tu excitais et que tu calmais au gré de ton caprice; j'arrive avec une colère que, chaque jour, j'ai comprimée depuis six semaines, et tu comprends bien que tu ne peux ni me tromper ni m'échapper. Ah! malgré tes serments, tu ne m'écris pas, tu me tournes le dos quand tu me vois, je trouve un homme dans ta chambre, tu veux partir quand tu me sais revenu; et tu fais de la pudeur et de la dignité, et tu ne veux pas répondre?

— Mais puisque tu ne me crois pas? murmura-t-elle faiblement.

— Parce que tu cherches des phrases et que tu veux mentir. Tu n'as donc plus ni cœur, ni fierté, ni rien? Voyons, si tu as un amant, dis-le; je connais maintenant assez ta fausseté et ta dépravation, pour tout comprendre; mais, au moins, aie le courage de ton infamie. Voyons, oui ou non, veux-tu répondre?

— Maurice! je t'en conjure.

— Ah! la misérable! »

Et il se mit à la secouer avec fureur, comme si, avec ses mains, il espérait lui arracher son secret.

— « Mais parle donc! Qui t'arrête? Est-ce la peur de me faire souffrir? Mais tu ne vois donc pas que je te hais et te méprise! Autrefois, tout en te méprisant, je t'aimais malgré moi; mais, aujourd'hui, je te juge bien, tu n'as jamais eu ni pudeur, ni honneur, ni dignité, la dernière des filles est plus pure que toi; tu m'as flétri, tu m'as déshonoré à mes propres yeux, tu as brisé mon cœur, dépravé mon esprit, tué mon avenir et ma jeunesse, et tu crois que tu vas m'abandonner maintenant, sans que je me venge! ah! non, non, par exemple; et je te jure bien que tu vas répondre! »

Et, pour ne pas céder au vertige qui le prenait de l'étouffer, il la repoussa et se jeta sur un fauteuil : il tressautait de rage, et il laissait échapper des sanglots et des paroles sans suite : lâche... lâche... ah ! pauvre mère !... pauvre mère !

Marguerite, éperdue, le regardait sans oser faire un mouvement : il y avait en elle et de l'étonnement, et de la crainte, et de la colère, et de l'émotion, et de la pitié ! Cette violence et ces injures d'un amant qu'elle avait toujours dominé, la stupéfiaient et l'exaspéraient : mais cette douleur et ce désespoir la touchaient et l'attendrissaient aussi. Près de sa mère mourante, comme il avait dû souffrir ! Seul au monde, comme il allait souffrir encore plus effroyablement ! Elle voyait, pour la première fois, dans toute leur horrible cruauté, les funestes conséquences de ses promesses mensongères ; et, en même temps, elle voyait son propre danger à elle-même. Dans l'état d'emportement où il était, elle avait tout à redouter de lui, un éclat aussi bien qu'un crime : à tout prix, au prix de son avenir, comme au prix de son orgueil, il fallait donc qu'elle cherchât à le faire partir calme et rassuré : il y allait de son honneur et de sa vie ; car, si par un miracle heureux, il avait jusqu'à ce moment parlé d'une voix contenue, il pouvait s'oublier, on pouvait entendre le bruit de leur querelle, on pouvait venir, et elle était perdue. Alors, dans une résolution où il y avait tout à la fois amour et tromperie, elle se leva et s'approcha de lui : elle avait trouvé sa justification. Doucement, elle lui passa le bras autour du cou, et l'embrassa timidement sur les cheveux.

Mais lui, comme un furibond, se redressa vivement, et la repoussa avec tant de force, que sa tête, allant frapper contre le marbre de la cheminée, rendit un bruit sourd.

Sans jeter un cri, sans faire un mouvement, elle s'affaissa sur elle-même et demeura immobile, étendue sur le tapis.

Comme s'il eût voulu la retenir, il se pencha vivement sur elle, et, durant quelques secondes, il la regarda tout interdit. Puis, effrayé de ce silence et honteux de sa brutalité, il lui prit doucement le bras. Elle ne bougea point. Puis, la soulevant délicatement :

— « Marguerite, dit-il, Marguerite? »

Elle demeura toujours inerte et comme évanouie.

Avec précaution, il la replaça sur la chauffeuse.

Elle ne remuait toujours point; et il était fort embarrassé et fort inquiet : était-ce un évanouissement? était-ce une rouerie?

Ne sachant que faire et ne sachant que dire, il prit le parti d'attendre un peu.

Au bout de quelques minutes, elle s'agita faiblement, ouvrit à demi les yeux, porta lentement la main à sa tête, poussa un petit cri plaintif, et, cachant son visage dans ses mains, parut fondre en larmes.

Ainsi ce n'était point rouerie, et réellement le coup avait sonné bien fort : la colère commença à céder devant la pitié.

Cependant, pour garder une contenance, il se mit à marcher dans la chambre, mais à chaque tour, il regardait un peu plus longtemps du côté de la chauffeuse, et s'y sentait fortement attiré. Enfin, s'approchant :

— « Je te donne ma parole que je n'ai pas voulu te faire de mal, » dit-il avec une fermeté voulue.

Elle ne répondit pas, et continua de sangloter.

— « Voyons ! je te demande pardon, » continua-t-il.

Elle se retourna un peu et le regardant avec un visage baigné de pleurs :

— « Ah ! c'est que vous m'avez fait bien mal, dit-elle faiblement.

— Oui, je le comprends, mais...

— Et encore, quand je venais t'embrasser. Ah !

— Oui, oui, j'ai eu tort et je te demande pardon, je le répète. Mais aussi, quand j'arrive irrité et à moitié fou, pourquoi me pousser à bout ? Je te vois presque coupable, et tu ne veux pas me répondre, tu me braves.

— Mais je t'aurais vu, moi, s'écria-t-elle, me trahissant, que j'aurais récusé mes yeux, et toi, sur de simples indices, tu me traites comme la plus abjecte des créatures, et pour me faire parler, tu en viens jusqu'à me battre. Ah ! Maurice, m'as-tu jamais aimée?

— Tu ne comprends donc pas que tout ce que j'endure depuis deux mois, que ton silence, que la mort de ma mère, que ton accueil, que cet homme, que ce voyage que tout cela m'a rendu fou? Ah ! si tu avais attendu comme moi une lettre pendant cinquante jours, pourrais-tu attendre encore? Tu vois l'horreur de ma situation, n'est-ce pas? eh bien, veux-tu en avoir pitié? veux-tu me répondre? veux-tu te justifier?

— Mais oui ; oui, je le veux.

— Eh bien, alors, parle franchement : si tu m'as trompé, dis-le ; mais, je t'en conjure, ne me défie pas encore. Voyons, pourquoi ne m'as-tu pas écrit?

— J'ai été malade.

— Malade ! toi malade ! allons donc.

— Mais si tu ne me crois pas, pourquoi veux-tu que je parle? Regarde-moi et tu verras bien à mon visage que je ne te trompe pas. »

Et disant cela, elle plongea ses yeux, encore mouillés de larmes, dans les yeux de Maurice.

Malgré lui il frissonna tout entier, mais continuant :

— « Ainsi, tu as été malade, c'est bien : mais tu ne l'as pas été jusqu'à aujourd'hui? pourquoi hier, pourquoi avant-hier, pourquoi quand tu as été guérie, n'es-tu point allée chercher mes lettres?

— Parce que, pendant ma maladie, on m'a perdu ta clef et parce que, depuis que je me lève, ma mère ne m'a pas quittée un instant.

— Ah ! Marguerite, Marguerite, ne te moque pas de moi, n'est-ce pas? et n'espère point me faire croire des excuses aussi invraisemblables.

— Mais c'est là, malheureux enfant, ce qui justement prouve qu'elles sont vraies; si je voulais te faire des mensonges, je serais bien assez adroite, peut-être, pour te les faire vraisemblables.

— Écoute, j'ai la tête tellement troublée, que je ne sais pas bien distinguer si tu me trompes ou si tu me dis la vérité; mais les réponses qui te restent à me faire vont me l'apprendre. Quel est l'homme qui est entré ici avec toi? »

Sans tout de suite répondre, elle le regarda en face d'une manière étrange et indéfinissable.

Il crut qu'elle hésitait.

— « C'est ton amant, n'est-ce pas?

— Non, Maurice, non.

— Ce n'est pas ton amant?

— Je te jure, tu entends, je te jure, sur ta tête, sur la mienne, je te jure que non.

— Alors, quel est-il?

— Ah! tu ne vas pas me croire encore si je te dis la vérité.

— Mais parle, parle donc, tu vois bien que j'étouffe.

— Eh bien! cet homme, comme tu dis, était là pour toi.

— Pour moi!

— Ah! tu vois bien que tu ne me crois pas.

— Mais aussi c'est que vraiment c'est par trop fort!

— Faut-il donc que je mente pour te convaincre? Que veux-tu que je fasse si tu doutes de toutes mes paroles?

— Mais cet homme!... Allons, dis, dis quel est cet homme?

— Cet homme est M. de Lannilis.

— Ah! j'aurais dû le reconnaître. »

Mais sans se laisser interrompre, Marguerite continua d'une voix sûre et rapide :

— « M. de Lannilis avec qui je devais partir, partir pour la Bretagne; car son château touche à Plaurach, et sans quitter ta mère tu aurais pu me voir tous les jours.

— Ah ! Marguerite ! Marguerite ! s'écria Maurice, ivre d'espérance et de joie.

— Oui, pendant que tu m'accusais, je pensais à te rejoindre. Pendant ma maladie, tout ce que tu souffrais de mon silence, je le souffrais du tien, tourmentée en plus de ta propre inquiétude et de ta propre jalousie. Et quand je me suis relevée, au lieu de t'écrire comme j'aurais pu le faire, j'ai voulu courir près de toi, car je savais que tu douterais de mes lettres; et alors, sans éveiller ses soupçons, je me suis fait inviter par M. de Lannilis; et si cette fête n'avait pas été fixée depuis deux mois, il y a huit jours que je serais près de toi, près de vous, monsieur, qui malgré toutes les preuves que j'avais déjà données de mon amour, m'avez soupçonnée, m'avez injuriée, m'avez battue. »

A mesure qu'elle parlait, le bonheur se peignait sur le visage de Maurice, et quand elle s'arrêta, tombant à genoux :

— « Ah ! Marguerite, s'écria-t-il en joignant les mains dans une extase religieuse, tu es un ange. »

Mais tout à coup, comme si un éclair de vérité lui avait traversé le cerveau :

— « Puisque c'était pour me rejoindre, s'écria-t-il, pourquoi ce soir, après m'avoir revu, voulais-tu donc partir encore ?

— Ah ! toujours des soupçons, dit-elle d'un air de dignité offensée; ainsi tu doutes encore? Ah ! malheureux ! malheureux ! Mais puisqu'il faut que je me défende jusqu'à la fin, je me défends. Je voulais partir ce soir encore, parce que tout à coup je ne pouvais changer d'avis; mais déjà, malgré ma joie, j'avais eu soin de paraître souffrante, et ce matin j'aurais été malade.

— Pourrai-je t'aimer jamais assez pour que tu me pardonnes? » s'écria Maurice.

Et se relevant il la saisit dans ses bras, et se mit à

fondre en larmes. Il embrassait ses mains, il embrassait ses bras, il embrassait ses cheveux.

— « Ainsi tu m'aimes encore? disait Maurice.

— Mais je t'ai toujours aimé, enfant.

— Oh! je t'en supplie, pardonne-moi; oh! dis, dis, pourras-tu me pardonner?

— Je voudrais te le promettre; mais comment oublier tes soupçons, tes insultes et ta brutalité? Ah! Maurice! tu m'as fait des blessures qui ne guériront jamais. Qu'aurais-tu donc dit si j'avais été coupable?

— Je t'aurais tuée, Marguerite, et après je me serais tué moi-même, car maintenant plus que jamais ma vie tout entière est en toi; et si tu me manquais, je n'aurais plus qu'à mourir. Mais tu m'aimes, n'est-ce pas? et tu me pardonnes? Tiens, si tu as pitié de ce que j'ai souffert, si tu veux me rendre le plus heureux des hommes, si tu veux me prouver que ce que tu as dit est vrai...

— Tu veux des preuves; il te faut encore des preuves...

— Non, non, ce ne sont pas des preuves que je veux dire, c'est une consécration. Je crois tes paroles, je te jure, je les crois; mais si tu veux me laisser espérer que tu me pardonneras, Marguerite... Marguerite?... »

Et de son regard suppliant et brûlant, il acheva sa prière.

Elle baissa les yeux et voulut se dégager; il se passait alors en elle une terrible lutte; elle était en proie à une étrange confusion de sentiments. Troublée par cette parole qui sonnait toujours la même comme la plainte dolente et pressante d'un enfant, privée aussi d'une partie de sa force parce que la défaillance physique commençait à se joindre à l'inquiétude, elle était cependant bien éloignée de céder. Son expérience de la vie ne lui permettait pas la plus légère illusion sur les suites que pourrait avoir un moment de faiblesse; elle se disait que, vaincue aujourd'hui, elle le serait sinon à toujours au moins pour longtemps, que l'habitude, avec ses lâchetés et ses servilités quotidiennes, les reprendrait tous les deux, et qu'il faudrait alors pour s'affranchir un bien autre effort que celui qu'elle allait tenter. Enfin, elle ne pouvait se dissimuler qu'elle était trop complétement dans son tort avec Maurice pour se laisser dominer par lui; elle ne pouvait pas, l'eût-elle désiré, le trahir à moitié. On dit qu'entre la panthère et le dompteur d'animaux sauvages une lutte de regards s'établit infailliblement décisive: la vie de l'un, la liberté de l'autre, voilà l'enjeu; le premier qui baisse les yeux est perdu. Marguerite connaissait cette puissance du regard doublé de la volonté; elle jeta sur Maurice un coup d'œil fascinant, et les puissances du mal l'emportèrent: c'était la nuit, souvent conseillère des mauvaises pensées, et certes, autour de son hôtel, les ténèbres étaient moins noires, moins absolues qu'en elle-même.

Que pouvait Maurice contre cette puissance? D'ailleurs, Marguerite n'eut pas la simplicité de lui dire ses hésitations, ses pensées, ses vrais motifs; plus son intention était perfide, plus son langage devait avoir les apparences de la franchise et de la noblesse.

Elle se leva, et repoussant doucement Maurice, toujours penché sur elle, suppliant et désirant :

— « Non, dit-elle, tu ne m'estimerais pas. »

Maurice, tout d'abord, la regarda stupéfait; ne comprenant rien à ces paroles, il attendit qu'elle s'expliquât davantage.

Elle reprit alors, d'une voix lente et vibrante:

— « Écoute, Maurice, écoute-moi bien ; si j'étais la malheureuse et la coupable que tu soupçonnes, si j'étais ce que tu me fais la honte de me supposer, une rouée vulgaire, j'aurais facilement raison de toi, pauvre écolier d'amour. Que m'importerait si je ne t'aimais pas, si je n'aimais que le plaisir, que m'importerait d'être à toi, cette nuit, sans témoins, assez sûre de ta loyauté pour savoir que tu ne dirais rien, et qu'à mon premier geste, tu me quitterais?

La colère gonfle ton front, pâlit tes lèvres, étreint ta gorge et te brise le cœur ; eh bien ! si je voulais, je pourrais te verser une telle coupe d'oubli, que, dans l'ivresse et l'excès de ton bonheur, tu te demanderais si tu as souffert. Cela serait, Maurice, si je le voulais ; mais demain, rendu à toi-même, marchant sous le ciel bleu, et ressaisissant dans la pureté du matin un peu de la pureté de ton âme, tu dirais : Cette femme m'a joué ! Je te le répète, tu ne m'estimerais pas. »

Maurice pouvait tout attendre de sa maîtresse, tout, excepté un tel langage. Ces raisons, déduites avec un art si cruel, lui semblaient sans réplique. Quel droit pouvait-il se sentir sur une pareille femme ? S'il l'aimait tout à l'heure pour sa beauté, il l'adorait maintenant pour son angélique noblesse. Puis comme, dans cette âme d'artiste, les impressions se succédaient avec mobilité, le désir le plus ardent fit place, en une minute, à l'abnégation la plus grande : il ne voulait pas rester au-dessous de Marguerite. D'ailleurs, sur lui aussi la fatigue pesait d'une main de plomb ; lassé par le voyage, accablé par les veilles, brisé par l'émotion, il en était arrivé à cette crise d'atonie et de sommeil qui terrasse les plus forts, qui couche la sentinelle perdue aux avant-postes, l'officier sur le banc de quart, le savant sur son livre ou sur son fourneau : passion, inquiétude, volonté, désir, tout cela devait se taire, la maîtresse nature avait parlé. Lui-même, d'ailleurs, étourdi du bruit qu'il avait fait, du mouvement qu'il s'était donné, de la colère qu'il avait dépensée, en était arrivé à ne plus savoir trop précisément ce qu'il voulait. Instinctivement, une dernière inspiration surnageait : ne pas s'éloigner, ne pas la perdre de vue, tomber foudroyé, mais en la regardant.

La patronne de Marguerite de Fargis n'était pas la Marguerite de *Faust*, la craintive et timide enfant, la dernière image de la candeur que nous ait léguée l'art contemporain ; sa patronne, à elle, devait être un peu la cousine de

Méphistophélès, une scintillante Margarita, une perle brillante, mais fausse, tombée de quelque couronne céleste. Qui l'eût vue contemplant d'un œil fixe son amant fasciné et démêlant à travers les cloisons de son cerveau ce qui s'y débattait et tourbillonnait, eût été effrayé. Elle était sûre de son triomphe ; et, quand Maurice, se relevant, lui adressa la parole, elle savait d'avance ce qu'il allait lui dire.

— « Ne crains rien, murmura-t-il d'une voix étouffée, je serai digne de toi. Agis comme si tu étais seule ici, je suis ton enfant, ton frère, moins que cela si tu veux, un chien, un meuble ; je ne te demande que le privilége que tu accordes au moindre des brimborions qui sont ici, être avec toi, auprès de toi. Je te le répète, tu es seule. Le rideau le plus épais ne te voilerait pas mieux que ma volonté bien arrêtée. Mais il y a six semaines que je ne t'ai vue, j'ai besoin de te voir, de te sentir dans la même atmosphère que moi, d'entendre, si tu es éveillée, ta voix caressante ou ton pas léger sur le tapis, si tu dors, le chant de ta respiration égale. Je ne te violenterai pas, mais je ne te quitterai pas.

— Et où, et comment passerais-tu la nuit? interrompit-elle ; tu veux donc faire une maladie, cher enfant? Tiens, regarde ton visage. »

Et, disant cela, elle le conduisit devant une glace.

— « Non, non, Maurice, c'est impossible, c'est une folie.

— Ah ! il y a longtemps que je ne me suis couché, reprit-il tristement, j'ai tant veillé ma pauvre mère, que je peux bien veiller cette nuit celle que je crois digne d'être ma sœur. Ce fauteuil me sera bon ; si je n'y dors pas, eh bien, j'y rêverai. »

Au fond, Marguerite avait obtenu ce qu'elle voulait; elle sentait que demander plus serait risquer de tout perdre, et qu'elle se heurterait contre une de ces résistances passives que rien n'ébranle ; elle se décida donc à ne pas insister : « C'est une heure à passer, se dit-elle, dans une heure il fera jour, il faudra qu'il parte. »

— « Tu veux bien, dit Maurice d'une voix calme, ah! merci ; mais, puisque tu es si bonne, laisse-moi t'adresser encore une prière : ce que tu n'as pas voulu donner à une surprise, cet assentiment que tu as refusé à l'amant irrité et jaloux, promets-moi de le donner demain librement, de venir demain, sans que rien t'y contraigne, sinon ton amour, dans notre chère petite chambre; tu me le promets, n'est-ce pas ? »

Marguerite, étendue sur son fauteuil, les yeux à demi fermés, écoutait sans répondre; elle prêtait l'oreille à une voix intérieure qui lui murmurait tout bas : — « Oui, demain, tant qu'il voudra, c'est bien loin et bien près demain ; promets-lui pour demain un royaume, pour demain ta tendresse et ta fidélité. Ah! certainement il sera bien heureux... demain. »

Puis, Maurice ayant cessé de parler, et l'implorant du regard, elle se souleva un peu :

— « Oui, dit-elle, j'y serai. A demain, Maurice, à demain. Mais, pour l'heure présente, je t'en conjure, donne-moi un instant de calme; ne me parle même pas, je t'en prie, j'ai la tête perdue, le corps brisé. Laisse-moi me remettre un peu ; ta colère et tes violences m'ont anéantie. »

Une telle prière vaut un ordre. Maurice s'éloigna lentement; il tourna autour de la chambre, s'arrêta près de la cheminée, prit entre ses mains les bijoux qui y avaient été déposés, mais sans les regarder. En réalité, il contemplait Marguerite.

Elle avait fermé les yeux et elle restait immobile : mais tout à coup et par un mouvement purement naturel, qui trahissait un corps courbaturé, elle appuya fortement sa joue sur le dos du fauteuil et soupira faiblement. Elle dormait. Tout d'abord elle avait voulu observer et se remettre, mais l'assoupissement l'avait envahie, et maintenant elle dormait à cœur joie, comme un marmot sur son livre de classe.

Maurice s'approcha, mais il ne fit que passer; il se tenait à lui-même sa parole d'honneur. Pour ne pas se laisser tenter, il alla s'asseoir sur le fauteuil qui se trouvait le plus distant de celui de Marguerite et voulut réfléchir. Durant quelques minutes, il resta là, tête entre ses mains, cherchant à ressaisir sa pensée qui s'en allait; mais bientôt aussi il se renversa en arrière. Ce fut dans cette attitude que le prit et le cloua le sommeil. La fatigue avait vaincu.

Il y avait à peine une demi-heure qu'il s'était endormi, que tout à coup il se réveilla. Il étouffait sous le poids d'une oppression nerveuse, et sur ses joues coulaient des larmes âcres et brûlantes : c'était un de ces réveils comme il en avait eu si souvent près de sa mère : et, dans le premier moment, au milieu de la nuit, sous la lueur pâle de la lampe qui tremblotait, il se crut encore à la terrible veillée. Il se redressa en sursaut et regarda autour de lui.

Marguerite dormait toujours. Il semblait qu'elle n'avait pas fait un seul mouvement.

Par les fenêtres, une lumière blanche filtrait, élargissant les étroites fentes des volets. Le jour allait paraître. Maurice comprit qu'il n'avait pas une minute à perdre.

Un premier élan cependant, plus fort que sa volonté, l'entraîna vers Marguerite; il voulait lui mettre au front un baiser d'adieu.

A deux pas de son fauteuil il s'arrêta :

— « Non, se dit-il, rien ici. »

Et de peur de manquer encore de résolution il se dirigea vers la fenêtre, l'ouvrit doucement, l'enjamba avec précaution et descendit dans le jardin.

Par la fenêtre entr'ouverte une bouffée d'air frais pénétra dans la chambre : Marguerite frissonna; elle se redressa brusquement : Maurice n'était plus là. Elle n'eut pas besoin d'explication pour comprendre ; sur la pointe du pied elle alla vers la fenêtre : immobile dans le jardin, Maurice regardait, tourné vers la maison. Cela ne dura qu'un instant ; il se glissa à pas de loup par un chemin qu'il avait déjà plus d'une fois parcouru, le long de la charmille, atteignit la terrasse, franchit la balustrade et se laissa tomber sur la terre molle de la contre-allée.

Au moment où elle le vit disparaître, Marguerite, rayonnante, ne put retenir un cri de victoire : — Enfin, dit-elle. — Et fermant la fenêtre, elle gagna son lit.

Pour Maurice, sous les grands arbres du boulevard, il marchait rapide et joyeux : le crépuscule se faisait et sur les hauteurs de Belleville le ciel se colorait en feu. Quelle joie, quelle ivresse dans son cœur : il n'était plus seul au monde, plus d'inquiétudes ; il était aimé, plus de souffrance. Une vie nouvelle commençait, il ne songeait plus au passé, il défiait l'avenir. Et, par les rues désertes, il allait fièrement, la tête dans le ciel. Il était aimé ! Ses lèvres étaient encore humides des baisers de Marguerite, il respirait encore en frémissant les émanations de l'enivrante senteur qu'il emportait avec lui.

Sa chambre lui parut bien froide et bien nue pour servir de temple à de si splendides amours, et il voulut, autant qu'il était en lui, la faire digne de Marguerite ; il courut au marché aux fleurs et en rapporta toute une voiture de plantes ; il en mit partout, sur la cheminée, sur le rebord des fenêtres, sur le piano ; il enleva soigneusement la poussière, il mit tout en ordre, et ayant empli la cheminée de bois, il attendit.

Il n'était pas encore dix heures et elle ne viendrait probablement que vers le milieu de la journée ; mais que lui importait un peu plus ou un peu moins de temps, il avait la certitude qu'elle viendrait, et en attendant, il avait le souvenir et l'espérance.

Cependant les heures de l'après-midi s'écoulèrent sans

que Marguerite arrivât. A chaque minute il écoutait, il se levait, il allait à la fenêtre, il regardait dans la rue, il se penchait dans l'escalier, revenait s'asseoir, entretenait religieusement le feu pour qu'elle n'eût pas froid lorsqu'elle entrerait, et, pour tâcher de tromper son impatience, il comptait les raies de la tenture ou les fleurs du tapis.

Quand le soir tomba, elle n'était point encore venue.

— « Ah ! se dit-il presque joyeux, ce sera pour cette nuit.»

Et pendant une heure ou deux il fut calme; mais lentement les bruits s'éteignirent, les dernières voitures qui revenaient des théâtres ronflèrent sur le pavé, et dans la rue silencieuse on n'entendit plus que le clapotement des ruisseaux et le pas régulier des sergents de ville qui faisaient leurs rondes.

Cependant elle ne venait pas et il attendait toujours. La nuit fut épouvantable à passer. Il se répétait la justification de Marguerite, et chaque fois il y trouvait des contradictions qui d'abord ne l'avaient pas frappé : mais si elle ne l'aimait plus, pourquoi ces caresses et pourquoi ces promesses ? Et il vit que l'on peut encore souffrir après que l'on croit avoir tout souffert et que la douleur est infinie.

Enfin, le jour parut, la matinée s'écoula et avec elle une grande partie de la journée, et Marguerite ne vint pas.

Il se dévorait d'inquiétude ; à la fin, n'y tenant plus, il résolut d'aller chez elle. Peut-être était elle malade? Enfin il saurait quelque chose.

Mais avant de partir, et de peur qu'elle ne vînt en son absence, il prit toutes les précautions possibles. Au beau milieu de son bureau, il laissa une lettre pour dire où il allait, au cordon de sa sonnette il attacha un papier pour avertir que la clef était chez le concierge, et à ce concierge il donna les instructions pour faire monter une dame qui peut-être viendrait. Et tout cela fait, il courut à la rue de Varennes.

Contre la porte de l'hôtel, deux domestiques, en petite livrée, causaient en fumant.

— « Madame Baudistel? dit Maurice entrant dans la cour.

— Madame est en voyage.

— En voyage?

— Oui, monsieur, madame la comtesse est partie hier matin avec M. le comte.

— Mais c'est madame Baudistel que je vous demande, interrompit Maurice abasourdi.

— J'ai bien entendu ; mais j'ai déjà dit à monsieur que madame était partie en voyage avec monsieur.

— Ah çà! mais vous êtes sourd? s'écria Maurice.

— Que monsieur me pardonne, dit le second domestique en intervenant; mais je vois que monsieur ignore sans doute que madame a épousé M. le comte de Lannilis.

— Madame Baudistel?

— Oui, monsieur, à Sainte-Valère, il y a huit jours. »

Sans répondre, car il était stupide d'étonnement, Maurice se dirigea vers la porte; mais ses yeux étaient tellement troublés qu'il ne put trouver la poignée.

A ce moment, un facteur entra, et jetant les lettres dans la loge du concierge :

« Madame la comtesse de Lannilis! » cria-t-il.

Profitant de la porte entr'ouverte, Maurice sortit.

— « Voilà un particulier qui est fou, dit un des domestiques.

— Eh non! vieille bête, répondit l'autre, c'est un amoureux que madame aura oublié de prévenir.

— Elle en avait donc beaucoup?

— Dame, on n'a jamais pu savoir. »

Maurice marchait en trébuchant et sans avoir conscience de ce qui se passait dans sa tête. Il lui semblait que ses jambes fléchissaient. Arrivé sur le boulevard, il aperçut un banc et s'y assit : le sang battait contre la voûte de son crâne comme s'il allait la briser. Tout à coup, et au grand étonnement de deux ou trois invalides qui passaient là, il se prit la tête entre les deux mains et poussa un cri étouffé. La vérité lui apparaissait éblouissante dans sa clarté sinistre; il comprenait tout: le silence pendant les deux mois de séjour à Plaurach, — l'empressement à le fuir pendant le bal, — la présence de M. de Lannilis dans la chambre, — l'effroi de Marguerite, sa ruse, sa perfidie, sa fuite.

Il crut qu'il allait devenir fou, et se levant il se mit à marcher à grands pas; il gesticulait avec véhémence et parlait haut comme s'il eût été tout seul. Parfois un engourdissement le prenait, et il était obligé de s'appuyer contre un orme pour ne pas tomber; puis il se remettait en marche, et cherchait à rassembler ses idées pour prendre un parti.

Que Marguerite eût été encore à Paris, assurément c'en était fait d'elle; mais elle était loin, une vengeance immédiate était impossible, et ce fut contre lui-même que se tourna sa fureur: le suicide lui apparut comme un refuge et comme un terme à ses souffrances. Il avait voulu un de ces amours infinis qui nous plongent dans l'isolement, et nous détachent des joies et des espérances de ce monde; maintenant que cet amour lui manquait, que lui restait-il?

— « Oui, oui, se répétait-il, M. de Tréfléan avait raison: il faut mourir! »

Et au lieu de continuer son chemin, il revint sur ses pas; il montait vers Vaugirard, il descendit du côté de la rivière.

Relativement il était presque tranquille; il avait un but: il était décidé. Il arriva au bord de la Seine et se mit à suivre le quai. Il regardait sans cesse autour de lui, en avant, en arrière, sur l'autre rive, sur le fleuve même: il cherchait un endroit favorable à l'exécution de son projet sinistre.

Il parvint ainsi jusqu'au pont d'Iéna; il était désert, et le moment paraissait merveilleusement choisi. Un brouillard assez épais commençait à tomber. Il se pencha pardessus le parapet et regarda la rivière : elle coulait sale et jaunâtre comme après plusieurs jours de grande pluie, et donnait froid rien qu'à la voir rapide et bouillonnante dans son lit de pierres.

— « Allons! » se dit-il.

Mais prêt à s'élancer, il s'arrêta. Un frisson lui parcourut le corps ; il avait peur! Il se voyait repêché, il voyait la foule, il voyait les sergents de ville. C'était hideux. En même temps une voiture parut du côté du Champ de Mars, et craignant d'être observé et reconnu, il s'enfuit en courant.

— « Serais-je donc lâche? » se demandait-il en gravissant la montée du Trocadéro ; mais aussitôt il pensa à des pistolets qui lui avaient été donnés par M. de Tréfléan, et dès lors sa résolution fut solidement arrêtée. Et se dirigeant vers sa demeure, il fortifia par le raisonnement le projet qu'avaient fait naître sa colère et son désespoir.

— « La dame que monsieur attendait n'est pas encore venue, » lui dit le concierge lorsqu'il entra pour prendre sa clef.

Il ne répondit pas et monta rapidement l'escalier.

La chambre était pleine de parfums, et les rosiers et les camellias avaient laissé tomber sur le tapis leurs fleurs flétries par une chaleur trop grande. Les pistolets étaient à leur place ; il les prit et en fit jouer les batteries, puis comme une des cheminées était obstruée par la rouille, il chercha une épingle pour la déboucher. Celle qu'il trouva avait appartenu à Marguerite ; c'était un de ces fils de laiton longs et recourbés en compas qui servent à retenir les cheveux ; il la regarda avec une expression de haine et de fureur, et allant à un petit coffret qui renfermait des roses fanées et un mouchoir, — précieuses reliques d'amour, — il jeta les roses à terre et déchira le mouchoir en deux.

— « Ah ! oui, par elle jusqu'au bout, » dit-il ; et avec l'épingle il déboucha la lumière, et avec les morceaux de la batiste il fit des bourres pour la poudre et pour les balles.

Alors il s'assit à son bureau et voulut écrire à Marguerite ; mais, quoi qu'il fît pour se contraindre au calme, il ne trouva que des injures et des grossièretés. Il allait mourir, il voulait rester digne ; il renonça donc à dire ce qu'il avait dans le cœur, et écrivit ces seuls vers :

La mort est une amie
Qui rend la liberté,
Adieu donc pour la vie
Et pour l'éternité.

Marguerite comprendrait, car c'étaient ceux, il y avait bientôt un an, qui les avaient mis dans les bras l'un de l'autre.

Il traça en frémissant le nom de la comtesse de Lannilis, fit son testament, et écrivit à Martel :

« Mon cher ami, tu trouveras ci-joint :

» 1° Une lettre que tu voudras bien porter *toi-même* à » son adresse ;

» 2° Mon testament, par lequel je t'institue mon léga- » taire, à charge cependant de délivrer quelques dons faits » à mes bons amis de Plaurach.

» J'ai ri de toi, sage ami, quand, il y a dix-huit mois, tu » as voulu me mettre en garde contre l'amour, et, aujour- » d'hui, j'en meurs.

» Ne me plains pas, car, depuis un an, je suis si horrible- » ment malheureux, que le suicide m'est une délivrance.

» Je te prie d'écrire à mes amis et aux journaux pour » arranger convenablement ma mort.

» Adieu, mon cher Martel, et sois heureux ; moi, je vais » voir où est le bonheur, si bonheur il y a.

» Ton ami, Maurice Berthauld. »

Il fit un paquet de ces deux lettres et de son testament, y mit l'adresse de Martel, et le plaça en vue, au milieu de son bureau.

Puis, tout étant ainsi bien préparé, tenant les pistolets sous sa main, il se laissa aller à l'horrible tristesse que ces lugubres dispositions avaient fait naître en lui, et il tomba dans un morne recueillement. Prêt à quitter la vie, il jetait un regard en arrière, et s'apitoyait sur lui-même.

Il pensait à son enfance si joyeuse, à sa mère, à ses vieux amis, à son élan vers la gloire, à son amour. Il revoyait leurs chères forêts Montmorency, Fontainebleau et les jardins des îles Borromées. Il revoyait Marguerite, souriante, passionnée, qui, palpitante contre lui, les lèvres sur ses lèvres, les yeux dans ses yeux, se mourait de bonheur, et murmurait : « Je t'aime, je t'aime, je t'aime ! »

Tout à coup, le bruit de la sonnette retentit à sa porte. Haletant, il se dressa pour écouter. On sonna de nouveau. Il courut ouvrir ; un espoir insensé venait de lui traverser l'esprit : si le domestique l'avait trompé.... si c'était....

C'était Martel.

— « Tu laisses bien longtemps tes amis à la porte, dit celui-ci en entrant, tu dormais ?

— Non, répondit faiblement Maurice, qui laissait voir un horrible désappointement.

— Alors, tu n'avais guère envie d'ouvrir.

— Qui dit cela ?

— Ton visage d'abord, et, ensuite, ces préparatifs de fête. Veux-tu que je m'en aille ?

— Et pourquoi t'en irais-tu ?

— Dame, mon ami, par hasard je passe dans ta rue, je vois de la lumière à ta fenêtre, j'ai soin de m'informer si tu es seul, je monte, tu me reçois comme un chien, et il y a plus d'un an que je ne suis venu chez toi.

— Ah ! s'écria Maurice, toi aussi, Martel, tu m'accuses et tu te fâches contre moi.

— Mon Dieu non, mon ami, je ne me fâche pas ; seulement ta conduite est, depuis longtemps, si étrange avec moi, que je m'en étonne et que j'en souffre ; mais je sais que je suis toujours ton ami, tu m'en as donné la preuve en m'appelant près de ta mère.

— Et je t'en donnais là une plus grande encore, dit Maurice, en mettant la main sur le paquet de lettres.

— Qu'est-ce ?

— Une lettre que je t'écrivais.

— Alors, donne vite. »

Maurice hésita un peu, puis résolûment, et tendant la lettre :

— « Tiens, tu verras que je pensais à toi, et tu verras aussi l'explication de ma conduite. »

D'un seul coup d'œil, Martel lut la lettre ; puis, tout de suite et instinctivement, il courut à Maurice, et le saisissant dans ses bras :

— « Ah ! Maurice, mon ami, mon ami... »

Mais lui, se dégageant vivement et ne voulant laisser le temps à Martel ni de parler, ni de le blâmer :

— « N'essaie pas de m'arrêter, dit-il, je n'agis pas légèrement, et je compte assez sur ton amitié et sur ton bon sens, pour espérer que tu m'épargneras des observations inutiles ; ma résolution est bien prise et bien raisonnée.

— Raisonnée?...

— Oui, et si tu m'aimes, tu ne feras rien pour amollir mon courage ; d'ailleurs, ce serait peine perdue.

— Mais, enfin, que t'arrive-t-il ?

— Il m'arrive, mon cher Martel, que, malgré tes avertissements, j'ai voulu tâter de l'amour, que j'ai été trompé et que, comme tu me le prédisais, il ne me reste plus qu'à mourir.

— Pour une femme !

— Ce n'est pas pour une femme, c'est pour moi, c'est pour ma dignité. J'avais tout mis en elle, elle a tout sali et détruit; et elle m'a si bien abaissé dans ma conscience, que, plutôt que de vivre déshonoré à mes propres yeux, j'aime mieux mourir. Et ce n'est pas par faiblesse, comme tu parais le croire, que je me tue, c'est par fierté. »

Ah! ah! se dit Martel en lui-même, dans ce granit qui semble si solide, il y a un mélange et des fissures, tout n'est pas encore perdu, puisque la vanité surnage; — et il eut un peu d'espoir. Quand il avait couru à Maurice, il avait cédé à un premier mouvement du cœur; mais, dans cette situation critique, ce n'était point au cœur qu'il devait avoir recours, mais à l'esprit. La vie de son ami était entre ses mains, tout aussi fatalement que si, dans un combat, il l'eût tenu au bout de son épée : c'était un combat qu'il avait à livrer, et il lui fallait lutter et contre les vertigineuses séductions du suicide et contre celui-là même dont il était le champion. L'heure était solennelle : habile, il pouvait gagner la bataille; maladroit, il devait la perdre; et il n'avait pas une minute pour se préparer, il lui fallait triompher et de son émotion, et de ses craintes, et de son amitié. Mais par où commencer l'attaque? par le désespoir, la douleur ou l'orgueil? Quelles armes employer, la tendresse, la raillerie ou la raison?

Il restait ainsi cruellement perplexe, lorsque Maurice, qui, par son argument de fierté, croyait l'avoir cloué au mur et réduit au silence, lui offrit lui-même une occasion d'engager le fer.

— « Ainsi je peux compter sur toi, n'est-ce pas? dit-il; je n'ai pas un nom bien fameux, mais enfin on s'occupera de ma mort; je te prie donc d'écrire aux journaux et de dire que je me suis tué, parce que ni dans la vie, ni dans l'art, je ne rencontrais l'idéal que je m'étais proposé. Il n'y a là, je crois, rien de déshonorant pour un artiste.

— Ah! prends garde, s'écria Martel, profitant habilement de cette ouverture. Quant à la loterie de la gloire on joue sur un seul billet, et que ce billet est notre mort, il faut y faire bien attention : au lieu de la célébrité posthume, tu pourrais bien n'avoir que le ridicule posthume. Voyons, puisque tu es bien décidé, puisque tu crois accomplir un devoir, mes objections ne t'ébranleront point, n'est-ce pas? Eh bien, laisse-moi aussi accomplir ce que je crois le mien. Si tu étais à ma place, et que je fusse à la tienne, tu voudrais m'arrêter, hein?

— Comme je ne saurais pas ce que tu as souffert, je me tairais.

— Tu parlerais, Maurice, tu parlerais, car tu m'aimes, et ton cœur crierait et supplierait : on ne voit point son ami, son camarade, son frère, courir à la mort sans se jeter au-devant de lui. Mais il ne s'agit pas de l'ami maintenant; notre vie est à nous seuls, à nous seuls le droit d'en disposer comme nous l'entendons, je le veux bien; mais encore faut-il que nous sachions ce que nous faisons.

— Crois-tu que je ne le sache pas?

— Eh bien, puisque tu le sais, examinons-le à nous deux; que t'importe? Puisque tu as raisonné, raisonnons encore, dix minutes de plus ou de moins sont bien peu de chose, il me semble. Tu vas, n'est-ce pas, prendre ces beaux pistolets, qui sont là sur ton bureau, tu vas les armer, te les poser tous deux sur le front?...

— Non, sur le cœur, dit Maurice sans être ému.

— Enfin, sur le front ou sur le cœur, peu importe; puis quand ils seront bien posés, tu presseras la détente. »

En disant ces mots, Martel exécutait la pantomime qu'il traduisait.

— « Prends garde, interrompit vivement Maurice.

— Oh! n'aie pas peur, je ne veux pas me tuer; je l'ai voulu autrefois, mais ça s'est heureusement passé tout seul. Donc tu presses la détente, et alors, ou tu te tues, ou tu te manques.

— Je me tue, dit Maurice.

— Tu te manques; laisse-moi supposer un moment que tu te manques, je supposerai après que tu t'es tué : tu sais, nous sommes deux philosophes discutant sur le suicide. Donc tu as tiré et tu t'es manqué, tu n'es qu'à moitié mort. Au bruit de la détonation, ton concierge monte; les voisins accourent; on enfonce ta porte, on te trouve renversé là, sur le tapis, baigné dans ton sang, horrible, défiguré; les sergents de ville arrivent; le médecin du quartier s'empresse; on te porte sur ton lit; on te panse, on te martyrise; enfin M. le commissaire paraît, exactement comme au théâtre de Guignol, et comme tu n'es qu'à moitié évanoui, il t'interroge et t'adresse son discours : le suicide est une lâcheté; que t'a fait cette société au sein de laquelle tu ne veux plus vivre? elle t'a nourri, elle t'a élevé, elle t'a préservé de cet acte flétrissant, honteux, que tu voulais accomplir en te suicidant; il te parle de la loi, de la morale, de l'église; du poste où Dieu, faisant les fonctions de caporal, t'a mis en sentinelle, enfin il est d'un pathétique aquatique, et il faut que tu lui promettes, à lui-commissaire de police, de ne jamais recommencer. Tu aimerais les drôleries sérieuses qu'il y aurait là, je le comprends, de quoi te tenter; mais nous n'avons pas le même tempérament, et toi ça t'exaspère. Aussitôt que tu le peux, c'est-à-dire après deux ou trois mois d'horribles souffrances, tu recommences, ou bien tu ne recommences pas, car il paraît qu'une saignée change beaucoup le caractère, et dans ce cas, tu restes ridicule et défiguré. J'ai vu un Werther qui s'était manqué, et outre que de beau garçon il était devenu fort laid, tout le monde riait de lui. — Maintenant, si tu le veux bien, nous allons supposer que tu t'es tué.

— Et j'espère que ce sera un peu moins ridicule, interrompit Maurice, la mort a sa poésie et sa sainteté.

— Ah! mon Dieu, ce ne le sera guère moins, continua

Martel, heureux de s'être fait écouter jusque-là ; d'abord, nous avons le même début, concierge, voisins, etc., moins la seule chose drôle, à savoir le discours ; mais en place nous avons les commentaires dont je te fais grâce, et qui cependant ne seraient pas tous précisément lyriques, et de plus encore nous avons les articles de journaux. Sans doute je ferai ce que je pourrai, mais je ne peux pas grand'chose. Ton commencement de réputation t'a fait des envieux et des ennemis, et ils auront beau jeu ; vois donc un peu d'avance l'effet d'un méchant petit article du *Panurge* ou du *Furet :* « La chambre était pleine de fleurs ; le lit avait de beaux draps blancs avec une taie d'oreiller garnie de dentelles. C'était complet ; il y avait même la lettre à l'ami, et on assure que cet ami existe. » — Là-dessus coup de griffe pour moi ; mais, comme je suis vivant, on me ménagerait et on se rattraperait sur la conclusion : « Ce suicide nous convainc d'une vérité que nous avons souvent émise, c'est qu'il était plus facile à ce monsieur de se défaire de la vie que de sa musique. »

— Eh bien ! s'écria Maurice furieux, que m'importe : ils ne diraient que la vérité, après tout ; si je voulais vivre et travailler, je ne ferais plus rien de bon, je suis impuissant.

— Toi ! tu n'as jamais été plus fort. La première douleur passée, tu verras ce que tu as gagné en expérience. Nos chevrons, à nous autres, ce sont nos blessures, et nous n'avons d'avancement qu'à la condition de souffrir. Pour un artiste, il n'y a pas de joies ou de chagrins, il n'y a que des excitations qui tournent au profit de son art. Tu verras à combien de secrets tu te trouveras initié. »

Maurice resta un moment sans répondre, les railleries de Martel l'avaient blessé et humilié dans son orgueil. Ce dernier argument le touchait dans ses plus chères croyances ; c'était comme une fêlure qui se serait faite sous les coups redoublés qu'il avait reçus; mais il n'était point encore ébranlé, et bientôt :

— « Quand tu aurais raison, dit-il, quand l'artiste grandirait dans son malheur, qu'est-ce que ça me fait, à moi? est-ce que je suis un artiste maintenant? Et quand j'en serais un, et quand j'accepterais ce que tu dis là, est-ce que je n'ai pas encore mille motifs pour mourir? Songe donc que j'ai tué ma mère, et qu'à tous mes chagrins s'ajoute le remords. Plutôt que de vivre torturé, j'aime mieux m'offrir en sacrifice. Ah! la digne et sainte femme! si j'ai eu l'infamie de la délaisser, je veux avoir au moins le courage d'aller la rejoindre et lui demander pardon.

— Mais, reprit Martel sans se laisser abattre par cet excès de sensibilité, et comprenant qu'après avoir vaincu sur le terrain de l'orgueil, il fallait encore vaincre sur le terrain du sentiment, — mais crois-tu pas vraiment que le suicide est une expiation? Voyons : je ne me place plus au point de vue de l'art, mais au point de vue de ta mère. Tu vas la rejoindre, n'est-ce pas? comme tu le veux; tu parais devant elle et tu lui dis : « Je t'ai rendue malheureuse, c'est vrai, j'ai causé ta mort, c'est vrai, mais sais-tu ce que j'ai fait pour réparer cela? Au lieu de rester sur la terre à me repentir activement, au lieu de travailler pour que mon travail de chaque jour monte vers toi comme une prière, j'ai abandonné les autres, je me suis abandonné moi-même; je n'étais qu'un faible et ingrat enfant, je suis un damné; car, pour elle, bonne chrétienne, tu ne pourras jamais être qu'un damné. Mais si elle était là à nous écouter, tu verrais...

— Ah! si elle était là, Martel, si elle était vivante, je ne me tuerais pas, car j'irais me jeter dans son sein et pleurer avec elle, et elle aurait des tendresses qui rendent tout supportable. Mais je suis seul, tout m'abandonne à la fois, et je n'ai pas la force de supporter mon malheur. Je t'ai dit que je me tuais par dignité, ce n'est pas vrai, c'est par lâcheté, c'est parce que je souffre trop, c'est parce que je l'aime encore. Oui, cela est honteux; oui, elle m'a trompé, elle s'est jouée de moi, elle est infâme, elle me tue, et cependant je l'aime, je l'aime, entends-tu bien, je l'aime. Ses mensonges, sa lâcheté, sa trahison, je les oublierais, tandis que ce que je ne pourrais jamais oublier, c'est son regard, c'est elle tout entière; et quelle autre aurait son sourire! — Ah! mon ami, si tu la connaissais, tu verrais bien que pas une femme n'a son sourire; — quelle autre me dirait avec son irrésistible accent : « Maurice, je t'aime! » Quand je pense à ses baisers et à ses caresses, je suis fou..... Tiens, prends mes mains, vois comme je tremble, vois toi-même; et pourtant je sais aujourd'hui qu'elle me trompait; et, malgré tout si elle était là, devant moi, me regardant comme elle sait regarder, je tomberais à ses pieds, je baisserais les yeux devant elle, je lui demanderais pardon de ses propres fautes, et tout ce qu'elle voudrait je le croirais!... Tu vois donc bien qu'il faut que je meure. »

Et il se jeta sur son lit en pleurant et en criant. Martel, appuyé sur le bureau demeura immobile, presque heureux de cette crise qui ne pouvait conduire qu'à une prostration, et favoriser la dernière attaque qui lui restait à tenter : il savait que vouloir arrêter la douleur dans son premier débordement, c'est accroître sa force et l'exaspérer, et que si l'on peut conserver l'espérance d'en voir tarir la source, c'est en lui permettant de s'épancher librement. Il laissa donc Maurice pleurer et crier tout à son aise, puis, quand il le vit bien accablé, bien amolli, s'avançant gravement :

— « J'ai tout épuisé pour te retenir, dit-il en lui prenant la main et en la pressant avec émotion, ce n'est donc pas l'amitié que j'invoquerai après les appels décisifs que je t'ai faits. Si tu as résisté à ton art et à ta mère, c'est que, comme tu le dis, ta résolution est bien prise; je n'ai donc plus qu'à la respecter, car je comprends le suicide et je l'admire. Mais encore faut-il cependant qu'il s'accomplisse dans de certaines conditions. Tu persistes toujours à te tuer, c'est bien, je te le permets, je t'approuve; mais si tu te tuais aujourd'hui, dans un moment d'excitation nerveuse, tu serais ridicule pour les autres, et dois-je te dire toute ma pensée, tu le serais même pour moi. Je ne verrais dans cet acte religieux qu'un désordre purement physique, qu'un coup de tête sans signification. Ce n'est point ainsi qu'un homme de ta portée et de ton courage, que mon ami doit mourir. Mais si dans quelques mois, loin de cette chambre pleine de souvenirs, de cette ville où tu l'as aimée, seul dans une lande déserte, sous le vaste ciel, calme, résolu, réfléchi, dans la possession de toi-même, tu dis encore : je veux me tuer! et si tu exécutes cette résolution, tu accompliras une chose grande et digne; et cette chose, Maurice, je crois que tu es homme à la faire. Jusque dans la mort, sois artiste. »

Maurice qui jusqu'alors avait vaillamment supporté les assauts de Martel, et lui avait toujours répondu coup pour coup, ne trouva rien cette fois à riposter; toutes ses défenses avaient été ruinées les unes après les autres, et il était maintenant si bien enveloppé, que non-seulement il ne pouvait plus se cacher sa défaite à lui-même, mais qu'il allait être encore forcé de la reconnaître hautement. Car dans son esprit se posait avec d'éblouissantes clartés ce dilemme impitoyable : — ou la passion m'a rendu un grand artiste, et alors je trouverai la force de vivre et deviendrai célèbre; ou retardant l'exécution de mon projet, je me tuerai comme un stoïque de la vieille Rome, et alors, au lieu d'être ridicule, je serai grand et deviendrai un exemple. Dans l'un comme dans l'autre cas, Martel a donc raison; il ne faut pas mourir. — Mais la forfanterie de la résolution l'empêcha de s'avouer vaincu et il essaya de lutter encore.

Martel, qui voyait son avantage, répliqua sans se décourager; seulement, comme ils étaient à bout de démonstrations, ils revinrent tous deux à le rs premiers arguments; mais comme ceux de Martel étaient les plus solides et les plus forts, ils reçurent de leur répétition une puissance qui accablait Maurice plus lourdement encore que la première fois; cependant, quoique convaincu, il ne cessait de répondre : « Je ne le veux pas, » et quoique décidé à ne plus se tuer tout de suite, il répétait encore : « Je le veux toujours. »

Enfin, Martel se dépitant malgré lui de cette mauvaise foi et de cette obstination d'enfant malade :

— « Mais si ce n'est pas par dignité, s'écria-t-il, attends au moins par intérêt. Qui sait si elle ne t'aime pas encore?

— Allons donc! s'écria Maurice, et il se mit à raconter comment, malgré ses promesses, elle ne lui avait pas écrit, comment elle l'avait reçu dans le bal ; enfin la scène de la nuit, et celle où il avait appris le mariage et le départ.

— Eh bien, dit Martel. qu'est-ce que cela prouve?

— Comment, ça n'est pas assez clair?

— Pas du tout : ça prouve qu'elle t'a trompé, mais ça ne prouve pas qu'elle ne t'aime plus.

— Crois-tu? interrompit vivement Maurice, se cramponnant follement à cette espérance, comme un noyé à un brin de paille.

— Dame, je ne te garantis rien ; mais, à ta place, je voudrais voir, j'attendrais, les femmes sont si prodigieuses!

— Mais attendre, ce serait mourir tous les jours.

— Oui ; mais si je t'offrais un moyen d'attendre sans trop souffrir, attendre en te distrayant, en usant ta douleur par l'agitation et la fatigue. Voilà le printemps, rien ne me retient à Paris, partons en voyage.

— Et à quoi bon, mon ami ?

— A ne pas rester ici à te brûler à petit feu ; et puis enfin, on peut la chercher, tu peux la retrouver, tu peux la revoir.

— Ah ! c'est impossible, c'est insensé.

— Avec les femmes, c'est l'insensé qui est le possible. Donc plus un mot, de force ou de bonne volonté, je t'emmène. Voyons, il y a bien une valise ici.

— Mais il est au moins deux heures du matin.

— C'est égal, nous partons ; je ne te laisse pas dans cette chambre ; tu vas venir coucher chez moi, et demain nous conviendrons de nos faits et gestes. »

En parlant ainsi, il jetait dans une petite malle quelques habits et un peu de linge. Maurice, honteux et irrésolu, le regardait faire sans rien dire ; puis, comme Martel allait fermer la malle,

« Prends les pistolets, dit-il.

— Allons donc ! fit celui-ci ; mais se ravisant aussitôt : c'est inutile, va, s'il faut en venir là, tu trouveras bien toujours, sur ton chemin, la mare de Stenio, une jolie petite mare profonde, avec des grenouilles et de grands saules, et quoique la noyade, à mon gré, soit une chose atroce, le tombeau sera si coquet, que ça vaudra toujours mieux que des pistolets. Allons, allons, partons. »

Maurice voulait résister, mais il le prit par le bras et l'entraîna presque de force.

Ils avaient déjà descendu quelques marches, quand Maurice s'arrêta :

— « Eh bien ? fit Martel.

— Attends-moi un peu ; il faut que je remonte, donne la bougie. »

Il remonta en courant, alla droit à la cheminée, prit les lambeaux du mouchoir qu'il avait déchiré, les baisa dans un transport fougueux, puis, les ayant cachés soigneusement sur son cœur, il jeta un long regard d'adieu à cette chambre où tout conservait encore la magie des félicités évanouies, et rejoignit Martel, qui déjà s'impatientait.

FIN DE LA PREMIÈRE PARTIE

DEUXIÈME PARTIE

VIII

L'AMI D'UN AMANT

Sur la route, qui, depuis les dernières pluies d'hiver, n'avait eu le temps encore ni de sécher, ni de durcir, ils marchaient à grands pas.

L'air était tiède et le soleil radieux : c'était le printemps, et, parmi les herbes tendres des fossés, violettes et fraisiers commençaient à fleurir.

Les lilas laissaient pendre leurs thyrses rougissants pardessus les murs des jardins, et les ravenelles faisaient de leurs pétales, qui déjà se détachaient, une épaisse jonchée tout le long des trottoirs.

Les bourgeons, dans les bois, se gonflaient et crevaient de séve, les bouleaux balançaient leurs chevelures déliées, les chèvrefeuilles festonnaient de verdure les tiges qu'ils pouvaient enlacer ; et de toutes les plantes, depuis l'arbre jusqu'à la mousse, s'exhalait une senteur fortifiante ; les oiseaux chantaient, et au loin, dans les jeunes ventes, le coucou, à des intervalles rapprochés, répétait son cri retentissant et railleur.

Eux, cependant, ils marchaient toujours sans s'arrêter et sans parler.

Et pruniers, pêchers et cerisiers neigeaient sur leurs têtes des tourbillons de fleurs parfumées. Et la plaine résonnait de mille bruits; les seigles et les blés, déjà longs, se couchaient et se relevaient sous le vent, les sillons de trèfle s'étalaient ondoyants et veloutés, et sur la terre, que la charrue et la herse retournait et émiettait, les laboureurs faisaient leurs dernières semailles.

Ces joyeux tableaux qui, sans interruption, se succédaient sur la route, ne parvenaient ni à retarder Maurice, ni à le distraire : « forçons le pas, » disait-il souvent; et lui-même donnant l'exemple, ils laissaient derrière eux plaines, forêts, prairies, vergers et villages.

En se hâtant ainsi, il croyait revoir bientôt Marguerite; car des paroles les plus graves, des raisonnements les plus solides de Martel, c'était cette espérance, mise en avant comme moyen désespéré, qui, après réflexion, lui avait laissé l'impression la plus vive et la plus durable ; et dès le lendemain, il avait prié Martel, n'osant le faire lui-même, d'aller rue de Varennes, savoir dans quelle terre de province madame de Lannilis s'était enfuie. Cette idée de la retrouver avait pris dans son cerveau malade une indestructible solidité; ce qu'il lui dirait, il ne l'imaginait guère; ce qu'il apprendrait, il ne le prévoyait pas trop bien, mais, cependant, il voulait la voir, lui parler, l'entendre, la voir, enfin, la voir; qui sait, peut-être le regrettait-elle déjà?

Martel avait obéi docilement : il avait été rue de Varennes; il avait interrogé le concierge, et il avait eu une réponse parfaitement claire et précise ; mais, loin de transmettre cette réponse à Maurice, il lui avait rapporté que Marguerite était partie, pour visiter ses domaines de Machault, en Sologne, et de Fauriac, en Auvergne, mais sans pouvoir préciser par lequel elle avait dû commencer.

Maurice avait voulu aussitôt se mettre en route, mais Martel était encore intervenu, il avait représenté que deux ou trois jours de retard permettraient de se reconnaître et de se préparer; que le temps était beau, que le voyage pouvait se faire à pied, et que cela lui donnerait occasion de visiter les plaines de la Beauce, qu'il avait besoin de revoir. Maurice avait discuté et disputé, et il avait fallu recommencer une véritable bataille; mais, enfin, enlacé dans un dédale de ruses et de raisonnements, il avait fini par céder, et il avait été décidé qu'on partirait le sac sur le dos et le bâton à la main. Et, quand les derniers achats et les derniers préparatifs que Martel, pour gagner du temps, avait fait traîner en longueur, avaient été terminés, — par la barrière d'Enfer, d'un pas rapide et solide, ils étaient enfin partis.

Jusqu'à Orléans, malgré les efforts de Martel, la route se fit dans un silence absolu. Le matin, lorsqu'à l'abri d'une haie ou sur un tas de cailloux emmétrés, on s'asseyait pour déjeuner, sans rien dire, Maurice prenait son pain, en mangeait à petites dents deux ou trois bouchées, et machinalement, l'œil fixe et ne regardant pas, il jetait le reste à Badaud; et la nuit, dans leur chambre d'auberge, souvent Martel l'entendait se tourner et se retourner sur son lit, se lever, ouvrir la fenêtre et rester là longtemps insensible au froid, perdu dans sa douleur.

Mais quand la Loire fut passée, et qu'ils traversèrent les immenses plaines plates et incultes qui commencent la Sologne, Maurice ne fut plus maître de garder le silence et d'observer la contrainte que, par un reste de dignité, il avait voulu s'imposer. Un à un, il comptait tous les kilomètres.

— « Encore cinquante, encore trente, » disait-il.

Et à chaque instant il se faisait répéter par Martel les paroles du concierge de la rue de Varennes. Il l'interrogeait: « Crois-tu que nous la trouvions à Machault? —

Penses-tu pas plutôt que ce soit à Fauriac? » Et comme Martel se taisait, il insistait; il voulait avoir son avis, son sentiment. « Enfin, répétait-il fiévreusement, on pense quelque chose, on a une idée; quelle qu'elle soit, on en a une. Parle, parle. »

Alors Martel, pour le préparer à une déception qu'il savait certaine, lui disait et lui répétait à satiété qu'il était impossible de rien préciser; qu'il ne devait pas se faire des idées qui, ne se réalisant pas, le jetteraient dans la colère, puis l'abattement; qu'il y avait autant de chances pour Fauriac que pour Machault, et qu'elle pouvait tout aussi bien avoir commencé par l'Auvergne que par la Sologne.

Mais Maurice, qui par ses demandes ne voulait que la confirmation de ses désirs, s'irritait et s'emportait à ces réponses.

— « Elle est à Machault, » disait-il. Et il entassait raisons sur raisons pour se le prouver à lui-même plus fortement chaque fois; et pour conclusion dernière, il ajoutait son éternel refrain : « Marchons, marchons. »

A force de marcher, ils approchèrent, et au bout d'une route droite et plane qui coupait à travers des sables arides, ils aperçurent juste en face d'eux un petit clocher à l'horizon. C'était Machault.

Ils marchèrent plus vite; et malgré la rapidité de leur course, Maurice, qui était déjà pâle comme les pâquerettes du chemin, pâlit encore: ses lèvres blêmirent, tout son sang s'amoncela au cœur, et ne disant plus une seule parole, il alla en avant.

Enfin ils arrivèrent. Entre des bouquets d'ormes tout couverts de petites fleurs roses serrées et massées comme des feuilles, s'élevait une maison carrée bâtie dans le style Louis XIV, avec un perron et des colonnes lourdes et solides; une pelouse, sans une seule corbeille d'arbustes, s'étalait tout autour, et allait finir d'un côté aux arbres et aux taillis d'un parc, et de l'autre aux premières maisons du village.

— « Eh bien ! maintenant, dit Martel, que veux-tu faire ?

— Aller jusqu'au village, répondit Maurice, prendre une chambre à l'auberge, m'habiller et revenir ici.

— Ce soir ?

— Ce soir.

— Mais mon ami...

— Ah ! Martel, toutes paroles sont inutiles. En venant ici à pied avec toi, j'ai fait plus que force ; l'impatience me brûle, il faut que je la voie.

— Mais tu ne seras point reçu.

— Alors je lui écrirai, et je t'assure qu'elle me recevra quand elle aura vu à quoi je suis décidé, même à un scandale, même à l'aller chercher auprès de son mari, et à crier à tous que je suis son amant.

— Que lui veux-tu enfin ? Qu'as-tu à lui dire ? Qu'a-t-elle à te répondre ?

— Voilà justement ; oui, qu'a-t-elle à me répondre ? C'est ce que je veux savoir et c'est ce que je saurai. Marchons. »

Ils traversèrent le village. Derrière des nuages rouges nuancés de jaune, le soleil se couchait ; par groupes de deux ou trois, les paysans rentraient de la plaine ; les bœufs se dandinaient lentement en meuglant, et sur le seuil des portes les femmes causaient accroupies, leurs enfants dans les bras. Sur la place du marché, à l'enseigne du *Soleil d'or*, ils trouvèrent une auberge.

— « Avant tout, dit Martel, sachons si elle est ici. »

On interrogea l'aubergiste, et naturellement la réponse fut négative. Maurice insista, recommença sa demande, l'expliqua, la rendit claire, précise ; mais ce fut en vain. Ni madame de Fargis, ni madame de Lannilis n'étaient au pays, et même il n'y avait qu'un seul domestique au château.

Maurice fut atterré, puis, après quelques instants, il eut l'air de se rendre, et Martel se félicitait déjà de sa ruse, lorsque voulant se mettre à table et le cherchant pour souper, il ne le trouva plus. Pendant une heure il l'attendit dans des transes mortelles, craignant tout de son désespoir et de son exaltation, et s'accusant lui-même de sottise et d'imprudence. Enfin, lorsque ne sachant plus que penser il allait se mettre à sa recherche, il le vit revenir le visage en feu, les lèvres bleuâtres, les yeux étincelants, immobiles.

— « J'en viens ! dit Maurice d'une voix brève et saccadée ; j'ai fait parler le domestique, elle n'y est point et on ne l'attend point. Nous partirons demain pour Fauriac. »

Mais le lendemain ils ne partirent pas. Pendant la nuit, Maurice fut pris du délire. Martel, qui plein d'anxiété ne dormait pas, s'approcha de son lit, et le vit la face fortement colorée et gonflée ; il parlait à mi-voix et gesticulait vivement ; ses paroles étaient rapides, brèves, incohérentes, le nom de Marguerite y revenait à chaque instant, et il le prononçait tantôt avec prière, tantôt avec amour, tantôt avec fureur. Et il s'exaltait, il s'exaspérait, il s'asseyait sur son lit, il voulait se lever, partir pour Fauriac, et il parlait, parlait sans cesse.

Toute la nuit se passa ainsi, et quand le jour parut, Martel, qui avait épuisé ses raisonnements et ses connaissances médicales pour calmer Maurice, descendit demander s'il y avait un médecin dans le pays.

— « Il y a M. Papigny, » dit l'aubergiste.

On l'alla chercher. Il vint quatre heures après, exhalant le vin blanc à pleine bouche. Habitué aux miasmes de la Sologne, y ramenant toutes les maladies, il écouta à peine Martel, examina Maurice d'un air entendu, et tirant de sa poche un énorme couteau à plusieurs lames, ouvrit une lancette, et comme un homme sûr de lui et voulant montrer son savoir et sa dextérité, il piqua rapidement le bras de Maurice qu'il avait découvert jusqu'à l'épaule.

— « Là, dit-il quand il eut empli de sang la moitié d'une cuvette, une bonne saignée et quelques pilules de quinine, après que l'accès sera passé, nous couperons la fièvre; ça ne manque jamais son effet. Je reviendrai demain. »

Mais, le lendemain, il se rencontra avec un de ses confrères de Châtillon, que Martel, peu rassuré, avait fait appeler en toute hâte. Celui-là, médecin de ville, docteur de la Faculté de Paris, était la vivante antithèse de M. Papigny, simple officier de santé et médecin campagnard par excellence. Sa mise, toute noire, était irréprochable, son langage prétentieux et fleuri, ses manières agréables, son geste souriant; il était à la mode dans un rayon de plus de vingt lieues; on l'aimait pour sa patience à écouter; on le croyait pour son étalage d'érudition; pour ses trois chevaux à l'écurie, et son cabriolet, verni à neuf tous les six mois, on le respectait et on le saluait bas.

— « Délire spasmodique, dit-il gravement en prononçant toutes les syllabes, après que Martel eut annoncé les caractères et les symptômes de la maladie de Maurice; délire spasmodique ou nerveux : l'illustre Dupuytren, sous qui j'ai eu l'honneur d'étudier à Paris, l'illustre Dupuytren l'a souvent constaté à la suite des tentatives de suicide. — Puis, se tournant vers M. Papigny : — Maintenant, c'est une belle et bonne méningite, la phrénésie des anciens, les méninges du cerveau sont fortement enflammées, et il y a phlogose de l'arachnoïde cérébrale qui se communique à la pie-mère. — Puis, revenant alors à Martel : — Ce ne sera point grave, je l'espère. M. Papigny, en très-habile praticien qu'il est, a sagement commencé par la phlébotomie; quant au quinine, je ne le crois pas nécessaire, et nous aurons plutôt recours à de nouvelles et fréquentes phlébotomies sur la médiane céphalique, aux sangsues derrière les oreilles, aux pédiluves irritants, aux boissons oléagineuses, au repos absolu, à la diète, au silence. »

Pendant quatorze jours, malgré les phlébotomies et les pédiluves, malgré même tous les soins et tout le dévouement de Martel, qui ne se coucha point, Maurice resta dans un état d'exaltation extraordinaire, et endura des souffrances horribles. Parfois le bruit le plus léger lui répondait dans la tête avec des élancements atroces; le bruit des pas de Martel lui déchirait les oreilles; il entendait des tambours, des tintements de cloches, des canons, des explosions qui le remuaient et le soulevaient comme des décharges électriques. Il lui semblait que ses artères battaient comme un métronome; puis, tout à coup, l'ouïe cessait d'être douloureuse et il fallait parler à haute voix pour qu'il entendît; mais alors le plus petit rayon de soleil, la moindre lueur, lui faisaient pousser des cris déchirants; les yeux étaient rouges, couverts d'un lacis de veines gonflées de sang, les prunelles étaient dilatées et phosphorescentes; il se roulait sur son lit, il s'enfonçait la tête dans les oreillers pour échapper à la clarté qui le brûlait, et, malgré tout, malgré les draps, malgré ses mains, malgré ses paupières, qu'il fermait dans d'horribles contorsions, il voyait des étincelles, des éclairs, des torrents de lave qui le dévoraient. Et toujours, toujours, il répétait le nom de Marguerite, il parlait de Montmorency, de Fontainebleau, de Naples; il rappelait en paroles ardentes, et parfois même cyniques, ses souvenirs d'amour ou de volupté; il croyait la voir, il lui tendait la main, il lui parlait, il voulait se lever pour la prendre dans ses bras, et si Martel tentait de l'arrêter, il devenait furieux, il se débattait, il le repoussait brutalement, il rugissait, il écumait; puis, anéanti, épuisé, il retombait sur sa couche. Alors il restait des heures entières dans un marasme effrayant; d'une voix faible il disait ne plus souffrir; mais son regard était mort, sa bouche entr'ouverte, sa langue pendante; il n'avait plus conscience ni de ses sensations ni de ses perceptions, et il restait ainsi dans une prostration absolue jusqu'à ce qu'une nouvelle crise vînt le ressaisir. Et ainsi toutes les tortures que son cœur avait endurées dans ses derniers mois d'amour, son corps les endurait maintenant, non moins complètes, non moins vives, non moins cruelles.

Martel était à bout de forces; il est vrai que chez les braves gens de l'auberge, émus, quoique paysans, de pareilles souffrances, il trouvait quelques secours; mais il était forcé de les éloigner au moment où il en aurait eu précisément le plus grand besoin, car, dans son délire, Maurice parlait sans cesse de Marguerite, et ses paroles n'étaient que trop claires et que trop compromettantes; et quoique plus de vingt fois par jour, en voyant son ami se tordre en d'atroces convulsions, crier, se frapper, le frapper lui-même, il la maudît et l'accusât de toutes ces douleurs, cependant il avait encore la loyauté de ne point la perdre dans un pays où son nom était connu. Aussi était-il presque toujours seul, veillant à tout, prévoyant tout, faisant tout lui-même, se gorgeant de café pour ne pas succomber au sommeil, brisé par les luttes qu'il avait à soutenir pour arrêter Maurice, accablé de fatigue, abattu de pitié et rempli d'appréhensions sinistres.

Enfin, la violence des accès diminua peu à peu, les intervalles de raison devinrent de plus en plus longs, l'inflammation tomba et le délire se changea en hallucinations presque calmes; alors, M. Papigny, qui commençait à perdre la tête, et avait plus d'une fois avoué n'y rien comprendre, et parlé de folie et de tétanos, déclara naïvement qu'il avait sauvé son malade. Le lendemain, Maurice put prendre un bouillon, et huit jours après, il descendit dans le jardin de l'auberge.

Sa première parole sensée fut pour Marguerite.

— « Dépêchons-nous de me guérir tout à fait, dit-il, pour courir à Fauriac. »

Et, dans ce but, il s'excita lui-même à sortir. Mais vraiment c'était pitié de le voir dans son impatience, se traîner au bras de Martel. Pâle, décharné, les pommettes saillantes, les yeux caves, il marchait lentement le long des maisons, à l'abri du soleil. Les paysans, qui tous avaient appris ses souffrances, se découvraient devant lui, et les femmes le saluaient de la voix, avec un accent de compassion.

Leur promenade était le parc du château. Pendant les longs jours qu'il était resté au lit, le printemps avait accompli son œuvre de régénération. Tous les arbres, hormis les chênes bourgeonnants, avaient maintenant leurs feuilles; un grand nombre avaient déjà leurs fleurs, et les bois étaient pleins d'une odeur salubre et vivifiante. Sur l'herbe épaisse et douce, ils s'asseyaient de place en place; mais, ni le riant spectacle qu'il avait sous les yeux, ni les irrésistibles excitations de la nature, ne pouvaient vaincre son abattement, et, pendant des heures entières, il demeurait morne et silencieux, sans daigner voir les caprices de la lumière dans le feuillage encore tout plissé, sans écouter les chansons des oiseaux, qui, sur sa tête, parlaient d'amour et de bonheur.

Insensiblement, ses forces revinrent, il put faire des courses plus longues, et alors il recommença à parler de Fauriac et à presser le départ.

Tant que cela fut possible, Martel résista; mais lorsqu'il vit des marques d'impatience et de colère, il résolut d'aborder franchement la question. Car d'aller à Fauriac pour éprouver une déception comme celle de Machault, c'en était assez pour tuer Maurice; — ne point y aller et lui dire ce que lui Martel avait appris rue de Varennes, c'était risquer une entrevue, qui, pour un des amants, sinon pour les deux, aurait les plus funestes conséquences; — il fallait donc lui avouer qu'il avait été trompé, et en même temps le tromper de nouveau en lui enlevant toute espérance de retrouver Marguerite. Sans doute après la crise qu'il venait de supporter, et dans l'état de faiblesse où il était encore, ce moyen offrait des chances bien douteuses et pouvait le rejeter ou dans son délire fiévreux, ou dans sa manie de suicide; mais enfin, telle était la gravité de la situation, que, malgré ces périls, il était cependant le seul praticable. Il ne s'y décida donc qu'en tremblant, mais enfin il s'y décida, et un jour que Maurice insistait pour partir, plus vivement qu'il ne l'avait encore fait :

— « Écoute-moi, dit-il, je t'en prie, avec le plus de calme et le plus de raison que tu pourras.

— Oh! c'est inutile, et si tu ne veux pas venir à Fauriac, je pars seul.

— Mais, mon ami, écoute-moi, au moins écoute-moi. Quand, la nuit où tu voulais mourir, je te parlai de revoir madame Baudistel, c'était une idée insensée et irréalisable. Cependant ce fut la seule qui te décida à essayer encore de la vie. Elle t'envahit et t'absorba tout entier; et alors, dans ton ardeur à la retrouver, tu m'envoyas rue de Varennes.

— Eh bien!

— Eh bien!... je t'ai trompé.

— Tu n'y es point allé?

— Si, mais je ne t'ai point rapporté ce que j'avais appris.

— Et qu'avais-tu appris? Parle, parle donc.

— Je n'avais rien appris, car ni le concierge, ni les domestiques que j'ai interrogés, ne savaient pour quel pays madame Baudistel était partie.

— Allons donc, c'est impossible et c'est invraisemblable; on ne quitte pas sa maison sans dire où l'on va; on a des lettres, des amis. Je te dis que c'est impossible.

— Et moi je te dis que c'est la vérité; et si tu pouvais

même raisonner un peu, tu verrais qu'elle est très-vraisemblable. Elle te fuyait, n'est-ce pas?

— Eh bien?

— Eh bien! devait-elle laisser son adresse pour que tu puisses la rejoindre? Savait-elle comment tu prendrais cet abandon, si tu ne voudrais pas te venger?

— Mais toi-même...

— Oui, je t'ai dit qu'elle était à Machault ou à Fauriac; mais c'était une ruse, je te voyais si exalté que je voulais gagner du temps. De Paris à Machault j'avais plusieurs jours pour te calmer, et c'est pourquoi je voulus faire la route à pied; de Machault à Fauriac, j'en avais encore d'autres, et j'espérais les employer à te préparer lentement à la déception qui t'attendait, et te rendre ainsi le coup moins rude et moins cruel. Ton impatience nous a perdus. »

Mais pendant qu'il parlait ainsi, Maurice ne l'écoutait point. Sa pâleur s'était changée en teintes rouges et violacées, les yeux lui saignaient, il étouffait.

— « Oh! mon ami, mon ami, ne te joue pas de moi, s'écria-t-il.

— Mais...

— Elle est à Fauriac, n'est-ce pas?

— Je t'assure que je n'en sais rien.

— Ah! elle est peut-être à Lannilis, car enfin elle est quelque part. Oui, oui, elle doit être à Lannilis.

— Mais, mon pauvre Maurice, reprit vivement Martel, ce serait insensé; elle n'aura pas été précisément choisir ton pays.

— Mais où est-elle, où est-elle? Voyons, décidément où est-elle?

— Je t'affirme que je n'en sais rien.

— Tu n'en sais rien, n'est-ce pas? Tu dis que tu m'as trompé, mais que tu ne me trompes plus maintenant; eh bien! jure-le moi. »

Martel n'était ni dévot ni puritain, les lois sociales et religieuses le laissaient fort indifférent, et s'il croyait à Dieu, c'était comme pur complément de l'idéal; mais par contre il croyait très-fermement en lui, et avait fait de la dignité personnelle sa seule règle et sa seule religion. Aussi lorsque Maurice lui demanda sa parole, à lui qui, regardant le mensonge comme une lâcheté, n'avait jamais menti, hésita-t-il quelques secondes; mais en le voyant suspendu à ses lèvres, haletant, désespéré, en songeant aux funestes événements qui pouvaient naître de son refus, il sacrifia son honneur à l'amitié, et le regardant en face hardiment :

« Je te le jure! » dit-il d'une voix ferme.

Alors Maurice resta un moment attéré, puis il fondit en larmes, et ce furent des sanglots, de longs silences, et puis encore des sanglots.

En le voyant ainsi, Martel se rassura presque; il aimait mieux un excès de faiblesse qu'un excès de résolution, et il craignait moins les accablements du chagrin que les violences de la colère et du désespoir.

Ce fut donc à lutter contre ce chagrin qu'il employa son intelligence et son dévouement. Il aimait Maurice de tout son cœur; il avait pour lui sympathie, tendresse, estime; mais ne l'eût-il connu que comme un simple camarade, il eût été pris de pitié pour une pareille souffrance.

Son premier soin fut de quitter Machault où toutes choses parlaient encore trop souvent de Marguerite; mais ce ne fut pas sans peine, car Maurice, tombé dans une torpeur invincible, ne voulait sortir de sa chambre que pour aller s'asseoir dans le parc et se plonger dans ses souvenirs.

Enfin il le décida, et proposa la Normandie, ce doux pays fait pour âmes malades, où tout, plaines et forêts, habitants et nature, ne parle que de force, de santé, de bonheur.

On partit donc, et ils revinrent sur leurs pas, mais à Orléans, laissant à droite la route de Paris, ils prirent celle de Chartres et d'Évreux.

Ils allaient lentement, et souvent ils s'arrêtaient; mais Martel, pour user la douleur de Maurice en la fatiguant, faisait chaque jour l'étape un peu plus longue; et sans se plaindre, sans même s'en apercevoir, Maurice le suivait, marchant lorsqu'il marchait, s'arrêtant lorsqu'il s'arrêtait, indifférent à toutes choses, sans que rien pût distraire cette tristesse qui se complaisait en elle-même, ni les accidents du chemin, ni l'imprévu du voyage, ni les efforts, ni les excitations de Martel.

Et pourtant, tout ce qu'il était humainement possible de faire, celui-ci le faisait. D'un caractère gai et railleur, il avait, pendant les premiers jours, marché sans prononcer un seul mot, puis, par des paroles douces et affectueuses, il avait cherché à vaincre cette immuable apathie; puis, les jours s'écoulant sans amener de résultat, il avait changé de système, et était revenu à son caractère : voyant les choses sous le côté le plus bouffon et le plus satirique, il les avait alors rendues comme il les voyait, mordant, cinglant, bafouant tout sur son passage, n'épargnant rien dans sa verve ironique, et trouvant partout sur la route, dans les auberges, dans les villages, d'inépuisables sujets pour ses sarcasmes ou ses inépuisables bouffonneries. Au milieu de ses éternelles railleries, il n'épargnait qu'une chose, la nature; pour elle, il était plein d'amour et d'enthousiasme, et il y avait là un de ces contrastes révélateurs qui, mieux que toutes les confidences, disait qu'il avait dû être cruellement trompé, et que longtemps il avait souffert. En face d'un paysage s'offrant harmonieusement, il oubliait charges et plaisanteries, il forçait Maurice à s'arrêter et à voir; il ne comptait point les feuilles, mais il était ému, il s'inquiétait peu de la ligne, des plans, des ombres, de la lumière, mais il en sentait la vie et la poésie, il lui donnait une âme, une pensée, il y voyait des drames, des joies, des malheurs, des sentiments intimes et mystérieux, et, irrésistiblement, il était entraîné, et toujours il en revenait à sa conclusion favorite : les hommes sont bêtes, les femmes, sont méchantes, mais la nature est douce et splendide, et malgré tout, c'est encore une belle et bonne chose que la vie.

Enthousiasmes ou drôleries étaient, hélas ! en pure perte, car Maurice ne répondait rien, ou les quelques paroles qu'il prononçait du bout des lèvres, étaient des rebuffades, des récriminations ou des plaintes, et toujours, toujours, il en revenait à ses idées de délivrance et de suicide ; à ce point même, que Martel n'osait le laisser seul, et que souvent, la nuit, il se réveillait en sursaut et ne se rassurait qu'après avoir été le regarder ou l'avoir entendu respirer sur son lit.

Cependant, comme il ne pouvait pas fermer ses oreilles à ce flot de paroles joyeuses, malgré lui il les écouta, malgré lui elles l'empêchèrent d'entendre ses propres plaintes, bientôt elles lui furent nécessaires, et bientôt aussi il fut forcé d'en rire.

— « Une statue à Jocus, dieu du calembour ! » s'écria Martel en voyant ce sourire.

Mais quoique ce premier succès, alors qu'il commençait à perdre courage, l'eût ému jusqu'aux larmes, et qu'il l'eût salué comme un sauveur, il ne crut point sa tâche finie ; il avait engagé une lutte avec la mort, et, pour un échec, la mort n'était point vaincue ; Maurice n'était point guéri ; il y avait en lui des abîmes de désespoir que lui-même ne connaissait point encore. Il ne pouvait oublier. Il ne pouvait la croire à jamais perdue. Elle était dans son âme, dans son esprit, dans ses yeux, dans son sang.

Souvent encore, il marchait sans prononcer un seul mot, sans laisser échapper la plus petite marque d'attention ou de sympathie ; mais, insensiblement, il commença à voir et à sentir ce qui l'entourait. Pendant les repos, — alors que Martel, dans un chemin creux entre deux levées de terre, faisait le croquis d'une vache qui, le cou sur la barre d'un échalier, se laissait patiemment portraiturer en remâchant les herbes qu'elle venait de tondre, — il ne resta plus toujours inattentif et silencieux, parfois, il se pencha par-dessus son épaule, et, curieusement, il le regarda. Et, pendant les longues marches, il n'alla plus toujours la tête baissée, quelquefois il parla, très-souvent il répondit. Bientôt même, de plaintes en plaintes, il se mit à raconter ses amours; et, à se reporter dans le passé, il trouva des charmes inespérés; à s'entretenir de ses joies, il lui sembla qu'il les goûtait encore: les douleurs des mauvais jours s'affaiblirent à être racontées, et comme le soleil qui, longtemps après qu'il a disparu, laisse encore au ciel des rayons pleins de chaleur et de lumière, les souvenirs des jours heureux laissèrent aussi dans sa mémoire des traces brûlantes et lumineuses.

Avec une douce patience, Martel écoutait ces épanchements; loin de vouloir les tarir, il cherchait au contraire à les provoquer, il les entamait, il les nourrissait, il les prolongeait. Cependant c'était toujours sans laisser échapper une seule parole d'espérance ou de consolation; car il connaissait les susceptibilités de la douleur et savait comme elle tient superbement à se croire éternelle; mais, toujours avec des ménagements longuement étudiés, il tâchait de le rejeter dans le passé, et de l'écarter ainsi du présent.

— « Qu'aurais-tu donc à apprendre? disait-il quand Maurice revenait à sa pensée de retrouver Marguerite; que lui demanderais-tu? que saurais-tu?

— Au moins je saurais où elle est, ce qu'elle fait, je la verrais.

— Près de son mari, ou près d'un nouvel amant peut-être!

— Martel!

— Hé! mon ami, ta douleur est sainte et je la respecte; mais veux-tu pas par hasard que je respecte aussi madame Baudistel? Que tu l'aimes, je le comprends; le cœur a d'irrésistibles lâchetés; mais, que tu l'estimes et que tu la défendes, ce serait trop fort. Que lui dois-tu? que t'a-t-elle donné? Elle t'a pris, parce qu'elle t'a vu plein d'amour; tu lui promettais une nouvelle jeunesse; et, quand elle a eu épuisé tout ce qu'il y avait en toi, elle t'a jeté au rebut comme on jette une bouteille vide. Oui, pleure tes illusions de vingt ans, pleure tes pures croyances, ta foi, ton ardeur, ta générosité, ton dévouement, ta poésie, à jamais disparus; oui, pleure l'amour, mais ne pleure pas la maîtresse.

— Hé! crois-tu que je ne m'en méprise point aussi? mais que veux-tu, je l'aime toujours, et quand tu me parles de son mari, d'un autre peut-être, le sang m'étouffe. Oh! je la tuerais! Mais elle n'en aime pas d'autre, cela est impossible; elle n'aime pas son mari... Oh! si elle ne l'aimait pas!

— Eh bien?

— Eh bien!... je ne sais pas.

— Oui, tu reviendrais à elle; mais voudrait-elle de toi et de ta lâcheté?

— Ah! tu n'as jamais aimé.

— Je ne te dirai point : J'ai aimé autant que toi, et j'ai été trompé aussi cruellement que toi; car, seules elles sont infinies, les joies et les souffrances que nous avons éprouvées; mais, cependant, j'ai aimé assez pour parler de l'amour et pour juger les femmes. L'amour, je l'aime malgré tout, et l'aimerai jusqu'à la mort; les femmes, c'est une autre histoire. Les poëtes en ont fait des créatures idéales et séraphiques, des anges, des fleurs, des fleurs surtout, avec toutes les beautés, toutes les grâces, tous les parfums de la création; les poëtes ont eu raison.

Mais, tiens, là, sur la crête de ce fossé, il y a, parmi les herbes, une myriade de fleurs plus gracieuses les unes que les autres ; rien n'est plus doux à voir, ton cœur en est réjoui et tu voudrais toujours en jouir, n'est-ce pas ? Eh bien ! fais-en un bouquet, prends au hasard ou choisis, porte-les dans ta chambre, pose-les délicatement sur le plus précieux de tes meubles, et dors, dors tranquille, leurs parfums embaumeront ton sommeil, et, le matin, leurs splendides corolles devront éblouir tes yeux ; mais, pendant la nuit, elles t'auront si bien embaumé, ces fleurs pleines de grâces, que, ni le matin ni jamais, tu ne te réveilleras plus. Voilà les femmes. Moi, qui te parle, j'ai été empoisonné de cette manière, et cependant j'avais choisi une triste petite fleur, poussée sur le haut d'une muraille parisienne, une pauvre giroflée bien chétive et bien humble ; heureusement pour moi, j'avais la vie plus dure que la fleur, c'est ce qui m'a sauvé ; mais c'est égal, je m'endormais et il était temps de casser le carreau. Ah ! mon bon Maurice, si je te la contais, l'histoire de la giroflée des murailles, tu verrais qu'elle est la même que celle de la belladone et de la pomme épineuse ; toutes, le plus magnifiquement du monde, versent le poison dans la nature : c'est leur mission.

— Ah ! ça, mais, pourquoi ces invectives et cette haine ? Pourquoi toi, que je n'ai jamais vu sérieusement amoureux, ne parles-tu de l'amour qu'avec amertume et des femmes qu'avec mépris. Hein ! que t'ont-elles fait ?

— Ce qu'elles t'ont fait à toi-même ; à moitié tué après de longues et terribles tortures : elles m'ont fait railleur, incrédule et méchant, quand j'aurais pu rester simple et bon ; mais, tiens, je vais te le dire ce qu'elles m'ont fait, et si l'exemple d'autrui peut servir à quelque chose, tu verras comment on se console, et ce que coûte un peu de talent. Allons jusque là-bas, à la croisée des deux routes, nous nous coucherons à l'abri des pommiers en fleurs, et de cinq minutes en cinq minutes, je te donnerai un grand coup de canne en criant : On ne dort pas ! Ce procédé m'a toujours réussi pour exciter l'attention et frapper mon auditoire.

— Je commence :

« Lorsque j'entrai à l'atelier Glorient, j'avais dix-sept ans, et je venais de perdre mon père. Tu sais que je ne suis pas le fils d'un prince, je ne te parlerai donc point de ma haute naissance : mon père était simple ajusteur-mécanicien. Pour toute fortune, il me laissait une éducation faite aux écoles de la ville, un petit mobilier, et un capital de trois mille francs, qui nous venait de ma mère, morte sans que je l'aie jamais connue. Trois mille francs pour attendre la gloire pendant huit ou dix ans, tu comprends que c'était peu : j'avais bien un oncle fermier en Picardie, qui m'offrait de me prendre chez lui, et de me traiter comme ses autres garçons, mais je refusai ; je voulais être peintre. Ce caprice ou cette vocation, le mot est à ton choix, m'avait été inspiré par un brave homme de voisin, peintre de portraits, qui me voyant jouer souvent dans la cour commune, m'avait pris une fois pour lui poser un petit tambour de la République, dans un fameux tableau de bataille auquel il travaillait depuis dix ans, et dont il parlait depuis vingt. Je lui avais plu ; j'étais retourné souvent le voir, lavant ses brosses, nettoyant sa palette, faisant ses commissions dans le quartier, et il avait fini par m'apprendre un peu de dessin, très-peu d'italien et beaucoup de calembours ; j'ai fait depuis quelques progrès en dessin, beaucoup en calembours, pas du tout en italien. Lorsqu'il me vit bien décidé, après la mort de mon père, à essayer de la peinture, il eut pitié de moi : « Je vais te donner une lettre pour Glorient, me dit-il, il se prétend le seul artiste de notre époque ; ceux qui ne connaissent que l'homme le croient ; ceux qui connaissent ses œuvres ont une autre opinion ; mais enfin il s'occupe de ses élèves, et j'espère qu'à ma demande, il voudra bien te recevoir sans exiger de contribution. » La recommandation de mon vieil ami fut bien accueillie, et Glorient me dit, assez gracieusement, que je pourrais travailler avec lui tout le temps que je voudrais, sans rien payer.

Attention, n'est-ce pas? et ne dormons pas.

Son atelier était alors dans toute sa splendeur, et il n'y avait pas moins de soixante élèves inscrits; cinq ou six travaillaient sérieusement, les autres étaient des beaux fils de famille, qui se donnaient le luxe de la peinture pour passer quelques années à Paris, et cacher leur nullité sous le nom d'artiste. J'entrai à l'atelier, comme on va au feu pour la première fois, c'est-à-dire avec un mélange de joie, de peur et d'orgueil. J'étais gauche, et bêtement vêtu, on se moqua de moi; bientôt on sut, par le massier, que je ne payais rien, et l'on me méprisa : ces messieurs n'avaient point oublié leur collége et les boursiers. Je devins leur bête noire; on me fit toutes les charges connues, on réédita les anciennes, on en inventa de nouvelles. J'étais déjà fier, je voulus me fâcher, on me battit. Pendant un an, je te jure que j'ai passé plus de nuits à pleurer qu'à dormir; mais à la fin, je me consolai en me répétant sans cesse qu'un jour j'aurais plus de talent qu'eux tous, et je piochai ferme. Quand le modèle était parti, j'allais travailler au Louvre ou aux Estampes, et le soir, de six à dix heures, à la bibliothèque Sainte-Geneviève. Cela dura ainsi pendant quatre ans.

— L'exposition étant terminée, on dort moins que jamais, je vais entrer en plein dans l'histoire de la giroflée.

Pendant mes quatre années, je n'avais dépensé que deux mille francs, aussi n'étais-je pas précisément très-gras; mais, chose plus importante, j'étais devenu un des préférés du patron, et presque toutes les semaines, outre mon étude, je lui montrais une esquisse, peinte dans sa manière, que j'avais assez bien attrapée, et telle qu'il les aimait, c'est-à-dire avec un sujet bien naïf ou bien mélodramatique : une mère donnant à téter à son enfant, ou une vieille femme poussant d'une main sa fille nue, dans les bras d'un vieillard, et de l'autre recevant une bourse, prix de ce marché infâme ! J'étais aussi devenu un des anciens, car, pour ce qu'on voulait apprendre chez nous, on ne restait pas longtemps; et je commençais enfin à me trouver assez heureux ; je croyais à l'avenir.

Un jour du mois de mars, — c'est ici que tu dois redoubler d'attention, — un jour du mois de mars, nous étions tous à travailler, chantant, fumant, disant des niaiseries ou des ordures ; le modèle était sur la table, et le poêle, rouge jusqu'à moitié du tuyau, ronflait formidablement ; au dehors, il faisait un vent froid comme en janvier. Une jeune fille entra.

— Qui demandez-vous ? dit celui d'entre nous qui se trouvait le plus près de la porte.

Tous, alors, nous levâmes les yeux, croyant que c'était une maîtresse qui venait chercher son amant, et curieux de savoir à qui elle allait s'adresser.

Mais la jeune fille balbutia quelques mots que nous n'entendîmes point, et celui qui l'avait arrêtée, lui répondit en désignant le massier.

Elle s'avança timidement au milieu des chevalets et des chaises.

— Messieurs, dit le massier, mademoiselle demande à poser ici.

— Eh bien ! faut la voir, dirent quelques voix.

La jeune fille parut ne pas comprendre.

— Vous n'avez pas encore posé ? continua le massier.

— Non, monsieur.

— Ça se devine ; avant de vous accepter, ces messieurs demandent à vous voir.

Elle ne répondit rien.

— Est-ce que vous ne comprenez pas?

— Mais... monsieur...

— Mais, mon enfant, on ne peut pas vous prendre sans vous connaître; vous avez une tête très-jolie, c'est vrai; mais, enfin, rien ne nous dit que le reste... que diable! ici nous ne sommes pas des hommes; si vous voulez poser, il faut vous déshabiller et monter sur la table. Ohé! Maria, fais place à mademoiselle, et chauffe-toi un peu.

Le modèle descendit et alla se chauffer; mais la jeune fille ne bougea point, de pâle qu'elle était en entrant, elle était devenue d'un rouge coquelicot; enfin, elle fit quelques pas en arrière comme pour s'en aller, hésita quelques instants, puis, revenant, elle ôta son châle, dégrafa lentement sa robe, et un à un, les yeux à terre, elle défit tous ses vêtements. Par hasard, j'étais près d'elle; pour l'aider à monter sur la table, je lui donnai la main; et, les bras croisés sur ses seins, la tête baissée, les lèvres frémissantes, elle resta debout au milieu de trente regards qui l'étudiaient et la critiquaient.

— Rien d'arrêté, disaient les uns, — pas de méplats, disaient les autres, — les bras trop courts, — la tête trop grosse.

Pour moi, je la trouvais ravissante. Elle avait seize ans à peine; ses cheveux étaient d'un blond paille, ses yeux bleus avaient des cils longs et épais; la forme de la tête était d'un ovale parfait, le corps jeune, frais, ferme et rose comme je n'en avais jamais vu.

Elle descendit.

— Comment vous appelez-vous? dit le massier.

— Pascaline.

— Eh bien, mademoiselle Pascaline, vous pourrez venir la semaine prochaine, lundi, à huit heures précises.

Elle se rhabilla et sa toilette ne fut pas longue : une petite robe d'indienne, un châle et un seul jupon; mais, chose à laquelle nous n'étions guère habitués, du linge blanc. Elle sortit en nous remerciant.

— En voilà une qui faisait sa tête pour se déshabiller, dit le modèle en reprenant la pose, j'ai presque cru qu'elle avait une maladie ou une peau d'animal sur le corps.

— Tu n'as donc jamais eu de pudeur, toi? dit un des anciens.

— Ah! moi, quand je me suis décidée à poser, il y avait plus d'hommes qui m'avaient déjà vue, qu'il n'y en avait ce soir-là dans l'atelier, et cependant c'était chez Suisse.

Le lundi suivant, pour choisir une bonne place, j'arrivai le premier. J'étais en train d'écrire mon nom sur le tableau quand Pascaline entra.

Elle alla au poêle, et sécha ses pieds mouillés et crottés. Je m'approchai d'elle, et quoique je n'en eusse pas besoin, je me chauffai aussi.

Alors levant les yeux sur moi :

— Oh! monsieur, me dit-elle d'une petite voix fraîche et douce, est-ce que vous voudriez bien être assez bon pour me dire ce que je vais avoir à faire?

— C'est assez simple, mademoiselle, il faudra vous tenir immobile dans la pose qu'on vous donnera.

— Comme l'autre jour?

— Comme l'autre jour.

Elle se tut, et je revis sur ses joues les coquelicots déjà nommés.

Mais moi : « Ne vous effrayez pas, » lui dis-je le plus doucement possible; et je me mis à lui débiter que l'art était chaste et saint, et que nous ne la verrions qu'au travers de l'art, enfin toutes les blagues de l'esthétique la plus pure et la plus transcendante.

On entra; je me tus aussitôt et me mis à préparer ma toile. Petit à petit on arriva, et quand tout le monde eut choisi sa place, on commença à travailler. J'étais sur le premier rang, juste en face de Pascaline. On lui avait donné une pose gracieuse, mais atroce : debout, le corps un peu cambré, la poitrine bombée, les bras croisés pardessus la tête; la pauvre enfant avait accepté, mais il n'y avait pas dix minutes qu'elle était en place, qu'elle avait déjà remué vingt fois, et de tous les côtés, ç'avait été un concert de cris et de rappels plus ou moins doucement accentués :

— Vous perdez la pose; — ne remuez donc pas; — levez un peu la tête; — ne laissez pas tomber votre bras.

La pauvre petite tâchait d'obéir à tout le monde, mais elle commençait à ne plus savoir à qui répondre, et ses yeux étaient gros de larmes retenues. J'en eus pitié :

— La pose est impossible, dis-je avec assez de douceur, mais en même temps avec fermeté; vous ne l'auriez pas donnée à une de nos vieilles gaupes de tous les jours, et vous la donnez à un enfant pour son début.

— Martel est amoureux du modèle,— Martel veut faire le modèle : — à bas Martel !

Mais sans me déconcerter :

— Voyons, voulez-vous perdre la séance, oui ou non? si vous ne le voulez pas, laissez-moi la poser.

— Non, non, — oui, oui, — mon esquisse est à moitié faite, etc.

Deux ou trois anciens vinrent à mon secours, et enfin on me laissa faire : je lui donnai une pose facile à garder, assise sur un tabouret que j'avais recouvert de ma blouse, les membres dans une position naturelle et appuyée, la tête tournée vers ma place. En lui prenant les bras nus, je les sentais froids et tremblants, tout le sang s'était arrêté au cœur, elle ne savait ce qu'elle faisait.

On recommença. Elle ne me quittait pas des yeux; suppliante et reconnaissante à la fois, elle me demandait conseil et appui; je l'encourageais, je la soutenais, et sans qu'elle osât me sourire, je voyais un doux merci dans son regard. Cela marcha à peu près bien.

Au déjeuner, il y eut un plus long repos, les uns s'en allèrent au restaurant, les autres, et j'étais de ces autres, restèrent à manger leur pain autour du poêle. Pascaline, entortillée dans son châle, était au milieu de nous. Deux ou trois élèves lui parlaient, et doucement, elle répondait. Comme elle ne mangeait pas, et que je ne voyais point qu'elle eût rien apporté, je lui offris la moitié de mon pain; elle refusa d'abord, puis elle finit par accepter.

Alors ce furent de nouveaux hourras : — Martel recommence ses séductions; — quel satyre que ce Martel; — faut le museler, faut l'attacher, faut le refroidir, — à la porte! à la porte!

J'étais honteux de ces cris, non pas pour moi, mais pour elle, qui rougissait et ne savait quelle contenance se donner.

A midi, le patron arriva. Pascaline lui plut; il la trouva jolie, et lui fit quelques compliments.

Alors, il y eut une réaction dans tout l'atelier; mes beaux camarades, qui l'avaient négligée, parce qu'elle n'avait pas le chic de leurs lorettes édentées et gangrenées, se mirent à la déclarer charmante et à l'entourer, — le patron avait parlé.

Je t'avoue que cet empressement subit me flatta très-peu, mais, comme en partant, ce fut à moi qu'elle donna son dernier sourire, je me consolai bien vite, et tout en m'en allant au Louvre, j'étais si heureux que je bousculais tout le monde dans le ruisseau : — à nous regarder ainsi, les yeux dans les yeux, l'amour m'était descendu au cœur : je l'aimais.

Le lendemain, elle n'était plus la triste abandonnée de la veille, on lui offrait des pastilles, de la pâtisserie, enfin toutes les séductions en usage dans l'atelier; mais toujours ses yeux étaient sur mes yeux, et il me semblait qu'une douce chaleur passait de l'un à l'autre. Au déjeuner, malgré le cercle qui l'entourait, malgré les gâteaux qu'on lui offrait, elle vint à moi, et de sa voix presque caressante :

— Monsieur Martel, est-ce que vous n'avez pas trop de pain aujourd'hui ?

Jamais je n'avais ressenti pareille émotion ; ces simples paroles me bouleversèrent. Je partageai mon pain avec elle, et il me fut impossible de manger davantage ; pour elle, elle grignota gentiment. Voilà les femmes, mon cher Maurice : qu'elles nous aiment, elles partageront joyeusement notre pain sec ; qu'elles ne nous aiment plus, elles refuseront notre pâtisserie pour aller demander un morceau de pain sec à notre voisin. Passe-moi cet axiome philosophique en faveur de sa naïveté.

Dès lors, je fus pris tout entier et je ne pensai plus qu'à Pascaline ; mais je n'étais point pleinement heureux, car je ne savais comment lui dire mon amour, comment elle l'accueillerait, et j'avais encore la crainte de bientôt la perdre, puisque le lundi suivant, comme à l'ordinaire, devait venir un autre modèle. Avec une hardiesse, dont je m'étonne encore aujourd'hui, je trouvai un moyen de parer à ce danger : c'était de commencer, d'après elle, un sujet, et de la prier de venir poser chez moi.

Bien timidement je fis ma demande, bien naïvement elle l'accepta.

Quand on le sut dans l'atelier, ce fut une explosion générale ; je fus unanimement accusé d'attentat à la morale publique, et quelques camarades, qui avaient eu la même intention que moi, et que j'avais prévenus, déclarèrent mon procédé tout simplement ignoble ; et, en cachette, ils la demandèrent pour la semaine suivante.

Elle vint chez moi. Tu comprends que là il ne pouvait être question d'une pose d'atelier, je l'aimais.

Je commençai donc une étude de tête ; mais, en réalité, je ne travaillai guère, et mes yeux furent plus souvent sur le modèle que sur la toile. Je m'arrêtais à chaque minute, et c'était elle-même qui me rappelait à l'ordre.

Elle me conta son histoire, c'était bien triste et bien simple : abandonnée par son mari, sa mère était devenue la maîtresse d'un tailleur, qui bientôt les avait battues toutes les deux. Quand elle avait eu seize ans, il avait voulu la vendre à un de leurs voisins, gros facteur à la halle; elle s'était sauvée chez une de ses amies plus âgée qu'elle, qui posait chez les photographes, et qui souvent lui avait offert son lit et sa chambre, si jamais elle avait besoin d'un asile. Mais bientôt il lui avait fallu se sauver encore pour des raisons qu'elle ne me dit pas, mais que je devinai facilement à sa rougeur, et c'était alors qu'elle était venue à notre atelier comme dernier refuge.

Pendant la semaine entière, je fus dans un véritable état de fièvre et de délire; toute la journée nous restions ensemble, nous dînions et nous déjeunions ensemble, et le soir, je la reconduisais au garni qu'elle avait loué dans une maison borgne de la barrière Blanche. Je l'aimais comme un fou, mais la grandeur de mon amour était cela même qui la défendait contre mes désirs. Chaque jour, je voulais parler, et chaque soir, je la quittais sans avoir osé lui rien dire.

Enfin, le dimanche arriva, et la pensée qu'elle allait me quitter et que d'autres l'attendaient, me donna du courage, je parlai; et, ce soir-là, ni les autres soirs, elle ne retourna plus à la barrière Blanche.

Tu as été aimé, tu peux comprendre combien je fus heureux; juge de mon bonheur par le tien, il était le même, puisque alors je n'en imaginais pas, et que depuis, je n'en ai point rêvé d'autre qui fût aussi grand, aussi profond; — d'ailleurs, ce n'est point pour te parler de mes joies, mais pour te dire ce qu'il en advint, que je te fais ce récit.

Pascaline était l'enfance même, naïve et joyeuse : tout lui causait étonnement ou plaisir. Mon logement était misérable ; elle voulut le ranger, l'épousseter, le nettoyer, et elle joua au ménage comme une petite fille. Un rien la mettait en fête ; une boîte d'épingles la ravissait autant qu'un billet de banque peut ravir une lorette, ou une parure de diamants une femme honnête ; et, quand je lui apportai son premier chapeau, un chapeau qui coûtait dix francs, ce fut une explosion de contentement et de reconnaissance. Ah ! mon ami, qu'elle était charmante avec ce petit chapeau, et sa couronne de bleuets se mariant à ses cheveux blonds.

Depuis mes amours, je ne paraissais presque plus à l'atelier, j'y courais seulement une heure, pendant que Pascaline restait encore couchée, et vite je revenais la rejoindre et déjeuner avec elle sur notre lit.

Quand il faisait beau, nous partions pour la campagne. Nous allions à Chaville ou dans les bois de Meudon ; comme une biche échappée, Pascaline courait et sautait au milieu des herbes, et c'étaient de longues chasses après les papillons et de rudes escalades pour les nids des oiseaux. Je n'avais point encore vu la nature ; je la vis alors pour la première fois, à travers mon amour, et, depuis, je l'ai toujours adorée. Souvent aussi, nous nous en allions à pied jusqu'à Puteaux. Je connaissais dans l'île un pêcheur et sa femme, je les hélais du rivage, ils venaient nous chercher dans leur bachot, et nous passions la journée avec eux. Ils nous avaient fait des lignes, à Pascaline et à moi ; et, à l'abri du soleil, sous de grands saules argentés qui tombaient dans la Seine, nous essayions de pêcher ; mais bientôt l'impatience nous gagnait, nous nous asseyions sur le gazon feutré de longues herbes, elle venait sur mes genoux, nous nous embrassions, nous causions tendrement, et nous nous embrassions encore ; puis, je tirais un livre de ma poche, et lui lisais quelques pages. Je lui refaisais, ou plutôt, je lui faisais une petite éducation; je ne la voulais point savante, mais je lui parlais des maîtres du cœur et de l'esprit, je lui apprenais tout doucement à ne pas dire : des yeux de sphinx, des attitudes de lynx, une voix de centaure, un chaircuitier, et je m'en rappelle pour je m'en souviens, et je lui apprenais aussi à ne pas découper les huîtres à la fourchette et au couteau, comme un beefsteack ou une aile de poulet; et je réussissais assez bien : la femme, je t'assure, est très-facile à vernir, ça n'est pas solide, mais ça brille presque tout de suite.

Cela dura cinq mois, cinq mois de bonheur sans un nuage; mais un jour, en fouillant dans le tiroir à l'argent, je le trouvai presque vide; de mes derniers mille francs, il ne restait plus que quelques louis; en cinq mois, à nous deux, nous avions autant dépensé que moi seul, en deux ans. C'était assez désagréable; mais, dans ma présomption, je crus que ce n'était point irrémédiable; hélas! que je me trompais. J'en savais assez pour ne pas mourir de faim, je trouvai à moitié prix quelques bois d'illustration et des petits modèles pour les fondeurs. Pascaline, aussi, voulut travailler : elle savait un peu coudre, elle était proprement vêtue, elle entra chez une couturière.

Nous ne nous voyions plus que le soir, et pour aller à la campagne, nous n'avions que le dimanche, mais nous étions encore heureux, puisque nous nous aimions.

Pascaline, cependant, commençait à être moins joyeuse et moins douce. Sa grande préoccupation avait toujours été la toilette; mais, depuis que nous ne pouvions plus satisfaire ses désirs, cette préoccupation devenait de plus en plus vive; quand, maintenant, nous sortions le soir, c'étaient des stations et des admirations éternelles devant les magasins, et le matin, quand elle s'habillait, c'étaient des plaintes et des soupirs mal étouffés; elle se fâchait contre sa robe qui s'éraillait, contre son chapeau qui se défraîchissait; elle se dépitait contre notre glace qui était trop petite ; et, montant sur une chaise, elle s'attifait et se ballonnait avec des chatteries et des mines qui m'auraient fait bien rire, si elles ne m'avaient point profondément affligé ; car je souffrais de la voir ainsi, et plus encore, de ne pouvoir point la contenter ; mais, hélas! c'était bien impossible, et même c'était difficilement, qu'à nous deux nous gagnions assez pour manger. Cependant, comme je ne voyais dans ces symptômes que les mauvaises influences de ses camarades, croyant que ce serait passager, je me rassurais et me consolais.

Il y avait un mois que ces tiraillements m'inquiétaient, quand tout à coup ils cessèrent; je retrouvai ma Pascaline d'autrefois, la Pascaline toujours rieuse, toujours tranquille, toujours contente. En même temps, je remarquai un peu plus de recherche dans sa toilette. Elle s'acheta une robe, et comme elle me voyait surpris, elle m'expliqua que, grâce à ses progrès, grâce surtout à son activité, elle gagnait davantage; et que, d'ailleurs, c'était une occasion qui lui avait été procurée par sa maîtresse. J'avais tant de confiance en elle, que je la crus.

Un samedi, c'était, autant que je me le rappelle, trois semaines après cet entretien, elle me quitta plus tendrement que de coutume, elle m'embrassa à plusieurs reprises, revint plusieurs fois pour m'embrasser encore, et me dit de n'être point inquiet, si elle ne rentrait pas le soir, qu'ayant beaucoup à travailler, elle passerait peut-être la nuit; comme cela lui était déjà arrivé, je n'eus pas le plus petit soupçon ; je savais qu'elle rentrerait le dimanche, dans la matinée.

Mais toute la journée du dimanche s'écoula sans que je la visse rentrer. Plein d'inquiétude, et n'y pouvant plus tenir, j'allai le soir à son magasin. Il était fermé. Où était-elle? Je passai une nuit épouvantable. Le lendemain matin, dès six heures, j'y retournai ; à huit heures seulement, je pus parler à la maîtresse. Depuis un mois, Pascaline ne travaillait plus chez elle, et aucune des ouvrières ne savait ce qu'elle était devenue.

Je revins chez moi; il me semblait que ma tête était ouverte, et que ma raison s'en allait. Chez moi, il n'y avait personne; machinalement, je me dirigeai vers l'atelier; je m'assis à ma place, j'ouvris ma boîte, je pris mes brosses, puis, quand je voulus me mettre à travailler, je poussai un cri et tombai raide à la renverse.

J'ai su, depuis, qu'on m'avait porté chez moi et que j'y étais resté trois jours dans le délire.

Quand je revins à la raison, j'étais dans une des grandes salles de la Charité. J'avais une fièvre cérébrale; j'y demeurai quarante-cinq jours, délirant, criant, blasphémant, demandant Pascaline à tout le monde.

Enfin, je pus rentrer chez moi, j'étais guéri de corps; mais le cœur... ah! j'en souffre encore; tu comprends, je n'avais jamais aimé, et je n'avais jamais été aimé de personne.

Peu à peu je repris mes occupations, mais je n'étais plus ce que j'avais été autrefois; avec le bonheur, s'en étaient allées la pureté, la bonté, l'honnêteté; j'étais un homme.

Mon premier soin avait été de chercher Pascaline, mais je n'avais pu rien apprendre. Alors, j'étais tombé dans un morne chagrin qui, à la longue, m'avait rendu à moitié stupide et tout à fait indifférent à ce qui m'entourait. J'étais ainsi perdu dans mes regrets, lorsqu'un matin, à l'atelier, je trouvai Maria, cette femme qui posait quand Pascaline était venue pour la première fois; ce fut par elle que j'appris comment j'avais été trompé; voici ce qui s'était passé :

Pendant le dernier mois de nos amours, au lieu d'aller chez sa maîtresse, comme elle me le disait, Pascaline, entraînée par son besoin de gagner de l'argent pour sa toilette, avait été poser chez un photographe où l'on fabrique ces groupes pour le stéréoscope que la police saisit quand elle les trouve, mais que, le plus souvent, les étrangers, Russes ou Autrichiens, payent très-cher et recherchent très-avidement. Elle avait été amenée là par une de ses camarades d'atelier et Maria les y avait rencontrées. Mais, comme ces maisons de photographes sont, pour le plus grand nombre, des espèces de lupanars, on lui avait bientôt fait les propositions les plus tentantes pour la vanité d'une pauvre fille, et, gagnée par le luxe, si irrésistiblement fascinateur, elle était partie pour l'Italie, avec un jeune Anglais.

Je la croyais donc à jamais perdue, et, sans m'en consoler, je trouvais dans cette pensée, que je ne la reverrais plus, un certain soulagement : il me semblait presque que j'étais guéri. Je fus trop tôt cruellement détrompé.

Je reçus une lettre de Pascaline, elle était à Paris et demandait à me voir.

En lisant cette lettre, je compris seulement combien je l'aimais encore ; mais ce fut précisément cet amour et la certitude où j'étais, qu'il me serait impossible de la revoir sans la reprendre, et de faire ainsi notre malheur à tous deux, qui me donna la force de ne point lui répondre.

Elle m'écrivit de nouveau, me demanda humblement pardon, et me dit que si je ne voulais point aller à son rendez-vous, ce serait elle qui viendrait chez moi.

Pendant quinze jours je ne rentrai point, et, par ce sacrifice, qui peut-être me fut plus cruel que ne me l'avait été son abandon, je me crus sauvé ; mais, un matin, je la trouvai à l'atelier. Elle venait poser.

Te dire ce que j'éprouvai à sa vue, est impossible; il me sembla que j'étais repris de ma fièvre.

Je la regardai le plus hardiment que je pus ; mais elle n'était plus celle que j'avais aimée : ses yeux étaient plus hardis, sa démarche était plus facile, son geste plus gracieux ; elle tordait ses cheveux d'une façon provoquante, ses épaules s'étaient arrondies, son sein était plus large et plus gonflé, sa voix était moins pure et moins fraîche.

On voulut la placer.

— Oh! c'est inutile, dit-elle, je ne suis plus la petite fille d'autrefois.

Et en un tour de main, elle défit ses vêtements, qui étaient d'une richesse insolente; sans aide, elle monta sur la table, et nous regardant tous :

— Est-ce bien ainsi? dit-elle.

Pour tout le monde, c'était bien; pour moi, c'était horrible. C'était la même pose que la première fois : ses yeux dans mes yeux.

Était-ce un défi ou une prière? J'eus l'amour-propre de ne point reculer, et je me fis le serment de ne point rencontrer son regard, mais ce fut impossible, il me brûlait, il m'attirait, il relevait ma paupière; nos yeux se rencontraient et mon cœur bondissait.

Je me sentis trop faible; au repos, je changeai de place : si elle avait pu commencer par la prière, ce fut dès lors et bien décidément un défi.

Tu sais combien nous sommes libres entre nous; elle dépassa encore cette liberté : plus charmante et plus provoquante qu'elle n'avait jamais été, on s'empressait autour d'elle, et à tous elle répondait; et moi, je la voyais causant, riant, se laissant prendre dans les bras, s'asseyant sur les genoux de ceux qui l'attiraient; et elle était toute nue; une fois même qu'on l'embrassa, elle ne se fâcha point. Moi, je crus que j'allais la tuer, j'avais une sorte de couteau canif dans ma boîte, je le pris; je ne sais comment je me suis retenu.

Quand elle sortit, je la vis monter dans une petite voiture basse qui l'attendait à la porte, une de ces voitures qui, maintenant, ne servent guère plus qu'aux lorettes à la mode, et leur sont une sorte d'enseigne comme leur toilette ou leur chien. Ce n'était donc pas le besoin qui l'avait ramenée à l'atelier; c'était l'amour ou la vengeance.

Pendant la semaine entière, ce fut ainsi; je souffrais toutes les douleurs de la jalousie, et cependant, j'allais chaque jour à l'atelier, je trouvais un cruel plaisir à la voir; et puis, étant là, près d'elle, je savais au moins qu'elle n'était point chez un autre; mais, je te le répète, ce fut atroce, et je n'imagine point qu'il puisse y avoir des tortures aussi horribles que celles que, pendant ces huit jours, j'endurai.

Enfin, elle partit sans que nous eussions échangé un seul mot, et je retombai dans mon abattement; je tremblais à chaque instant de la trouver chez moi, mais elle ne vint point; et, pendant six mois, je n'entendis point parler d'elle; je croyais que c'était enfin bien fini, et cependant ça ne l'était point encore.

Un soir, en rentrant, j'aperçus une femme sur mon carré : c'était Pascaline; je voulus redescendre, elle m'arrêta.

— Si tu m'as aimée, dit-elle, aie pitié de moi.

Sa voix faible et à peine distincte me toucha et m'effraya.

J'entrai, elle me suivit. Elle était pâle, maigre, ses yeux étaient caves, ses pommettes saillantes et décharnées; sa robe de soie noire était déchirée et tachée.

— Je viens à toi, dit-elle en s'asseyant, parce qu'il n'y a que toi qui m'as aimée et parce que tu es le seul aussi que j'aie aimé; il paraît que je suis malade de la poitrine et que je n'en ai plus que pour peu de temps, alors quand je l'ai su, j'ai voulu te revoir une dernière fois, et te demander un service : c'est que tu me promettes de venir réclamer mon corps. On dit qu'on dissèque et qu'on coupe ceux qui ne sont point réclamés, et j'ai peur de ça; — peut-être bien que c'est bête, mais enfin, j'en ai peur, et si tu voulais me le promettre, je serais plus tranquille.

Je me détournai pour cacher mes larmes, car en la voyant, et plus encore peut-être en l'écoutant, j'avais été pris d'une immense pitié.

— Allons, ma pauvre enfant, lui dis-je, en essayant de rendre ma voix calme et douce, tu n'es peut-être pas aussi malade que tu crois.

— Oh ! si, va, je ne peux plus monter les escaliers, je tousse toutes les nuits, et puis j'ai le fond des mains et la plante des pieds qui me brûlent toujours, et ça, on dit que c'est très mauvais signe.

— Eh bien ! ajoutai-je, si tu es aussi faible, reste ici, on te soignera.

— Ça c'est impossible ; je te remercie bien tout de même, mais je ne peux pas. Si je ne t'avais pas quitté, ce serait bon, mais maintenant... Et puis tu ne pourrais pas, vois-tu ; ça durera peut-être encore longtemps, je ne sais pas, moi ; tu ne travaillerais plus, et puis enfin ça coûte cher...

J'insistai ; elle se défendit longtemps, mais elle finit par céder.

— Allons, couche-toi, lui dis-je.

— Et toi ?

— Moi je serai bien pour cette nuit dans mon fauteuil.

— Oh ! non, Aristide, je ne veux pas ; je sais bien que nous ne pouvons plus être ensemble comme autrefois, mais au moins prends un matelas.

Et, malgré moi, elle me fit un lit.

Quand le jour parut, j'allai chercher un médecin ; elle avait réellement une phthisie confirmée ; mais à force de soins, entourée de bien-être et de tranquillité, elle éprouva rapidement un peu de mieux ; la toux diminua, la respiration devint plus facile.

Elle était pour moi pleine de douceur et de reconnaissance, et nous vivions presque comme aux premiers jours avec cette différence cependant que tous deux nous évitions soigneusement ce qui pouvait rappeler le passé et nous reporter au temps de notre bonheur.

Après un mois de soins, le mal paraissait enrayé ; elle allait, elle rangeait, et redevenait fraîche et blanche ; ses yeux seuls conservaient un éclat brûlant ; mais si physiquement elle ne souffrait plus, moralement nous souffrions tous les deux, car tous les deux nous nous aimions encore, et tous les deux nous vivions dans une gêne perpétuelle, elle par crainte, moi par un reste d'orgueil.

Une nuit que je dormais, je fus éveillé par une haleine chaude qui courait sur mon front. J'ouvris les yeux, et je vis Pascaline penchée sur moi.

— Qu'as-tu, que veux-tu ? lui dis-je en sursaut.

— Oh ! rien, répondit-elle en se relevant, je voulais voir si tu dormais. Mais bientôt revenant vers moi : — Eh bien ! continua-t-elle, ce n'est pas la vérité : je venais t'embrasser et te remercier pendant que tu dormais. Toutes les nuits je viens comme ça : je me mets à genoux près de toi, je prie le bon Dieu que tu me pardonnes avant que je meure, et je t'embrasse tout doucement.

Elle n'en dit point davantage. Je la pris dans mes bras et tout fut oublié.

Le matin elle voulut acheter une petite robe pareille à celle qu'elle mettait autrefois ; elle se coiffa comme elle se coiffait autrefois ; elle prit un petit chapeau avec des bleuets, et comme autrefois encore nous retournâmes à la campagne.

Mais, hélas ! ce ne fut point pour longtemps. Un soir, elle gagna froid ; le lendemain, tous les symptômes de sa maladie reparurent plus douloureux et plus violents ; et huit jours après elle était morte, morte dans mes bras en me bénissant et en me demandant encore pardon. »

A cet endroit de son récit, Martel s'arrêta : les larmes emplissaient ses yeux, l'émotion étranglait sa voix ; durant quelques minutes, il pleura silencieusement, puis se levant, il se mit à marcher à grands pas sous les pommiers, qui doucement agités par la brise, jonchaient la terre de leurs fleurs odorantes. Enfin un peu plus calme, il revint vers Maurice, et continuant :

— « Je restai tout seul à la veiller, et tout seul aussi je la conduisis au cimetière, car, par un stupide orgueil, pour ne pas avouer que j'avais pardonné, je n'invitai aucun de mes camarades.

En rentrant chez moi, en retrouvant dans ma chambre déserte, en revoyant le lit où ma chère petite morte avait laissé son empreinte moulée, je compris pour la première fois toute l'étendue de mon malheur : c'étaient mon avenir et ma jeunesse que je venais d'enterrer.

Je me jetai sur mon lit, et, éclatant en sanglots, je baisai avec frénésie la place où se voyait encore la forme de sa tête bien-aimée.

Je ne sais pas combien de temps je restai fou, et je me rappelle seulement que bientôt je me mis à boire. J'entrais chez un marchand de vin, et d'un seul coup j'avalais un grand verre tout plein d'absinthe. Alors seulement je pouvais dormir.

Après six mois de cette vie, j'étais moins guéri que le premier jour ; je sentais que ma tête se creusait, et il ne me fallait plus qu'un seul petit verre. Alors je ne sais comment cela se fit, mais je pensai à mon oncle ; je vendis le peu que j'avais, et j'allai chez lui.

Pendant une année, je travaillai à la terre comme le plus dur des paysans ; j'étais infatigable, je devins habile : je fendais un sillon aussi droit que le meilleur charretier, et je mettais quatre cents bottes de foin sur une voiture, avec une solidité et une régularité qui me valaient d'unanimes compliments : « J'étais un fameux gas, » disait mon oncle.

Au bout de cette longue année, je n'étais point consolé, mais j'étais calmé. Je pus reprendre mes brosses et mes toiles. J'avais vu la nature au travers du bonheur, je l'avais vue au travers de la peine; elle m'avait parlé; j'avais entendu et compris sa grande voix, je connaissais ses joies, ses douleurs, ses mystères, je tâchai de les traduire; elle devait être désormais ma seule maîtresse, je l'aimais de tout mon cœur. J'y travaillai pendant trois ans. Alors, croyant être quelqu'un, je revins à Paris. Je présentai six tableaux à l'exposition, on en reçut deux. Un seul critique me fit l'honneur de s'occuper de moi, et se donna la peine de me comprendre; mais il était inconnu, et comme lui, aussi je fus inconnu. Je persévérai. A la seconde exposition, on ne me reçut qu'une toile; il y avait progrès. A la troisième, on me les refusa toutes. Mais alors mon critique s'était fait un nom avec un superbe mélodrame, il se fâcha, me consacra deux articles, et ses confrères et le public apprirent qu'il y avait un nommé Martel qui faisait du paysage. Maintenant, c'est assez généralement connu; et, quoiqu'on discute beaucoup mes tableaux, on continue à les acheter assez peu; on attend que je sois mort, pour les payer, c'est l'habitude; aussi, comprendrais-je que tu te tuasses si tu étais à ma place, ton œuvre y gagnerait; mais puisque tu n'as pas d'œuvre, à quoi ça te servirait-il? Attends un peu. »

Pendant plusieurs jours, les deux amis ne parlèrent plus que de Pascaline; on la compara avec Marguerite; on rechercha celle qui avait été la plus coupable, celui qui avait été le plus malheureux.

— « Enfin, tu t'es consolé, disait Maurice.

— Tu te consoleras, » répondait Martel.

Mais Maurice secouait la tête et soupirait; cependant l'histoire de Martel lui avait fait du bien, elle avait donné un aliment à son esprit, fourni matière à leurs entretiens; et même, dans la pensée qu'un autre avait souffert comme lui, il trouvait presque une sorte de jouissance et de consolation.

Mais ce qui était véritablement incurable, c'était son idée fixe de revoir Marguerite; il en parlait sans cesse.

— « Il y a dans un roman anglais, répondait Martel, à bout d'arguments, un brave homme de pêcheur, à qui on a enlevé sa nièce, et qui tout bonnement, sans savoir où elle est, s'en va à sa poursuite, en France, en Allemagne, en Italie, et qui finit par la retrouver ; c'est très-poétique; mais je te ferai remarquer : 1° que cette idée ne peut être acceptée que par les Anglais, qui, considérant le monde entier comme la banlieue de Londres, s'en vont à Pékin, comme nous allons à Ville-d'Avray; 2° que, pour entreprendre un pareil voyage, il nous faudrait, ce qui n'arrête pas un pauvre pêcheur, c'est-à-dire beaucoup d'argent; or, ce n'est point notre côté le plus brillant, et si je n'envoie point quelques esquisses au seigneur Ferrafiat, mon très-illustre marchand, nous serons prochainement sans le sou. Si tu crois pouvoir gagner la nourriture et le foyer, en chantant tes ballades sur le grand chemin, partons au pourchas de ta belle, je ne demande pas mieux, ça aura même une couleur moyen âge, d'un ragoût crânement artistique; mais, si tu ne le crois pas, contentons-nous de la Normandie, que nous traversons peu respectueusement, et qui, cependant, a droit à toute notre estime. »

Maurice ne répliquait rien pendant deux ou trois jours, puis, il y revenait, ou bien, passant au milieu des vallées de la Touques et de la Dives, et Martel lui faisant regarder un paysage s'offrant bien ; — un moulin s'abritant sous des aulnes et des peupliers, une eau limpide et transparente, qui, retenue par les vannes, s'écoulait lentement entre deux rives minces et vertes, et tout autour les vastes prairies pleines de bœufs, et coupées çà et là de quelques bouquets de grands arbres : « Oui, disait-il, c'est très-joli, c'est calme, c'est frais, c'est tranquille; on serait bien là pour en finir ; » — et il recommençait ses plaintes et ses lamentations.

Un soir que, dans une grande auberge du pays d'Auge,

ils attendaient leur dîner, Maurice, qui machinalement avait pris un journal, poussa tout à coup un cri de surprise, et, tendant le journal à Martel : — « Tiens, dit-il, là, lis, lis ça. »

Et Martel lut les lignes suivantes :

« On nous mande de Lannilis : A l'heure où je vous » écris, le feu brûle encore sous les décombres, et comme » je vous le disais hier, plus de la moitié du village est » détruite ; c'est pour nous une perte à jamais irréparable; » mais il faut espérer que la Providence et la charité pu- » blique ne nous abandonneront pas. Déjà, avant son dé- » part, M. le sous-préfet a laissé une somme de mille » francs pour les premiers besoins, et M. le comte de » Lannilis, qu'on est certain de rencontrer quand il y a » du bien à faire, a généreusement offert un asile aux » malheureux qui, sans son dévouement, n'auraient point » aujourd'hui de toit pour s'abriter. Madame la comtesse, » arrivée seulement depuis quelques jours, s'est elle- » même empressée de seconder les efforts de son époux ; » et nous l'avons vue nous-même porter à tous des se- » cours et des consolations. A peine connue dans le pays, » elle est déjà une bienfaitrice et une mère.

» *P. S.* Outre la perte matérielle, on a à déplorer la mort » de deux habitants ; une femme et son enfant. Trente-qua- » tre têtes de vaches ont aussi été brûlées. »

— « Eh bien ? dit Martel.

— Nous partons, répondit Maurice. Tu vois, elle est à Lannilis. »

Martel voulut recommencer ses observations, mais tout fut inutile ; il lui fallut céder, en une minute son œuvre fut détruite; et le danger qu'il avait écarté avec tant de mal et de soins, menaça de nouveau, plus terrible et plus imminent.

Voyageant jour et nuit, prenant les voitures les plus rapides, ils arrivèrent promptement à Saint-Brieuc, où ils trouvèrent une correspondance pour Lannion.

Ils n'avaient pas fait une lieue qu'on commença à parler de l'incendie.

— « On dit que madame de Lannilis s'est montrée pleine de dévouement? essaya Maurice.

— Oui, répliqua un des voyageurs, et elle vient même de retourner à Paris pour organiser une loterie : on prétend qu'avant un mois, elle reviendra avec plus de quinze mille francs. »

Maurice resta stupide; puis, après un assez long silence, se penchant ver Martel :

— « Allons à Plaurach, dit-il, nous attendrons son retour chez M. Michon. »

Ils allèrent donc à Plaurach; et, en apprenant que Maurice venait passer un mois avec lui, le bon M. Michon l'embrassa de tout son cœur, et comme Armande et Audren entraient en ce moment même :

— « Bonne nouvelle, mes enfants! s'écria-t-il. Maurice nous arrive pour un mois; embrassez-le pour le remercier.

— Mademoiselle, dit Maurice en souriant, on n'arrive qu'une fois. »

Et des lèvres il effleura le front de la jeune fille, qui, rouge et confuse, s'était réfugiée dans les bras de son grand-père; puis, assez embarrassé lui-même, il se retourna vivement vers Audren.

Mais celui-ci le regardait d'une façon si étrange, hautaine et curieuse à la fois, qu'il s'arrêta interdit.

— « Pendant un mois tout entier, dit Audren d'un ton cérémonieux, nous aurons le temps, M. Berthauld et moi, de nous connaître, et je l'embrasserai plus sincèrement à son départ que je ne pourrais le faire aujourd'hui. »

Et il toucha à peine du bout des doigts la main que Maurice lui tendait.

Il y eut un moment d'étonnement et de silence.

Mais le docteur reprenant presque aussitôt :

— « Va donc chercher ton frère, dit-il à Audren, et reviens avec lui ; moi je vais faire prévenir l'abbé ; nous dînerons tous ensemble. »

Puis, quand Audren fut sorti :

— « Il ne faut pas lui en vouloir, continua-t-il ; il est un peu ours, mais, au fond, c'est un excellent cœur.

— Dans tous les cas, dit Martel, c'est un type superbe ; il porte écrits sur le visage, tous les nobles instincts. »

IX

ARMANDE

Maurice était arrivé à Plaurach brisé par sa dernière déception et, en même temps, plein de fièvre et d'impatience ; mais il n'y était pas depuis huit jours qu'il éprouva un calme depuis longtemps étranger à son âme et qu'il fut lui-même tout surpris de ressentir encore.

En se retrouvant dans cette maison où s'était écoulé le meilleur temps de son enfance, son cœur se desserra et s'attendrit.

En sortant dans le village où tout le monde le connaissait, où il ne s'arrêtait point sans entendre quelque bonne parole d'amitié, où il ne rencontrait point un paysan sans échanger un salut affectueux, il se sentit moins seul et moins abandonné.

A table, ayant à ses côtés Armande et le bon docteur et en face de lui son ami Martel, il lui sembla qu'il avait une famille, et il comprit pour la première fois les douceurs de la paix et de l'habitude qu'il avait si souvent, lorsqu'il voulait partir pour Paris, raillées et insultées en lui-même.

Les journées s'écoulaient tranquilles et régulières, et, comme autrefois, le soir réunissait les vieux amis pour le whist inévitable et traditionnel. Armande disposait les fiches, allumait la lampe, avançait les trois fauteuils et présentait les cartes aux joueurs ; puis, lorsqu'ils étaient en place, elle venait rejoindre les jeunes gens, et dans un coin du salon, autour d'une petite table à ouvrage, on causait joyeusement à mi-voix ; dans les moments de silence on entendait les bruits bien connus du village qui se préparait pour la nuit, et au loin les dominant tous le mugissement de la mer.

Au milieu de cette vie uniformément heureuse et paisible, l'engourdissement se faisait dans le cœur de Maurice ; autour de lui, il ne voyait que des visages toujours calmes et souriants, et lui-même, insensiblement, il s'habituait aussi au calme et au sourire.

De tous ceux qui l'entouraient, le seul avec lequel il ne se sentait point entièrement à son aise, c'était Audren ; il y avait dans ce jeune homme quelque chose de hautain et d'interrogateur qui, chez les autres, arrêtait l'abandon, et malgré ses efforts et ses avances, Maurice n'avait encore rencontré en lui qu'une froideur et une contrainte qui, tout d'abord, l'avaient surpris, bientôt l'avaient blessé, et bientôt aussi l'avaient refroidi lui-même.

Cependant la nature du jeune Breton était droite et franche, mais son éducation, en exagérant ces qualités, en avait fait presque des défauts. Élevé jusqu'à seize ans près de son père, il n'avait point eu de guide, point de règle, point d'exemple. Car en vertu de certaines idées de rang et de dignité, le baron, qui cependant pratiquait fort peu ces idées pour lui-même, n'avait point voulu que son fils fît amitié ou camaraderie avec un seul des enfants du village, et en vertu aussi de son mépris pour l'instruction, et de son apathie crapuleuse, il n'avait point daigné l'envoyer, soit au collége de Vannes, soit au séminaire de Sainte-Anne d'Auray. Le seul maître d'Audren avait été un vieux *Kloer* qui lui avait appris à lire et un peu à écrire, et l'enfant s'était formé comme il avait voulu, passant son temps dans le désœuvrement, regardant les petits paysans rire, s'amuser et se quereller entre eux, et quand son père était absent du château, s'échappant pour aller courir la campagne et tuer des mouettes et des albatros sur la falaise. A la mort du baron, il était venu à Plaurach, et quand son frère, lui expliquant qu'il était sans fortune, lui avait demandé ce qu'il voulait faire, il avait répondu : — Être soldat ou marin. Alors M. de Tréfléan avait conduit ce jeune sauvage au collége de Saint-Brieuc. Il s'en était échappé huit jours après. On l'y avait reconduit; il s'en était échappé une seconde fois. «—Monsieur, avait-il dit à son frère, je suis trop grand pour me soumettre maintenant à le vie de collége, et je n'ai rien fait pour qu'on me mette en prison; puisque vous dites qu'il faut que je travaille, je vous prie de m'apprendre ce que je dois savoir, et je vous promets de vous écouter et de vous obéir avec reconnaissance. » Pour ne point le pousser à quelque coup de tête, et quoiqu'il vît d'avance toutes les difficultés qu'il rencontrerait avec un pareil caractère, M. de Tréfléan l'avait gardé près de lui. « — A vingt ans nous l'embarquerons, avait-il dit au docteur et à l'abbé, et avec ce que je lui aurai appris, il tâchera de faire son chemin. »

Malgré ses promesses d'attention et d'obéissance, Audren avait eu bien de la peine à se plier à la vie nouvelle de travail et de discipline que son frère lui avait imposée; mais ce que même après plusieurs mois d'efforts il n'avait pu vaincre, c'étaient son embarras devant le monde et sa sauvagerie. La gravité des trois amis l'intimidait et l'effrayait; leurs habitudes sérieuses le mettaient mal à l'aise, leurs entretiens l'étonnaient et le plus souvent l'humiliaient quand il ne les comprenait point, et au lieu de répondre à leurs avances pleines de bonhomie et de délicatesse, il se rejetait en arrière, et s'éloignait d'eux le plus qu'il lui était possible. Madame Berthauld elle-même n'avait point trouvé grâce devant lui. Tout le temps qu'il avait de libre, il le passait soit avec le père Gouriou, le vieux *barz*, qui l'amusait par ses récits et ses chansons, soit avec le lieutenant de la douane, qui l'emmenait sur la patache faire de longues courses en mer. Cela avait duré ainsi jusqu'à l'arrivée d'Armande. — « Nous n'en ferons rien, avaient dit les vieux amis ; c'est un trop digne fils du baron. » Mais alors un changement profond s'était fait en lui. La douceur et la bonté de la jeune fille l'avaient apprivoisé; avec elle il s'était senti moins gauche et moins timide; elle l'avait fait parler, elle l'avait patiemment écouté, ils avaient joué ensemble comme deux enfants qu'ils étaient, et il lui avait voué une tendresse sans bornes et sans partage; elle lui avait révélé ce qu'il y a de bon dans le monde : le rire, la confiance, l'amitié, et il l'en avait aimée et remerciée avec l'exaltation d'un cœur qui, pour la première fois, s'ouvrait à la reconnaissance. Pour lui plaire, il avait fait ce qu'il la voyait faire, et la prenant pour maître et pour guide, se réglant sur elle, il s'était efforcé de dompter son ignorance et sa paresse pour les choses de l'esprit.— « Mon sauvage commence à parler, dit un jour M. de Tréfléan ; il travaille, et il m'a même demandé combien il lui faudrait de temps de service en mer pour devenir officier. — Son père l'avait abruti, dit le docteur. — Nous en ferons un frère digne de vous, dit l'abbé. » — Et chaque jour, modifiant ainsi ce caractère entier et rude, l'avait adouci. Encouragé par Armande, récompensé par une bonne parole, il était le plus heureux de la terre; mais la maladie de madame Berthauld, en supprimant les soirées de jeu, avait brusquement interrompu ce bonheur. En ne voyant plus Armande, en la sachant près d'un autre, il avait compris la nature du sentiment, que jusqu'à ce jour il avait cru une amitié ardente, et c'était la jalousie qui lui avait révélé à lui-même son amour. Avec l'enfance, l'amitié fraternelle s'en était allée; il avait alors un peu plus de dix-huit ans, et Armande en avait seize. Pendant le temps que Maurice avait passé à Plaurach, pendant cinq semaines, il était retombé dans une tristesse plus douloureuse que ne l'avait jamais été son isolement d'autrefois; il avait passé par tous les tourments de l'inquiétude, et il avait fallu le départ de Maurice pour calmer le désordre de ses idées et dissiper son découragement. Mais lorsqu'il l'avait vu revenir une seconde fois avec Martel, lorsqu'il avait entendu le docteur annoncer un séjour d'un mois, il n'avait point été maître de sa colère; et c'était alors qu'il avait fait aux deux amis l'accueil contraint et glacial qui les avait si étrangement surpris; car il avait tout de suite pressenti que ces étrangers allaient lui déranger sa vie, et il n'avait pu cacher son mécontentement; puis se comparant à eux, et leur prêtant des avantages et des séductions qu'il redoutait plutôt qu'il ne les leur voyait réellement, il avait souffert dans son amour-propre, et s'était trouvé gauche, ignorant et maladroit. Mais ses craintes ne s'étaient point arrêtées là: au milieu de ces deux hommes qui le dominaient par l'âge, la parole et le savoir-vivre, il lui avait semblé qu'il ne serait plus rien; effrayé d'un voyage dont il ignorait le but et dont les vrais motifs lui échappaient, il avait cru Armande perdue pour lui; malheureux dans son orgueil, inquiet dans son amour, il n'avait pu, malgré sa volonté de vivre amicalement avec celui qu'il savait l'ami de son frère, dompter sa jalousie. De là étaient venues ses manières maussades, hautaines et presque insolentes.

Chaque jour, d'ailleurs, lui avait donné de nouveaux motifs de chagrin et de tourment, car chaque jour avait rendu l'intimité entre Armande et les deux étrangers plus vive et plus complète.

Maurice, qui était arrivé plein de reconnaissance et de sympathie pour la jeune fille, et par ce qu'il avait vu lors de la maladie de sa mère, et par ce que celle-ci lui avait dit du dévouement de son aimable garde-malade, n'avait point tardé par ce qu'il vit de nouveau, et par ce qu'il éprouva lui-même de ses tendres soins, à sentir cette sympathie s'accroître en se justifiant; autour de lui tout le monde ne parlait d'elle qu'avec la plus cordiale amitié, il en parla comme tout le monde.

En cela il ne faisait que lui rendre justice, car il n'avait qu'à ouvrir les yeux pour voir son heureuse influence, non-seulement sur le docteur, sur l'abbé, sur M. de Tréfléan, mais même encore dans les plus petites choses de la vie. Ainsi, la maison n'était plus dans ce désordre et ce pêle-mêle d'un intérieur sans femme, que madame Berthauld avait si souvent raillé et condamné; il y avait des rideaux aux fenêtres, les araignées avaient été abattues dans le grand escalier où elles avaient fait une toile sans fin entre les balustres de bois, le bonnet de Marie-Ange ne traînait plus dans le salon, les habits de monsieur avaient abandonné la salle à manger; tout était en ordre, propre, luisant, coquet; et quand il faisait de l'orage, le docteur ne parcourait plus toutes ses chambres en criant à tue-tête : « Marie-Ange, Louise, Jeannette, fermez les fenêtres, ça claque, mes filles, ça claque. » Le docteur lui-même n'allait plus par les rues du village avec son grand paletot déchiré; à table, il ne se mettait plus en colère pour se faire servir suivant ses goûts et ses manies. En face de lui, Armande épiait ses désirs, elle se levait elle-même, lui approchait ou lui apportait rapidement ce qui lui manquait; et, après le dessert, quand son rôle de maîtresse de maison était fini, elle redevenait la petite fille de seize ans et se sauvait dans le jardin, riant, courant, sautant.

Martel aussi faisait sa partie dans ce concert de louanges, et, un soir que, parlant d'elle avec Maurice, il s'était écrié : « —Quelle charmante fille! vraiment, s'il ne fallait pas l'épouser, on l'aimerait de tout son cœur, » — celui-ci l'interrompit assez brusquement :

« — Ah çà, Martel, mon ami, rappelle-toi, je t'en prie, chez qui nous sommes.

— Hein?... que je me rappelle... Est-ce que tu es fou?

— Mais...

— Mais je commence à te comprendre; seulement, mon bon, ta réflexion est désagréable, et, de plus, elle est maladroite; mon emploi n'est point celui des séducteurs, et tu voudras bien, s'il te plaît, me faire l'amitié de croire que je suis incapable de tromper une jeune fille; quant à l'épouser, tu peux avoir la même confiance; au surplus, il faudrait qu'elle voulût de moi, et...

— Et dans ce cas son grand-père n'en voudrait pas, interrompit Maurice, il a sur les artistes des idées...

— Que je partage, continua Martel; les artistes ne sont pas faits pour se marier, j'ai là-dessus des théories qui, si tu les connaissais, pourraient te rassurer et t'éviter la peine de me rappeler chez qui nous sommes...

— Je t'assure que je n'ai pas voulu...

— C'est bien, c'est bien... mais comme je n'ai pas beaucoup de vertus, je tiens à celles que j'ai; fais-moi donc le plaisir de me laisser la loyauté. Qu'on fasse la cour à une femme, qu'elle vous repousse ou vous encourage, se défende ou s'abandonne, c'est parfait : dans tous les cas elle est prévenue et sait à merveille ce qu'on lui demande, quand on lui dit : « Madame, je vous adore et je vous conjure de permettre à mon âme d'adorer votre âme...» Mais avec une jeune fille, c'est autre chose : mademoiselle Armande peut donc être bien tranquille, ou plutôt tu peux l'être pour elle. D'ailleurs, je te le répète, j'ai une théorie sur le mariage comme j'en ai une sur l'amour. La veux-tu ma théorie?

— A quoi bon, puisque je ne me marierai jamais?

— A t'instruire, mon cher, et comme elle est le pendant de celle que je t'ai déjà donnée sur l'amour ça te complétera. La veux-tu?

— Mon Dieu donne toujours, ça me fera peut-être rire un peu.

— C'est ce que nous allons voir. — Un arbre, c'est l'homme, s'élève jeune et fort, à son pied rampe tristement un pauvre lierre; ce lierre, c'est la femme. Un jour l'arbre dit au lierre : « Appuie-toi sur moi, je te soutiendrai et te défendrai. » Le lierre accepte; c'est le mariage. Les premières années sont charmantes : le lierre enlace le tronc dénudé de l'arbre et lui fait une parure de son propre feuillage : l'arbre reçoit de cette union une nouvelle beauté. Puis, petit à petit, le lierre monte, il gagne les branches, il gagne les feuilles, il gagne les fleurs, il gagne les fruits, il les enserre, il les recouvre, il les étouffe. L'arbre a disparu complétement; cependant il veut lutter, il pousse encore de longues et faibles branches; mais aussitôt le lierre, plus rapide, les atteint et les tue. Alors l'arbre sèche en commençant par la tête; puis bientôt la mort pénètre au cœur, et il ne tarderait pas à tomber en pourriture si le lierre qui, en réalité, a besoin d'un appui pour briller dans toute sa splendeur, ne le soutenait en lui donnant un aspect riant et jeune et en lui prêtant à son tour sa force et sa vie.

Cette fable montre qu'il ne faut pas devenir un échalas, ô mon ami! et j'espère que maintenant tu me laisseras tranquille avec tes insinuations et tes observations. Fais-moi le serment de te détacher un jour de madame Baudistel de Lannilis et peut-être d'autres pays déjà, et je te le fais moi-même de ne m'attacher jamais à Armande autrement que d'amitié. Allons! jures-tu?

— Ah! si je le pouvais, mon bon Martel; mais je l'aime toujours, et j'aurai beau faire, je ne l'oublierai jamais. Ah! j'en suis bien certain maintenant! Va, je ne guérirai pas, je serai toujours l'être nul et insupportable que tu promènes depuis deux mois, et si j'avais bien fait je me serais tué, au moins je me serais vengé en lui laissant le remords.

— Oh! pour ça, mon petit, c'est une nouvelle illusion à mettre avec les autres; crois-m'en, elle est trop forte pour avoir des remords; tu lui aurais laissé un joli sujet de plaintes et un éternel motif à élégies; voilà tout.

— Enfin, je ne souffrirais plus; crois-tu que je ne me dévore pas à l'attendre ainsi? La raison me dit que c'est insensé de chercher à la voir, mais la passion m'entraîne, et quand elle sera revenue, je risquerai tout pour une heure d'entretien.

— Mais à quoi bon?

— A savoir.

— Quoi?

— Si elle m'aimait encore à notre dernier voyage à Montmorency, et si elle était sincère ou si elle était la dernière des misérables.

— Tu ne sauras rien du tout.

— Je saurai, je te le promets; car dussé-je me faire sauter le crâne devant elle et l'en éclabousser, elle parlera.

— Elle mentira.

— Eh bien, elle mentira, mais au moins je la verrai.

— Enfin, comme tu voudras; c'est une monomanie. Moi, j'aime mieux voir et regarder à mon aise la chère enfant qui est la joie de cette maison. Je ne connais pas madame Baudistel, et tout de suite, je t'affirme que je n'ai pas la plus petite envie de faire sa connaissance; mais je doute fort qu'au temps même où elle t'aimait, elle pût avoir cette gentillesse et cette bonté. Si tu étais sage, tu ferais comme moi, tu aimerais Armande seulement des yeux, et, comme nous sommes à l'abri de toute autre espèce d'amour, toi par les souvenirs, moi par mes opinions matrimoniales, nous serions les plus heureux du monde.

— Il n'y a plus de bonheur pour moi, dit Maurice, car il n'y aura jamais pour moi d'autre femme que Marguerite.»

Et, poussant un soupir, donnant à Martel une poignée de main triste et affectueuse, il regagna sa chambre.

Quoiqu'il eût été sincère en parlant ainsi, cependant, il trompait Martel et se trompait lui-même; car, non-seulement il commençait à voir une femme dans Armande, mais encore, à la voir jeune et jolie, c'est-à-dire telle qu'elle était réellement.

Petite, plutôt que grande, elle était de cette taille gracieuse qui permet de faire, de la femme aimée, un jouet facile à soutenir et à porter; bien prise cependant, et bien modelée, mais avec une apparence frêle et mignonne. Sa tête ronde et parfaitement pleine, était couverte d'une épaisse chevelure blonde; elle avait coutume de la relever et de la rassembler en une torsade unique; mais cette coiffure si simple, recevait d'elle grâce et gentillesse à la fois, car, trop fins et trop fournis, les cheveux ne pouvaient tous s'enrouler autour du peigne; s'échappant en de petites boucles crêpées et frisantes, ils frémissaient au plus faible souffle, et, toujours exposés à la lumière qui les traversait en les dorant, ils prenaient une nuance encore plus vive et plus claire que les autres. Sous ces flocons légers, le front était haut et large. Entourées d'une petite ligne brune, et garnies de longs cils, les paupières s'ouvraient sur de grands yeux humides et veloutés : l'iris en était jaunâtre, moucheté de points verts et bordé d'un cercle foncé qui se dégradait en s'approchant du centre, où nageait une pupille brillante. Cette pupille était douée, à un haut degré, d'une merveilleuse puissance de contraction et de dilatation. Le nez était petit, à narines mobiles et retroussées sur les bords. La bouche, bien fendue et arquée dans les coins, laissait voir, entre des lèvres où le sang abondait, deux rangées de petites dents blanches, faiblement teintées de bleu. Le cou soutenait bien la tête, et, par des lignes molles et arrondies, la joignait à un corsage où il n'y avait encore que des promesses, mais des promesses à qui la fraîcheur et la solidité du tissu, la finesse de la taille, la largeur des épaules, le développement des hanches et l'harmonie générale assuraient une réalisation certaine et prochaine.

Quoique, ainsi faite, Armande pût passer pour jolie et même pour belle, elle n'était cependant point irréprochable; les contours du profil manquaient de hardiesse et de pureté; le nez paraissait un peu court; la tête trop volumineuse, et les attaches des pieds un peu grosses. Mais, telle qu'elle était, on ne pouvait plus l'oublier lorsqu'une seule fois on l'avait vue; et, lorsqu'on était en face d'elle, il fallait faire effort, pour en détourner les yeux. Qu'elle fût triste ou qu'elle fût joyeuse, il était toujours suave et bon de la regarder; elle avait une de ces beautés qui gagnent le cœur et le réjouissent. Sur son visage, se peignaient aussitôt les mouvements de son âme et de son esprit; mieux que des paroles, sa physionomie franche et mobile disait clairement ses sentiments, ses chagrins, ses émotions. Ses yeux, limpides et profonds, laissaient lire jusque dans son cœur; lorsqu'ils étaient animés par la joie ou par le désir, ils paraissaient comme doublés d'un miroir qui réfléchissait la lumière, et inondait, de ses chauds rayons, le regard ébloui. L'expression générale de sa physionomie était la douceur et la gaieté. Dès le premier coup d'œil, on se sentait attiré vers elle, et sympathiquement touché; mais ce qui faisait son charme le plus puissant, sa grâce la plus séduisante, c'était son sourire; il était si bon, si sincère, si irrésistible, que, dix fois par jour, le vieux docteur se mettait en peine d'esprit, pour le voir s'épanouir sur le frais visage de sa fille, et, lorsqu'il avait obtenu ce résultat, ce qui n'était pas bien difficile, il déclarait joyeusement qu'il ne connaissait pas de plus délicieux plaisir, que de la regarder cligner à demi les paupières, gonfler ses petites joues rougissantes, et mordiller entre ses dents sa lèvre rose, qui se frangeait de carmin.

Maurice avait été longtemps à voir Armande ainsi, mais, par un concours assez naturel, à peine s'était-il mis à l'observer, que chacune des beautés matérielles qu'il lui avait reconnues, s'était présentée accompagnée d'une beauté morale: la trouvant jolie, il l'avait en même temps trouvée bonne; sa chevelure étant dorée, fine, soyeuse, abondante, son cœur avait été généreux et passionné; ses yeux étant grands, limpides, lumineux, son esprit avait été vif, enjoué, profond; sa bouche appelant le regard, son caractère avait été doux et facile; sa peau étant mince, transparente, d'une blancheur lactée, ses lèvres fraîches et charnues, ses joues veloutées de vermillon, sa démarche aisée, son air simple et franc, elle avait eu tous les charmes de l'âme, toutes les grâces, toutes les puretés, toutes les tendresses, tous les dévouements. Lorsqu'on est une fois sur ce chemin, on va vite, — car chacune des découvertes que l'on fait vient grossir le verre avec lequel on regarde, — et Maurice ne s'était point arrêté; bientôt il avait passé de la curiosité à l'intérêt, de l'intérêt à l'amitié, et bientôt encore de l'amitié à un sentiment qu'il ne s'expliquait pas bien lui-même, mais qui chaque jour le rapprochait davantage d'Armande, et l'empêchait d'aller, comme aux premiers temps de son séjour à Plaurach, s'asseoir tout seul sur la falaise, se perdre dans son désespoir et penser tristement à Marguerite.

Maintenant il ne s'éloignait presque plus du château, et refusant les courses et les promenades, abandonnant Martel, négligeant M. de Trélléan et les parties de chasse et de pêche, il demeurait obstinément près du docteur, qui bientôt, et de lui-même, lui offrit une excellente raison pour justifier cette fausse nonchalance, et rester ainsi près d'Armande, autant qu'il le voudrait, sans manquer aux convenances, et avec sécurité.

C'était un soir après dîner; tous trois, assis sous une tonnelle où de vigoureux rosiers de banks cachaient leurs énormes fleurs dans de vertes guirlandes de houblon, ils regardaient le soleil se coucher dans la mer. L'horizon était fermé par une ligne violette qui, montant dans le ciel, se divisait en un essaim de petits flocons blancs, rosés sur leurs contours. Au milieu d'un amas de nuages, le soleil, sans rayons, lançait des lueurs rouges et sanguinolentes. Prêt à se perdre dans les flots, il transperçait ces brumes épaisses, et coupé en haut par un rideau presque noir, en bas par le vert sombre de la mer, il éblouissait les yeux et les brûlait. Le vent soufflait doucement, les nuages s'entassaient, se séparaient et se déchiraient comme des tourbillons de fumée; au loin, la mer moutonnait çà et là, et au pied des falaises, à perte de vue, s'étendait un long cordon d'écume qui couvrait la grève d'une mousse blanche comme la neige.

— «Voilà ce qui m'a fait habiter le bord de la mer, dit le docteur, les couchers de soleil : c'était un des plaisirs de ma jeunesse, et même c'en était peut-être le plus doux et le plus grand. Lorsque ma journée était finie, que mes visites étaient faites, que nous avions dîné, ma bonne Louise et moi, nous nous mettions à notre fenêtre, exposée au couchant, et nous regardions le soleil disparaître dans la mer. Nous restions là longtemps, appuyés l'un sur l'autre; elle avait vingt ans et moi j'en avais trente; nous ne disions rien, nous regardions, et nos cœurs se parlaient doucement. Quand le jour était tombé, elle s'asseyait à son piano, je m'allongeais dans un fauteuil, et elle me jouait les airs que nous aimions tous deux. Aujourd'hui, j'ai soixante-dix ans, il y en a trente-huit que ma pauvre petite femme est morte, je suis vieux, triste, endurci, égoïste, et cependant le soir m'émeut et m'attendrit toujours. A ce moment-là, je redeviens vivant, j'ai la santé, la gaieté, la jeunesse, j'ai ma femme que j'aime et qui m'aime, et pour que je me retrouve le plus heureux homme du monde, il ne me manque que mes vieux airs, qui, en prolongeant mes souvenirs, redoubleraient leur netteté et leur émotion.

— Eh! interrompit Maurice, que ne m'avez-vous dit

cela plus tôt. Ne suis-je pas tout à vous? et si j'ai un peu de talent...

— Tu en as beaucoup trop, continua le docteur, et voilà justement, mon garçon, pourquoi je ne t'ai jamais demandé ce que tu m'offres aujourd'hui. Je suis trop ganache et trop perruque pour toi; votre musique m'étonne, mais je ne la sens pas; elle force mon esprit à l'applaudir, mais elle laisse mon cœur indifférent. J'en suis resté à Grétry, à Nicolo, à Boïeldieu; *Guillaume Tell* et les *Huguenots* sont peut-être de grandes choses, mais je donnerais toutes leurs beautés pour la chanson de Blondel : *Arrachons Guillaume à ses fers*, me paraît superbe, mais

Robert disait à Claire
Je t'aime avec ardeur,

me fait pleurer. Tu me diras peut-être que mes opinions musicales ne sont que des souvenirs d'amour; eh bien, j'aime mieux ressentir une fois encore ces douces impressions, que de devenir dilettante. Je te remercie donc de ta bonne proposition, mais depuis longtemps j'ai renoncé à la musique; votre beau n'est plus mon beau. Cependant, il a été un moment où j'ai presque espéré retrouver mes soirées d'autrefois; c'est quand Armande est arrivée. Espérance bientôt déçue! Grâce à l'éducation tronquée que lui avait fait donner monsieur son père, elle en était restée aux quadrilles de pension; et ce que je voulais d'elle était dès lors impossible. Ici, nous étions des ânes : il aurait fallu faire venir de Morlaix ou de Lannion quelque bon professeur, et, comme un mauvais croque-notes aurait pu seul consentir à faire douze lieues pour donner une leçon, je renonçai tout de suite à mon projet, et me rejetai sur mes couchers de soleil. Par bonheur, comme le soleil est toujours à la mode et du même beau aujourd'hui qu'il était il y a trente ans, il a pu me contenter; et maintenant, mon seul désir est qu'il ne fasse point de grises journées, pluie ou brouillard. »

Dès le soir même, en rentrant, Maurice demanda à Martel une feuille de papier à dessin, et réglant cette feuille, il y traça un certain nombre de croches et de doubles-croches.

— « Tu travailles, s'écria Martel, bravo! Madame Baudistel est en baisse; je crois qu'elle commence à s'estomper dans un lointain brumeux. »

Mais Martel se trompait en parlant ainsi, Maurice ne travaillait point encore, seulement il pensait à Armande; et le lendemain, profitant d'un moment où il était seul avec elle dans le salon, il déplia son papier et la pria d'essayer de le lire. Elle accepta en riant, et elle le déchiffra à peu près couramment. Alors il le doigta et la pria encore d'essayer de le jouer. Elle se mit au piano, et s'arrêtant, recommençant, se corrigeant, elle joua tant bien que mal.

Maurice était radieux.

— « Si vous voulez me permettre de vous donner quelques conseils, dit-il, bientôt, je l'espère, vous pourrez rendre votre bon papa bien heureux, et lui jouer et lui chanter les chansons qu'il regrettait hier soir. »

Et comme le docteur entrait en ce moment, surpris d'avoir entendu le piano :

— « Et oui, c'est mademoiselle Armande, continua Maurice, et si vous voulez que pendant mon séjour ici, je sois le maître que vous auriez été chercher à Morlaix, peut-être le projet dont vous nous parliez pourra-t-il se réaliser.

— Armande jouerait du Grétry et du Boïeldieu?

— Et du Nicolo, et du Méhul, et du Paër.

— Fais cela, mon garçon, et tu verras ton vieil ami pleurer de plaisir et de reconnaissance. »

Aussitôt qu'il eut obtenu cette parole, qui lui permettait

d'être toujours près d'Armande, il visita le piano, et lorsqu'il eut remis presque à neuf le vieil instrument, ils commencèrent à étudier.

En agissant ainsi, il n'avait voulu que se ménager une occasion d'être souvent avec Armande, qui lui plaisait chaque jour davantage, et près de laquelle il oubliait ses chagrins et ses douloureux souvenirs; mais bientôt il se vit entraîné plus loin qu'il ne l'avait prévu et même qu'il ne l'aurait voulu, car la condition la plus favorable à une dangereuse intimité, c'est le travail à deux. D'élève à maître, le danger n'est guère à craindre, l'orgueil ou la haine empêche cette intimité; mais Maurice n'était point un maître pour Armande, elle ne le détestait point, et comme elle ne le payait pas, elle ne pouvait se sentir le droit de le mépriser : ils étaient deux amis qui étudiaient ensemble, un jeune homme de vingt-quatre ans, et une jeune fille de dix-sept, l'un enseignant doucement avec indulgence et plaisir, l'autre écoutant doucement avec une soumission curieuse et reconnaissante.

C'était dans le grand salon qu'ils travaillaient; souvent M. Michon restait près d'eux, mais comme, en restant toujours, il eût craint de blesser Maurice et de se montrer gardien sévère et soupçonneux, ce qui était bien loin de sa pensée, souvent aussi, il les abandonnait pendant des heures entières. Dans les premières leçons, Maurice avait eu besoin de toute son attention pour suivre et pour guider Armande qui, ayant abandonné la musique depuis longtemps, avait grand'peine à se reconnaître; bientôt il avait pu la laisser un peu plus libre, car bientôt il avait reconnu que son éducation musicale n'avait point été aussi négligée que l'avait cru le docteur; en peu de temps, et grâce surtout à une constante volonté, à de laborieux efforts, elle avait regagné ce que trois années d'interruption lui avaient fait perdre. Alors, n'étant plus obligé de la suivre pas à pas, il s'était parfois oublié en d'étranges distractions. Depuis qu'ils travaillaient ensemble, il la sentait lui devenir chaque jour encore plus douce et plus chère ; près d'elle, pensant à elle, il l'étudiait avec un plaisir auquel il ne donnait point encore de nom, mais que déjà il ne se cachait plus à lui-même.

Tandis qu'elle se mettait l'esprit et les doigts à la torture pour plaquer de son mieux un accord bien franc et bien hardi, il n'écoutait guère ce qu'elle exécutait et songeait à toute autre chose qu'à l'encourager ou à la reprendre. Les yeux fixés sur les touches, il suivait complaisamment les doigts qui les frappaient, et, absorbé dans une muette contemplation, il regardait amoureusement ces mains, qu'un homme, esclave de la mode, eût sans doute dédaignées comme trop grosses et trop rouges, mais qu'il était assez artiste pour estimer à leur juste valeur, et trouver d'une beauté aussi réelle que peu commune. Ce qui eût choqué un esprit moins rompu aux distinctions du joli et du beau était précisément ce qui le séduisait ; c'était cette teinte rosée et cette transparence qui n'appartiennent qu'à la jeunesse et que, sur la foi des femmes de trente ans, on a eu la sottise de déclarer vulgaires et de condamner. C'étaient des doigts légèrement charnus et s'amincissant en fuseau, où l'on pouvait compter toutes les veines, où, sur chaque articulation, se creusaient de mignonnes fossettes, où les ongles n'étaient point allongés et taillés en amande, mais courts, carrément coupés, et s'incarnant dans la chair qui leur faisait une fine bordure comme dans les belles mains antiques.

Il prenait tant de plaisir à regarder ces mains, — que Martel avait trois ou quatre fois déjà dessinées, pour les offrir, disait-il, à la Vénus de Milo, — qu'il oubliait son rôle de professeur, qu'il s'oubliait lui-même, et que, pour le ramener dans le vrai de la situation, il fallait qu'Armande, étonnée de son silence, se retournât vers lui.

Alors il relevait les yeux sur la partition, se gourmandait intérieurement de sa négligence, se promettait de s'observer, et, pendant quelques minutes, pour bien tenir sa parole, il reprenait Armande, lui faisait de longues explications et s'étourdissait de son propre bavardage. Mais bientôt encore il oubliait ses promesses, et, au lieu d'aller jusqu'au pupitre, son attention s'arrêtait en chemin. Assis près d'elle, la touchant presque, se penchant sur elle, au point qu'avec son haleine il faisait trembler les petites mèches de duvet qui frisaient sur le cou d'Armande, ses yeux étaient attirés par la blancheur de ce cou, ils s'y attachaient et ne pouvaient plus s'en détourner. Il regardait ses cheveux tordus et enroulés comme un long serpent doré autour du peigne qui s'y enfonçait et difficilement les retenait. Il les regardait soigneusement retroussés, se relever jusqu'au chignon et laisser à nu, entre leurs dernières racines et le col de toile qui rabattait sur la robe, une large ligne de chair où, sous la peau blanche, fine et lisse, on voyait le sang courir, et, se renversant en arrière pour mieux saisir l'ensemble, il regardait ses épaules qui s'arrondissaient déjà, il regardait sa taille ondoyante et flexible dans son corset, et jusqu'aux plis que sa jupe faisait en tombant à terre, il les contemplait, il les admirait, il les *regardait* avec bonheur.

Et, cependant, ce n'était point la première fois qu'il voyait une femme à un piano et qu'il restait à ses côtés seul avec elle ; et si toutes ces femmes l'avaient laissé indifférent et froid, pourquoi donc Armande le troublait-elle si profondément ? N'était-elle point une simple amie, une camarade, une sœur ?

Sœur ! Elle l'avait peut-être été dans les premières semaines; mais, il fallait bien l'avouer, avec le temps chaque jour elle l'avait été un peu moins, et maintenant elle ne l'était plus. Aux influences matérielles qu'il avait ressenties en la contemplant, s'en étaient jointes d'autres plus puissantes, qui, en l'accroissant encore, avaient commencé à éclairer sa tendresse. De leur échange continu de paroles, de leur contact habituel, était sortie une communauté d'idées et de pensées plus dominatrices que toutes les excitations physiques, et qui, aux heures où elle était loin de lui, le forçait à penser à elle, à s'interroger sur ses désirs, à se demander si le sentiment de joie qu'il éprouvait lorsqu'elle était présente, de chagrin lorsqu'elle était absente, ne dépassait point les bornes d'une simple amitié, aussi grande qu'elle fût, et si ce n'était point de l'amour.

Mais pour cet examen, il n'était et ne pouvait être que bien peu impartial, car la douleur comme la joie a l'orgueil de la constance éternelle, et ne croit aux consolations que longtemps après qu'elle est déjà consolée. Comment aurait-il admis l'amour pour une autre, lorsque son cœur saignait encore? Comment aurait-il aimé Armande, lorsqu'il se persuadait de très-bonne foi ne vivre que pour Marguerite? Une souffrance aussi terrible que la sienne pouvait-elle se guérir? Une passion aussi violente pouvait-elle s'évanouir?

Ce qu'il éprouvait pour Armande, c'était tendresse, c'était amitié, c'était sympathie, mais ce n'était point amour; peut-être était-ce attraction d'un corps jeune sur un corps jeune aussi, peut-être était-ce effluve magnétique qui enflammait son sang habitué au plaisir et chaste depuis de longs mois, peut-être était-ce surprise des sens, peut-être même était-ce désir; mais, à coup sûr, ce n'était point amour et ce n'était point désir d'amour.

L'amour, c'était l'abattement qui le brisait lorsqu'il se rappelait son abandon, c'était la fièvre qui le brûlait lorsqu'il se rappelait son bonheur, c'étaient les joies de Montmorency, les ivresses de Naples, les voluptés de Paris; l'amour, c'était Marguerite.

Mais, la douce voix qui, depuis son arrivée à Plaurach, avait endormi sa douleur, le sourire qui lui avait rendu le sourire, les tendres soins qui l'avaient attendri, les promenades dans le jardin, les longs entretiens, les brûlants tête-à-tête au piano, ce n'était point l'amour; mais Armande avec sa jeunesse, sa gaieté, sa grâce, son esprit, sa bonté; non, mille fois non, ce n'était point, ce ne devait point être l'amour.

Et cependant ce que dans le cœur il se sentait pour elle, c'était une tendresse profonde. Près d'elle, il était toujours heureux; loin d'elle, il était toujours triste; mais près d'elle aussi il n'avait jamais eu de ces irrésistibles élans qui autrefois lui avaient fait serrer Marguerite à l'étouffer dans ses bras, et loin d'elle il n'avait point eu non plus de ces prostrations et de ces accablements qui autrefois l'avaient si souvent anéanti; et heureux ou malheureux par Armande, il n'avait jamais atteint à ces excès et à ces paroxysmes que, heureux ou malheureux par Marguerite, il avait si souvent connus. C'était donc Marguerite, Marguerite seule, que d'amour il aimait véritablement encore.

Et fâché contre lui-même de ces doutes et de ces interrogations, qui amoindrissaient sa passion pour Marguerite en le forçant à la discuter, il tâchait de se dire qu'Armande n'était rien pour lui; que près d'elle et pour se mettre à l'abri des surprises, il ne devait penser qu'à Marguerite, et qu'il ne devait plus s'abandonner à des joies qui, en réalité, n'étaient que mensonges et illusions.

Mais c'était en vain qu'il jurait de se contenir et de s'observer: s'il voulait lui parler froidement, dans sa voix on sentait la tendresse et dans son geste l'embarras; s'il essayait de la regarder indifféremment, dans ses yeux on voyait l'émotion et le plaisir; s'il disait des choses banales, l'intonation les rendait douces et intimes, et s'il se taisait en fixant la terre, il s'échappait de ses paupières, qui se relevaient malgré lui, de clairs et de chauds rayons plus éloquents que les paroles. Cependant il se contenait jusqu'au moment où Armande venant vers lui, ou lui tendait la main, ou lui souriait, ou lui parlait d'une certaine manière, et alors il était vaincu, car si sa volonté pouvait commander à ses yeux et à ses lèvres, elle était sans puissance sur son regard, sur son accent, sur son cœur.

Jamais il n'eut mieux conscience de ces sentiments, qui s'agitaient confus en lui, qu'un jour qu'Audren avait été retenu à dîner.

Ce n'était point l'habitude que celui-ci, hors les jours de cérémonie, dînât au château; aussi lorsque Maurice rentrant aperçut cinq couverts sur la table fut-il assez surpris, et, se tournant vers Armande :

— « Est-ce que nous avons M. l'abbé aujourd'hui? demanda-t-il.

— Non, répondit-elle, c'est Audren.

— Et en l'honneur de quelle fête?

— Il a apporté un panier de crevettes qu'il a pêchées lui-même, et grand-père les a trouvées si belles qu'il l'a invité à en manger sa part.

— Ah! c'est différent. »

Et, sans bien comprendre pourquoi, Maurice fut dépité de cette invitation.

Bientôt le docteur arriva avec Audren, et l'on se mit à table.

Mais ce sentiment de surprise de voir Audren était si naturel, que Martel lui-même le partagea, et que s'asseyant :

— « Tiens, dit-il, vous êtes donc des nôtres aujourd'hui, jeune Armoricain? »

Audren était souriant, et l'invitation du docteur l'avait rendu heureux comme il ne l'avait point été depuis longtemps; mais ces simples mots : « Vous êtes donc des nôtres, » le frappèrent douloureusement : — Des nôtres, se dit-il, suis-je donc devenu si vite étranger dans cette maison? Et, relevant les yeux, il s'aperçut — ce qu'il n'avait point vu tout d'abord, tant sa joie l'absorbait — qu'il y avait un changement dans les arrangements ordinaires :

Maurice occupait la place de M. de Tréfléan et Martel la sienne. Alors regardant celui-ci et répondant à ses paroles qui déjà étaient presque oubliées :

— « Est-ce que je vous dérange? dit-il sourdement.

Martel resta stupéfait; mais le docteur intervenant :

— « Allons, mon cher ami! est-ce que tu vas te fâcher? Comment dérangerais-tu quelqu'un ici? N'es-tu pas de la famille?

— Oh! poursuivit Audren avec amertume; de quelle famille, de l'ancienne ou de la nouvelle?

— Que veux-tu dire?

— Mon Dieu! on cesse si vite d'être d'une famille, on est si vite remplacé! et le lendemain du jour où l'on a quitté une maison, quelquefois on y retrouve des visages nouveaux qui sont plus de la famille que vous.

— Si tu le prends comme ça, interrompit le docteur, fais-moi le plaisir de te taire; c'est ce que le chef de la famille te demande. »

Et tout le monde se mit à manger silencieusement; on n'osait se regarder.

Mais bientôt le docteur pour rompre cette gêne :

— « Ah sacrebleu! il me semble que nous ne sommes pas aussi gais que si nous étions à l'Opéra.

— Fichtre, non! continua Martel, bien aise aussi d'échapper à cette contrainte, et j'aurais bien plus envie de rire si je voyais une danseuse malgré montrer orgueilleusement sa poitrine à l'orchestre, ou un ténor trop gras, le buste cambré, les mollets rapprochés, les bras arrondis, se gonfler comme une grenouille pour lancer une note éclatante que lui aident à parfaire messieurs de la claque et de la grosse caisse.

— Ne démolis donc pas l'Opéra, reprit Maurice, c'est, malgré toutes les critiques, une très-belle chose, c'est le temple de l'art, c'est la musique, c'est la danse, c'est la décoration.

— Vous faites bien de parler de la danse et de la décoration, interrompit Audren ; car, pour les compositeurs d'aujourd'hui, il paraît qu'ils ne méritent guère qu'on s'occupe d'eux.

— Mon cher monsieur, répliqua sèchement Maurice, on parle de ce qu'on connaît, mais on ne doit parler aussi que de ce qu'on connaît.

— Ah çà, dit le docteur, tu as donc juré de nous faire disputer aujourd'hui, toi? »

Audren se tut et se plongea dans son assiette ; mais, tout en mangeant, il reportait les torts de Maurice et les siens propres sur Armande ; car, au fond, si ces petites querelles avaient eu plus de vivacité qu'elles n'en auraient eu en d'autres moments, c'était à cause d'elle, parce qu'elle était en jeu, parce qu'elle était présente ; c'était donc à elle, avec la déraison logique de la passion, qu'il en voulait, et en proie à une sourde colère, il cherchait comment il lui ferait sentir tout le déplaisir qu'elle lui avait causé.

Au dessert, cette occasion se présenta.

Un rien suffit quand tout le monde est mal disposé ; or, tout le monde, même Martel, était mal disposé pour Audren ; Armande seule, voyant son embarras et devinant sa colère, voulait lui ménager un moyen de se montrer aimable en lui donnant elle-même une marque de sympathie.

Il y avait dans le buffet, de certaines confitures qu'elle avait faites et qu'elle avait si bien réussies, que le docteur les avait surnommées par excellence « les confitures d'Armande. » Aussi, les ménageait-on fort, comme certaines personnes ménagent encore les exemplaires du fameux vin de la comète.

Elle se leva et les atteignit, puis, plaçant le petit pot en verre devant elle, elle dit coquettement :

— « Messieurs, voici les confitures d'Armande, qui m'aime en prenne. »

Et la première personne à qui elle en offrit, ce fut Audren.

Celui-ci resta un instant indécis, trouvant là l'occasion qu'il cherchait, mais comme il tenait son assiette à la main :

—«Merci, mon garçon, lui dit le docteur qui s'y trompa.»

Armande pâlit imperceptiblement, mais croyant à un malentendu ou à une distraction, elle lui offrit encore la seconde assiette.

Cette fois il la passa résolûment à Martel.

Alors, elle comprit et le regarda; il regardait Maurice; et d'une voix brève :

— « Vous n'en voulez pas, » dit-elle.

Et elle tendit l'assiette à Maurice.

— « Eh bien, tu n'es pas à moitié dégoûté, mon sauvage, dit le docteur, et il fait bon t'inviter à dîner. »

Le reste du dîner, malgré le café et les liqueurs qu'on servit, s'acheva sous cette impression; et le soir, lorsque Audren fut parti, Martel ne fit que traduire le sentiment général en disant :

— « Je ne sais pas s'il est dégoûté, mais dans tous les cas, il n'est guère aimable. »

—Non, certes, il n'est point aimable, se répétait Maurice en rentrant seul dans sa chambre; mais pourquoi est-il ainsi? que lui ai-je donc fait? car c'est bien évidemment à moi qu'il en voulait. Et il cherchait à se remémorer les sujets de plainte, les griefs qu'il avait donnés à Audren, et avec la meilleure volonté du monde, ceux qu'il rencontrait étaient si minimes, qu'ils ne pouvaient ni légitimer ni expliquer cette mauvaise humeur. Un seul point demeurait obscur au fond de son âme, et ce point, il n'osait y porter la lumière. Une rivalité d'amour, une commune prétention au cœur d'Armande pouvait être et devait être, il le sentait, le véritable mot de cette énigme; mais il ne voulait pas que ce pressentiment devînt certitude, il faisait taire sa raison, il se refusait à l'évidence, et préférait une obscurité pleine de trouble et d'inquiétude à une clarté éblouissante et douloureuse. Pour arriver au fin fond de son cœur, il n'avait plus qu'un degré à descendre, mais, comme un enfant peureux, il s'y tenait assis et cramponné, n'osant aller plus loin.

Il fallut bien pourtant en venir là, mais ce ne fut pas sans une humiliation poignante, qu'il s'avoua à lui-même ce qu'il ne pouvait plus méconnaître, sans être un sot ou fou : il aimait Armande. Plus d'une fois, il rougit de sa défaite, plus d'une fois, il se méprisa, de ressentir un nouvel amour, après avoir cru son malheur si grand, qu'il en devait mourir ; plus d'une fois, il se jugea faible, inconstant et lâche, mais toujours il fut ramené à la vérité, et cette vérité, c'était que, sans pouvoir oublier Marguerite, il aimait, il adorait Armande.

Cependant telle est l'hypocrite habileté de l'orgueil, qu'il sut bientôt trouver des excuses, pour justifier cet aveu.

Il se dit : que c'était duperie à lui de s'enterrer dans sa douleur, sans essayer de s'en guérir ; c'était folie de n'être point heureux, lorsqu'il le pouvait être encore ; la vengeance la plus sûre et la plus cruelle à tirer de Marguerite, ce n'était point de mourir en lui laissant des remords plus ou moins terribles, c'était de vivre en se consolant et en se réjouissant dans un nouvel amour.

Dès lors, il s'y consola et s'y réjouit ; presque sans transition, il passa de la contrainte la plus douloureuse à l'abandon le plus doux ; et toutes ces petites joies si séduisantes, lorsqu'on aime, ces innocents plaisirs que, par un mélange de délicatesse et de fausse honte, il s'était toujours refusés, il les accueillit et les rechercha ; il aimait, il se l'avouait, il s'en réjouissait ; il fit, sans scrupules, toutes les charmantes niaiseries qui rendent les amants si heureux.

Devant le chaste regard d'Armande, il ne détourna plus

les yeux; au piano, il ne les ferma plus pour ne la point voir, mais il la contempla tout à son aise, avec un plaisir qui, loin de le plonger comme autrefois en des ardeurs pleines de colère et de remords, le pénétra d'une ivresse pleine de délices et de sérénité; au lieu de s'éloigner d'elle, il s'en approcha toujours, saisissant toutes les occasions de frôler sa robe ou d'effleurer ses mains; à table, il inventa mille ruses, pour ne prendre que ce qu'elle avait touché; et, pour rencontrer ses doigts sous une assiette, il risqua de ridicules hardiesses, qui lui donnaient de terribles battements de cœur. Partagé entre un amour naissant et ce qu'il considérait comme un devoir, il avait toujours redouté les promenades au bord de la plage, où le hasard amène si souvent de dangereux tête-à-tête; où tout parle d'amour et de poésie, et le bruit de la vague qui se brise sur la grève, et le calme de la mer, et le bleu du ciel, et l'infini de l'horizon; — mais bientôt il les aima, il les désira, et ce fut lui le premier qui, désormais, les proposa. Le matin, longtemps avant qu'elle descendît, armé d'un livre dont il ignorait même le titre, il alla se poster sur un banc du jardin, juste en face de sa chambre; l'endroit était triste et nu, il y en avait cent autres plus frais et plus ombreux; mais c'était de là, seulement, qu'il pouvait bien l'apercevoir lorsque, s'éveillant et à moitié vêtue, elle poussait ses jalousies, s'accoudait sur l'appui de la fenêtre, ouvrait ses yeux encore lourds, à la chaude lumière du soleil levant : ainsi placé, il était le premier à lui envoyer, de la main, une affectueuse caresse, et c'était sur lui qu'elle laissait tomber son premier regard et son premier sourire. Le soir, il prit encore l'habitude de venir sur ce même banc; aux ombres indécises qui couraient sur les rideaux, il put, à travers les vitres, la deviner dans sa chambre; et la voir allant et venant jusqu'au moment où s'éteignait la lumière : c'était finir sa journée comme il l'avait commencée; mais cette muette adoration, qui d'abord l'avait rendu pleinement heureux, lui parut, à la longue, par trop simple et par trop désintéressée, et il ne put résister à la tentation de faire savoir à Armande qu'il était là; il passa sous ses fenêtres, en fredonnant doucement, et lorsqu'il traversait les corridors, au lieu d'étouffer le bruit de ses pas, il le rendit plus fort et plus distinct: en lui-même, il rougit de cet enfantillage, mais il y avait dans sa honte trop de bonheur, pour qu'il y renonçât : — « Elle m'entend, se dit-il, elle pense à moi, » — et, le lendemain, il recommença. Et non content de ces plaisirs bien naïfs, mais qui, pour lui, étaient pleins de séductions et d'enivrements, il chercha encore à les accroître et à les prolonger; après être resté toute la journée à ses côtés, son plus vif chagrin était de la perdre, quand le soir on se séparait, et alors, pour être plus longtemps avec son souvenir, il revenait au jardin ; les allées, que deux ou trois heures auparavant ils avaient parcourues ensemble, il les reparcourait de nouveau, s'arrêtant où elle s'était arrêtée, s'asseyant où elle s'était assise; et la revoyant par les yeux de l'imagination, subissant les mystérieuses influences de la nuit, les émanations de la terre échauffée, la poésie du silence, la magie de la lune qui peuplait les taillis d'ombres mobiles et fantastiques, il était avec elle, il se promenait près d'elle; plein de hardiesse et d'enthousiasme, il la serrait sur son cœur et lui disait ses rêves, ses espoirs, son amour : douces folies qui n'avaient pour confidentes que les fleurs voisines, et pour témoin que le ciel étoilé.

Ces enfantillages et ces illusions étaient les plus grands bonheurs de sa nouvelle vie; mais, cependant, tout n'était point enfantillage et illusion dans ce bonheur; depuis qu'il aimait Armande, il se faisait en lui des changements qui le remplissaient d'espoir. Sa passion pour Marguerite l'avait rendu impatient, susceptible, égoïste, brutal dans ses pensées, cynique dans ses convoitises, inquiet et tourmenté même dans ses plaisirs; sa trahison lui avait fait tout prendre en dégoût et en haine; il avait jugé sa vie et le monde; il était tombé, pour ce qui l'entourait, dans une morne indifférence, et pour lui-même dans un implacable mépris. Mais, insensiblement, ce mépris et cette indifférence avaient disparu devant son amour naissant; insensiblement il avait repris intérêt à la nature qu'il avait revue avec un sentiment plus tendre, plus mélancolique, plus ému, plus reconnaissant; il était redevenu jeune, passionné, dévoué à ceux qui l'aimaient, compatissant à ceux qui souffraient; il avait espéré, il avait cru en lui, il était parvenu à s'aimer et à s'estimer encore; et, maintenant, en son âme, il s'enorgueillissait d'un amour qui, en l'épurant, le grandissait à ses yeux.

C'était, surtout, le sentiment de pureté de cet amour qui l'enthousiasmait, et lorsqu'il le compara aux ardeurs, aux entraînements, à l'érotisme qu'il avait naguère ressentis près de Marguerite, il comprit, pour la première fois, l'énorme distance qui sépare la jeune fille de la femme, l'innocence du savoir, la jeunesse de la beauté. Dans Armande, dans sa chair comme dans son esprit, tout avait le charme indicible des choses qui commencent à vivre, le charme de l'enfant, celui de la fleur qui s'entr'ouvre encore couverte de rosée, celui de la belle et chaude matinée qui, la première, annonce le printemps. Marguerite l'avait entraîné par sa splendide beauté, par ses merveilleuses toilettes, par ses savantes poses, par ses hautaines manières, par son élégante originalité, par son esprit éclatant; Armande le ravissait par sa gentillesse toute spontanée et toute naïve, par sa fraîcheur, par sa grâce, par sa franchise, par sa simplicité, par la divine pudeur qui se trahissait dans chacun de ses gestes, dans chacun de ses regards, et même dans ses attitudes de repos les moins volontaires et les moins étudiées. Marguerite, au temps de leurs folies et au milieu des splendeurs du luxe, traînant après elle une longue robe lamée d'argent, les épaules nues, les seins découverts, la chevelure constellée de diamants, les bras entourés de pierreries, les lèvres rouges, la bouche provoquante, les narines gonflées, les yeux étincelants, venant à lui, l'enlaçant de ses deux bras et s'abattant contre sa poitrine, le pâmait de désirs et de volupté : Armande, pour le pénétrer d'une joie ineffable, n'avait qu'à paraître vêtue d'une petite robe de toile chastement montante, et pleine de grâce dans sa simplicité, si elle le regardait en souriant, il sentait frémir tout son être, et pour la journée entière il gardait une indicible émotion. Près de Marguerite il avait toujours été fiévreux et tourmenté ; près d'Armande, il était toujours calme dans sa joie, et doucement et pleinement heureux dans son bonheur ; et, si parfois en étant seul avec elle, il avait encore d'irritantes pensées et de fougueux désirs, les seuls coupables étaient ses souvenirs et les funestes leçons de Marguerite ; car, sans ces leçons ineffaçables, il n'eût jamais regardé si chaudement cette jeune fille, et, sans ses souvenirs de volupté, il n'eût jamais recherché des furtifs serrements de mains qui, malgré lui, l'enflammaient, et des impudiques contemplations qui lui troublaient la tête et lui brûlaient les veines.

A mesure que son amour grandit, ce fut à éteindre ces désirs, dont il rougissait pour Armande, qu'il appliqua ses efforts. Rassasié de jouissances et de voluptés matérielles, il voulut connaître enfin les pures et chastes délices d'un amour idéal, faire de la poésie en action, et jouer sérieusement, au milieu de nos mœurs positives et de nos habitudes de satisfaction immédiate, le rôle d'amant chevaleresque et désintéressé ; et d'ailleurs, cet amour n'était-il pas le seul qui lui fût permis ? Armande, lors même qu'il le voudrait, l'aimerait-elle jamais ? Et ne serait-ce point à lui la plus immonde des lâchetés que de séduire cette enfant, la joie et l'orgueil d'un vieillard qui, pour lui, avait été un père, et maintenant se montrait l'ami le plus généreux et le plus confiant? Tout lui ordonnait, et son cœur et son devoir, de dégager sa passion d'espérances irréalisables, d'aimer Armande sans même lui laisser comprendre qu'il l'aimait, et quand serait venu le jour de la séparation, de partir sans avoir trahi son secret, mais en emportant dans son âme un pur et céleste souvenir qui le soutînt dans la vie, et lui rappelât qu'il y avait en ce monde autre chose que mensonge, hypocrisie et corruption.

Ainsi, depuis qu'il était à Plaurach, il avait passé du trouble et du désespoir au calme et à la joie; il était arrivé le cœur brisé, la volonté anéantie, ne pensant plus qu'à mourir, et insensiblement il était revenu à la vie, à la gaieté, à l'amour; il y avait bien encore en lui des blessures qui saignaient et le faisaient longuement souffrir lorsqu'il pensait à Marguerite, mais enfin il admettait la consolation sinon la résignation; il croyait en l'avenir, et près d'Armande il oubliait le passé, ou s'il se le rappelait, c'était pour adorer celle qui si promptement en avait effacé les néfastes souvenirs. Voyant Armande à toute heure, — car M. Michon lui laissait la plus grande liberté, et Martel était presque toujours en campagne pour travailler, — se croyant sûr de lui-même, résigné à un amour purement platonique, il aurait donc pu être pleinement heureux si Audren n'eût point sans cesse traversé ses projets et menacé son bonheur; mais tel qu'un soupçon vivant, il le rencontrait toujours devant lui, et comme il comprenait, depuis qu'il aimait Armande, que ce qu'il avait autrefois pris pour hauteur et grossièreté était franchise et jalousie, il en avait peur comme d'un rival qui naturellement était un ennemi. Bien des fois déjà il avait tenté de se débarrasser de cette continuelle surveillance, mais ses efforts avaient été inutiles, et ses ruses avaient été promptement déjouées. Au moment où il se croyait le mieux assuré de la solitude à deux, Audren arrivait, et il se mettait intrépidement en tiers dans un tête-à-tête quelquefois ménagé depuis longtemps avec des peines et des précautions infinies. Pour Maurice, ayant l'expérience de l'amour et connaissant Armande et sa candide pureté, il n'éprouvait point la plus petite jalousie de ce naïf espionnage, car il savait parfaitement qu'elle ne ressentait pour le jeune Breton qu'une amitié fraternelle; mais ce qui l'inquiétait, c'était de le voir survenir lorsqu'il était près d'elle et seul avec elle, c'était de l'avoir pendant les soirées sans cesse devant lui silencieux et attentif, c'était, lorsqu'on se séparait, de sentir un regard interrogateur qui se plaçait entre lui et Armande, et l'empêchait de lui serrer la main avec tendresse et abandon. Ce qui le blessait, c'étaient ses manières dures et froides, qui en étaient arrivées à un tel degré que les vieux amis eux-mêmes, habitués à ce caractère fantasque, n'y comprenaient plus absolument rien. Seul, il eût peut-être enduré ces boutades, qu'il savait en réalité méritées jusqu'à un certain point, mais devant Armande, elles l'humiliaient, et la violence qu'il était obligé de se faire, pour n'y pas répondre, l'exaspérait. Mille fois il avait été, sur quelque propos un peu trop vif, pour se fâcher et engager une querelle, mais heureusement sa raison l'avait toujours arrêté à temps; car se fâcher, et il ne le comprenait que trop, c'était avouer son amour et compromettre Armande, c'était s'exposer à la colère du docteur, aux observations prêcheuses de Martel, aux justes reproches de la jeune fille, peut-être même à son mépris; dans tous les cas, c'était assurément la perdre, c'était se faire chasser honteusement, c'était rompre avec tous ses vieux amis en mettant les torts de son côté, et en se fermant le cœur de ceux qui désormais étaient toute sa famille. Et cependant, supporter toujours ces insolences et ces dédains sans les relever et les punir, c'était paraître reculer et avoir peur, c'était se laisser amoindrir dans l'esprit de son rival et peut-être même dans celui d'Armande; ne point fermement arrêter cet espionnage de tous les instants, c'était perdre les quelques jours déjà trop peu nombreux qui lui restaient à passer à Plaurach, c'était n'avoir pas un moment de tranquille bonheur, pas une promenade assurée, pas un entretien intime, pas de repos, pas d'abandon, pas de sécurité; c'était sacrifier son orgueil, sa dignité, son amour; c'était toujours lutter avec soi-même, s'observer toujours, et quand Audren, comme à son ordinaire, viendrait se jeter au travers d'une conversation, et malgré des marques d'impatience bien évidentes s'obstinerait à rester immobile, c'était la blessante nécessité de se faire éternellement violence et de ne point le souffleter.

Une raison décisive qui lui faisait encore désirer ardemment d'échapper à Audren, c'était la sourde lutte qui, depuis longtemps déjà, s'était engagée entre lui et le jeune Breton. Chaque jour et à chaque instant, surtout depuis la querelle du dîner, cette lutte se renouvelait; et battu dans les choses de l'esprit, humilié dans sa timidité, atteint jusqu'au vif dans son ignorance, celui-ci s'en vengeait en faisant naître des incidents où il pouvait l'emporter à son tour et montrer sa supériorité, incidents qui, grâce au genre de vie qu'on menait chez le docteur, se présentaient presque à chaque instant.

Souvent, tout le monde étant réuni, on faisait des promenades le long des falaises, et chacun, jusqu'au vieux docteur, emportait un fusil pour abattre les fraos et les goëlands qui, sur ces côtes rocheuses, se rencontrent par troupes innombrables : comme on va au tir pour montrer sa sûreté de coup d'œil et son habileté de main, ils allaient à la chasse des oiseaux de mer; seulement, au lieu d'être fixe et déterminé, le but était mobile et incertain. Entre le docteur et M. de Tréfléan, il n'y avait qu'une assez tiède rivalité, mais entre Maurice et Audren, il en était autrement; presque toujours, c'était à qui tirerait le premier, ou bien, Audren étant devancé, attendait que Maurice eût manqué une pièce, et quand la distance était devenue assez grande, quand on s'était bien assuré que l'oiseau n'avait point été atteint, il épaulait son fusil, et rapidement, sûr de lui-même, comme un maître donnant une leçon, il pressait la détente, et ordinairement la pauvre bête bondissait aussitôt, vacillait quelques secondes et tombait à la mer; les ailes étendues, elle flottait sur la lame, et autour d'elle, ses camarades venaient tournoyer en criant plaintivement. Audren ne savait pas cacher sa joie, et rayonnant, il priait Armande, chargée de marquer les coups, de ne point oublier cette victoire à son compte.

Souvent encore, quand les beaux jours furent arrivés, on se réunissait pour prendre des bains tous ensemble, et la même émulation que pour la chasse faisait de ce plaisir une lutte jalouse et passionnée. Comme Plaurach, en sa qualité de village breton, ne possède pas le plus petit Casino, c'était une barraque que M. de Tréfléan avait fait construire sur la grève, pour abriter ses ustensiles de pêche et de navigation, qui servait de cabine. Quand la mer était calme, l'infériorité de Maurice n'éclatait point trop, et s'il le cédait en légèreté, en force et en rapidité, il l'emportait dans ces drôleries purement agréables qui font l'admiration des écoles parisiennes et que dédaignent les nageurs habitués aux colères de l'Océan; mais lorsque le vent soufflait du nord, lorsque la vague, moutonnant au large, arrivait, menaçante et rapide, lorsque avant de se briser sur la plage, elle se creusait, haute et écumeuse, et s'abattait avec fracas sur les galets qu'elle attirait et rejetait avec elle, Audren triomphait de toute la puissance que donne la témérité unie à une longue habitude; les yeux sur la mer il épiait un de ces moments de calme qui reviennent presque périodiquement, même dans les plus grandes tempêtes, et s'élançant la tête en avant, sous les deux ou trois premières vagues, il gagnait le large, où sûr de n'être point renversé il se retournait vers le rivage, et s'élevant au-dessus des lames qui roulaient, plongeant sous celles qui se brisaient en écume, on le voyait, rejetant avec grâce ses longs cheveux en arrière, ou faisant tranquillement signe à Maurice de venir le rejoindre.

Avec une jeunesse inconnue des vieux amis, Maurice eût facilement échappé à ces provocations : il n'y avait qu'à avouer son ignorance ; mais quand tout le monde savait que ces exercices lui étaient familiers, et qu'autrefois même, il y avait mis une certaine prétention, il ne pouvait reculer, et forcé d'accepter le combat, il souffrait d'être toujours vaincu devant Armande, et quelquefois même, Armande étant en cause, comme dans mille circonstances où Audren avait transformé en piques d'amour-propre les faits les plus simples et les plus naturels. Sans doute il lui était facile de se venger de ces triomphes éphémères et par la conversation, et par la raillerie, et par le dédain ; sans doute il ne cherchait point à séduire Armande par ce côté purement matériel de la force et de l'adresse, mais cependant il était blessé de succomber dans une lutte offerte et acceptée, il était humilié d'être vaincu par un rival qui était presque un enfant, et il souffrait d'une animosité qui éclatait ainsi par tout et pour tout, et ne lui laissait pas un moment de repos et de sécurité.

Ce fut ainsi que, poussé à bout, l'orgueil surexcité, l'esprit fiévreux d'impatience, l'imagination sollicitée par ces entraves perpétuelles, et voulant s'assurer quelques jours de joie pure de toute crainte, il trouva un moyen qui avait de grands dangers, mais qui, dans tous les cas avait l'inappréciable avantage de lui donner quelques heures de complète liberté, pendant lesquelles il serait à l'abri d'Audren, et pendant lesquelles encore il aurait Armande toute à lui, sans importuns, sans jaloux et sans témoins ; ce moyen, ce fut la fête du docteur qui le lui offrit.

On était alors à la fin de juin, et cette fête, la Saint-Victor, devait se célébrer dans les derniers jours de juillet; Maurice, qui savait combien Armande serait heureuse de faire une surprise à son grand-père, eut recours à la même ruse qu'il avait déjà employée lorsqu'il avait été question du piano, et spéculant sur le bonheur de la jeune fille comme il avait spéculé sur les souvenirs du vieillard, cachant son véritable but sous les grands mots d'amitié, de service, de reconnaissance, il lui proposa de redoubler de travail et d'arriver ainsi à pouvoir se faire entendre ce jour-là pour la première fois, à montrer que ces deux mois de leçons n'avaient point été perdus, et que désormais elle pourrait chanter tous les vieux airs qui lui seraient demandés. Puis, développant habilement les avantages du mystère, insistant sur le plaisir d'une douce surprise, il s'efforça de la persuader qu'il fallait donner à l'étude plus de temps encore que par le passé, et surtout n'admettre personne qui pût dévoiler leur complot, et faire manquer l'effet de l'imprévu et du coup de théâtre.

Non-seulement Armande se laissa persuader, mais encore elle remercia Maurice avec une effusion qui montra combien elle était joyeuse de ce projet.

La seule chose qui l'embarrassait, c'était de prévenir Audren et de l'écarter.

Les tentatives qu'elle avait souvent faites pour ménager cet esprit susceptible, lui avaient jusqu'alors si mal réussi, qu'elle n'osait trop aborder l'entretien.

C'était un jour, dans le salon où se prenaient les leçons; assis dans un fauteuil, Audren feuilletait un exemplaire du voyage d'Audubon, et paraissait ne point vouloir abandonner la place. Autour de lui, Armande allait et venait, s'asseyait au piano frappait quelques accords, se mettait à la fenêtre, revenait, regardait Audren, mais reculait toujours au moment décisif; elle cherchait, la pauvre enfant, une manière polie de lui dire: « Allez-vous-en, vous me gênez, » et plus elle cherchait, moins elle trouvait.

Et lui, enfoncé dans son livre, il affectait de ne rien voir de ce qui se passait; et, sans lever les yeux, il tournait les feuillets toujours régulièrement.

Cependant, approchait le moment où Maurice allait venir; elle le savait, elle le sentait, et elle ne trouvait rien.

Enfin, comme s'il eût assez joui de cet embarras, il vint à son aide, et, fermant son livre en se tournant vers elle :

— « Armande, dit-il, pourquoi donc n'êtes-vous pas franche avec moi? »

Elle fit un geste d'étonnement.

— Oui, continua-t-il, pourquoi n'avez-vous pas le courage de me dire de m'en aller, puisque vous en avez le désir : — vous attendez M. Berthauld, n'est-ce pas? et je vous gêne.

— Ce n'est pas parce que j'attends M. Berthauld, répliqua-t-elle assez sèchement, que vous me gênez, c'est parce que j'ai à travailler.

— Est-ce donc aussi parce que vous avez à travailler, que vous me fuyez toujours, et que vous ne me parlez plus?

— Que voulez-vous dire?

— Je veux dire que depuis que ce monsieur est ici, je n'y suis plus rien, moi.

— Audren, vous êtes injuste; et ce n'est pas votre cœur qui parle, c'est l'envie.

— Peut-être... Mais si l'envie, chez ceux qui ont toujours été heureux, ne mérite que la haine, elle devrait bien, à moi, ne me mériter que la pitié : et, cependant, vous êtes sans pitié pour moi. Ah! Armande, vous êtes bien changée. »

Et la voix tremblante d'émotion, il releva les yeux sur elle, mais elle ne le regardait pas, elle regardait la pendule.

— « Ah! s'écria-t-il, vous ne m'écoutez même pas. »

Et il courut vers la porte : au même instant, Maurice la poussait pour entrer; ils se trouvèrent en face l'un de l'autre.

Audren s'arrêta, il était pâle de colère : il resta quelques secondes immobile, barrant le passage. Puis, tout à coup, se reculant :

— « Ah! ah! dit-il, vous êtes bien exact, monsieur on voit que vous avez couru le cachet.

— Monsieur! s'écria Maurice, stupéfait.

— Eh bien quoi? fit Audren en revenant sur ses pas et en le bravant; n'êtes-vous pas content que je m'en aille? que voulez-vous de plus? »

Comme deux combattants, ils se regardèrent, tous deux blêmes de fureur, les poings crispés.

Armande s'élança vers Maurice.

— « M. Berthauld! » dit-elle.

Et Maurice l'ayant regardée, se tourna vers Audren, et lui répondant :

— « Je ne veux rien, » dit-il.

Puis, il alla au piano et l'ouvrit; Armande vint s'asseoir près de lui.

Audren les enveloppa d'un regard terrible, resta indécis un moment; puis, faisant un geste de désespoir, il sortit en courant.

Sans dire un mot, ils se mirent au travail, et ce jour-là, il n'y eut entre eux ni rires, ni contemplations, ni distractions.

Pour Audren, ce mois de travail fut un mois de tortures; et, en voyant les craintes qu'il avait conçues, se réaliser si promptement, en voyant surtout ce mystère qui annonçait une complicité qu'il ne croyait que trop bien comprendre, il tomba dans un horrible désespoir; et après avoir plusieurs fois, mais toujours inutilement, tenté de rompre ces éternels tête-à-tête, il cessa de venir; on ne le vit plus que les soirs, mais plus triste et plus sombre qu'il ne l'avait jamais été.

Pour Maurice, ce mois de travail fut un mois de bonheur et d'ivresse : délivré d'Audren, oubliant Marguerite, il voyait Armande ! Il ne lui parlait point d'amour, mais il la regardait, et, dans son cœur, il sentait descendre la joie et le ravissement ; il croyait sa passion sans espoir, il savait que ses désirs ne seraient jamais assouvis ; mais en écoutant cette voix adorée, en rencontrant ce regard chaste et tendre, il était si pleinement heureux, qu'il ne voulait rien au delà, et qu'il prenait en mépris et en pitié ses plaisirs d'autrefois. Toujours près d'elle, il n'avait plus un seul instant de tristesse et d'inquiétude, et même, en face d'Audren, il lui semblait maintenant qu'il était seul avec elle, car, de même que le travail avait créé entre eux une douce intimité, le mystère avait aussi créé une sorte d'entente étrange et involontaire, et d'un mot, d'un geste, d'un regard, ils se comprenaient comme deux coupables : leurs cœurs avaient trouvé une langue, et leurs yeux savaient se parler.

Enfin, la fête arriva. Depuis plusieurs jours, on déployait au château une activité inaccoutumée ; il y avait eu de mystérieuses confidences ; on avait cueilli des fleurs en se cachant, le jardin était devenu d'une propreté tout anglaise, et dans la cuisine, Marie-Ange, Louise et Jeannette couraient çà et là avec un empressement qui, chez des Bretonnes, en disait plus que de longues explications : les fourneaux rougissaient sans cesse, et, dans les buffets, on apercevait des crèmes et des pièces froides montées et moulées à l'avance. Au milieu de ces préparatifs, le bon docteur allait et venait, avec un air qu'il tâchait de rendre innocent, et faisait tous ses efforts pour paraître n'avoir rien deviné.

La veille, on dîna comme à l'ordinaire, et à peine étaiton au dessert, que les amis commencèrent à arriver ;

l'abbé avait endossé sa plus belle soutane, et M. de Tréfléan portait, à sa boutonnière, sa brochette de décorations.

A sept heures, tout le monde était réuni dans la salle à manger; et, par les fenêtres ouvertes, on apercevait sur la mer, le soleil qui descendait à l'horizon. On causa quelques instants avec assez d'embarras, puis, quand le soleil ne fut plus qu'un globe sans rayons, immergeant déjà dans les flots, M. de Tréfléan et l'abbé se levèrent, et s'approchant du docteur, qui s'efforçait de garder encore son air narquois :

— « Mon vieil ami, dit l'abbé, nous vous souhaitons une bonne fête. »

Puis ce fut le tour d'Audren, puis celui de Martel.

Et, comme le docteur, assez étonné de ne point voir Armande, la cherchait des yeux, on entendit le piano résonner dans le salon, et une voix s'éleva, une voix douce, émue et un peu tremblante, qui chantait :

> Robert disait à Claire :
> Je t'aime avec ardeur,
> On m'a pourtant, ma chère,
> Surnommé le trompeur ;
> Fais-moi, je t'en supplie,
> Par tes douces vertus,
> Trouver fidèle amie,
> Je ne tromperai plus,
> Non, non, non,
> Je ne tromperai plus.

Aux premières mesures de cet air, qui lui rappelait tant de souvenirs, le vieillard fut pris d'un tremblement nerveux, puis les larmes commencèrent à couler le long de ses joues, et quand la voix eut répété le refrain :

> Non, non, non,
> Je ne tromperai plus.

ne pouvant plus se contenir, et sans attendre le second couplet ;

— « Armande! s'écria-t-il, Armande! »

Et aussitôt la jeune fille accourut et se jeta dans ses bras; il la tint longtemps serrée sur son cœur; puis, tendant la main à Maurice, il l'attira aussi sur sa poitrine et, les réunissant dans une même étreinte, il les embrassa tous deux en pleurant.

— « Oh! mes enfants! disait-il, mes enfants, que vous êtes bons pour votre vieux père et quelle joie vous lui donnez! »

Et, succombant à son bonheur, il retomba sur son fauteuil; mais presque aussitôt revenant à lui, il les remercia encore et les embrassa tendrement; leurs joues étaient baignées de ses larmes.

Tout le monde était ému : l'abbé, M. de Tréfléan et Martel par le plaisir, Audren par la colère et la jalousie.

Quand ce premier moment de joie fut un peu calmé, M. de Tréfléan proposa de sortir; car lui aussi avait préparé son coup de théâtre, et, ayant pris le devant, on vit bientôt des flammes de Bengale qui s'allumèrent dans tout le jardin et l'emplirent de belles lueurs rouges et vertes qui éblouissaient les yeux; c'était sa surprise.

La soirée était splendide : la lune ne se montrait point encore, mais le ciel, sans nuages, laissait tomber une clarté bleuâtre et transparente, la mer battait doucement au pied des falaises et la faible brise qui soufflait de la plaine apportait une nourrissante odeur de blé mûri.

Par les allées du jardin on se mit à se promener, et lorsqu'on fut arrivé dans le bois où des pièces d'artifice brûlaient encore, Armande resta de quelques pas en arrière, auprès de Maurice; elle voulait aussi le remercier et lui dire son bonheur et sa reconnaissance.

Mais, demeurée seule avec lui, elle ne put trouver une parole; l'émotion lui gonflait encore le cœur, et comme Maurice, non moins ému qu'elle, n'osait rien dire de peur d'en trop dire, ils marchèrent quelques instants côte à côte et en silence; puis, comme s'ils eussent tous deux en même temps compris les dangers d'un tête-à-tête dans l'état d'exaltation où ils étaient, ils se mirent à courir pour rejoindre le groupe des promeneurs.

Aux dernières clartés des flammes de Bengale agonisant dans les massifs, ils allaient rapidement; tout à coup celle de ces flammes qui les éclairait s'étant brusquement éteinte, Armande, qui courait la première, disparut aux yeux de Maurice.

Il entendit un cri et la chute d'un corps dans l'eau : elle venait de tomber dans un bassin creusé à fleur de terre, et où le docteur cultivait une riche collection de plantes aquatiques.

Aussitôt s'élançant après elle, il la chercha un peu à tâtons; car il avait les yeux encore éblouis. Comme le bassin n'avait que deux ou trois pieds de profondeur, il la trouva facilement; et, la déposant sur le bord, sortant lui-même de l'eau tant bien que mal, il la prit dans ses bras et se dirigea en courant vers la maison.

A toutes ses paroles, elle restait sans répondre. Cependant, la tenant serrée contre sa poitrine, il lui sentait le cœur qui battait faiblement.

Toujours courant, il arriva à la maison. Dès avant la porte, il appela, il cria; mais personne ne répondit; les domestiques étaient à regarder le feu d'artifice : alors, s'approchant d'une lampe qui brûlait dans le vestibule, il mit la tête d'Armande sous le foyer de la lumière et la regarda avidement : elle était pâle, ses yeux étaient fermés, ses lèvres à demi ouvertes, ses cheveux ruisselaient.

Épouvanté, il lui mit la main sur le cœur, il battait un peu plus fortement, il s'approcha de sa bouche, et il sentit le souffle de la respiration.

Ne sachant que faire, et la tenant toujours sur ses bras, il résolut de la porter dans sa chambre.

Avec mille précautions pour ne point lui heurter la tête, il monta l'escalier en trébuchant; en tâtonnant, il trouva la porte; et, guidé par la blancheur des rideaux, il aperçut le lit.

Mais, prêt à la déposer sur ce lit, il s'arrêta, ce corps qu'il avait serré sur sa poitrine, sa course haletante, ses émotions de la journée, sa jeunesse, ses désirs, son amour, lui avaient enflammé le sang; et, penché sur elle, sentant son haleine qui lui caressait le visage, il perdit la raison, et, l'étreignant une dernière fois, il appuya ses lèvres brûlantes sur les lèvres glacées de la jeune fille, et il la laissa aller sur le lit.

Et alors, ces lèvres, qu'il croyait inanimées, s'ouvrirent aussi, et faiblement elles murmurèrent :

— « Oh! Maurice... Maurice!...»

En entendant cette voix qui prononçait son nom, plutôt avec amour qu'avec colère, il hésita, éperdu; il était seul avec elle, personne ne viendrait, il l'aimait, elle pouvait être à lui : il fit quelques pas en avant; mais, prêt à la reprendre dans ses bras et à la couvrir de baisers, il se releva, un éclair de raison lui revint, et fermant brusquement les rideaux, il sortit de la chambre en courant.

Au bas de l'escalier, il trouva Audren qui les cherchait.

— « Où est M. Michon? cria-t-il, Armande est tombée dans le bassin. »

Audren le regarda un instant, mais ce n'était pas le moment d'une explication, il fallait trouver le docteur.

Trois minutes après, il arriva. Pour qu'il pût monter l'escalier, M. de Trélléan fut obligé de le soutenir.

Mais, bientôt, il redescendit un peu plus calme; et il annonça aux amis effrayés, qu'il n'y avait aucun danger, que l'eau avait amorti la chute, que la défaillance était passée, et que la circulation se rétablissait.

Et, disant ce dernier mot, il s'évanouit.

X

AU BORD DE LA MER

Rentré dans sa chambre, Maurice ne songea guère à se coucher, les événements de la soirée, en l'agitant de commotions si diverses, lui avaient donné à réfléchir, et il avait besoin de retrouver sa raison.

Mais il était bien peu calme pour se rappeler ces événements et froidement les juger; son baiser le brûlait toujours, et les paroles d'Armande lui emplissaient toujours la tête et lui étreignaient le cœur.

Les lèvres d'Armande s'étaient-elles ouvertes ou fermées lorsqu'il lui avait donné ce baiser? et ses paroles avaient-elles été des paroles de prière ou d'amour, de résistance ou d'abandon?

Oh! c'étaient des paroles de résistance. Comment l'aurait-elle aimé? pourquoi l'aurait-elle aimé? Lui avait-il jamais dit son amour? n'avait-il pas toujours pris soin de le cacher? Quelle espérance qu'une enfant chaste et ingénue comme elle, se fût éprise d'un homme chagrin, fantasque, maussade comme lui? Si elle n'avait point aimé Audren, c'est que son cœur était encore trop jeune et trop vierge pour s'ouvrir à l'amour? Qu'avait-il fait, d'ailleurs, pour éveiller cet amour? Par quelles actions, par quels dévouements s'en était-il montré digne? Ainsi, pour un moment d'oubli, ses rêves de bonheur allaient s'envoler, et, pour un baiser, ses souvenirs, qu'il avait voulu faire si grands et si purs, seraient à jamais souillés d'un remords; après deux mois de sacrifices et de renoncement, il n'avait plus qu'à attendre, au lieu de l'amitié et de la tendresse qu'il avait espérées, la colère et peut-être même le mépris d'Armande.

A la pensée d'affronter ce regard, ordinairement si doux et maintenant sans doute irrité, il marchait à grands pas dans sa chambre, inquiet et fiévreux; par moments, quand le souvenir de ce baiser et de ces paroles revenait à son esprit, il fermait les yeux et tout son corps frémissait.

Cependant, si c'étaient des paroles d'abandon? si elle s'était laissée prendre à la pitié, si elle avait été touchée de ses chagrins, si elle avait été émue de sa tristesse, si elle avait compris son silence, ses désirs, ses sacrifices, son amour, si elle l'aimait? Et à certains regards, à certaines paroles qu'il se rappelait, il se croyait bien véritablement aimé, et une joie folle, immense, suffocante, envahissait tout son être.

Mais cette joie avait une courte durée. Armande n'était point libre, ce n'était point une fille à séduire; s'ils s'aimaient, comment seraient-ils jamais heureux? le docteur voudrait-il la lui donner pour femme? lui-même pouvait-il bien se marier, et Marguerite était-elle bien oubliée? que dirait le monde, que dirait Martel, que dirait M. de Tréfléan?

Et il retombait dans le doute. Était-il aimé, ne l'était-il pas? Armande, seule, pouvait le lui dire, et c'était avec une horrible impatience qu'il attendait le matin; le premier regard de leur rencontre déciderait leur vie à tous deux.

Une grande partie de la nuit se passa dans ces cruelles perplexités, et il dormait depuis quelques heures seulement, quand le docteur entra dans sa chambre.

— « Armande? s'écria-t-il, en ouvrant les yeux.

— Elle va bien; mais toi-même, mon garçon, comment te trouves-tu?

— Oh ! moi, ce n'est rien, mais elle?

— Je t'assure qu'elle va bien ; cependant nous ne la verrons point ce matin, car il reste encore un peu de fièvre; mais elle m'a promis de venir dîner avec nous, et j'espère qu'alors, il n'y paraîtra plus. »

Maurice, en songeant à leur prochaine rencontre, n'avait point prévu ce retard, et la journée fut éternelle; son inquiétude croissait avec le temps; enfin, l'heure du dîner arriva, et, quand tout le monde fut réuni, Armande parut.

Elle était encore très-pâle, ses paupières étaient bordées d'un large cercle bistré, et une nonchalance générale abattait son corps; cependant, par convenance pour ce jour de fête, elle s'était mise en grande toilette, mais l'éclat même de cette coquetterie, rendait encore sa langueur plus apparente.

Lorsqu'elle entra, s'appuyant sur le docteur, Maurice se sentit trembler : qu'allait dire son premier regard?

Mais, quoiqu'il cherchât ce regard avec un courage désespéré, il ne le rencontra point. Elle s'avança les yeux baissés, et, embrassant M. de Tréfléan et l'abbé, faisant aux trois jeunes gens, une simple inclinaison de tête, elle prit place à côté de son grand-père.

L'accident de la veille défraya presque tout le dîner; mais ce fut en vain que Maurice, saisissant toutes les occasions au vol, essaya d'attirer l'attention d'Armande : elle évita constamment ses yeux, et, quand le dessert fut servi, elle quitta la table.

Que devait-il penser de ce silence? devait-il craindre? devait-il espérer? Était-ce mépris, était-ce pudeur?

Sa nuit fut encore une nuit d'angoisses, et les mêmes doutes qui l'avaient déjà oppressé, revinrent de nouveau, rendus cette fois plus vifs et plus poignants, par cette froideur obstinée.

Résolu enfin à trancher, coûte que coûte, cette incertitude, il écrivit plus de dix lettres qu'il déchira toutes; et, comprenant qu'elle ne lirait pas ces lettres, ou que, les lisant, elle n'y répondrait point, il résolut d'employer la ruse pour triompher de ce parti-pris de le fuir, et espérant ainsi obtenir une explication, il attendit plus patiemment le lendemain.

Comme la veille, Armande ne parut point au déjeuner; mais ne se laissant point abattre par cette absence, il annonça tout haut devant le docteur et devant les domestiques, l'intention de faire une assez longue promenade, et au lieu de sortir comme il l'avait dit, il alla se mettre en sentinelle, dans le jardin.

Il s'était placé derrière un large laurier-thym qui trempait ses longues branches dans le bassin où Armande était tombée; c'était assez loin de la maison, pour qu'on ne le vît pas, et point assez, cependant, pour que quelqu'un pût en sortir, sans qu'il l'aperçût; pensant qu'Armande voudrait assurément revoir ce fameux bassin, il attendit.

Il attendit trois heures; enfin, ce qu'il avait prévu se réalisa; Armande parut sur le balcon, et après avoir tourné autour de la pelouse, elle se dirigea de son côté.

Elle marchait lentement, la tête inclinée vers la terre, éclairée en plein par le soleil, et laissant flotter au vent les larges brides de son chapeau de paille qui se détachaient avec vigueur sur le fond blanchâtre de sa robe lilas. Bientôt elle arriva près de lui; mais il ne quitta point encore son abri, car elle n'aurait eu qu'à faire un pas en arrière pour lui échapper, et il voulait la laisser s'engager dans le bois; et puis c'était un moment de répit, et au fond du cœur, il était bien aise d'avoir le temps de s'encourager encore. Elle s'y engagea, et allant s'asseoir sur un banc, elle ouvrit un livre qu'elle portait à la main, puis elle le referma, et parut se perdre dans une profonde méditation.

Ce fut alors seulement qu'il sortit de derrière son arbre, et avec lenteur et précaution, il s'avança. Lorsqu'elle entendit le bruit de ses pas et qu'elle voulut regarder qui venait ainsi, il était déjà devant elle.

Aussitôt elle se leva brusquement, son front se couvrit de rougeur, et ses mains commencèrent à trembler. Non moins timide et non moins ému, Maurice demeura immobile; quoique bien ferme dans sa résolution, il tremblait aussi.

Ils restèrent longtemps silencieux, la tête baissée, ne disant rien, ne voyant rien, le sang arrêté dans les veines; puis en même temps ils relevèrent la tête, leurs yeux se rencontrèrent, et fixes, béants, gonflés, ils s'arrêtèrent l'un sur l'autre. Quelques secondes s'écoulèrent dans cette muette contemplation; leurs âmes étaient passées dans leurs regards, et par de rapides éclairs, elles s'attiraient et se confondaient.

— « Armande! s'écria Maurice en tombant à genoux, Armande!

— Maurice! » dit-elle faiblement, et fondant en larmes, elle cacha son visage entre ses mains.

Il se fit un long silence, puis, Maurice, plus doucement et d'une voix suppliante;

— « Vous m'aimiez donc? »

Elle ne répondit point.

— « Ah! vous m'aimiez, n'est-ce pas? vous m'aimiez, dites, Armande? Armande? »

Elle ne lui répondit point encore; mais écartant ses doigts, elle le regarda, et dans ce regard plein de franchise et de candeur, il y avait un aveu plus doux et plus éloquent que toutes les paroles.

Maurice frémit de bonheur, et saisissant la main qu'elle avait laissée retomber, il la prit dans les siennes, et la couvrit de larmes et de baisers. Des mots sans suite s'échappaient de ses lèvres; il riait et il pleurait tout à la fois.

Mais elle, effrayée de cet emportement et voulant dégager sa main,

— « Oh! ne crains rien, dit-il, ne crains rien; si j'ai pu avoir un moment d'oubli, c'est que ma tête était perdue; mais, aujourd'hui, j'ai toute ma raison: je sais qui vous êtes, Armande, et je vous adore à genoux. Depuis deux mois que je vous aime, j'ai toujours été, n'est-ce pas, l'amant le plus respectueux? Et je n'ai jamais dit un mot, je n'ai jamais fait un geste pour vous apprendre mon amour, tant mon culte était pur, plein d'honneur et de révérence. Eh bien! ce que j'ai toujours été, je le suis encore; seulement, au lieu du doute et de l'incertitude qui me torturaient, vos douces paroles de l'autre soir, et votre regard de tout à l'heure, ont mis dans mon âme une joie qui m'enivre et me transporte. »

Et il lui pressa fortement la main; leurs doigts s'enlacèrent, et une fois encore leurs regards s'unirent.

La pauvre enfant voulait résister; elle était honteuse de se sentir ainsi regardée, elle était confuse d'entendre ces brûlantes paroles, mais elle en était heureuse en même temps: l'émotion était plus forte que sa volonté, et tout ce qu'elle savait dire, c'était de répéter faiblement:

— « Oh! c'est mal... Maurice, je vous en prie... Maurice!... »

Et, pleurant, elle le regardait au travers de ses larmes; mais dans sa voix et dans ses yeux, il y avait plus de joie que de tristesse, plus d'amour que de reproches.

Maurice, avec des paroles que la passion rendait persuasives, s'efforçait de la rassurer; et l'écoutant, elle se rassurait. Moins chaste et moins ingénue, elle eût été moins confiante, mais son esprit candide n'avait jamais soupçonné le mal; Maurice était pour elle l'honneur et la droiture en personne; elle avait dans sa loyauté une foi aveugle, il était près d'elle, il lui tenait la main, il la brûlait de son regard, il était jeune, beau, éloquent, transfiguré par le bonheur, il parlait d'amour: elle écoutait de toute son âme.

Il disait ses espoirs, combien le docteur était bon, combien il les aimait tous deux, combien il serait facile de le décider au mariage; et se persuadant de bonne foi ce qu'il espérait plutôt que ce qu'il croyait en réalité, il se démontrait à lui-même et il démontrait à Armande qu'ils ne rencontreraient plus d'obstacles, qu'ils n'avaient rien à craindre; que, pour être pleinement heureux, ils n'avaient qu'à attendre un jour où, comme le soir de sa fête, le docteur n'aurait rien à leur refuser; qu'il n'y avait qu'à faire naître une occasion, et que jusqu'à ce moment, ils devaient s'abandonner à leur joie sans remords et sans résistances, et s'aimer de tout leur cœur.

Et il trouvait des gestes plus entraînants que de longs discours, des accents irrésistibles, des ardeurs, des transports, des enthousiasmes qui fascinaient Armande, et ne lui laissaient ni raison ni volonté; suspendue à ses lèvres, les yeux dans ses yeux, elle avait tout oublié et n'était plus qu'amour.

En parlant, ils avaient abandonné les bords du bassin, et par la grande allée, ils marchaient lentement, côte à côte. De temps en temps ils s'arrêtaient, ils se tournaient l'un vers l'autre, ils se regardaient dans une longue extase, puis ils se remettaient en marche.

Autour d'eux tout était calme et silence; les grands arbres laissaient tomber sur leurs têtes l'ombre et la fraîcheur, et par des percées ouvertes çà et là, on voyait la mer d'un beau bleu d'azur sous un soleil de feu.

Longtemps ils marchèrent ainsi, mais cependant il fallut se séparer. Déjà bien des fois ils étaient venus jusqu'au bassin, et toujours ils étaient retournés sur leurs pas, en se disant : « Encore une minute, rien qu'une minute. »

Enfin, tous deux s'encourageant, ils s'arrêtèrent :

— « Adieu, dit Armande.

— A demain, » répondit Maurice.

Mais ni l'un ni l'autre ne se décida à partir le premier; ils restèrent immobiles, ils se regardèrent tendrement, ils se pressèrent les mains, ils se regardèrent encore.

— Eh quoi! interrompit Maurice, nous quitterons-nous sans que vous me laissiez un souvenir? »

Alors Armande s'approchant d'un rosier, en détacha une fleur, puis faisant quelques pas en arrière, elle la jeta coquettement à Maurice, lui envoya un adieu de la main, et s'enfuit en courant.

Mais au bout de l'allée, elle se retourna et le regarda une dernière fois. Il était demeuré stupéfait, la suivant des yeux; alors, portant la rose qu'elle lui avait donnée à ses lèvres, il lui renvoya son adieu dans un baiser.

Elle disparut.

Lorsqu'il rentra, elle était assise près de son grand-père, mais il se sentait si follement heureux qu'il n'osa point la regarder, il avait peur de se trahir.

— « Eh bien! dit le docteur, ta promenade?

— Superbe, répondit Maurice.

— Ainsi, tu ne t'ennuies pas trop avec nous?

— Oh! mon plus grand bonheur, je vous le jure, serait d'y passer ma vie.

— Alors, mon garçon, reste tout le temps que tu voudras; tu sais que je t'aimais déjà comme un fils; mais après ce que tu as fait pour Armande et pour moi, c'est un nouveau lien que tu as formé entre nous, plus solide et plus durable encore; je suis ton obligé, et tu verras que je ne suis point un ingrat. »

Armande et Maurice s'interrogèrent mutuellement en tremblant; celui-ci s'avança comme pour parler, prit la main du docteur, hésita quelques secondes, mais presque aussitôt il baissa la tête : le courage lui manquait.

Pendant qu'il réfléchissait et se gourmandait, Marie-Ange vint annoncer que le dîner était servi : l'occasion était perdue.

Ils ne furent pas seuls une minute pendant toute la soirée; ils ne purent point échanger une parole intime, mais ils se virent, leurs yeux se parlèrent et ils furent heureux. — « M'aimes-tu? » demandait Maurice. — « Je t'aime, » répondait Armande. — « Te rappelles-tu nos joies de tantôt? » disait-il. — « J'en frissonne encore, » répondait-elle. — Ainsi, devant tout le monde, sans un seul mot, ils se comprenaient : l'amour leur avait créé un langage plus doux et plus éloquent que toutes les langues de la terre.

Quand on se sépara, il eut le bonheur inespéré de pouvoir toucher sa main à la dérobée, et il rentra dans sa chambre véritablement ivre de joie et d'espérance.

Ils se retrouvèrent le lendemain à l'endroit où ils s'étaient quittés la veille; mais, pendant la nuit et à leur insu, de grands changements s'étaient accomplis en eux.

Pour Armande, cet entretien de la journée avait été la première révélation de la vie et du bonheur, et, comme la première pluie chaude du printemps tombant sur une branche y fait éclore les boutons gonflés de séve, la parole de Maurice avait fait éclore en son âme un monde de poésie, d'enthousiasme et d'amour; quelque chose de mystérieux s'etait glissé en elle : elle se sentait remplie de force et d'enthousiasme.

Pour Maurice, cet entretien avait été aussi une révélation, révélation d'une vie nouvelle qui allait commencer et où tout serait oubli pour le passé, certitude pour le présent, espérance pour l'avenir. Il prononçait le nom d'Armande, il pensait à elle, et il retrouvait sa jeunesse, ses croyances, son courage; il serait heureux, il serait fort, il serait grand.

Ils s'abordèrent, les joues pâles d'émotion, les yeux brillants de plaisir.

— « Oh! quelle différence, commença Maurice, entre la nuit qui vient de s'écouler et celle qui l'avait précédée!

Combien j'étais désespéré, et combien je suis heureux aujourd'hui! »

Elle le regarda tendrement comme pour le remercier.

— « J'ai doucement rêvé de vous, Armande, et vingt fois je vous ai dit en dormant combien je vous aimais, et me réveillant, à chaque minute, je vous l'ai redit encore; mais l'autre nuit, quand je craignais de vous avoir offensée, quand je me demandais si vous voudriez me revoir, si nous aurions encore nos entretiens, notre travail, nos promenades comme autrefois, combien j'ai souffert, combien j'ai pleuré.

— Et moi! interrompit-elle faiblement.

— Vous, Armande?

— Oh! oui, moi aussi, j'ai bien souffert.

— Vous étiez donc fâchée contre moi, vous m'accusiez donc?

— Non, mon ami; mais je m'accusais moi-même.

— Et de quoi, chère enfant? quelle était ta faute?

— Je vous en prie, ne m'interrogez point et ne me forcez point à rougir devant vous; je ne suis qu'une pauvre enfant qui vous aime et ne saurait vous résister; je vous en prie, ayez pitié de ma faiblesse et de mon ignorance.

— Ah! parle, au contraire, je t'en supplie, parle! A qui diras-tu tes peines, si ce n'est à moi? N'ai-je pas ta confiance? ou bien ce que tu me tais doit-il m'attrister?

— Eh bien, reprit-elle alors d'une voix faible et en baissant les paupières, lorsque grand-père fut sorti de ma chambre, je me mis à pleurer; je me rappelais les paroles qui m'étaient échappées, et j'avais honte de moi. Oh! si vous saviez comme j'ai pleuré; il me semblait que je n'oserais jamais vous revoir, il me semblait que vous deviez me mépriser et me juger bien faible et bien coupable.

— Coupable! parce que étant évanouie tu ne m'as point repoussé!

— Mais je n'étais plus évanouie et c'est là ma faute; quand je suis revenue à moi, vous me teniez dans vos bras et vous couriez sous les arbres, et cependant je n'ai rien dit, ni quand vous avez appelé, ni quand vous m'avez portée sous la lampe.... Voilà pourquoi j'ai tant souffert pendant ces deux nuits, et même encore pendant celle-ci; car, si lorsque je suis près de vous, je ne pense qu'au plaisir d'être ensemble, loin de vous je me sens rougir toute seule, et j'ai peur que vous ne me jugiez comme je le mérite. »

Et, s'arrêtant au milieu du chemin, elle se prit à pleurer.

Mais Maurice, lui écartant les doigts et la regardant avec amour :

— « Quelle candeur est la tienne, dit-il, ô sainte enfant, et qui prouverait mieux ta pureté, que ces inquiétudes et ces remords? Oui, va, oui, je te juge comme tu le mérites; tu es un ange, Armande, et plus je te vois, plus je t'aime et plus je te vénère. »

Qui pourrait résister à la voix la moins éloquente, lorsque cette voix vient d'une bouche aimée? Armande voulait se raidir contre le charme qui l'envahissait, mais c'était en vain; près de Maurice, une puissance s'emparait d'elle, qui, malgré ses efforts, disposait de sa volonté, de sa raison, de sa conscience. D'ailleurs, dans son chagrin, il y avait beauconp de cette réaction et de ces craintes instinctives que donne un trop grand bonheur; en se trouvant encore plus heureuse que la veille, elle se laissait convaincre, et bientôt son sourire brillait derrière ses larmes.

Mais Maurice, que les confessions de cette âme si naïve et si franche, remplissaient de joie et d'orgueil, loin de vouloir les arrêter, cherchait, au contraire, à les faire naître et à les prolonger; et, docile à son inspiration, se défendant, rougissant, s'arrêtant interdite et confuse, et ne reprenant qu'après de douces prières, elle disait comment elle l'avait aimé; comment le voyant près de sa mère malade, si bon, si attentif, si dévoué, elle avait été prise de sympathie et de compassion; comment, lorsqu'il était revenu triste et désespéré, elle avait été elle-même émue et affligée de sa douleur; et combien vivement, elle eût voulut le consoler et lui tendre la main. Et elle disait encore comme elle avait été heureuse lorsqu'il avait parlé de leçons. Puis, coquettement et en souriant finement, elle rappelait les distractions qui avaient accompagné ces leçons, et qui, bien des fois, l'avaient laissée libre de passer plus de la moitié du morceau : et elle rappelait ces refrains chantés à mi-voix, en passant devant sa chambre; et les longues promenades qu'on faisait devant ses fenêtres dès le petit matin : mais, avec sincérité, elle avouait que souvent aussi, elle-même avait été matineuse, et que, cachée derrière sa jalousie, elle l'avait maintesfois regardé et contemplé tout à son aise, tandis que, se croyant bien seul, il se dépitait, en soupirant, de ne point la voir paraître.

Et, dans la grande allée où ils marchaient l'un près de l'autre, c'étaient des cris, des rires, des contemplations, des silences, des explosions de reconnaissance pour le passé, d'espérance pour l'avenir, qui les transportaient de joie, et les ravissaient à eux-mêmes.

Mais cette allée ombreuse, entourée de bois sombres, et où des sentiers débouchaient à chaque pas, offrait bien des chances de surprise et bien des dangers pour un pareil entretien. Maurice, qui voulait s'abandonner tout entier à son ivresse, sans avoir toujours les oreilles aux aguets, proposa de la quitter et de gagner la campagne.

Ils sortirent, et par un chemin rocailleux, encaissé entre deux berges argileuses et bordé d'argousiers au feuillage argenté, ils montèrent vers la falaise ; bientôt, les argousiers furent plus maigres, le chemin moins creux, le sentier battu, moins large, le vent de la mer souffla frais et salé, et ils arrivèrent dans la lande.

Devant elle, une steppe s'étalait à perte de vue; il n'y avait pas un arbre, pas une hutte, pas la moindre trace de culture. Seulement, çà et là, le gazon avait été enlevé par larges plaques, et on l'avait mis sécher en petits tas pour s'en chauffer quand l'hiver serait venu : le chemin s'en allait en zigzag, coupant les espaces couverts d'ajoncs, qui, par leurs fleurs d'or, tranchaient sur le vert sombre des bruyères rabougries : rien, ni le meuglement d'une vache, ni le bêlement d'un mouton, ni le cri d'un oiseau ne venait troubler le morne silence de ce paysage désolé.

Tous deux essoufflés de leur ascension, ils s'assirent sur l'herbe, les yeux tournés vers la mer.

— « Quelle tristesse, dit Armande, et quelle solitude!

— Quel contraste, dit Maurice, avec la joie de notre cœur, et comme on est bien seul, ici!

— Nous y reviendrons tous les jours, continua-t-elle.

— Tous les jours, jusqu'à notre départ pour Paris. »

Ces simples mots, départ et Paris, prononcés sans intention bien précise, les émurent tous deux fortement, et jetèrent leur esprit dans un avenir de délices et d'amour; il y eut un moment de silence rêveur et recueilli.

Puis Maurice reprenant :

— « Que la pensée de quitter ce pays ne vous effraie point, chère Armande, nous n'y épuiserons point notre bonheur, et nous en aurons encore pour Paris, je vous le promets.

— Oui, mais c'est ici que nous nous sommes aimés et que nous avons commencé à être heureux, nous y reviendrons.

— Oui, chère enfant, tous les étés.

— Et puis, ce pauvre grand-père qui va rester isolé, il faudra bien venir le revoir.

— Vous serez la seule et toute-puissante maîtresse.

— Alors, nous viendrons souvent, et nous tâcherons de le décider à passer chaque année un bon mois avec nous.

— Deux, mon amie, s'il y consent.

— Merci, cher Maurice; mais d'abord, comment cela sera-t-il chez nous?

— Ce sera petit et très-simple, car, vous le savez, je ne suis pas riche, et il s'en faut même de beaucoup.

— Oh! qu'importe à notre amour?

— A notre amour, non assurément, mais à notre repos et à notre bonheur, plus que vous ne pensez; aussi je travaillerai courageusement.

— Donc, cela sera petit?

— Tout petit, et même à un étage un peu élevé.

— Aussi élevé que vous le voudrez, je ne demande que de l'air et du soleil; dans une rue étroite et sombre, il me semble que je mourrais.

— Nous habiterons une rue large, et nous aurons du soleil.

— Et une terrasse?

— Une terrasse aussi.

— Pas bien grande, mais assez cependant pour y mettre une longue caisse avec de la terre.

— Moi, je planterai.

— Moi, j'attacherai et j'arroserai.

— Nous aurons des vignes vierges et des volubilis.

— Et quand nous serons riches, nous prendrons la moitié de notre terrasse pour en faire une petite serre.

— On y mettra des oiseaux?

— Et un bassin avec des rocailles. Oh! il sera assez petit pour qu'on n'y tombe pas, mais il y aura un jet d'eau avec des menthes et des nymphœa bleus, et en le voyant, on se souviendra d'un autre bassin plus large et plus profond, et on s'embrassera.

— Nos meubles seront en bois blanc, du bouleau ou du merisier verni; je déteste l'acajou.

— Ils seront recouverts en perse, le reps et la laine sont trop durs.

— Quand nous serons riches, nous remplacerons la perse par la soie.

— Elle sera jaune.

— Oh ! non, interrompit Maurice, non, pas jaune. »

Et il resta un moment silencieux, frissonnant ; cette idée de meubles en soie jaune lui rappelait sa chambre de la rue de la Sourdière, les folies de Marguerite, et faisait une cruelle dissonance avec son bonheur présent.

Mais Armande le regardant doucement, et reprenant :

— « Eh bien, non, mon ami, pas en soie jaune, mais cerise, mais bleue, si vous voulez ! que m'importe, à moi ? »

— Alors, elle sera cerise, continua Maurice, que cette voix et ce regard savaient si bien distraire. »

Puis, chassant ses tristes idées et continuant les projets :

— « Oui, quand nous serons riches, nous remplacerons tous nos pauvres meubles ; mais, cependant, nous garderons toujours notre chambre intacte, chaque chose y aura son souvenir et nous parlera d'amour.

— Nous ne verrons personne, n'est-ce pas ?

— Personne... excepté Martel, toutefois ; je l'aime plus qu'un frère, et il a été aussi bien malheureux ; je vous demande votre amitié pour lui.

— Vous l'aimez, je l'aimerai, je l'aime déjà.

— Nous passerons tout notre temps ensemble ; on accuse les artistes de ne point aimer la vie de famille, mais vous verrez, Armande, que, pour nous, ce sera un mensonge : le matin, je me lèverai de bonne heure pour travailler, nous déjeunerons, je travaillerai encore un peu, pendant que vous vous habillerez, puis nous sortirons tous les deux pour nous promener.

— Vous me ferez connaître Paris ?

— Tout Paris, tous les musées, tous les théâtres.

— Vous m'apprendrez à aimer ce qui est beau : je vous écouterai bien, je tâcherai de vous comprendre, vous ne vous moquerez pas trop de mes naïvetés, et bientôt, je l'espère, vous pourrez peut-être parler avec moi comme avec un ami ; oh ! alors, combien je serai heureuse ! »

Ils s'entretinrent longtemps ainsi, formant projets sur projets, se faisant mille promesses, s'encourageant par un regard, se remerciant par un serrement de main, et, à chaque instant, ils s'écriaient : — Oh ! comme nous nous aimerons ! comme nous serons heureux ! — puis, sans se parler, ils se regardaient, se regardaient.

Et, sur leurs têtes, le ciel était radieux, et le soleil versait à flots une lumière chaude et vivifiante. Au loin, des navires aux blanches voiles se découpaient sur le bleu de l'horizon, et paraissaient immobiles au milieu d'une mer immense. L'air était calme, et le silence était partout ; seulement, de temps en temps, dans l'herbe où ils étaient assis, ils entendaient le bourdonnement d'un insecte qui voletait d'une bruyère à une soldanelle, d'une pâquerette à un ajonc ; et, de temps en temps encore, un souffle arrivait du large, qui apportait une bouffée de fraîcheur, et courbait, en les balançant, les tiges écourtées des flouves et des fougères.

Pour eux, en ce calme et en ce silence, tout était amour ; et si leur parole restait muette, c'est que leurs cœurs savaient se parler et s'entendre mystérieusement.

Cependant cette extase, qui, pour Armande, pouvait être sans péril, pour Maurice, moins jeune et moins pur, commençait à devenir vertigineuse et fatalement entraînante. Assis près d'elle, touchant sa robe, serrant sa main qui tremblait dans les siennes, subissant les influences de la solitude et les dangereuses langueurs d'une tiède atmosphère, il sentait ses artères, gonflées, battre avec violence, le sang lui montait à la tête, ses yeux se troublaient ; et, parfois, il était prêt à saisir Armande dans ses bras, à l'étreindre sur sa poitrine, à coller ses lèvres sur ses lèvres ; et, pour résister à ces excitations, il lui fallait toute a force et toute sa volonté.

Aussi voulut-il, pendant qu'il en était temps encore, s'arracher à ces désirs et ne point prolonger une situation devenue douloureuse, par l'excès même de son bonheur. Il se leva, et, prenant Armande par la main, il la fit lever aussi, et alors, par les chemins gazonnés, il l'entraîna en courant; son ardeur irrésistible ne tarda point à gagner la jeune fille, et, comme deux poulains échappés, comme deux enfants qu'ils étaient, ils se mirent à galoper en bondissant. Ils allaient sans que rien pût les arrêter, franchissant les buissons, roulant sur les cailloux, glissant sur l'herbe sèche, se soutenant l'un l'autre, riant, causant, s'excitant mutuellement : une sorte de délire joyeux les avait saisis, et leur passion contenue s'échappait en une gaieté folle et nerveuse.

Ils arrivèrent ainsi jusqu'au jardin; et, quoi qu'ils eussent déjà fait pour calmer leurs transports, la joie était encore si clairement empreinte sur leur visage, et éclatait si brillamment dans leurs yeux, qu'ils eurent peur d'eux-mêmes en se regardant, et qu'avant de rentrer, ils firent à petits pas deux ou trois tours de promenade, se demandant chaque fois : — « Eh bien, suis-je pas moins rouge? »

Le lendemain, et presque tous les jours, ils revinrent sur leur chère falaise; car, malgré les occasions qu'ils avaient de se voir à la maison, malgré les furtifs serrements de main, les tendres regards à la dérobée, les rapides paroles de rencontre, et malgré aussi les adieux à la fenêtre, quand tout le monde avait déjà gagné sa chambre, c'était seulement dans la lande, alors qu'ils étaient bien assurés d'être sans témoins, qu'ils osaient se contempler et se parler librement, en se donnant toute leur âme.

Ainsi, dès qu'ils pouvaient s'échapper, et que le docteur s'était enfermé avec ses journaux, se hâtaient-ils d'y courir; et si, pendant les deux mois précédents, ils avaient su trouver de longs entretiens sans cependant parler d'amour, maintenant qu'ils en parlaient tout à leur aise, ces entretiens menaçaient souvent de devenir éternels ; car, plus ils avaient parlé, plus il leur restait de choses à dire, et plus ils souhaitaient ne point se séparer.

Mais dans ces conversations, tout cependant n'était point béatitude et félicité, et si l'inépuisable thème des projets d'avenir, si les douces réminiscences du passé, si les tendres luttes pour faire admettre le tutoiement leur donnaient des bonheurs chaque jour plus grands et plus fertiles, il était un nom qui, presque chaque jour aussi, se trouvait sur leurs lèvres et venait fatalement les troubler et les assombrir : ce nom, c'était celui d'Audren.

Il est vrai que depuis longtemps Audren ne se jetait plus au travers de leurs tête-à-tête, et que, depuis le jour où, après l'accident du bassin, il s'était rencontré avec Maurice, il ne leur parlait plus du tout ; mais sa surveillance jalouse était toujours la même, et si elle était peut-être un peu moins apparente, elle était dans tous les cas assurément aussi vigilante et aussi active que par le passé. Il ne venait point les interrompre, mais presque toujours, lorsqu'ils redescendaient de la falaise, ils le trouvaient sur leur chemin, au salon il ne les quittait point des yeux, et souvent, au détour d'une allée, ils avaient été surpris de le rencontrer se promenant d'un air qu'il tâchait de rendre indifférent et simple, et qui n'était que maladroit et embarrassé.

Il y avait là un danger réel et imminent, et tous deux le comprenaient et s'en inquiétaient.

Chez tous deux, cependant, ce sentiment d'inquiétude n'amenait point les mêmes résultats : chez tous deux il y avait crainte ; mais cette crainte, qui conduisait Maurice à la haine, ne conduisait Armande qu'au dépit et à la compassion.

Elle se rappelait qu'Audren et elle avaient été frère et sœur, que c'était ensemble qu'ils avaient si souvent couru, si souvent ri, si souvent chanté ; et comparant les chagrins qu'elle lui voyait souffrir maintenant, à la gaieté si franche et si vigoureuse qu'elle lui avait vue autrefois, s'avouant en elle-même un peu coupable de ces chagrins, elle le défendait de toutes ses forces.

Mais, furieux d'être ainsi continuellement taonné dans ses amours, qui, sans cette jalousie, eussent été si calmes et si sereines, Maurice l'accusait sans cesse : c'était un envieux, un espion et peut-être même un lâche ; ils avaient tout à craindre, car un jour ou l'autre il pouvait le dénoncer au docteur, et alors leurs espérances seraient à jamais anéanties, leur avenir perdu, leur mariage brisé.

A cette idée de dénonciation, Armande pleurait en frémissant, mais cependant elle se refusait à y croire ; ce qu'elle redoutait, c'était une provocation, un emportement, un coup de tête, une injure publique ; mais une lâcheté, Audren en était incapable : il était mal élevé, insolent, brutal ; mais il était d'une bravoure, d'une franchise et d'une loyauté qui n'admettaient point la suspicion.

C'était ainsi qu'ils discutaient, partagés sur ce qu'ils avaient à craindre, mais parfaitement réunis pour convenir que leur bonheur était gravement menacé.

Aussi en parlaient-ils tous les jours, et agitaient-ils avec effroi les moyens de lutter sans cependant engager ouvertement la lutte.

Enfin, tous deux bien décidés à ne reculer devant rien et à ne point s'épargner pour détourner le péril, ils résolurent d'agir activement, chacun de son côté.

Maurice dut chercher à faire naître le plus tôt possible une occasion de s'ouvrir au docteur, et Armande, en attendant ce moment, au lieu d'éviter Audren comme elle s'y était appliquée depuis plusieurs jours, dut redevenir avec lui ce qu'elle avait été autrefois, et, sans le rassurer absolument, lui laisser entendre qu'il s'inquiétait mal à propos, que sa jalousie n'avait aucune raison d'être, et qu'ils seraient toujours amis, toujours frère et sœur. Ce rôle répugnait à sa droiture et à sa délicatesse; mais excitée par Maurice, à moitié convaincue par les nombreux arguments qu'il entassait pour la rassurer, touchée par ses prières, entraînée par ses propres craintes, elle se résigna. Il s'agissait de son avenir, de son amour, de sa vie, peut-être même de la vie de deux hommes qu'elle aimait, l'un de toute son amitié, l'autre plus que tout au monde; elle promit.

Et ils se mirent à l'œuvre, Armande avec résignation, Maurice avec ardeur, car c'était impatiemment qu'il supportait ces retards, et si, lorsqu'il avait avoué son amour à Armande, l'idée de la liberté qu'il allait perdre, l'idée aussi de la misère, et le mot surtout de mariage, avaient pu l'effrayer quelques instants, c'était de toutes les forces de son cœur et de sa raison que maintenant il aspirait à l'heureux moment où il lui serait permis de la nommer sa femme. D'abord il l'aimait au point de tout faire pour l'obtenir; mais n'eût-il ressenti pour elle qu'une passion mille fois moins absolue, il eût encore voulu l'épouser, car cette idée de mariage, qui l'avait si fort épouvanté, le séduisait maintenant; la réalisation de ce projet lui paraissait devoir le sauver du passé, et faire le bonheur de son avenir. Aimant Armande, il avait froidement jugé Marguerite, et il avait compris quelle terrible influence elle avait eue sur lui; il avait vu alors bien clairement, pour la première fois, comment, dans cette fatale passion, il avait tout sacrifié au plaisir; comment son esprit s'était détourné de l'art pour de trompeuses illusions; comment, au lieu de tendre à ce qui est beau et bon, il avait été entraîné par des instincts mauvais; comment son cœur s'était desséché, et comment encore il avait amoindri sa liberté, déshonoré sa dignité; et se rappelant l'abandon qui avait été sa récompense, ressentant encore la tristesse et le désespoir qu'il avait ressentis lorsqu'il s'était trouvé seul, il lui semblait que le mariage était un port où il serait en sûreté même contre sa propre faiblesse, s'il voulait jamais retourner à Marguerite, où tranquille à jamais, le corps heureux, l'âme contente, il verrait enfin son double idéal satisfait : le travail et l'amour.

Mais ces raisons n'étaient point les seules qui le pressaient de chercher à obtenir le consentement du docteur. Aimant comme il aimait, souvent seul avec Armande, les yeux dans les yeux, les mains dans les mains, il subissait encore d'irrésistibles fascinations qui le faisaient vivement souffrir, car il comprenait que s'il est une profanation et une lâcheté, c'est de déshonorer une enfant confiante dans votre loyauté, sans expérience, sans force contre son propre amour, qui bientôt doit être à vous sans crime et sans remords, et il lui fallait lutter contre ses désirs, et imposer, quel que fût son sacrifice, des entraves à sa passion. Et puis il lui fallait encore s'observer en public, ne point trop la contempler, se défier du docteur, de l'abbé, de M. de Trébléan, des domestiques, de tout le monde, de soi-même, et, supplice plus cruel encore, il fallait supporter patiemment Audren et ne jamais se fâcher.

Et cependant, quoi qu'il voulût, quoi qu'il tentât, l'occasion de parler ne se présentait point. M. Michon était toujours d'une bonté parfaite, plein de gracieuseté et d'affabilité, mais il n'avait plus de ces moments de tendresse et d'abandon comme au soir de sa fête ; et Maurice qui, retenu par la crainte des reproches de séduction, par sa position de fortune, si différente de celle d'Armande, par la honte de subir les observations de M. de Trébléan et de Martel, Maurice, qui aurait eu besoin d'être entraîné par un de ces épanchements où les confidences sont presque involontaires et où tout refus paraît impossible, Maurice n'osait point provoquer une explication, et prêt à l'entamer, il la remettait au lendemain ; pendant la nuit, il préparait bien péniblement une belle phrase de début, et le jour arrivé, il ne parlait pas.

Pendant qu'il hésitait ainsi en se dépitant, et même en n'osant plus aborder ce sujet avec Armande, Martel vint compliquer sa situation d'un nouvel embarras. Déjà bien des fois il avait été question entre eux de départ, et Maurice avait toujours remis à bientôt, à un mois, à quinze jours, à la fête; la fête étant passée, Martel recommença.

— Or çà, dit-il un soir qu'il avait été rejoindre Maurice dans sa chambre, — au grand déplaisir de celui-ci qui aurait bien mieux aimé se promener sous les fenêtres d'Armande, — or çà, est-ce que nous allons rester ici, et attendrons-nous madame Baudistel toute notre vie?

— Oh! interrompit Maurice d'un air indifférent, madame Baudistel ne viendra pas, et je ne l'attends plus.

— Mais c'est qu'elle viendra, au contraire, et on m'a même assuré qu'elle arrivait prochainement.

— Eh bien, que nous importe?

— Il m'importe fort peu à moi, mais cependant je crois que c'est le moment de nous en aller.

— A quoi bon? je ne la verrai pas.

— Alors, à quoi bon rester? il y a assez longtemps que nous sommes ici.

— Ah! chez des amis.

— Chez *tes amis*, prononce bien; pour toi, c'est parfait, je le comprends. Ils t'ont élevé, tu es leur enfant, tu as d'ailleurs payé ton hospitalité, c'est bien; mais moi, je ne suis l'enfant de personne ici, et si depuis deux mois je suis presque tous les jours parti, pour qu'on ne m'accuse point d'être un goujat, je commence à en avoir assez de mes voyages dans le Finistère; or, je te propose, ou de nous remettre tous deux en route, ou de m'y remettre tout seul; que veux-tu?

— Rester encore ici, et que tu y restes toi-même.

— A piquer les assiettes, merci.

— Non, mais en payant ton hospitalité.

— Faut-il que je donne aussi des leçons de peinture?

— Pas précisément, mais il faut que tu fasses un tableau pour le docteur.

— Il n'en voudrait pas. A quoi bon un tableau, quand on a tous les jours sous les yeux le ciel, la mer et des arbres, et qu'on sait les voir?

— Si tu lui faisais un coucher de soleil en pleine mer?

— Merci! Me prends-tu, par hasard, pour un membre de l'Institut, ou pour un peintre officiel?

— Voyons, mon ami, parlons sérieusement. Veux-tu me rendre le service de peindre un coucher de soleil; tu sais combien le docteur a été heureux de ma vieille romance qui lui a rappelé sa jeunesse, eh bien, ce que je te demande, c'est précisément un tableau qui la lui rappelle aussi : un jeune homme et une jeune femme assis l'un près de l'autre, se tenant par la main et regardant le soleil se coucher dans la mer. Il y a ici un portrait de madame Michon; tu feras tes personnages tout petits, la ressemblance ne sera pas bien difficile. Veux-tu?

— Mais, mon bon, s'il faut que je te brosse ça dans le genre de ta romance, je vais être obligé de faire du Watelet ou du Bidault, je ne pourrai jamais.

— Non, mon ami, fais à ta manière; le docteur ne connaît que la nature, il sera content de toi.

— Tu me flattes, misérable; tu as donc bien envie de ton tableau?

— Franchement, oui.

— Eh bien! je le ferai; mais aussi franchement que tu viens de me dire oui, dis-moi encore quel est ton but?

— Tu as vu la joie du docteur, je veux que nous lui en donnions encore une semblable, et comme j'ai une demande à lui faire, je profiterai de ce moment.

— Une demande! interrompit Martel en regardant fixement Maurice.

— Oui, répondit celui-ci, baissant les yeux, une demande que je t'expliquerai plus tard. Quand penses-tu commencer?

— Déjà !

— Ça presse, mon bon, ça presse.

— Alors demain ; mais c'est à une condition ; tu comprends qu'avec la mer et le soleil pour fond, j'ai besoin d'un premier plan très-soigné, et comme il y a dans l'île aux Moines un éboulement qui m'a séduit, tu demanderas à M. de Tréfléan la permission de prendre son grand canot, et tu m'y conduiras ; acceptes-tu ?

— Je n'ai rien à me refuser.

— Alors, bonne nuit, et à demain. »

Quand Maurice parla de ce projet à Armande, elle en fut attristée, la pensée d'un voyage en mer, de deux ou trois heures au moins tous les jours, la pensée aussi de rester seule, et la certitude qu'il lui faudrait accepter une explication avec Audren, l'émurent et l'effrayèrent ; mais lorsqu'elle eut bien compris que, par ce moyen, leur bonheur serait bientôt assuré, elle se résigna, et ce fut même presque avec un sentiment de joie qu'elle les vit s'embarquer sur *l'Albatros* et mettre à la voile.

L'île aux Moines, la plus grande d'un petit archipel ayant autrefois appartenu à la côte, et que les flots ont divisé et déchiqueté, est à deux lieues de Plaurach, et, du haut des falaises, on la voit au large, noire et ardue, au milieu d'une mer blanchissante et toujours agitée. Pour être plus longtemps avec Maurice, Armande, aussitôt le départ, alla s'asseoir dans la lande, à la place même où ils avaient si souvent parlé d'amour, et elle put encore voir leur canot qui, poussé par une bonne brise, doublait la passe de l'est, tournait l'île qui est à l'entrée de Plaurach, revenait vers la passe de l'ouest et gagnait la pleine mer.

Longtemps elle les suivit des yeux, et longtemps encore, après qu'elle ne les vit plus, elle regarda la pointe des rochers derrière laquelle ils avaient disparu ; elle pensait tendrement à Maurice, et, bercée par le bruit de la mer qui se brisait à ses pieds, elle se laissa emporter dans un avenir idéal, où elle se fit une vie selon ses désirs, qui se résumait en deux mots : amours éternelles dans un tranquille bonheur.

Il y avait déjà de longues heures qu'elle rêvait ainsi, lorsque, tournant les yeux vers le village, elle aperçut Audren qui s'avançait vers elle. Son premier mouvement fut de se lever et de s'enfuir; mais ce n'était point là ce qu'elle avait promis ; une nouvelle fuite ne décidait rien, et, d'ailleurs, dans les conditions présentes, elle était impossible : il fallait donc attendre et affronter l'entretien ; en tremblant, elle attendit.

Audren s'approcha lentement; il était encore plus pâle qu'à l'ordinaire, et ses yeux avaient un éclat brûlant.

Arrivé devant elle, il la regarda quelques secondes en silence, puis, sans lui tendre la main, sans même lui faire un signe de tête, et avec un accent plein de tristesse et d'amertume :

— « Eh bien, dit-il, vous ne me fuyez donc point, aujourd'hui ?

— Et pourquoi vous fuirais-je? interrompit-elle faiblement.

— Pourquoi? Parlez-vous sérieusement, Armande? et faut-il que je vous réponde? ou bien voulez-vous dire que vous ne me fuyez pas ? »

Elle ne répondit point, car elle ne pouvait le faire sans avouer la vérité, ou sans recourir au mensonge, et elle commença seulement alors à entrevoir toutes les difficultés de sa tâche; la loyauté lui défendait une tromperie, et la crainte un aveu ; une femme se serait sauvée en déplaçant habilement la question, elle n'était qu'une jeune fille, elle se tut.

— Oui, reprit Audren, dites clairement que vous ne me fuyez pas, dites que depuis l'arrivée de M. Berthauld à Plaurach, vous êtes encore pour moi ce que vous étiez autrefois,

— Je vous affirme, Audren, que je ne suis point changée à votre égard, et que j'ai toujours pour vous l'amitié la plus vive et la plus sincère.

— Vous l'affirmez?

— Je le jure, mon ami. »

Ce fut au tour d'Audren de rester silencieux, mais presque aussitôt reprenant:

— « Affirmez-vous aussi que vous ne me fuyez pas, dites, Armande, l'affirmez-vous?... Vous ne répondez pas?... Ah! vous voyez bien que vous ne répondez pas. — Tenez, je vous en supplie, expliquons-nous franchement. Je suis malhabile aux choses de l'esprit, et il ne vous serait pas bien difficile de m'embarrasser avec d'adroites paroles, mais vous ne le voudriez point, n'est-ce pas? car ce serait me tromper, et, comme je ne voudrais pas non plus vous tromper, et que d'ailleurs je serais encore bien plus malhabile à vous tendre un piége, répondez franchement à ce que je vais vous demander, franchement, et je croirai que vous avez encore un peu d'amitié pour votre pauvre Audren.

— Mais, en vérité, je ne vous comprends pas.

— Oui, de quel droit, n'est-ce pas? pourquoi je vous parle ainsi? — De quel droit? du droit de l'amitié! — Pourquoi? pour mon repos et pour mon bonheur. Car, depuis trois mois, je ne vis plus, j'ai une fièvre qui me brûle, et vous le savez bien, Armande, je l'ai souvent lu dans vos regards qui, peut-être, m'auraient rendu heureux, s'il y avait eu moins de pitié; mais cette pitié, qui me blessait il y a encore quelques semaines, aujourd'hui je l'implore: au nom de cette pitié, au nom de mes souffrances, au nom de votre bon cœur, au nom de ce qui peut vous toucher, Armande, répondez-moi franchement: « aimez-vous M. Berthauld? »

Et comme, rougissante, elle s'était levée.

— « Ah! restez, reprit-il rapidement, c'est pour ma vie

que je parle, ayez pitié, ayez franchise, répondez-moi: Armande, aimez-vous M. Berthauld? Ah! n'ayez pas honte, ne cherchez pas à me tromper, pas de phrases, pas de détours: l'aimez vous? »

Pour Armande, la question ainsi posée était des plus graves, et elle le comprenait. — Ne point se contenter des raisons invoquées par Audren et demander de quel droit il interrogeait ainsi, c'était provoquer une déclaration qui devenait alors inévitable, et que cependant il fallait éviter à tout prix, car cette déclaration ne la sauvait point, et rendait même les questions plus pressantes et plus décisives. —Ne rien dire et s'échapper, c'était tout dire, c'était exaspérer Audren. — Répondre qu'elle n'aimait point, c'était tromper un homme qui avait été son frère, lorsqu'il venait à elle brutalement peut-être, mais à coup sûr loyalement, le tromper avec la certitude que sa fourbe serait bientôt découverte, et alors c'était s'exposer au mépris, à la haine, à la vengeance de cet homme, et y exposer aussi Maurice. — Répondre qu'elle aimait, c'était manquer à sa promesse, c'était désespérer Audren, le pousser peut-être à quelque extrémité, à une provocation, à une dénonciation, et puis c'était encore pour elle, se résigner à l'aveu le plus pénible pour un cœur jeune et chaste, c'était déflorer son amour, le confesser à celui-là qui, le dernier, aurait dû l'apprendre.

Et cependant elle s'y résigna; la pensée que c'était elle seule qui braverait le premier danger, la décida :

— « Eh bien! oui, » dit-elle faiblement.

Et, le regardant, elle ajouta presque avec résolution :

— « Oui... je l'aime. »

Audren pâlit, et, quoiqu'il s'attendît presque à cette réponse, elle le frappait si cruellement que son cœur cessa de battre, et, haletant, éperdu, hébété, il la regarda sans trouver un seul mot.

Mais elle, le voyant ainsi et touchée de pitié, se leva vivement et lui prit la main : longtemps, sans rien dire, ils se regardèrent tous deux; puis, Audren, détournant ses yeux où roulaient des larmes contenues :

— « C'est donc plus fort que vous! » dit-il.

Et comme, sans répondre, elle lui avait abandonné la main et s'était rassise :

— « Oh! je n'ai pas voulu vous faire de la peine, ajouta-t-il, craignant de l'avoir blessée, je vous ai dit cela parce que je le sens; je sais que vous êtes bonne et que si vous pouviez faire autrement, vous le feriez. »

Et comme elle ne répondait point encore :

— « Mais que vous a-t-il donc fait pour que vous l'aimiez? » s'écria-t-il avec explosion.

A ces mots Armande eut peur que cette colère, qui se dominait à peine, n'éclatât et ne tombât sur Maurice, et sentant que ce qui toucherait son amant la blesserait plus que ce qui la toucherait elle-même, comprenant aussi qu'Audren l'aimait assez pour ne point la frapper sans pitié, elle voulut détourner les coups et les attirer sur elle seule.

Alors, le regardant en face :

— « Audren, dit-elle, que votre chagrin ne vous rende ni injuste ni blessant! S'il y a une faute, elle n'est point à lui, elle est toute à moi. »

Mais lui, furieux de cette générosité, et ne voulant pas que son idole s'outrageât elle-même :

— « A vous! reprit-il... c'est votre faute s'il est venu et revenu ici; c'est votre faute si, pour se distraire, il vous a regardée; c'est votre faute s'il vous a séduite! »

En entendant cette accusation, Armande, les joues empourprées, se leva brusquement sans dire un seul mot, et déjà elle avait fait quelques pas pour s'enfuir, lorsque Audren, la saisissant par le bras :

— « Oui, reprit-il d'une voix brève, séduite... ensorcelée; je vous dis qu'il doit être sorcier pour vous avoir fait oublier vos amis et cette maison où vous avez grandi; car enfin vous ne pouvez être heureuse qu'ici. Que ferez-vous dans cette vie d'artiste? Quand même cet homme aurait toutes les qualités que vous lui attribuez et que je ne lui reconnais pas, moi, — mais, enfin, la haine peut m'aveugler, — quand cela serait, vous ne vivrez pas un an de cette vie, vous n'êtes pas faite pour y vivre; plante de ce pays, vous êtes faite pour y fleurir, vous vous fanerez ailleurs! Armande, rappelez-vous votre mère! Il vous a donc fait aussi oublier votre mère. Oui, c'est votre mauvais génie, et si vous partez, je le sens, vous êtes perdue.

— Qui parle de partir? interrompit-elle, Pourquoi me parlez-vous de Paris? Que savez-vous? que voulez-vous dire?

— Ah! pas de ruse, Armande, pas de ruse!

— Vous m'aimez donc?

— Pas de cruauté! »

Il y eut un moment de trêve et de silence : comme deux combattants, ils s'examinaient : c'était un duel qui se livrait entre eux; Armande avait habilement profité d'une occasion pour faire une feinte, mais atteinte à son tour, et coup sur coup, par les deux ripostes d'Audren, elle était désarmée, et il lui fallait, ou avoir la honte de rompre encore, ou tendre la gorge; elle n'hésita pas, et s'avançant bravement :

— « Eh bien! oui, dit-elle avec lenteur, je suis folle, je suis rusée, je suis cruelle : je vous aime comme un frère, je ne puis pas vous aimer autrement; pourquoi voulez-vous m'en faire dire plus, puisque vous savez la vérité? pourquoi m'attaquez-vous dans mon amour? pourquoi voulez-vous que je vous blesse, et que je me blesse moi-même? C'est vous, qui êtes cruel; c'est vous, qui êtes imprudent.

— Vous avez raison, Armande, nous sommes fous tous les deux; et, de plus, je suis horriblement malheureux; je sens que ma vie était attachée à la vôtre, que vous vous perdez, et que je me perds avec vous; mais je souffre moins de mon malheur que du vôtre. J'ai commencé cette conversation comme un amoureux, comme un enfant jaloux; je la finis comme un frère, comme un père! Il ne s'agit plus de moi, Armande, oubliez-moi; je suis mort, mais je ne veux pas que vous mouriez; je peux parler de moi comme en parlerait ma mémoire, comme en parleraient mes amis, si j'en avais. J'étais votre amant, Armande... »

A ce mot, Armande, jusque-là foudroyée, eut un léger tressaillement; Audren le vit, et tendant la main comme pour la rassurer :

« J'aurais été votre mari, reprit-il. Regardez-moi; vous n'aurez peut-être pas, désormais, l'occasion de me voir, et il faut que vous vous souveniez de moi, quand je serai mort; regardez-moi : j'étais le bonheur, j'étais l'honneur, et lui... »

Et alors sa figure prit une expression sauvage, en se tournant vers l'île aux Moines :

« Lui... »

Ici Armande fit encore un geste; mais Audren, cette fois, d'autorité et comme la repoussant :

— « Oh! je ne l'insulte pas, je le maudis. Lui! c'est la paresse, c'est l'inconduite, c'est l'amour frivole, c'est l'abandon, c'est le malheur, c'est la honte! Je sais que vous allez me haïr après de telles paroles, mais j'ai tout dit, je dirai tout, le bien comme le mal, l'amour comme la haine; retenez bien une chose, Armande, vous vous la répéterez plus tard à vous-même : vous n'avez été aimée, vraiment aimée, que pendant un jour, pendant une heure, par un homme; ce jour, c'était aujourd'hui; cette heure, c'était celle où nous sommes; cet homme, c'était moi. — L'amour! insensée, vous le cherchiez là-bas, il est ici. »

A ces paroles, il eut peur de lui-même, il eut peur de s'attendrir, et il ne le voulait pas; toutes les pensées lui traversèrent tumultueusement l'esprit : se jeter aux genoux d'Armande, lui demander pardon, lui demander merci, ou bien la saisir dans ses bras, et se lancer avec elle du haut de la falaise. Il la regardait fixement avec des yeux terribles, mais il ne la voyait plus ; elle était auprès de lui, il la cherchait. Ah ! c'est qu'il la voyait plus loin ; il la voyait dans l'avenir, il la voyait dans sa maison, malgré tous ses pronostics de malheur, amante adorée, femme heureuse, mère chérie. Comme il souffrit, et comme Armande était loin de se douter de ce qu'il y avait dans son âme !

Aussi fut-elle profondément surprise, et put-elle croire réellement que son esprit était égaré, quand, après un instant passé à la regarder comme un fou, elle lui entendit proférer ces paroles :

— « Ah ! ils seront bien beaux vos enfants, Armande, et ils vous aimeront bien. Je vais vous demander une dernière grâce, ne me la refusez pas : quand ils seront déjà un peu grands, et que le soir vous leur ferez faire leur prière, quand vous leur aurez dit : — « Prie pour ta mère, prie... »

Et ici il eut comme un étranglement.

— « Prie pour ton père, vous leur direz : « Prie pour ton ami Audren, que tu n'as pas connu, et qui m'aimait bien ; il en a bien besoin, va, car il a cruellement souffert en ce monde, et Dieu sait s'il ne souffre pas encore plus dans l'autre. »

Et disant ces mots, il s'enfuit.

Armande éprouva un vif sentiment de délivrance en le voyant s'éloigner : elle avait tant souffert pendant qu'il lui parlait, qu'avant de rentrer dans ses réflexions, elle se donna un court moment de trêve et de répit : au moral comme au physique, elle était affaissée ; la rapidité avec laquelle les paroles d'Audren s'étaient succédé, ne lui avait laissé que le temps de recevoir les coups sans songer à les parer ; quoiqu'il se fût rapidement éloigné, et que déjà on ne le vit plus, elle n'osait lever les yeux, elle frissonnait, elle se sentait en quelque sorte encore enveloppée de cette colère et de ce désespoir ; et il lui fallut presque un effort de volonté, pour évoquer ce nom si aimé de Maurice. Mais, ayant jeté les yeux sur l'île aux Moines, cette vue lui fut un cordial : elle se leva tout allégée et fortifiée et reprit lentement le chemin de la maison. Il lui semblait qu'elle avait fait une grande maladie, son cœur battait avec violence, elle se sentait des plaques de rouge sur les joues, elle avait froid dans le dos, ses jambes ne la portaient plus ; plusieurs fois elle fut obligée de s'arrêter ; mais elle ne voulut point s'asseoir, il lui semblait qu'elle ne pourrait plus se relever. Les sinistres prédictions d'Audren lui revenaient à la mémoire, elle en était assiégée. — « Si c'était vrai tout ce qu'il m'a dit, si cela devait m'arriver ainsi ? » Puis, elle éprouvait une violente commotion dans la tête, son esprit s'engourdissait et devenait trouble, et machinalement elle répétait : « Si cela était ainsi ? » — Alors, apercevant les arbres qui entouraient la maison, elle voulut chasser cette idée. Dans son égoïsme naïf, elle n'avait songé tout d'abord qu'à elle et au présage de malheur jeté sur Maurice, mais le fond de sa nature c'était la bonté ; dès qu'elle cessa de se voir elle-même et celui qu'elle aimait, la figure pâle et désespérée d'Audren lui apparut, elle souffrit de l'avoir tant fait souffrir, se reprocha de ne point l'aimer, et en arriva à se poser cette question terrible : — « Est-il donc vrai que l'on ne peut faire le bonheur de l'un sans faire le malheur de l'autre ? » Mais cette première idée en apportait avec elle une seconde, que la noble et candide enfant ne se formulait pas avec précision, mais que son amour lui présentait avec persistance : — « Pourquoi nous plutôt que lui ? » De là à se dire que la douleur d'Audren était peut-être moins profonde qu'il ne le croyait, plus guérissable, qu'il était jeune, qu'il était fort, qu'il ne se dégoûterait point de la vie parce qu'elle ne lui avait point tenu ses promesses ; de cette première pensée complaisante, à ces dernières pensées lâches, il n'y avait pas loin : à mesure qu'elle s'approcha de la maison, le bruit que faisaient dans son âme les paroles d'Audren, alla s'atténuant, et de ses yeux son image alla s'effaçant ; ce fut le souvenir de Maurice qui rentra en triomphateur dans cette âme d'où il avait été un instant expulsé, ce fut Maurice qu'elle entendit et qu'elle vit désormais, et ce fut lui, à coup sûr, qui, lorsqu'elle mit le pied sur le seuil, se pencha vers elle, et lui murmura ce mot que ses lèvres répétèrent docilement, sans que son esprit s'y prêtât, sans que son cœur y consentît : — « Il se consolera ! »

Le lendemain, elle ne remonta point sur la falaise pour assister au départ de Maurice, car l'aspect de ce lieu était désormais pour elle inséparable de la scène qu'elle y avait eue avec Audren ; son image attristée lui défendait d'y entrer, — et il lui semblait qu'elle n'y remonterait jamais.

Cependant, vers le milieu de la journée, la chaleur étant devenue étouffante, de gros nuages s'amoncelant à l'horizon, les feuilles frissonnant toutes seules dans les buissons, les vaches meuglant plaintivement dans la prairie, elle se décida à y remonter, elle voulait se rassurer sur Maurice, et son amour fut plus puissant que ses craintes et que ses remords.

En chemin, elle rencontra M. de Tréfléan.

— « Sais-tu à quelle heure Maurice doit rentrer ? demanda celui-ci.

— Pas avant ce soir, je pense.

— Ah ! tant pis, je le voudrais ici.

— Est-ce qu'il y a du danger ? murmura-t-elle.

— Je ne crois pas, mais le temps se charge ; il y a dans le ciel des tons jaunes et verts qui n'annoncent rien de bon, les nuages s'entassent, ils courent contre le vent, et si le vent tourne, nous aurons une tempête. Je les voudrais ici.

— Montons sur la falaise, peut-être les verrons-nous venir.

— Monte toujours devant, je vais aller chercher une longue-vue, et je te rejoins. »

La respiration oppressée, la sueur lui coulant du visage, Armande arriva rapidement sur la falaise. Ce fut en vain qu'elle interrogea l'horizon, on ne voyait au loin que les îles toutes noires au milieu de la mer sombre et calme. L'air était lourd. De temps en temps soufflait de la terre une rafale chaude et suffocante, et presque aussitôt tout redevenait immobile, même les feuilles les plus légères, même les herbes les plus flexibles.

— « Eh bien? dit M. de Tréfléan, qui arrivait suivi d'Audren.

— Je ne les vois point encore, répondit Armande, sans oser tourner les yeux vers Audren, qui lui-même regardait obstinément la mer.

— A quoi pensent-ils donc? continua M. de Tréfléan, les oiseaux devraient leur dire qu'il faut rentrer. »

Et c'était vrai; des mouettes et des pétrels arrivaient du large en bandes nombreuses et, criant lugubrement, se blotissaient dans les trous de la falaise; le ciel devenait de plus en plus noir, et les nuages s'amoncelaient en masses compactes et confuses.

— « Regardez! » dit tout à coup Audren.

Et de derrière l'île on vit sortir le canot toutes voiles dehors, et sur l'horizon noirâtre, sa silhouette blanche se détacha vivement.

Presque en même temps, la mer, qui jusqu'alors avait été sans une ride, frémit comme sous une pluie battante, elle se souleva en deux ou trois grands sillons, qui prolongeant leur mouvement onduleux, vinrent s'abattre sur le rivage; de petites vagues courtes et clapoteuses s'agitèrent en se choquant, et leurs crêtes verdies se couvrirent d'écume.

Le vent avait fait une saute, et s'était mis avec l'orage; les nuages commencèrent à courir dans le lointain, et on entendit les roulements du tonnerre sourds et continus.

Le canot aussi commença à courir plus promptement, et bientôt on le vit plus grand et plus distinct. Avec la longue-vue on les aperçut sans peine: Maurice était au gouvernail et Martel tenait l'écoute de la grande voile.

— « Eh bien! fit Armande avec anxiété, croyez-vous pas qu'avant une heure ils seront ici?

— Ils y seraient bien avant une heure, répondit M. de Tréfléan, s'ils pouvaient venir en ligne droite, mais comme il faut qu'ils aillent doubler l'île Goë, ils vont remonter vers l'est, et bientôt nous ne les verrons plus. »

En effet, deux routes s'offraient pour rentrer à Plaurach, l'une par la passe de l'est, l'autre par la passe de l'ouest. La passe de l'est est large, ouverte, bordée d'une côte plate et d'un rivage sablonneux; c'est celle par laquelle entrent tous les navires; la passe de l'ouest, ayant la forme d'un entonnoir dont le petit bout serait tourné vers le village, est bordée d'un côté par l'île de Goë et de l'autre par la falaise; son fond est parsemé d'énormes quartiers de roc, son rivage à pic est couvert de galets, et les vents du nord et de l'ouest, qui s'y abattent librement, y rendent les vagues terribles. Quand le petit détroit tortueux séparant l'île de la terre, et qu'à marée basse on peut traverser à sec, commence à s'emplir d'eau, le courant de la mer montante s'y engouffre avec un bruit et une rapidité si formidable, que les pêcheurs l'ont baptisé l'Enfer de Goë. C'était en face de cet entonnoir que courait *l'Albatros*.

— « Ils sentent déjà la marée, dit Audren, et au lieu de remonter, ils dérivent vers nous.

— Crois-tu? s'écria M. de Tréfléan.

— Voyez plutôt.

— C'est vrai; mais le vent fraîchit toujours, il va les

soutenir. Maurice connaît trop bien le danger pour s'y laisser acculer; il n'y aura pas d'eau avant deux heures dans l'Enfer, et il faudrait un autre marin que lui pour s'en tirer.

— Oui, mais la marée augmente aussi de force, et s'ils ne mettent pas le cap au nord, ils ne la refouleront jamais.

— Regardons. »

Ils regardèrent pleins de crainte et d'émotion.

Sous le vent, de plus en plus fort, *l'Albatros* se couchait sur la vague, et son étrave s'enfonçant dans l'écume laissait sur son passage une longue traînée blanche et moutonneuse. Il allait, rapide et léger, bondissant devant la tempête.

Mais celle-ci s'avançait encore plus rapide; de minute en minute les roulements du tonnerre se rapprochaient, les éclairs se succédaient sans interruption, les rafales s'abattaient sur la côte plus fréquentes et plus violentes, les lames s'élançaient montant les unes par-dessus les autres; elles se brisaient avec fracas sur la grève, et les galets, agités en de puissants tourbillons, faisaient entendre des bruits rauques. Dans la lande, les ajoncs sifflaient et craquaient, et les fleurs arrachées de leurs tiges passaient dans l'air, emportées par le vent.

Cependant *l'Albatros* fuyait toujours, tellement incliné sur la vague, qu'on pouvait croire à chaque instant qu'il allait chavirer; mais plus il marchait, plus il devenait évident, même pour l'œil le moins exercé, qu'il déviait de la ligne droite, et qu'au lieu de s'avancer vers la pointe de l'île, il dérivait vers la passe où le poussait la marée montante.

— « Ils dérivent toujours, dit Audren.

— S'ils ne courent pas une bordée dans le nord, continua M. de Tréfléan, ils ne doubleront jamais la pointe.

— Mais alors! interrompit Armande.

— Alors, ma pauvre enfant, Dieu seul sait ce qui arrivera; mais ils ont vu qu'ils dérivaient, car ils virent de bord.»

Et le canot, que jusqu'à ce moment on avait toujours vu par le travers, n'apparut plus que comme un petit point, il piquait droit vers la pleine mer et ne se présentait plus qu'en longueur, rudement secoué par un horrible tangage ; mais il ne garda point longtemps cette direction, bientôt il reprit sa première allure et gouverna vers l'extrémité de l'île.

— « Malédiction! s'écria M. de Tréfléan, ils pouvaient se sauver, ils se perdent.

— Ils auront eu peur des vagues qui embarquaient, dit Audren.

— *L'Albatros* est insubmersible, mais il n'est pas de fer, et, s'ils sont acculés contre les récifs, il sera brisé comme une paille.

— Hélas! les voilà maintenant qui mettent le cap sur terre.

— Descendons, ils auront perdu la tête. »

Et, en courant, ils descendirent le sentier de la falaise. Armande se soutenait à peine, l'angoisse l'étouffait.

Quand ils arrivèrent sur la grève, l'orage avait redoublé d'intensité, et les vagues qui, du haut de la falaise, leur avaient paru si effrayantes vues d'en bas et obliquement, leur parurent plus monstrueuses encore, d'énormes murailles d'eau accouraient en roulant et déferlaient avec fracas sur le sable, le vent soufflait sans relâche, et les roulements de la foudre avaient été remplacés par des déchirements et des claquements aigus et précipités.

Le canot n'avait plus qu'une faible distance à parcourir, mais tout autour de lui s'élevait une infranchissable barrière de rescifs qu'on devinait à des pics noirâtres qui, sortant de la vague et la déchirant sans cesse, faisaient à toute la plage une blanche ceinture d'écume. Il n'y avait point un seul passage pour gagner la terre, et la marée, qui, deux heures plus tard, devait donner huit ou dix mètres d'eau dans la passe, avait pour le moment rendu le danger encore plus terrible, en permettant aux lames d'atteindre les bas-fonds et de s'y briser avec fureur.

La situation était des plus critiques, ceux du canot la comprenaient, et ceux du rivage, qui la voyaient encore plus clairement, étaient dans l'impossibilité de leur porter aucun secours ; ils auraient voulu leur crier de tenir encore tête à la mer, mais la bourrasque soufflait si fortement, que c'était à peine si, l'un contre l'autre, ils s'entendaient parler, et ils ne pouvaient que des bras leur faire des signaux pour les repousser au loin. Soit que ces signaux fussent compris, soit que Maurice ne sût comment trouver sa route au milieu du dédale de rochers qui lui fermaient le passage, tout à coup les deux voiles glissèrent le long du mât et de la draille, une ancre fut mouillée, et *l'Albatros*, trouvant un point d'appui, vira sur lui-même et s'arrêta brusquement.

Armande, qui jusqu'à ce moment était restée, les yeux sur le canot, haletante, plus morte que vive, s'attendant, à chaque minute, à le voir se jeter contre les rochers et s'y ouvrir en mille pièces, laissa échapper un long soupir et respira plus facilement.

Le bruit s'étant répandu au village qu'une embarcation s'était laissée affaler au milieu de la passe de l'Enfer, chacun était descendu sur la grève et M. Michon luimême, plein d'inquiétude et de sinistres pressentiments, arrivait aussi vite que lui permettaient ses soixante-dix années.

Du premier coup d'œil il vit l'imminence du danger : la proue tournée vers la pleine mer à cent cinquante mètres à peine du rivage. *L'Albatros* recevait en plein toutes les lames, et quand elles se précipitaient hautes et rapides et qu'il n'avait point le temps de se soulever, il y faisait d'effroyables plongeons, et s'il n'eût point été, au raz du plat-bord, recouvert d'un pont qui se creusait seulement au centre pour permettre aux passagers de s'asseoir, il n'eût point tardé à s'emplir et à couler bas : Martel et Maurice écopaient, sans se reposer, l'eau qui embarquait à chaque instant.

— Eh quoi! s'écria le docteur, n'y a-t-il rien à faire pour les sauver? »

Personne ne répondit.

La tempête allait, toujours redoublant, et quoiqu'il ne fût point encore cinq heures, il faisait déjà presque nuit, tant les nuages étaient sombres; mais quand l'éclair déchirait ces nuages, le ciel paraissait s'ouvrir : on ne voyait que des lueurs sinistres et des flammes éblouissantes; puis bientôt tout retombait dans la nuit. Et toujours, toujours la vague s'abattait sur la grève, lançant avec force des galets, des flots d'écume, que le vent balayait, et d'énormes paquets de varechs et de goëmons.

Et dans les groupes on se communiquait ses craintes et ses impressions : — Faut que le câble de l'ancre soit fameusement bon. — Oui, mais il ne tiendra pas toujours et jamais il ne sera assez solide pour résister à un pareil tirage. — Si le canot s'élevait sur la lame, ça serait encore possible; mais il se coiffe trop, il sera arraché dans un plongeon. — Est-ce qu'il n'y a donc rien à faire? si on allait chercher des cordes, des planches, des barriques? — Ha! des planches et des barriques, elles n'arriveraient jamais jusqu'à eux, le vent et la marée les rejetteraient tout de suite dans l'Enfer. — Savent-ils nager? — M. Maurice oui; mais le Parisien, je ne crois pas. — Nager de ce temps-là, ils seraient brisés sur les roches! — Faut donc les voir périr? — Et chacun se taisait, et quand un coup de tonnerre éclatait, plus bruyant et plus rapproché, on se signait dévotement, on secouait la tête, on se parlait à l'oreille, et l'on regardait la mer.

Armande, M. Michon et Audren faisaient un groupe à

part. On respectait leur douleur et personne n'osait les approcher. M. de Tréfléan arpentait le sable à grands pas, examinant attentivement le ciel, la mer et l'horizon; le docteur, abattu et découragé, s'était laissé tomber sur un quartier de granit, et Audren, sombre et immobile, suivait des yeux Armande, pâle, oppressée, se levant en sursaut, regardant la mer, regardant la barque, regardant tout le monde comme pour implorer du secours, se rasseyant, se levant encore, allant de l'un à l'autre, joignant les mains et ne pensant même plus à cacher ses pleurs.

A chaque instant le péril augmentait, et par moments la proue de *l'Albatros* disparaissait entièrement, et sa poupe, soulevée par la vague, laissait voir en retombant sa carène luisante, et plus de la moitié de la quille.

Enfin, M. de Tréfléan, qui depuis longtemps déjà ne répondait plus aux questions que lui adressaient Armande et le docteur, revint vers eux, et ayant fait un signe à trois ou quatre marins, un petit cercle se forma autour de lui.

— « Le moment décisif est arrivé, dit-il d'une voix brève et sonore, et l'ancre ne tiendra pas maintenant plus d'une demi-heure, la mer grossit et l'ouragan redouble, ils vont être jetés à la côte.

— C'est vrai, dirent les marins.

— Il n'y a qu'un moyen de les sauver, et ce qui était impraticable il y a vingt minutes, est possible maintenant qu'il y a de l'eau sur les récifs, c'est qu'un de nous se jette à la mer, gagne le canot et coure quelques bordées; dans une demi-heure, il y aura vingt pieds de fond dans l'Enfer. Voyons, mes amis, ne tenterons-nous rien pour les secourir? »

Les marins s'examinèrent en silence, et il y eut un moment d'hésitation.

— « Mais, s'écria Armande, la distance est si petite!

— Ce n'est pas la distance, brave demoiselle, dit un des marins, c'est les roches qui nous effrayent.

— Quoi! continua-t-elle avec explosion, vous avez peur et ils vont peut-être mourir!»

Et tout ce qu'elle avait dans l'âme de grandeur, de dévouement et d'amour passant dans ses yeux, elle regarda tour à tour les marins, M. de Tréfléan, Audren.

Celui-ci était plein d'incertitudes; il était ému de pitié pour ces deux hommes qui allaient périr, et s'il ne s'élançait pas à leur secours, ce n'était point la peur qui le retenait, mais la pensée qu'un de ces hommes était son rival, son ennemi, et que lui mort, Armande était libre.

Sous le regard à la fois enthousiaste et désespéré de la jeune fille, sous ce regard qui l'implorait après l'avoir si cruellement blessé, il baissa les paupières, il rougissait de lui et se sentait frémir, mais presque aussitôt il les releva, et l'inondant à son tour d'un coup d'œil plein d'abnégation et d'héroïsme, il fit un pas en avant.

— « Eh bien, j'y vais! s'écria-t-il.

— Vous, Audren! fit Armande.

— Qui vient avec moi?

— Moi, dit un marin.

— Ma foi, tant pis, dit un autre, moi aussi.

— C'est assez de deux, interrompit M. de Tréfléan; merci, Lecornec; venez, Gloaguen, vous n'avez point d'enfants. »

Et continuant, mais en s'adressant à son frère:

— Dépêchons-nous; arrivé dans le canot, tu hisseras le petit foc et tu courras des bordées d'est en ouest et d'ouest en est, en tâchant de t'élever dans le vent; tu feras parer le grand foc pour remplacer le petit, si la bourrasque vous l'enlève; et si vous ne pouvez point doubler la pointe de l'île, nous vous tirerons des coups de fusil aussitôt qu'il y aura assez d'eau dans la passe; si vous ne nous entendez point, vous verrez la lumière. Maintenant, embrassons-nous, et que Dieu soit avec toi.

— Embrasse-moi aussi, mon garçon, » s'écria le docteur.

Il allait passer devant Armande, mais elle, lui tendant la main :

— « Ah ! sauvez-les, dit-elle, sauvez-le ! »

Il s'avança sur le sable; Gloaguen y était déjà tout nu, et l'attendait.

En une minute Audren se débarrassa aussi de ses vêtements jusqu'à la ceinture.

Et, tous deux, ils restèrent immobiles, attentifs, prêts à saisir le moment où se briserait une vague plus faible que les autres.

Ce moment venu, ils firent un signe de croix, et s'élancèrent en courant.

Toutes les respirations s'arrêtèrent dans les poitrines; on les suivait du regard.

Ils nageaient vigoureusement, tantôt sur une montagne d'eau, tantôt dans une véritable vallée, tantôt plongeant la tête en avant, sous une crête écumeuse. Ils avaient franchi les premières lames sans se faire rouler, mais entre eux et *l'Albatros*, se dressait encore le plus effrayant obstacle : c'était la ceinture de rochers ; la mer y accourait rapide et menaçante, s'y brisait avec force, et retombant moitié du côté du large, moitié du côté de la falaise, elle y faisait un horrible tourbillon d'herbe, de sable et d'écume ; et, se précipitant comme un torrent, elle laissait à sec des aiguilles verdâtres qui, deux secondes après, disparaissaient sous vingt pieds d'eau.

Toujours nageant, ils arrivèrent au pied de ces récifs; longtemps ils luttèrent pour s'en approcher, et ce ne fut qu'en profitant habilement d'un intervalle de repos, qu'ils y purent monter. A peine y étaient-ils, qu'une vague formidable les enveloppa et les engloutit : quand elle s'abaissa, Gloaguen avait disparu, mais Audren, toujours sur sa roche, à moitié caché dans l'écume et dans les goëmons, se cramponnait à une pointe de granit; il se dégagea vivement, courut, en glissant, à un autre rocher, et, l'embrassant de ses bras et de ses jambes, il attendit... La vague passa encore sur lui, et, comme la première fois, elle le submergea quelques secondes; puis, se séparant en deux, elle le découvrit solide comme le rocher lui-même. Alors, il fit un signe de tête à ceux du rivage, rejeta ses longs cheveux en arrière, et quand la troisième vague eut passé et se fut retirée, on ne le vit plus. Il y eut un moment d'horrible anxiété. Mais bientôt il reparut, brassant au large, tandis que, du côté du rivage, Gloaguen reparaissait aussi, pâle, défait, s'agitant en désespéré. Deux hommes s'élancèrent à son secours, et le ramenèrent sur la plage; les récifs lui avaient déchiré la poitrine et les mains, et il était couvert de sang.

Audren nageait toujours; mais il avançait péniblement, il y avait des instants où on ne le voyait plus du tout, et d'autres où il semblait revenir en arrière.

Enfin, il approcha du canot, et Maurice et Martel lui ayant lancé des cordages, il y grimpa avec une agilité vraiment merveilleuse, après une pareille lutte.

Tout le monde respira; l'angoisse avait été si poignante, qu'Audren sur *l'Albatros*, on les crut sauvés.

Ils ne l'étaient point encore, car, loin de se calmer, la tempête suivait une marche ascendante : lames, vent et tonnerre, tout s'accroissait rapidement et progressivement.

A peine à bord, Audren, aidé de Maurice et de Martel, hissa le foc, l'ancre fut filée, et, s'abattant sur le côté, la pauvre barque, si rudement secouée tout à l'heure, recommença à bondir sur les vagues. Avec sa petite voile triangulaire, elle allait comme une flèche; quelquefois, elle disparaissait, corps et voilure, entre deux vagues, et quelquefois aussi, soulevée brusquement, elle montrait toute sa carène.

— « Ah! mon Dieu! disait la foule, reprenant ses commentaires, qui avaient été interrompus par l'anxiété, ah! mon Dieu! ils vont chavirer. — Il n'y a pas de danger,

M. Audren est un fameux matelot, qui connaît son affaire. — Et un rude nageur. — C'est lui qui s'est offert le premier. — Il n'a pas tremblé, et il a été plus fort que Gloaguen, qui est un rude gas, pourtant. — Tiens, les voilà qui se rapprochent. — Non, ils viennent prendre le vent pour courir dans l'ouest. — Ah! quelle lame. — S'ils faisaient bien, ils promettraient un cierge à Saint-Jouan. — Et un aussi à la bonne Vierge. — Ah! quel éclair. » — Et les moins braves couraient se mettre à l'abri dans les anfractuosités de la roche.

L'ouragan était dans toute sa furie ; les lames étaient devenues de véritables masses tumultueuses, qui, se dressant vers le ciel, s'écroulaient avec un épouvantable fracas et jetaient sur la plage, des cailloux, des fucus et des débris de toute sorte. Le ciel et la mer se confondaient dans un étroit horizon, qui, déchiré sans cesse par les éclairs, lançait des lueurs rapides et blafardes. Le tonnerre éclatait sans relâche; et le vent soufflait tantôt avec un bruit sourd et formidable, tantôt avec de sinistres sifflements.

Tout le village était arrivé sur la grève, et l'abbé Hercoët ayant appris qu'une barque était en danger et que cette barque portait Maurice et Martel, était venu rejoindre ses amis. Mais c'était en vain qu'il cherchait à entraîner Armande; mouillée par les paquets de mer et par les rafales d'écume qui lui soufflaient à la figure, elle ne voulait point quitter la plage, et, les yeux sur la mer, elle n'abandonnait point *l'Albatros* une seule minute : parfois son regard se troublait et elle sentait les forces qui lui manquaient, mais alors elle s'asseyait sur le sable et regardait toujours.

La lutte dura longtemps ainsi, et pendant plus d'une demi-heure *l'Albatros* résista à la tempête, au milieu d'une mer furieuse, où les lames se confondaient pêle-mêle et repoussées par les rochers, revenant les unes sur les autres, se heurtaient violemment et s'éparpillaient en une blanche poussière que les rafales emportaient au loin : ni la sombre horreur du ciel, ni la violence des vagues, ni l'impétuosité des grains, ni les éclats du tonnerre ne paraissaient émouvoir celui qui tenait le gouvernail. Mais, enfin, l'ouragan redoublant encore et tout espoir de franchir la pointe de l'île étant perdu, — car en dix bordées ils n'avaient point avancé de trois cents mètres, — on les vit une nouvelle fois virer de bord et se diriger vers la terre.

— « Y a-t-il de l'eau dans la passe? cria M. de Trésléan d'une voix de commandement, qui saisit tout le monde au cœur.

— Oui, mon capitaine, répondit un pêcheur; au moins six mètres.

— Alors, feu! »

Et les douaniers, les uns après les autres, déchargèrent leurs carabines, et on se mit à courir vers la passe. La pauvre Armande n'avançait point aussi vite qu'elle l'eût voulu, car elle regardait toujours la mer et ses pieds s'embarrassaient dans le varech : sans M. de Trésléan, qui la soutenait, elle serait tombée à chaque pas.

L'Albatros allait d'une rapidité effrayante; mais avec le terrible courant qui l'entraînait, il gouvernait assez mal : souvent son arrière ne plongeait pas dans l'eau, et alors, sans direction, porté par la vague, il s'abattait comme un homme ivre, tantôt à droite, tantôt à gauche, et souvent on eût dit que la poupe allait passer devant la proue. Et cependant approchait le moment critique où il fallait qu'il obéît docilement à la main qui le conduisait : ils arrivaient dans la passe.

Personne ne parlait plus : l'instant était solennel, et tout le monde regardait. Sans en avoir conscience, Armande enfonçait ses doigts dans le bras de M. de Trésléan.

Entre deux lignes blanches d'écume courait tortueusement une petite bande d'eau noire et profonde, large à peine de quelques mètres; c'était le sentier qu'ils devaient parcourir : une déviation d'un côté ou de l'autre, un faux coup de barre, une embardée imprévue, et c'en était fait d'eux, ils se brisaient comme verre sur les rochers.

Lorsque le beaupré parut entre les brisants, il y eut une horrible anxiété, même chez ces marins habitués aux orages, et l'on n'entendit plus que les hurlements de la mer et de la bourrasque.

Le canot passa rapidement au milieu des premières aiguilles, courut en droite ligne, obliqua d'un côté, revint d'un autre, rasa un énorme quartier de roc qui obstruait presque tout le chenal et, tournant alors brusquement à droite, il vint s'élonger sur une plage de sable, où la mer, le soulevant encore deux ou trois fois, le déposa presque doucement sur la grève.

Ils étaient sauvés.

Cinq ou six pêcheurs s'élancèrent dans les flots, et ayant de l'eau jusqu'aux épaules, ils apportèrent en triomphe Audren et Maurice, et dans leurs bras le pauvre Martel, qui, pris du mal de mer, se serait laissé noyer sans faire un mouvement.

Sur le rivage se tenaient les amis groupés ensemble et se serrant la main; mais Armande, folle de joie, la tête troublée par l'angoisse, oubliant où elle était et ceux qui pouvaient la voir, courut au devant de Maurice, et, sans dire un seul mot, à demi pâmée, elle se jeta dans ses bras.

— « Armande! mon enfant, murmura Maurice à son oreille, que faites vous? »

Elle comprit, revint à elle, et, se relevant, elle chercha Audren des yeux, mais elle ne le trouva point: le pauvre jeune homme ayant vu que le premier regard n'avait point été pour lui qui venait d'exposer sa vie, s'était enfui suffoqué, et déjà on pouvait l'apercevoir qui gravissait la falaise en courant sans se retourner.

On revint tous ensemble au château; mais, prêt à entrer, M. Michon s'approcha de Maurice:

— « Va promptement changer de vêtements, lui dit-il

d'un air grave, et viens me rejoindre dans la bibliothèque; j'ai à te parler.»

Maurice fut plus ému qu'il ne l'avait été pendant tout l'orage, mais cependant il fit comme il lui avait été dit, et revint promptement.

Le docteur se promenait à grands pas dans la bibliothèque. Quand Maurice fut entré, il alla pousser le verrou, et, revenant vers lui :

— « Assieds-toi, lui dit-il, et réponds-moi franchement, en me regardant en face. Pourquoi Armande s'est-elle jetée dans tes bras ? »

Il y eut un moment de silence; Maurice tremblait; mais bientôt surmontant ses craintes :

— « Nous nous aimons, dit-il faiblement.

— Je croyais que tu aimais une grande dame parisienne.

— Mais...

— Réponds.

— Je ne l'aime plus.

— Et tu aimes Armande?

— De toute mon âme.

— Allons, raconte-moi comment cet amour a remplacé l'autre, et si tu as quelque respect pour ma vieille amitié, parle loyalement, et dis bien toute la vérité : parle. »

Alors Maurice raconta en quelques mots ses amours avec Marguerite. Il dit son abandon, sa souffrance, sa maladie; puis il dit encore comment il était arrivé désespéré, comment Armande l'avait consolé, comment ils s'étaient aimés, comment ils s'étaient avoué leur amour.

Le docteur l'écoutait en marchant; de temps en temps il le regardait dans les yeux, puis il lui faisait signe de continuer.

— « Eh bien! fit-il quand Maurice fut arrivé à la fin, quelle était ton intention?

— De vous la demander pour femme.

— Et pourquoi n'as-tu point parlé plus tôt?

— Je n'osais; j'avais peur que vous ne me crussiez quelque pensée d'intérêt.

— C'est l'exacte vérité?

— Je le jure.

— Tu la veux pour femme?

— C'est mon seul désir.

— Écoute-moi bien, mon garçon, et je vais te répondre aussi avec franchise: tu me l'aurais demandée il y a deux mois que probablement je te l'aurais refusée, non à cause de toi, mais parce que tu n'as point de position; aujourd'hui les conditions ne sont plus les mêmes: tu es toujours sans position, c'est vrai, mais tu t'es fait aimer d'Armande, je t'aime moi-même de tout mon cœur; je te crois bon, honnête, sincère, tu as eu une passion, tu es sanguin, ton chagrin se sera envolé et tu auras gardé l'expérience; je ne veux point faire votre malheur à tous deux... je te la donne.

— Ah! mon bon père, » s'écria Maurice, en lui sautant au cou; et il l'embrassa, lui serrant les mains, le pressant dans ses bras, l'embrassant encore.

On redescendit. Auprès d'un grand feu, M. de Trèfléan, l'abbé et Armande étaient assis pour se sécher; Armande voulait faire bonne contenance, mais elle ne savait trop ce qu'elle disait et se sentait défaillir.

— « Mes amis, dit le docteur en entrant, je vous présente mon gendre. »

Armande se leva, resta quelques instants immobile comme pour s'assurer qu'elle avait bien entendu, puis voyant son grand-père souriant et joyeux, elle poussa un cri et sauta dans ses bras.

M. de Trèfléan et l'abbé embrassaient affectueusement Maurice.

— « Mon cher enfant, dit l'abbé, j'ai une demande à te

faire, et je me flatte que ton bonheur va te rendre généreux. Pendant que tu étais à la mer, le curé de Lannilis est venu ; il y a, de mardi en huit, grand *pardon* à la chapelle de Saint-Guin ; le comte de Lannilis vient de lui donner un bel orgue, et le curé te prie de vouloir bien le toucher. Il y aura une cérémonie superbe : Monseigneur y sera, le comte et la comtesse quêteront eux-mêmes, et le produit sera pour les pauvres incendiés. J'ai promis en ton nom, ai-je bien fait ?

Maurice hésita avant de répondre ; le souvenir de Marguerite, rappelé en ce moment, lui avait serré le cœur, la pensée de la revoir l'effrayait ; mais en regardant Armande, en songeant à son bonheur et à son amour, il se rassura, il se crut invulnérable, et prenant la main de l'abbé :

— « Vous avez bien fait, dit-il, et je vous remercie d'avoir promis pour moi. »

XI

ARMANDE? — MARGUERITE?

La tempête souffla terriblement pendant toute la nuit; les nuages avaient enfin crevé et la pluie s'était mise à tomber à flots, parfois un effroyable coup de tonnerre paraissait arrêter ces torrents d'eau, durant quelques secondes on n'entendait plus que les déchirements et les roulements de la foudre, puis les ondées, presque aussitôt, reprenaient plus fortes, plus précipitées, plus battantes; les girouettes criaient sur leurs tiges de fer; des branches et des feuilles, arrachées des arbres, venaient frapper contre les volets; la vieille maison, secouée par la bourrasque qui se ruait sur elle, tremblait jusque dans ses fondations, et fenêtres, cheminées et portes craquaient et gémissaient avec des bruits sinistres; entré dans les corridors, le vent les parcourait dans tous les sens, sifflant dans les fentes, hurlant dans les chambranles, glissant le long des murailles, rampant sur les dalles, se heurtant au plafond, s'engouffrant dans les escaliers, courant, serpentant, tourbillonnant; au loin, sans interruption et par-dessus tous les autres, on entendait le bruit épouvantable de la mer.

Cependant Maurice, couché dans son lit, éprouvait un calme plein de douceur et de bien-être, et bercé par la tempête, il pensait à Armande; parfois, s'endormant à demi, il se retrouvait au milieu de la passe de Goë, il entendait les rafales, il sentait le tangage, il voyait les récifs, puis, réveillé en sursaut par un coup de tonnerre, il revenait à la réalité, et songeant à leur prochain mariage, à leur avenir, à leur amour, il frémissait de bonheur.

Quelques heures avant que le soleil parût ; l'orage s'apaisa, les roulements du tonnerre devinrent plus faibles et plus sourds ; le vent se calma, et quand une lueur blanche commença à glisser à travers les fenêtres, la pluie, qui n'était déjà plus qu'une légère bruine, cessa bientôt tout à fait.

Alors, Maurice, qu'agitaient cette fièvre et cette impatience que donne une trop grande joie, se leva, et quoiqu'il fît à peine jour, il passa dans la chambre de Martel.

— « Qu'est-ce qu'il y a? fit celui-ci en entendant ouvrir sa porte, est-ce que nous chavirons?

— C'est moi qui viens voir comment tu vas, répondit Maurice en riant.

— Pas trop mal, seulement, tout en dormant il me semblait que mon lit roulait et tanguait comme *l'Albatros*, et quand j'ouvrais les yeux, que le plafond se haussait et se baissait au-dessus de ma tête ; même encore, en te parlant, je crois que j'ai le mal de mer. Est-ce que tu viens me chercher?

— Non, mon ami.

— A la bonne heure, car je te préviens que je n'y retourne pas ; si tu tiens toujours à ton coucher de soleil, nous verrons sur la terre ferme.

— Je te remercie, je n'y tiens plus.

— Tu renonces donc à ton projet?

— Au contraire, mais j'ai réussi sans tableau.

— Ah! très-bien, très-bien... Alors laisse-moi dormir, n'est-ce pas? Adieu, mon ami. »

Et Martel se retourna vers la muraille ; mais Maurice, d'une voix sérieuse :

— « Tu dois comprendre, mon cher Martel, que je ne suis point venu t'éveiller à quatre heures du matin pour le plaisir de troubler ton sommeil; j'ai à te parler.

— Tout de suite? dit Martel.

— Tout de suite.

— S'il en est ainsi, c'est différent; je m'éveille et je t'écoute, parle.

— Eh bien! mon ami, continua Maurice avec un certain embarras, tu te souviens peut-être que j'avais une demande à faire au docteur?

— Parfaitement.

— Cette demande est faite.

— Ah! elle est faite?

— Oui, et j'ai obtenu ce que je désirais.

— Et tu as obtenu ce que tu désirais?

— Oui.

— Eh bien! tant mieux, mon ami, »

Il y eut un moment de silence, Martel ne voulait point interroger directement, et Maurice n'osait se livrer; enfin, il reprit :

— « Et comme je suis le plus heureux homme de la terre, je veux que tu sois le premier à qui j'annoncerai mon bonheur. »

Il y eut encore une pause, et les deux amis se regardèrent. Martel souriait.

Alors Maurice, encouragé :

— « Eh bien! s'écria-t-il avec résolution, j'épouse Armande! »

Martel ne répondit rien; mais, se levant brusquement, il prit Maurice dans ses bras et l'embrassa.

— « Eh quoi! fit Maurice assez étonné, tu m'embrasses?

— Et de tout cœur, mon ami.

— Mais, tes idées sur le mariage?...

— Tu es fou d'amour, n'est-ce pas?

— Tout à fait fou.

— Alors, marie-toi, puisqu'il n'y a que ce moyen de te guérir ; mieux vaut te marier qu'extravaguer. D'ailleurs, tu dois comprendre que ta surprise ne me surprend qu'à demi ; il y a déjà longtemps qu'à certains regards et à certains serrements de mains, j'ai deviné votre amour ; la jalousie d'Audren m'a tout à fait éclairé, et la demande dont tu m'as parlé l'autre jour ne m'a plus laissé de doutes. Seulement, comme tu ne me disais rien, j'attendais en te tendant des piéges cependant, et, en moi-même, je me réjouissais.

— Brave ami.

— Mon Dieu, ce que j'avais à cœur, moi, c'était de te voir échapper à madame Baudistel. Te dire que je n'aurais pas mieux aimé que tu te guérisses par le travail, que par le mariage, ce serait te tromper ; mais, enfin, chacun subit sa destinée ; la mienne appartient à la lutte, la tienne appartient à l'amour ; aime, mon ami, et sois heureux, le bonheur vaut mieux que la gloire.

— Mais j'espère bien avoir l'un et l'autre.

— Je voudrais te souhaiter les deux ; mais, si tu es sage, tu te contenteras de l'amour. Tu vas être le mari d'une femme jeune, jolie, bonne comme un ange ; reste ici avec elle, au milieu de tes amis, au fond de ce pays superbe, dans cette maison où tout est réuni pour le bonheur. Il y a en toi assez d'activité intérieure pour que tu ne t'ennuies pas, et il y a en elle assez de simplicité et de bon sens, pour qu'elle ne désire pas d'autre plaisir que celui de t'aimer et d'élever vos enfants. Est-il au monde rien de plus beau, quand le sort y consent, que deux époux qui s'aiment et qui passent leur vie dans la paix ? Tu n'aurais point connu les passions, que je ne te parlerais pas ainsi ; mais madame Baudistel a dû te donner de l'expérience. Que viendrais-tu faire à Paris ? Conquérir une réputation. Tu l'obtiendrais, je le veux bien, mais à quel prix ? »

Et, comme Maurice avait fait un geste de surprise, Martel continua avec vivacité :

— « Je te dis ce que j'aurais voulu pour moi, si la fatalité m'avait fait amoureux; et j'en reviens toujours à mon idée : nous autres artistes, nous ne sommes point faits pour le mariage. L'art et l'amour, vois-tu, sont deux maîtres qu'on ne peut pas servir à la fois : les poursuivre l'un et l'autre, c'est brûler sa vie par les deux bouts. Qu'un épicier soit ensemble et bon épicier et bon époux, je le veux bien, son idéal de passion sera à la hauteur de son idéal de commerce; mais qu'un artiste soit poëte et amant, non; un des deux l'emportera, et l'autre en souffrira; si c'est le poëte qui triomphe, il fera le malheur de sa femme; si c'est l'amant, il fera son propre malheur. Quand j'ai vu que tu aimais Armande, ces idées me sont venues, et je me suis promis de te les dire : je te les dis. »

— Je t'en remercie de tout cœur, mais cependant...

— Voyons, soyons francs, n'est-ce pas? Tu es bon, honnête et loyal, c'est vrai; mais il est vrai, aussi, que tu es faible et changeant. Armande est jeune, jolie; elle t'aime et tu l'aimes; mais dans deux ans, dans trois ans...

— Ah! oublier Armande, jamais!

— Ah! oublier Marguerite, jamais! me disais-tu aussi avec la même conviction, il y a trois mois à peine; et, cependant, tu l'as oubliée. Eh bien, c'est cette mobilité de sentiments qui me fait peur. Reste ici, tu n'auras point d'occasions d'y regretter ta liberté; tu ne seras point exposé à des séductions et à des convoitises qui t'émeuvent trop facilement, et tu n'y exposeras point non plus Armande. Qui sait quelles douleurs une trahison de toi pourrait causer dans cette âme si douce et si confiante? Reste donc ici à chasser, à pêcher, à te promener, à cultiver ton jardin : et, si tu veux à toute force travailler, prends ta femme pour public et pour juge : une caresse vaut bien un bravo.

— Vraiment, mon ami, à t'entendre parler, on croirait que je n'ai qu'à vouloir. Le docteur me donne sa fille, c'est vrai, mais rien n'est encore décidé sur notre position de fortune,

— Eh bien, alors, tant mieux, tu n'en auras que plus facile à la décider dans ce sens; vous aimant tous deux comme il vous aime, le brave docteur sera enchanté de vous garder auprès de lui. A quand la noce?

— A bientôt, je l'espère; mais avant j'ai une épreuve à subir, qui me contrarie assez vivement : je dois revoir Marguerite.

— Es-tu fou?

— Ah! ce n'est pas ma faute, va, et je n'irai point chez elle; mais elle doit se trouver au *pardon* de Saint-Guin, où j'ai promis de tenir l'orgue.

— Pourquoi as-tu promis?

— Je n'ai pu faire autrement.

— Tu n'iras point, n'est-ce pas?

— Mais vraiment, dit Maurice piqué, tu me prends trop pour un enfant : tout à l'heure, tu me parlais d'inconstance à propos d'Armande, maintenant, tu as l'air de me parler de constance à propos de Marguerite, tu n'es pas logique. Que crains-tu?

— Je crains tout d'une ancienne maîtresse; tu ne sais pas quelles sont les irrésistibles séductions d'une femme qu'on a aimée : Pascaline m'avait trompé, je la méprisais, et cependant je l'ai reprise.

— Oui, mais tu n'aimais point une femme plus jeune et plus belle.

— C'est vrai, mais je suis dix fois plus rancunier que toi.

— Enfin, mon ami, j'aime Armande et je n'aime plus Marguerite, j'ai promis d'aller à ce *pardon*, j'irai. D'ailleurs, nous ne nous verrons point seul à seul, ce sera devant Armande, devant le docteur, devant toi-même, devant tout un village que nous nous rencontrerons, ainsi tu peux être sans crainte. Je ne suis pas une girouette, et si je ne peux pas te convaincre par ma parole que dans un an comme dans dix ans j'aimerai toujours Armande, tu me feras bien au moins l'amitié de me croire incapable de la tromper la veille de notre mariage.

— Je te crois incapable d'un projet lâche, mais je te crois parfaitement capable d'une faiblesse et d'une surprise.

— Allons donc, tu me juges trop par toi-même. Je te répète que j'aime Armande, et je te répète aussi qu'ayant promis d'aller au *pardon*, j'irai. »

Et sur ces paroles un peu vives, Maurice sortit. Il était blessé de ces observations de Martel. En venant le voir, il croyait qu'il aurait à subir des railleries, mais il ne croyait pas que l'on pourrait douter de son amour pour Armande; aussi ses craintes lui parurent-elles une profanation. En l'entendant parler des bonheurs d'une vie paisible et cachée, au milieu de la campagne, sans soucis, sans fatigue, sans lutte, il avait été ému et presque gagné, mais en rapprochant ces paroles des inquiétudes à propos de Marguerite, il n'y vit qu'un redoublement de doutes injurieux pour son caractère, et ne croyant pas que pour s'être consolé il méritât de pareils soupçons, il accusa Martel d'aveuglement ou d'injustice; plein de confiance dans son nouvel amour, il se dit qu'il aimait Armande, qu'il était sûr de lui-même, que Paris l'appelait, et que, malgré théories et pronostics, il saurait bien se faire une vie de gloire et de bonheur, où non-seulement l'artiste n'amoindrirait point l'amant, mais où il le rendrait encore plus sensible, plus reconnaissant, plus heureux.

Et, marchant par le jardin, levant les yeux sur les fenêtres d'Armande, rencontrant à chaque pas, une plante, un arbre, une fleur qui lui rappelait un souvenir d'amour, il s'affermit davantage dans l'idée de Paris, et se promit bien de ne point parler au docteur, de ces projets de retraite et de renoncement qui même, alors, lui semblèrent puérils et ridicules.

Bientôt, et matineux comme à son ordinaire, celui-ci parut sur le balcon, se disposant à descendre au jardin, pour voir les traces et les dégâts de l'orage; mais, apercevant Maurice, il s'arrêta et lui fit signe de venir le rejoindre.

Et quand tous deux se furent assis dans la bibliothèque :

— « Mon cher enfant, lui dit-il, hier, quand tu nous as eu quittés, nous avons parlé de toi, et M. de Tréfléan, comme un ami franc et loyal qu'il est, a cru devoir m'avertir que tu avais eu une grande passion; je lui ai dit que tu me l'avais avoué et que tu m'avais, en même temps, donné ta parole d'honneur que tu en étais radicalement guéri; mais le souvenir de ces paroles m'a tourmenté toute la nuit, car, moi aussi, je sais ce que c'est qu'une passion, quels désordres elle apporte, quels germes elle laisse dans le cœur; je n'ai point été impunément médecin pendant quarante années; aussi, parle-moi franchement, il en est temps encore : hier, j'ai été peut-être un peu vite; je vous aime tant tous les deux, j'étais si heureux de faire votre bonheur, que j'ai agi comme un jeune homme; cependant, si ce que j'ai cru n'avoir été qu'un simple amour avait été une de ces passions insensées qui brisent la vie et épuisent l'âme, dis-le loyalement, ne fais point le malheur d'Armande et le tien; rien n'est encore irrévocablement décidé, tu peux te retirer. Vous en souffririez tous les deux, je le sais; mais, enfin, nous pourrions bien trouver des distractions, je me ferais jeune, je la promènerais, et, dans tous les cas, mieux vaut une souffrance, quelque grande qu'elle soit, pendant qu'on est jeune, qu'une existence entière perdue et désespérée. Allons, mon bon Maurice, tu me comprends bien, n'est-ce pas? tu vois quelle est mon inquiétude, quel est aussi mon amour pour elle et pour toi, eh bien, parle franchement, et quelle que soit ta réponse, je te jure que tu auras toujours en moi un ami et un père.

— Mon bon père, répondit Maurice, ce que je vous ai dit hier, je vous le répète aujourd'hui : la femme que j'ai aimée, je ne l'aime plus; j'aime Armande, et je vous jure qu'il y a en moi assez de tendresse et assez d'amour, pour faire le bonheur de toute sa vie.

— Réfléchis à tes paroles, mon enfant, et vois bien si un regret ou un retour n'est pas possible.

— J'ai réfléchi : j'aime Armande.

— Songe à l'engagement que tu prends.

— Je suis certain de le tenir.

— Tu le jures?

— Je le jure sur mon honneur, sur mon bonheur.

— Alors, Armande est à toi. Je devais tenter cette dernière épreuve, et je suis heureux qu'elle ait bien réussi; mais rappelle-toi toujours que tu tiens entre tes mains notre vie à tous deux, et surtout qu'Armande doit ignorer que tu en as aimé une autre avant elle; ne fais point la sottise de la prendre pour confidente de tes bonheurs et de tes chagrins de jeunesse; on souffre toujours de ces confessions qui blessent et outragent; la femme qui console, n'est plus la femme qui aime; elle tourne trop à la garde-malade et à la sœur de charité : moi, je suis pour l'amour dans le mariage. Tu me le promets?

— Je vous en donne ma parole.

— C'est bien, je compte sur toi. Maintenant, parlons d'affaires; et, d'abord, dis-moi si tu as autre chose que ce que t'a laissé ta mère?

— Non, ou tout au moins, presque rien.

— D'après M. de Tréfléan, qui a liquidé la succession après ton départ précipité, le montant ne s'en élève guère à plus de six ou sept mille francs : c'est peu pour entrer en ménage.

— Vous avez raison, mais je travaillerai.

— Je l'espère parbleu bien, mais le travail des artistes, je connais ça... Voilà donc ce que je te propose. Je ne te donne point de dot, toujours parce que tu es artiste, et que je n'ai point une confiance fort grande dans ton habileté financière, mais, comme donner après sa mort n'est vraiment point donner, sur les douze mille francs de rente que j'ai, je prends l'obligation de vous en servir trois mille, et de plus je ferai tous les ans un cadeau de mille francs à Armande pour sa toilette.

— Oh ! mais vraiment, je suis confus... voulut interrompre Maurice.

— Ne me remercie point encore, poursuivit M. Michon, tu ne sais pas ce que je vais te demander en échange. Tu comprends bien, n'est-ce pas ? que ce ne sera point sans souffrir que je me séparerai d'Armande ; elle est toute ma joie, toute ma consolation ; je suis vieux, je n'ai plus qu'elle et j'avais presque espéré pouvoir toujours la garder près de moi pour me réjouir et m'empêcher de tomber dans ces tristes idées qu'apportent la vieillesse et l'approche de la mort, mais enfin je sais qu'il ne faut pas aimer les enfants pour soi-même, je la laisserai donc partir, seulement c'est à la condition, que vous viendrez passer tous les ans cinq mois à Plaurach, du 1er juin au 1er novembre. Le reste de l'année, vous vivrez à Paris, où je vous servirai votre rente. Cela te va-t-il ?

— Même en rêve, dit Maurice, je n'avais espéré un tel bonheur.

— Ainsi, tu es content ; eh bien ! tant mieux ; mais songe bien, n'est-ce pas ? que c'est une obligation formelle que tu prends et que je n'admettrai point d'excuses ni pour Armande ni pour toi, car je t'aime aussi, mon garçon, et je veux vous avoir ici tous les deux pour me rajeunir un peu et me faire vivre. Avec tes cinq cents francs par mois, tu n'auras pas besoin de donner des leçons, rien ne t'empêchera de venir travailler près de nous, et si tu veux nous composer bientôt un opéra, je te promets d'applaudir comme si c'était du Grétry.

— Vous applaudirez bientôt, je l'espère, et vous verrez que vous n'avez point fait un ingrat.

— Voilà donc nos petites affaires bien arrangées, n'est-ce pas? Il faut maintenant nous occuper de la principale. Jusqu'à présent, j'ai parlé comme si j'étais le seul maître d'Armande, et il nous faut cependant le consentement de son père.

— Oh! présenté par vous.

— C'est que justement cela ne signifie rien du tout, et peut-être vaudrait-il même mieux que tu fusses présenté par un autre, car tu ne connais point le misérable que j'ai pour gendre, et s'il croit pouvoir m'être désagréable en refusant, il refusera; si je voulais te dire toutes les infamies qu'il m'a faites, ce serait trop long; quant à Armande, elle n'a guère sur lui une plus heureuse influence que moi, et ce qu'il a été pour elle jusqu'à présent, nous donne tout à craindre. Croirais-tu que ce brigand-là, quand il a eu tué ma pauvre fille, a retiré Armande d'une petite pension de Gonesse où on l'élevait pour trois cents francs, — je ne t'ai jamais parlé de ça, mais maintenant que tu es de la famille, il faut que tu le saches; — qu'il l'a prise chez lui, lui a donné pour toute maîtresse une ouvrière en fleurs, et lorsque la malheureuse enfant, qui n'avait point encore onze ans, a su un peu travailler, il l'a tenue enfermée dans un mauvais grenier du boulevard Saint-Denis? Il fallait qu'elle lui livrât tous les soirs une certaine quantité de sureau, de lilas, je ne sais pas trop, mais enfin de ces fleurs communes dont il faut faire des milliers pour gagner trente sous. Pendant dix-huit mois, elle n'a pas mis le pied dans la rue; elle se levait à sept heures, se couchait à minuit, faisait le ménage de son père, travaillait toute la journée sans feu, se chauffant seulement au petit réchaud qui servait à ses fers, et n'avait pour toute distraction, quand elle se savait seule, que de se mettre à la fenêtre ; mais, comme cette fenêtre était une sorte de tabatière, il fallait qu'elle se laissât glisser à demi sur le toit, et alors, appuyant ses deux mains sur la gouttière, elle avançait le menton et regardait la foule passer sur le boulevard. Voilà ce qu'elle connaît de Paris, et voilà quels ont été les plaisirs de son enfance. Il a fallu, qu'en ma qualité de subrogé-tuteur, je commençasse un procès pour la faire remettre entre mes mains. Tu comprends qu'avec un tel homme on ne peut rien prévoir, et cependant ça été bien élevé, ç'a porte un des bons noms de la Bretagne, ç'a été chef de bataillon, et aujourd'hui c'est peut-être l'âme la plus vile et le caractère le plus immonde de tout Paris. Enfin, nous allons tous les trois lui écrire chacun une lettre et essayer les moyens de conciliation avant d'en venir à un nouveau procès que, malgré notre bon droit, nous pourrions bien perdre, grâce aux idées un peu trop primitives qui continuent à régir la puissance paternelle. Je vais faire appeler Armande, puis nous nous mettrons à l'œuvre.

Armande descendit bientôt, et, suivant son habitude, elle alla embrasser son grand-père sur les deux joues, puis, s'avançant vers Maurice, elle s'arrêta interdite, rougissante, n'osant ni lui parler, ni lui tendre la main, et baissant les yeux.

Maurice était presque aussi embarrassé qu'elle.

Alors le docteur souriant :

— « Allons, mes enfants, leur dit-il, embrassez-vous comme si je n'étais point là ; mais, quand je n'y serai pas, embrassez-vous comme si j'y étais. »

Ils s'avancèrent l'un vers l'autre, et Maurice, se penchant sur Armande, lui effleura les cheveux ; les lèvres avaient à peine touché le front, et cependant tous deux furent agités d'un rapide frissonnement.

On écrivit.

Puis, après le déjeuner, les deux amants sortirent pour faire une promenade sur la grève; mais cette fois ils allaient la tête levée, sans embarras, sans ruses, sans détours; ils ne craignaient plus les curieux ou les jaloux, et pouvaient tout à leur aise s'arrêter, se regarder longuement et se parler d'amour.

En eux, ils sentaient une joie ardente qui les transportait, et une fièvre de bonheur qui les rendait plus jeunes, plus légers, plus audacieux. Ils allaient être l'un à l'autre. Cette pensée les troublait si profondément, qu'ils n'osaient se dire leur ivresse, et que, se regardant, ils fermaient les yeux pour ne point défaillir.

Les premiers jours qui suivent le mariage ont paru à nos pères si remplis de charmes et de délices que, pour leur trouver un nom, ils ont été forcés de créer une image tout orientale : la lune de miel. Cependant, il est dans l'amour une autre phase qui, mieux encore que celle-là peut-être, ou tout au moins aussi justement, mériterait qu'on lui appliquât aussi ce nom, c'est celle où venaient d'entrer Armande et Maurice, s'aimant de toutes les puissances de leur cœur, librement, sans contrainte, sans scrupules, sans remords.

Cette phase, qui comme les trop belles choses, est d'une courte et rapide durée, n'a encore que des promesses, mais des promesses comme en donne le bourgeon qui déplisse ses premiers pétales, c'est la jeunesse, c'est le matin, c'est le printemps, c'est le mois d'avril du bonheur. Chaque parole amène une douce surprise, chaque regard une fertile découverte; c'est le temps où la vie se concentre dans un coup d'œil, tout le bonheur dans un serrement de main; c'est le temps des muettes extases, des éloquents silences, des enivrantes contemplations; c'est le temps où l'on domine la terre, où on entrevoit le ciel, où on entend parler son âme; on aime, on croit, on espère, on désire, on attend, on ignore.

Les deux amants jouissaient délicieusement de ces jours fortunés; entourés de sincères amis, au milieu d'un pays superbe, au bord de la mer, sous un soleil d'été, ils se voyaient à chaque instant, ils s'entretenaient sans cesse d'eux-mêmes, de leurs projets, de leur avenir, de leur amour, et rien ne venait troubler ce bonheur si calme et si radieux.

Rien, pas même la présence d'Audren, car depuis le jour de l'orage, on ne le rencontrait plus, et M. de Tréfléan avait annoncé qu'il était parti pour Brest d'où il ne reviendrait pas avant huit ou dix jours.

Cependant, la réponse qu'on attendait de Paris vint troubler cette paix trop tôt et trop brutalement.

Un matin, tout le monde étant réuni pour le déjeuner, on apporta une lettre, et, comme le docteur tendait la main pour la prendre :

— « C'est pour M. Maurice, dit le facteur.

— D'où ? s'écrièrent à la fois M. Michon et Armande.

— De Paris, » répondit Maurice.

Puis, l'ouvrant vivement et allant à la signature :

— « De M. de Kergomar. »

Le facteur sortit, et Martel voulut se retirer, mais le docteur l'arrêtant :

— « Restez, mon ami, vous êtes le frère de Maurice. »

Puis, se tournant vers celui-ci :

— « Allons, lis vite, vite.

— C'est que... — balbutia Maurice qui, d'un coup d'œil, avait parcouru la première page, — je ne sais trop si... »

Et il regarda Armande.

— « Eh bien ! quoi ? fit le docteur, lis toujours, quelle que soit cette réponse, Armande doit la connaître ; elle lui dira quel homme est son père... Allons, lis. »

Alors Maurice lut les lignes que voici :

« Monsieur,

» En même temps que je recevais votre lettre, j'en rece-» vais encore deux : une de ma fille, l'autre de M. Michon, » mon beau-père ; comme toutes les trois avaient un même » objet, je n'y fais qu'une seule et même réponse, et c'est » à vous que je l'adresse.

» J'ai l'habitude, monsieur, de traiter les affaires fran-» chement et en peu de mots ; or, comme ce dont vous » m'entretenez, ne peut être, malgré les beaux senti-» ments dont vous l'enveloppez, qu'une simple affaire » entre deux hommes qui ne se connaissent point et ne se » sont jamais vus, j'y réponds comme à mon ordinaire.

» Vous me demandez mon consentement pour épouser » ma fille, je ne vous l'accorde point ; ou, dans tous les » cas, je ne vous l'accorderai que si vous acceptez mes » conditions.

— Vite, vite, les conditions, interrompit le docteur.

» Vous déposerez chez un notaire de Paris, une somme » de vingt mille francs, et, en échange du consentement » que je signerai chez ce même notaire, on me remettra » cette somme.

» Ce n'est point un chantage que je veux pratiquer sur » vous, c'est une simple précaution que je veux prendre.

» Je ne suis plus jeune, monsieur, et bientôt peut-être, » j'en serai réduit à demander une pension alimentaire : » pourriez-vous me faire cette pension? Je ne sais si vous » avez de la fortune, mais par votre lettre, je vois que vous » êtes artiste ; et, vous en conviendrez, c'est une assez » mauvaise recommandation pour le présent, et une fort » mauvaise assurance pour l'avenir.

» Je ne veux point me trouver exposé à la misère, quand » la vieillesse sera tout à fait venue ; et voilà pourquoi je

» vous demande ces vingt mille francs; c'est un capital » qui, bien placé, me fournira le strict nécessaire et nous » dispensera une fois payé, vous de me servir une pen- » sion, moi de vous tendre la main.

» Considérez encore qu'en exigeant cette somme, je ne » fais point une spéculation; car, M. Michon, à l'âge au- » quel il est arrivé, peut mourir d'un jour à l'autre...

— Ah! brigand! s'écria le docteur; ah! tu crois que je vais mourir.

— Mon bon père, dit doucement Armande, les larmes dans les yeux.

— Ah! il croit que je vais mourir! ah! il spécule là-dessus, eh bien! il se trompe dans ses espérances... il verra, il verra... mais continue, continue.

» Car M. Michon, à l'âge auquel il est arrivé, continua » Maurice, peut mourir d'un jour à l'autre, et...

— Mais, voyez-vous ce misérable!

» Et dans ce cas, je serais l'administrateur de la fortune » de ma fille, au moins jusqu'à sa majorité; et cela, vous » le comprendrez facilement, me vaudrait bien ces vingt » mille francs.

» J'espère que vous ne verrez dans cette lettre que ce » qu'il y a réellement, une mesure de sagesse, et que si » vous aimez vraiment ma fille, vous n'hésiterez point, » soit à prendre sur votre fortune personnelle, soit à em- » prunter sur la dot, pour obtenir mon consentement en » satisfaisant mes justes précautions.

» Il est inutile de vous dire, je pense, que cette lettre » doit rester entre nous et que ni ma fille ni le docteur ne » doivent la connaître. Cependant, si vous vouliez con-

» sulter celui-ci, je ne m'y oppose pas; il pourra vous » assurer que je ne reviens jamais sur un projet arrêté.

» Agréez, monsieur, l'assurance de ma considération.

» DONAN DE KERGOMAR. »

Après cette lecture il y eut un assez long moment de silence; personne n'osait se regarder.

Enfin le docteur s'adressant à Maurice :

— « Quand je te disais que c'était le dernier des hommes, tu m'accusais d'exagération, n'est-ce pas? Eh bien! maintenant, qu'en penses-tu?

— Oh! dit Maurice répondant à sa propre pensée, si j'avais ces vingt mille francs, je les lui donnerais tout de suite... si je lui offrais ce qui me revient de ma succession...

— Il dirait qu'on lui marchande sa fille, le digne gentilhomme!

— Mais que faire, alors?... »

Et, sans achever, Maurice regarda Armande; celle-ci, pâle, confuse, fixait ses yeux à terre, elle se serrait les lèvres entre les dents, et de grosses larmes perlaient au bout de ses cils.

Le docteur, appuyé sur la table, demeurait silencieux, regardant tantôt l'un, tantôt l'autre; mais bientôt :

— « Allons, mes enfants! dit-il, ne vous désespérez point ainsi; je vous ai promis de vous marier, je vous marierai : comme le dit très-justement mon cher gendre, ce n'est qu'une affaire, et les affaires ça me regarde... je me charge de payer ces vingt mille francs.

— Ah! mon bon père! s'écrièrent à la fois Maurice et Armande.

— N'allez-vous pas me remercier pour de l'argent maintenant, vous me gâteriez la joie que vous m'avez donnée quand, le jour de l'orage, vous m'avez sauté au cou, et ne voyez-vous pas d'ailleurs que c'est votre bien que je donne?

—Monsieur Michon, interrompit vivement Martel, laissez-moi vous embrasser; car moi je suis désintéressé dans la question, et il faut que je vous dise que vous êtes le plus brave homme du monde. »

Et, se levant, il embrassa chaudement le docteur.

Mais celui-ci, se dégageant et d'une voix où l'accent ému et tremblant démentait les paroles :

— « Eh bien! eh bien! farceur! sous prétexte de m'embrasser, vous m'étouffez. »

Puis, se tournant vers Maurice .

— « Je vais donc envoyer vingt mille francs à M. Blanchet, mon notaire. Je ne sais pas trop, à vrai dire, ce que ce compromis sur des aliments pourra plus tard valoir; mais, enfin, nous aurons le consentement et si, dans un an ou deux, il vous demande une pension, devant le tribunal vous montrerez cette lettre-là et vous ne serez jamais condamnés à grand'chose. Mais, en attendant, il verra que je ne suis point encore en train de mourir, et s'il compte sur ces vingt mille francs pour recommencer sa vie de débauche, il compte sans moi : dans trois semaines le mariage fera Armande majeure, elle me donnera sa procuration, et alors à nous deux, M. de Kergomar, il vous faudra me rendre un compte de tutelle de trente-cinq ou quarante mille francs, que vous ne me payerez pas, bien entendu, mais qui me permettront sans doute de vous coffrer à Clichy; vous y attendrez ma mort, mon brave homme, et j'espère que vous l'attendrez longtemps. »

Et tout de suite, et sans même se donner le temps d'achever son déjeuner, il courut à son bureau, écrivit à M. Blanchet en lui donnant les instructions nécessaires et en le priant de faire diligence.

Cet obstacle imprévu, qui pouvait tout perdre, ayant été ainsi heureusement écarté par le désintéressement du docteur, les deux amants reprirent leur vie de joie et d'amour; mais ils ne la reprirent point cependant avec le même abandon et le même entraînement, car ce n'était point sans un certain effroi que Maurice voyait arriver le jour où il se retrouverait en face de Marguerite, et si, près d'Armande, en la regardant, en l'écoutant parler, il chassait facilement ce souci, loin d'elle il en était inquiété et attristé.

Il se demandait s'il n'avait point eu tort de promettre : les paroles de Martel et du docteur lui revenaient, et quoiqu'il rejetât bien loin la pensée d'un retour à Marguerite et la considérât comme une folie et une monstruosité, l'idée de la revoir le troublait et le faisait frissonner. Comment le regarderait-elle? Comment lui-même la regarderait-il? Que se diraient leurs lèvres s'ils se trouvaient en présence? Ah! si dans un coup d'œil il pouvait lui jeter au visage tout ce qu'il se sentait maintenant pour elle de haine et de mépris! Ah! s'il pouvait se venger, et lui faire payer en un jour toutes les souffrances qu'il avait endurées pour elle pendant de si longs mois! Et alors il se promettait de redoubler auprès d'Armande de soins et de tendresse afin que son amour éclatât bien à tous les yeux, et allât blesser et humilier Marguerite, en lui montrant combien sa rivale l'emportait sur elle en grâce, en jeunesse, en beauté. Et quoique Armande fût pour lui sans égale au monde, il l'eût voulue, pour cette journée, encore plus ravissante et plus parfaite : aussi lui parlait-il sans cesse de sa toilette et en discutait-il avec elle chacune des pièces, chacun des détails. La chère enfant ne comprenait guère le véritable motif de cette insistance, mais elle en était heureuse, car elle y voyait une preuve d'amour, et, en souriant, elle promettait ce que son amant demandait.

Enfin le jour du *pardon* arriva, et quand Armande, prête à partir, parut au bas de l'escalier, Maurice put être content : elle avait une beauté si éclatante et en même temps si suave, qu'elle réjouissait les yeux et attendrissait le cœur. Heureuse de faire plaisir à Maurice et de le voir pour la première fois dans sa gloire, — car elle se disait naïvement qu'il serait avec l'évêque le héros de la fête, — son visage s'était transfiguré, et son regard, reflétant la joie de son âme, avait pris une limpidité et un rayonnement qui lui faisaient au front comme une auréole; sa toilette aussi venait encore ajouter à sa séduction; elle avait une robe de mousseline blanche toute unie, un mantelet de même étoffe à volants légèrement ruchés, des bottines d'une soie grise, souple et lustrée, et un petit chapeau de paille de riz sans ornements, mais avec de larges brides d'un bleu pâle et une garniture de bleuets; ces brides, après avoir encadré le bas de la figure, s'étalaient sur le corsage serré à la taille par un large ruban de même couleur, et les bleuets se mariaient harmonieusement avec les flocons de cheveux dorés qui frisaient en de fines boucles: c'était d'une simplicité enfantine, mais c'était aussi d'une douceur et d'un charme vraiment inexprimables.

Armande vit dans les yeux de Maurice le plaisir qu'elle lui donnait, et, pour la première fois, elle se crut jolie et fut orgueilleuse de sa beauté.

On monta en char-à-bancs: M. Michon, l'abbé Hercoët et Martel se placèrent sur le premier banc, et, pour ne point défraîchir la toilette d'Armande, on lui permit de se mettre sur le dernier, seule avec Maurice.

— « Tout le monde est en place, n'est-ce pas? cria le docteur le fouet à la main; alors, en route. »

Et l'on partit.

Sur le chemin s'allongeaient des bandes de paysans endimanchés qui se rendaient à la fête. Ils allaient par groupes: les uns entassés dans des charrettes, assis sur des gerbées ou debout le dos contre les ridelles; les autres, à deux sur un bidet qui trottait dur, et le plus grand nombre à pied, causant lentement et frappant la terre de leur pen-bas; les hommes portaient des braies blanches retenues par une large ceinture de laine, la veste à poche, le grand gilet et le chapeau aux larges bords entouré d'une double ganse d'argent ou de chenille neuve et bigarrée; les femmes, pour cette cérémonie, avaient revêtu le corsage orné de velours noir, les jupes courtes, et s'échelonnant les unes sur les autres, les bas de coton rouge ou bleu, et la petite coiffe se relevant de chaque côté de la tête. C'était un long cordon qui ondulait dans la plaine, et la faisait toute bruyante et toute bariolée.

Fouettant son cheval qui pressait le pas, M. Michon dépassait facilement carrioles et marcheurs; les paysans le saluaient affectueusement; il leur répondait en les appelant par leur nom, et, sans se laisser distraire, il expliquait à Martel comment M. de Lannilis, qui s'était engraissé de la fortune de M. Baudistel, voulait se rendre populaire dans le pays et employait dans ce but ambitieux tous les moyens, la loterie en faveur des incendiés, l'orgue donné à Saint-Guin, et même la présence de l'évêque, qu'on avait invité, pour qu'il laissât au château un peu de son influence et de sa bonne réputation.

Dans le fond de la voiture on n'écoutait guère, mais on se tenait la main et on se regardait avec amour; de temps en temps Armande, toute fière, montrait à Maurice des paysans qui le désignaient du doigt en ayant l'air de se dire entre eux : — Voilà le musicien de Paris.

Aussi ils allaient traversant les groupes et courant au milieu de la campagne couverte de javelles et de gerbes de blé mises en dizeau : le soleil était déjà brûlant, mais des bouffées de vent, passant par-dessus la falaise, apportaient un air plus frais et soulevaient sur la route des flots de poussière qui tourbillonnaient en montant pour aller se disperser au loin.

En une demi-heure on arriva. Maurice avait été si

heureux qu'il n'avait même pas une seule minute pensé à Marguerite et à leur entrevue.

On descendit au presbytère, et pendant que l'abbé se rendait à l'église, d'où devait partir le cortége, on se dirigea vers le lieu du *pardon*.

Le *pardon*, en Bretagne, est ce que sont en Normandie les assemblées, en Flandre les kermess, aux environs de Paris les fêtes de village, une cérémonie où il y a des danses, des jeux, des saltimbanques et des marchands; seulement, comme la Bretagne est un pays essentiellement religieux, cette cérémonie se fait toujours à l'occasion de la fête d'un saint et autour d'une chapelle, d'une église ou d'une fontaine aux eaux saintes et merveilleuses, qui guérissent toutes les maladies chez les hommes comme chez les animaux; et, au lieu de s'enivrer avec du cidre comme les Normands, avec de la bière comme les Flamands, avec du vin comme les Parisiens, les Bretons s'enivrent et avec de l'eau de vie et avec du cidre en des mélanges aussi copieux que malsains.

Le pardon de Saint-Guin se célèbre tous les ans le 19 août, autour d'une chapelle vouée à ce bienheureux saint et bâtie au milieu de la lande de Lannilis, sur une pointe de falaise qui baigne son pied dans la mer. Quand on sort du village et en allant vers l'est, on la voit, au haut d'une montée assez douce, se détacher sur le bleu du ciel; à l'extérieur elle est soigneusement peinte en blanc pour servir d'*âmers* aux marins, et à l'intérieur elle est remplie de petits bateaux, suspendus aux voûtes, et de plaques de marbre, incrustées dans la muraille : précieux ex-voto, qui sont là pour dire la puissance et la miraculeuse intercession du saint.

Le jour du pardon, la plate-forme où s'élève la chapelle est ornée de deux ou trois baraques en toile, où l'on vend des pains d'épice, des bâtons à poignée de cuir, des croix et des boucles d'oreilles en or, des bagues en argent, des casseroles et des tasses peintes en couleurs éclatantes ; dédaignant tout luxe, un cabaretier ouvre sa boutique en plein vent, un tonneau lui sert de table, et dans sa charrette, en équilibre sur ses deux chambrières, il met en perce une barrique de cidre de Saint-Malo et un petit fût d'eau-de-vie : pour les estomacs plus difficiles, il y a une tente avec des bancs et des tables, où l'on trouve à manger des harengs-saurs, du poisson frit, et où des quartiers de porc frais, étagés les uns au-dessus des autres, cuisent en plein air, devant un brasier qui, recevant d'aplomb le soleil, fume toujours sans jamais flamber : en face de la tente, et de l'autre côté du chemin, est un espace bien nettoyé de broussailles, deux tonneaux sont placés à l'extrémité; c'est la salle de danse. Sur le chemin qui conduit du village à la chapelle, se tiennent les entrepreneurs de loteries et les chanteurs.

Ce fut par ce chemin que montèrent M. Michon, Armande, Maurice et Martel : déjà la foule arrivait.

— « Vous voyez, disait le docteur, montrant cette foule à Martel, chez nous, tout est renversé, et le proverbe qui dit qu'il vaut mieux avoir affaire au bon Dieu qu'à ses saints, en Bretagne n'est plus vrai ; ici, on aime mieux les saints que le bon Dieu. »

Et ils s'avancèrent lentement, regardant à droite et à gauche les marchands qui se hâtaient d'achever leurs préparatifs.

En arrivant sur la plate-forme, ils trouvèrent M. de Tréfléan.

— « Où donc est Audren ? demanda le docteur, surpris de ne pas le voir.

— Il n'est pas encore revenu de Brest, répondit M. de Tréfléan, et j'en suis un peu tourmenté. »

Les cloches de l'église commencèrent à sonner à toute volée, c'était la procession qui se mettait en marche. Aussitôt, la cloche de la chapelle, vigoureusement enlevée, leur répondit joyeusement.

Bientôt, on entendit les sons de l'ophicléide et du serpent, puis, bientôt après, des versets de psaumes, chantés par deux ou trois cents voix.

Et la foule qui était déjà arrivée, s'écartant de chaque côté du chemin, on aperçut la procession : c'était, au loin, un gracieux ensemble de bannières, de banderolles et de voiles blancs qui flottaient au vent.

A mesure que la procession gravit la montée, on distingua mieux sa pompe et son ordre.

En avant marchait le garde champêtre, le sabre à la main, puis venaient les gendarmes du chef-lieu de canton et les douaniers de Plaurach;

Ensuite s'avançait, à quelques pas d'intervalle, le suisse, qui, se balançant avec une nonchalance superbe, appuyait sa hallebarde sur son épaule, tenant à la main sa longue canne à pomme d'argent;

Puis venaient les croix de chaque paroisse au bout de leurs hampes; le bedeau et les enfants de chœur avec les chandeliers et les encensoirs;

Puis les jeunes filles en blanc qui portaient la bannière de la Vierge, et l'assuraient contre le vent qui l'enflait avec de longues banderolles qu'elles raidissaient fortement, tantôt en avant, tantôt en arrière;

Puis les jeunes garçons qui, sur une sorte de brancard posé sur leurs épaules, portaient la statue vénérée du bienheureux saint Guin;

Puis les serpents et les chantres en surplis bien plissés;

Puis huit ou dix curés des environs;

Puis le secrétaire particulier de Monseigneur;

Puis enfin, sous un dais en velours orné de panaches blancs, Monseigneur l'évêque lui-même, qui s'appuyait d'une main sur sa crosse et de l'autre donnait affectueusement sa bénédiction à la foule qui se prosternait.

Immédiatement derrière marchaient le comte et la comtesse de Lannilis, suivis de toute l'assistance.

Les chantres chantaient à pleine voix, les serpents soufflaient, les enfants de chœur criaient, les croix se balançaient, les bannières voltigeaient, et sur le passage du cortége tout le monde se courbait et s'inclinait religieusement.

— « La voilà, dit tout bas Maurice à Martel en s'agenouillant, je me sens trembler.

— Je comprends tout maintenant, mais du courage, n'est-ce pas? répondit celui-ci.

— Ah! sois sans crainte, j'en aurai. »

Cependant il n'en eut pas autant qu'il le promettait, et lorsque Marguerite s'approcha, il baissa malgré lui les yeux vers la terre; lorsqu'il les releva, le suisse arrivait à la chapelle.

Les cloches sonnaient toujours.

La procession commença à disparaître sous le porche, et ceux qui avaient des places réservées la suivirent. Le docteur et ses amis étant au nombre de ces privilégiés, ils entrèrent aussi. Empressé et suant à grosses gouttes, le curé de Lannilis, qui faisait l'office de maître des cérémonies, courait de l'un à l'autre pour tâcher de mettre un peu d'ordre. Apercevant Maurice, il alla vers lui, et le pria de monter aux orgues; alors celui-ci, ayant fait à Armande un signe amical et ayant échangé un coup d'œil avec Martel pour lui montrer qu'il était ferme, suivit le prêtre frayant le passage, et se perdit dans la foule qui se referma sur eux.

Presque aussitôt la messe commença.

L'église n'avait pas reçu la vingtième partie des fidèles, mais ceux qui n'avaient point pu entrer ne s'étaient pas découragés : il s'étaient étagés dans la lande, et de l'autel, par les portes toutes grandes ouvertes, on les apercevait accroupis sur leurs talons, — c'est ce qu'on appelle s'agenouiller en Bretagne; — les longs cheveux noirs des hommes se mélangeaient d'une façon bizarre aux coiffes blanches qu'agitait le vent; et çà et là quelques crânes dénudés miroitaient comme une glace sous les rayons du soleil.

C'était l'évêque lui-même qui pontifiait, avec l'abbé Hercoët pour archidiacre, et pour assistant son secrétaire.

Du haut des orgues, Maurice dominait toute l'assemblée, et au premier rang de la nef il apercevait Armande, placée entre son grand-père et M. de Tréfléan; puis dans le chœur, au banc seigneurial, Marguerite à côté de M. de Lannilis; mais elle était de profil, et il la voyait assez mal.

Cependant, quoique leurs regards ne se fussent point encore rencontrés, il se sentait une émotion et une oppression qui lui troublaient les yeux et lui gonflaient le cœur.

Après l'évangile, le secrétaire particulier de l'évêque descendit pour prêcher, et tous ceux qui étaient du côté du chœur se retournèrent vers la chaire.

Alors Maurice comprit que le moment décisif était enfin arrivé; mais avant et comme pour s'assurer contre lui-même, il contempla quelques minutes Armande qui, attentive et recueillie, était toute à l'office; puis, se sentant réconforté, il regarda Marguerite.

Par un étrange hasard, elle avait la même toilette qu'Armande, mais avec ces différences capitales qui séparent la femme de la jeune fille, l'élégance de la simplicité: sa robe était aussi en mousseline blanche, mais à trois immenses volants chargés de broderies qui se drapaient sur une large jupe en moire d'un bleu clair; le mantelet aussi était blanc et léger, mais il était en une admirable dentelle, et il l'enveloppait presque jusqu'aux pieds; le chapeau aussi était en paille, mais splendidement orné par la plus habile faiseuse à la mode. Ainsi parée, renversée à demi dans son fauteuil, la tête éclairée en plein par un rayon de soleil qui se réchauffait encore dans de brillants vitraux, elle était merveilleusement belle.

Maurice fut ébloui autant qu'étonné, car depuis qu'il aimait Armande il en était venu à une telle injustice pour

Marguerite, qu'il avait même oublié sa beauté et s'était habitué à ne plus la regarder qu'à travers sa douleur et sa haine; aussi, en la retrouvant telle qu'elle lui était apparue aux premiers temps de leurs amours, fut-il profondément troublé.

De sa place, il pouvait la voir sans qu'elle-même le vît : elle paraissait écouter le prédicateur attentivement, mais de temps en temps ses yeux glissaient jusqu'au porche, remontaient doucement à l'orgue, s'y arrêtaient en cherchant, puis, ne distinguant rien, ils revenaient à la chaire : il la regarda longtemps, perdu dans un monde de souvenirs, tantôt colère, tantôt attendri, tantôt haineux, mais toujours ému, toujours palpitant, toujours bouleversé.

Et pendant ce temps, du haut de sa tribune, le jeune prêtre, d'une voix douce et sonore, et avec un geste élégant et sobre, disait les inénarrables consolations de la charité; il disait comment cette vertu, si éloquemment prêchée par le divin Maître, ne laissait jamais les malheureux dans la détresse et l'abandon, — et se tournant vers le prélat, — il disait comment les ministres des autels étaient les premiers à obéir à sa voix; — puis, se tournant vers le comte et la comtesse, — il disait encore, comment les grands du monde étaient aussi touchés par elle, comment, sous sa pieuse inspiration, ils ne considéraient la fortune qu'ils avaient reçue du ciel, que comme un dépôt destiné à secourir, aider et consoler ceux qui, frappés sur la terre, pleuraient et gémissaient en implorant le Seigneur.

Sans bien comprendre ces délicates allusions, et sans comprendre surtout que l'incendie de leur village était une preuve de la bonté de Dieu, les paysans écoutaient immobiles et bouche béante, émerveillés de la facilité et de la rapidité avec laquelle coulaient ces paroles fleuries, pompeuses et rhythmées; mais Maurice lui n'écoutait point, et son regard allait sans cesse d'Armande à Marguerite, et de Marguerite à Armande; enfin, faisant un effort pour chasser les pensées qui, malgré lui, l'entraînaient dans le passé, il l'arrêta impérieusement sur celle-ci, et trouvant dans la vue de cette enfant si pure et si belle, qu'il aimait de toute son âme, une protection contre ses souvenirs, il s'arracha à cette contemplation vertigineuse, et jusqu'à la fin du discours, il ne détourna plus les yeux de dessus elle.

Au *Credo*, Marguerite se leva, et précédée du comte, elle commença à parcourir les rangs une bourse à la main; mais arrivée au bas de la chapelle, elle n'alla pas plus loin, elle laissa le comte achever la quête auprès de ceux qui étaient restés dehors, et elle revint à sa place, ramenée par le suisse et par le curé.

On chantait l'*Agnus Dei*, c'était le moment où Maurice devait jouer un morceau de quelque étendue, où il pourrait se livrer entièrement à sa fantaisie; mais ému et tremblant comme il l'était, il avait bien peu de liberté d'esprit pour accomplir cette tâche : il le comprit et il comprit en même temps qu'il succomberait honteusement s'il essayait de vaincre l'homme par l'artiste, et que le seul moyen de sortir vainqueur de cette lutte, c'était d'y mettre tout ce qu'il y avait en lui de passion, c'était d'en faire une chose humaine et personnelle : deux femmes étaient là qui avaient fait sa vie, c'était en elles qu'il devait puiser son inspiration.

Alors reprenant le troisième verset de l'*Agnus*, il entonna presque aussitôt un motif doux et tendre, c'étaient les *Adieux*, et le répétant sans l'abandonner, il l'étendit en des modulations pleines de tristesse dans leur monotonie; puis, le thème devint progressivement plus sombre, plus lugubre, plus déchirant, — il pensait à sa trahison, à son désespoir; puis, sous ses doigts inspirés et dans une série d'accords, presque toujours les mêmes, l'orgue gémit et pleura longtemps, — c'étaient les horribles jours de l'abandon et de la douleur; — puis la mélodie se fit moins plaintive, moins heurtée, — c'étaient les jours de consolation; — puis elle fut plus douce, plus calme, plus joyeuse, — c'étaient les jours d'espérance; — puis, par une transition habile, la phrase de *Robert disait à Claire* fut ingénieusement amenée, et alors éclata un hymne de triomphe et de joie; les voûtes de la chapelle furent ébranlées et les vitraux frémirent; l'orgue lançait à flots et en notes bruyantes un chant d'allégresse où toujours, toujours revenait, rapidement rappelée, la phrase du début, — c'étaient les jours de bonheur, c'étaient les rêves d'avenir, c'était le *Te Deum* de l'amour.

Aux premières mesures, Marguerite tressaillit, surprise et touchée; aux dernières, Armande pleura de joie, et quand Maurice revint auprès d'elle, elle avait encore deux larmes arrêtées dans les cils, et dans le tendre regard qu'elle lui jeta, elle mit tout ce qu'il y avait dans son âme de bonheur et de reconnaissance.

La messe finie, le cortége se remit en ordre pour regagner l'église en procession; mais en ce moment, le curé de Lannilis s'avança vers Maurice, et le pria de lui faire l'honneur de venir jusqu'au presbytère, où Monseigneur voulait lui-même le remercier.

Maurice se serait avec plaisir dispensé de ce triomphe, car il avait hâte de ne plus voir Marguerite, mais comme le docteur s'empressa pour accepter, il ne put que se résigner.

Et la procession en ordre de marche, croix et bannières en tête, redescendit au village.

M. Michon, M. de Tréfléan, Armande, Maurice et Martel n'ayant point affaire à l'église, arrivèrent les premiers au presbytère; puis, bientôt, ils virent paraître l'évêque, accompagné du comte et de la comtesse et de tous les curés.

En apercevant Marguerite, Maurice eut froid dans le dos et sentit les battements de son cœur s'arrêter; car ce n'allait plus être de loin qu'ils se regarderaient, mais face à face, et peut-être même faudrait-il se parler.

Tout le monde entra au salon, et quand on se fut un peu reconnu et salué, l'abbé Hercoët vint prendre Maurice par la main et l'amena devant l'évêque.

— « Monsieur, dit le prélat d'une voix douce et gracieuse, permettez-moi de vous féliciter de tout mon cœur; vous avez joué comme si sainte Cécile vous eût inspiré, et, en vous écoutant, j'ai cru entendre les anges chanter. »

Puis, se tournant vers Marguerite :

— « N'est-il pas vrai, madame, que c'était merveilleux?

— Oh ! Monseigneur, répondit Marguerite sans se troubler, il y a longtemps que j'ai pu apprécier tout le talent de M. Berthauld, et moi aussi, en l'écoutant aujourd'hui, j'ai cru retrouver mes plus délicieux plaisirs de Paris.

Et elle souligna des yeux ces paroles déjà bien compréhensibles pour Maurice, d'une façon si précise et si inattendue, qu'il en fut stupéfait; mais il n'eut point le temps de ressaisir son calme, car l'abbé Hercoët, ayant pris Armande par la main, s'approchait de nouveau de l'évêque:

— « Que Monseigneur me permette encore de lui présenter mademoiselle de Kergomar, disait-il, elle est aussi mon élève, et, grâce à elle, nous pourrons avoir quelquefois M. Berthauld, qui va devenir mon paroissien. »

Marguerite comprit, et, malgré son empire sur elle-même, elle tressaillit; ce fut à son tour de demeurer surprise et interdite; elle enveloppait Maurice et Armande d'un regard interrogateur; puis, pour cacher le trouble qui la gagnait, elle alla vers un prêtre qui était dans un des coins opposés, et elle parut s'engager avec lui dans une vive conversation.

Mais, heureusement pour elle et pour Maurice, le curé de Lannilis les secourut fort à propos; il avait préparé une collation dans le jardin et il priait qu'on voulût bien y faire honneur.

L'évêque donna le signal, et Marguerite, se retournant

vers Maurice, lui prit audacieusement le bras, au moment même où il s'approchait d'Armande.

— « Mademoiselle, dit-elle d'une voix qu'elle avait eu la force de rendre aimable, et avec un gracieux sourire, laissez-moi vous prendre votre fiancé, car maintenant j'ai à le féliciter doublement. »

Pendant qu'Armande, étonnée et confuse, ne savait que répondre, elle passa devant elle avec assurance et s'engagea sur les pas de l'évêque.

Puis, au moment où il y avait un peu de distance entre elle et ceux qui la suivaient, elle serra le bras de Maurice, qui tremblait, et, s'approchant de son oreille :

— « Ne te marie pas sans me voir, dit-elle d'une voix basse et rapide; demain soir, je serai seule au château. »

On allait les rejoindre; elle prit un air indifférent et haussa la voix :

— « Oui, vraiment, monsieur, votre motif des *Adieux* m'a touchée au cœur; il me rappelait des souvenirs qui me sont bien doux et bien chers. »

La collation se passa sans incident : l'évêque fut parfait de bienveillance et d'affabilité pour le docteur et pour Armande, qu'il appela plusieurs fois « ma belle enfant ! » Marguerite s'entretint gaiement avec tout le monde, et Maurice, assis près d'Armande, fit tous ses efforts pour paraître calme et naturel; il ne leva pas les yeux sur Marguerite.

On se sépara bientôt, l'évêque, le comte, la comtesse et les curés pour se rendre au château; et M. Michon et ses amis, pour revenir à Plaurach.

La route ne fut point au retour ce qu'elle avait été le matin, et quoi qu'il tentât, Maurice ne pouvait chasser la pensée de Marguerite et le souvenir de ses paroles. Armande était instinctivement triste et inquiète; Martel était tourmenté, et aurait voulu interroger Maurice; seul, le docteur avait gardé sa bonhomie et sa parole joyeuse.

— « Savez-vous, disait-il à Martel, que madame de Lannilis est superbe? Puis à Maurice : — Tu la connaissais donc, toi?

— Oh! répondit Maurice embarrassé, je l'ai vue deux ou trois fois, et je lui ai été présenté.

— C'est une de ces femmes, interrompit Martel pour faire une diversion, qui sont familières avec les artistes, par orgueil et par vanité.

— Comment ça? dit le docteur.

— C'est bien simple : par orgueil, en traitant sans gêne ceux qu'elles paraissent élever jusqu'à elles; par vanité, en affectant aux yeux du public une communauté d'idées et de manières avec des hommes qui, à un titre quelconque, passent pour supérieurs. »

Armande ne disait rien, mais elle regardait Maurice; et la préoccupation qu'elle voyait dans ses yeux, l'effrayait et l'affligeait. Maurice la regardait aussi avec amour, il s'excitait à la tendresse, il lui prenait la main et la serrait doucement; mais il avait beau faire, s'il se trompait lui-même, il ne trompait point la pauvre enfant; malgré son ignorance et sa naïveté, elle devinait et sentait bien que ce n'était plus le même abandon, qu'en venant à la fête.

On arriva bientôt à Plaurach.

— « Eh bien? fit Martel, quand il se trouva seul avec Maurice.

— Eh bien, répondit celui-ci, tout s'est assez bien passé; j'ai été ému au point d'en perdre la parole, lorsqu'elle m'a pris le bras; mais, décidément, je suis bien guéri : cette expérience en est une bonne preuve.

— Elle ne t'a rien dit?

— Elle m'a félicité de mon mariage.

— Sérieusement?

— Je ne sais pas; mais, enfin, elle m'a félicité.

— Ainsi, tu ne crains rien?

—Rien absolument, j'aime Armande et l'aimerai toujours.

— Ah ! mon ami, tes paroles me font du bien, car lorsque je t'ai vu pâle et chancelant, et lorsqu'à notre retour, j'ai vu aussi ta préoccupation, j'ai eu une fameuse peur.

— Rassure-toi, mon bon Martel, le danger est heureusement passé. »

Maurice était sincère, car il se promettait bien de ne point aller au rendez-vous de Marguerite ; et s'il ne confiait point à son ami ce rendez-vous, c'était par une sorte de pudeur pour celle qu'il avait aimée, puis aussi, pour ne point avouer que Martel avait eu raison ; mais, quant au danger, il le croyait passé bien réellement, et s'il se sentait encore fiévreux et troublé, son amour pour Armande n'en était ni moins grand ni moins exclusif ; à chaque instant, il se répétait en lui-même : « Non, non, je n'irai point ; » et pour s'affermir, en même temps que pour chasser le nuage qu'il voyait sur le front de sa chère bien-aimée, il redoublait pour elle de caresses et de douces paroles.

Toute la nuit et toute la matinée du lendemain, il se répéta encore : « Non, non, je n'irai point ; » la pensée même de ce rendez-vous, révoltait sa conscience et son amour ; mais quand le docteur lui proposa pour le soir une promenade en mer, il refusa sans trop savoir pourquoi, et prétexta le besoin d'écrire des lettres.

Cependant, plus le moment approchait, moins il se sentait résolu. — Après tout, se disait-il, qu'ai-je à craindre ? est-ce que je n'aime pas Armande ? et pourquoi ne me vengerais-je pas en le répétant moi-même à Marguerite, et en lui faisant endurer quelques-unes des souffrances qu'elle m'a causées ? — Puis, il rejetait cette idée comme une faiblesse, et s'écriait avec fureur : — Non, je n'irai point, non !

Après le dîner, Maurice, bien décidé à écrire ses lettres, laissa partir *l'Albatros ;* mais, quand il se trouva seul dans sa chambre, sa résolution l'abandonna ; il ne put pas trouver deux mots, il ne put pas rester en place, il voulut sortir pour se calmer, il fit quelques tours dans le jardin, revint dans sa chambre, s'assit devant sa table, trempa dix fois sa plume dans son encrier, n'écrivit point une seule ligne, et enfin n'y tenant plus, il se mit en route pour Lannilis, se répétant encore une fois : — Au surplus, qu'ai-je à craindre ?

Le chemin, par la lande, abrége la distance des deux tiers, il le prit et marcha rapidement; mais, en approchant, il ralentit le pas, et souvent même il se demanda s'il ne reviendrait point en arrière. Cependant il continua, et bientôt il arriva au parc qui, abrité par la colline, étalait ses bois et ses clairières jusqu'au fond de la vallée; tout au haut de cette colline, et dominant la mer, s'élevait le château avec ses pignons élancés et gracieux, et ses deux ailes flanquées de tours.

Maurice, lorsqu'il était enfant, était souvent venu joüer dans ce parc, alors abandonné, et qu'il retrouva soigneusement entretenu, coupé de larges chemins sablés et ratissés.

Le château aussi, qui datait de deux ou trois siècles différents, François Ier, Henri IV et Louis XIII, avait été repris en sous-œuvre, et tout avait été refait ou réparé.

Maurice, la tête haute, mais la respiration oppressée, monta les marches du perron et entra dans un large vestibule. Quand il se fut nommé et eut demandé la comtesse, le valet de service hésita quelques secondes, puis il sonna le valet de chambre, et bientôt celui-ci arriva grave et majestueux :

— « Je ne crois pas que madame puisse recevoir, dit-il, car elle garde la chambre; cependant, si monsieur le désire, je vais aller m'en informer. »

Et, après avoir introduit Maurice dans un petit salon, il sortit. Resté seul, Maurice retomba dans ses irrésolutions et regretta d'être venu; le cœur lui battait comme s'il allait à son premier rendez-vous; il avait peur : tout à coup, il se sentit lécher les mains, c'étaient deux grands levriers qu'il avait souvent flattés à Paris, et qui s'étaient levés de la natte où ils étaient couchés pour venir le flairer et le reconnaître. Ce souvenir du passé l'attendrit vivement; mais, comme il leur faisait fête et les flattait doucement, il remarqua qu'ils portaient, estampillée sur la cuisse, une large couronne de comte : le nom qu'il lui avait fallu prononcer, en entrant, lui avait déchiré les lèvres; mais cette remarque le blessa encore plus cruellement : le sang lui monta à la tête, il sentit la colère le gagner tout entier, et il désira presque n'être point reçu.

Mais, à ce moment même, le valet rentra, lui fit un signe respectueux pour l'engager à le suivre, et, lui ayant fait monter l'escalier et traverser trois ou quatre longues pièces, il ouvrit une porte et s'effaça sur le côté.

La chambre dans laquelle Maurice entra était fort grande et fort sombre, et, de plus, encombrée avec un art merveilleux de ces mille choses qui sont tout le luxe et tout le goût modernes; aussi fut-il quelques secondes sans bien savoir où il était; mais, grâce à de larges fenêtres qui ouvraient sur la mer, il se reconnut bientôt, et, au fond de l'appartement, étendue sur un canapé, au milieu d'un amas de coussins, à moitié cachée sous les bouffements d'une robe blanche, il aperçut Marguerite.

— « Eh quoi, s'écria-t-il en s'avançant vivement, êtes-vous souffrante, madame? »

Elle ne répondit point, mais, presque souriante, elle le regarda en face hardiment, durant quelques secondes; puis, d'une voix douce et caressante :

— « Ai-je donc l'air souffrant? » dit-elle en se soulevant à demi, comme pour lui présenter son visage, et le regardant encore plus hardiment.

Il la retrouvait telle qu'il l'avait vue autrefois, il retrouva aussi ses émotions d'autrefois.

Alors Marguerite, lisant clairement dans cette âme, qu'elle avait si souvent éprouvée :

— « Non, Maurice, je ne suis point souffrante, dit-elle en lui tendant la main. Ma maladie n'était qu'une ruse, pour me retrouver seule et libre... avec toi. »

Elle lui souffla ces derniers mots à l'oreille, et rapidement, avant qu'il pût s'en défendre, elle l'attira et le fit asseoir près d'elle.

— « Madame... voulut-il dire en se dégageant, Marguerite, ce n'est point ainsi que nous devons nous revoir, que nous devons nous parler.

— Oui, toi peut-être; tu dois être dur et froid, car tu peux m'en vouloir : mais moi, Maurice, moi ? »

Elle n'acheva point, mais elle releva sur lui des yeux suppliants, où une larme paraissait arrêtée entre les paupières.

— « Marguerite, dit-il gravement, soyons calmes tous deux, et n'oublions point, vous, qui vous êtes maintenant, moi, ce que je serai demain.

— Mariés ! s'écria-t-elle; ah ! je ne l'oublie pas, et c'est justement pour cela que j'ai voulu te voir... Écoute-moi, mon ami, et tu comprendras que je ne l'oublie point; mais, avant, laisse-moi te remercier d'être venu. »

Maurice voulait dire qu'il n'était point venu pour écouter, mais pour parler, pour accuser lui-même; elle continua :

— Ah ! tu veux te marier, pauvre enfant; eh bien ! écoute-moi, écoute. Moi aussi, Maurice, j'ai voulu me marier; ma mère me pressait, ce nom exécré de Baudistel me faisait honte, nos folies et nos voyages avaient gravement compromis ma réputation, et je sentais que le mariage seul pouvait me permettre de rentrer dans le monde, fière et la tête haute. Je te trompai donc et je me mariai. Je te dirais aujourd'hui, qu'en agissant ainsi, je voulais assurer notre amour, que tu ne me croirais peut-être pas, et cependant, rien ne me serait plus facile que de te le prouver

— Oh! s'écria Maurice.

— Oui, facile... mais c'est pour t'éclairer et non pour me disculper que je t'ai donné ce rendez-vous. Je me mariai donc; mon châtiment ne se fit point longtemps attendre. Et quand, au milieu de mon bal, je te vis apparaître, je payai cruellement ma faute et mon sacrilége; mais je me sentais si coupable, je me faisais tellement horreur à moi-même, que je n'osai rien t'avouer et te laissai partir en te trompant encore.

— Et bien lâchement, Marguerite.

— Oui, bien lâchement; mais jamais tes injures, jamais tes colères n'égaleront les miennes, car, depuis, mon existence n'a été qu'une longue expiation. Partout j'ai porté ton souvenir, partout je t'ai demandé, regretté, désiré; car tu es ma joie, mon bonheur, ma vie : un amour comme celui que nous avons connu envahit le cœur tout entier et n'y laisse plus de place; voilà pourquoi j'ai voulu te voir avant que tu te maries; que mon exemple te serve; ne te perds pas comme je me suis perdue.

— Ah! vous n'aimiez pas, Marguerite, quand vous vous êtes mariée, tandis que moi, j'aime comme je n'ai jamais aimé. »

Lorsque Marguerite entendit cet aveu qui la frappait en pleine poitrine, elle laissa tomber la main de Maurice, et lui lança un coup d'œil plein d'une colère concentrée. Jusqu'à ce moment, ses paroles n'avaient guère été qu'une leçon longuement préparée et habilement récitée, qui devait lui livrer Maurice sans qu'il pût se reconnaître, sans qu'il pût diriger l'entretien, sans qu'il pût même y répondre ; mais en recevant cette blessure, son orgueil bondit, et le sarcasme et l'injure lui vinrent aux lèvres; cependant, elle eut la puissance de se contenir et de se rappeler son but : elle voulait Maurice, et elle savait que ce ne serait point par l'emportement, mais par l'habileté et la douceur, qu'elle l'amènerait à ses pieds; parce que, maintenant qu'elle était mariée, elle n'aurait plus de luttes à subir et pourrait ne venir que lorsqu'elle le voudrait; parce que le meilleur moyen de se refaire une réputation dans son monde, c'était de prendre un amant qui n'en fût pas; elle le voulait, enfin, par vengeance et par ce sentiment raffiné qu'éprouve le Don Juan de Molière, à la vue d'une fiancée conduite par celui même qu'elle doit épouser, qui fait qu'il en est ému, et que, ne pouvant souffrir de les voir si bien ensemble, il se figure un plaisir extrême à troubler leur intelligence et rompre un attachement dont la délicatesse de son cœur se tient offensée.

Pour elle, c'était une question d'amour et une question d'amour-propre; aussi fit-elle taire son émotion, et, après s'être si habilement immolée elle-même tout d'abord, que Maurice, maintenant, ne pouvait rien lui reprocher dont elle ne se fût accusée, comprit-elle qu'il fallait changer de terrain et s'adresser au vrai nœud de la difficulté, c'est-à-dire frapper Armande, et la frapper si adroitement et si sûrement, que Maurice ne pût ni la défendre, ni la sauver.

— « Ah! tu aimes, dit-elle, tu aimes... tu aimes... mais, pauvre enfant, c'est moi... c'est moi que tu aimes : ce que tu ressens pour cette jeune fille, et que tu crois amour, c'est colère, c'est vengeance; tu ne l'aimes point, tu ne peux pas l'aimer : car tu es à moi, à moi seule.

— Ne blasphémez pas, Marguerite, je vous dis et je vous répète que je l'aime.

— Eh bien, oui, je l'admets, tu crois l'aimer; mais, près d'elle, tu n'auras pas une joie, pas une sensation, sans penser à moi; car, tous les plaisirs, nous les avons connus ensemble, plus complets et plus grands que tu ne les retrouveras jamais; tu n'iras point avec elle dans un bois, sans te rappeler Montmorency et Fontainebleau; tu n'iras point au théâtre, sans te rappeler que nous y sommes allés ensemble; elle ne te criera point une parole d'amour qui ne m'ait échappé, elle ne te fera point une caresse que je ne t'aie faite : tout cela, je puis te le dire, car je l'éprouve moi-même; depuis que je t'ai abandonné, Maurice, je n'ai plus eu ni joies, ni plaisirs; j'ai essayé de tout, et partout tu m'as manqué, partout j'ai pensé à toi et je t'ai appelé : ton avenir sera pareil au mien.

— Non, s'écria Maurice, faisant un effort pour échapper à cette parole qui l'attirait et l'enveloppait, non, car ce que vous prédisez, je l'ai déjà essayé; et, me promenant ici, dans votre parc, ce n'est point à vous que j'ai pensé, mais à celle que j'aime, à Armande.

— C'était dépit, tu ne savais pas que toujours je t'aimais; et, d'ailleurs, qu'a-t-elle pour te retenir, cette jeune fille?»

Et comme Maurice faisait un geste de confiance orgueilleuse :

— « Elle n'est pas mal, c'est vrai; elle est même jolie, je le veux bien; mais elle est gauche, mais elle est maladroite, mais elle est rousse, mais elle est maigre. Voyons! a-t-elle mes cheveux? — Et elle enfonça ses mains blanches dans ses beaux cheveux noirs; — a-t-elle mes yeux? » — et elle lui darda un regard passionné.

Maurice avait jusqu'alors assez bien résisté; il n'avait point oublié Armande une seule minute, et il pensait à sa colère et à sa vengeance; les paroles de Marguerite l'avaient ému, elles ne l'avaient point vaincu; mais l'éloquence d'une femme n'est point dans ce qu'elle dit, elle est dans la manière dont elle le dit; ce qui entraîne, c'est un mouvement de lèvres; ce qui touche, c'est la blancheur des dents; ce qui persuade, c'est l'accent de la voix, c'est le feu de l'œil, c'est la fraîcheur de la chair, c'est la grâce des attitudes; et, quand c'est un ancien amant qui écoute, ce qui le dompte irrésistiblement, c'est le souvenir : en la regardant, il se rappelait que ce mouvement de tête, elle l'avait déjà eu dans un certain jour de bonheur, que ce pli de lèvres annonçait autrefois une caresse, que ce coup d'œil précédait un élan d'amour et de plaisir.

Marguerite vit l'avantage qu'elle obtenait, et se hâta de le poursuivre.

— « Et quand elle serait, dit-elle vivement, plus belle que moi, a-t-elle mon esprit? a-t-elle mon savoir? a-t-elle ma corruption? Ah! Maurice, ce n'est pas de dire une fois « j'aime! » qui est difficile; c'est de le répéter tous les jours, sans se répéter jamais. »

Maurice était haletant, il voulait se défendre, les paroles se pressaient dans sa tête; il était venu pour accuser, pour humilier, pour se venger, il en avait plein le cœur à jeter à la figure de Marguerite, il sentait qu'elle le trompait, il rougissait de sa faiblesse, il cherchait à défendre Armande, et, cependant, il ne pouvait placer un seul mot; il voulait ne point écouter, ne point regarder; mais sa raison lui échappait, le sang lui brûlait les veines, il voyait trouble; et Marguerite lui murmurait à l'oreille :

— Ah! tu crois à mes remords, n'est-ce pas? à mon repentir? à ma douleur? à mon amour, cher Maurice?

— Ah! Marguerite, dit-il faiblement, nous sommes fous tous deux. »

Marguerite se recula; mais habituée à juger par l'accent de Maurice des vraies dispositions de son âme, elle devina bientôt, sous l'apparente volonté, l'irrésolution réelle. Aussi ne fut-elle ni surprise ni troublée en sentant le souffle de Maurice brûler ses joues, et de se trouver sur son cœur au moment même où il lui disait nous sommes fous.

Autour d'eux, tout était calme, la nuit se faisait, et par les fenêtres qui ouvraient sur la mer, la brise qui pénétrait était tiède et énervante; ils étaient seuls, ils étaient dans les bras l'un de l'autre.

Quelle influence efficace pourrait désormais arracher Maurice à cette séduction victorieuse? qui pourrait désormais l'arracher à Marguerite? Elle se croyait sûre de son triomphe; elle tenait sa proie. Où était le bon ange de

Maurice? Lui seul, par un miracle d'amour pur, pouvait briser le cercle magique que l'enchanteresse venait de tracer. Mais nul secours, nul auxiliaire! Il allait infailliblement succomber, quand tout à coup, s'éleva sur la mer, une voix douce et harmonieuse qui chantait :

Robert disait à Claire
Je t'aime avec ardeur.

— « Armande! s'écria Maurice, se dégageant vivement.

— Eh bien! fit Marguerite, pourquoi penser à cette enfant? »

La voix continua :

On m'a pourtant, ma chère,
Surnommé le trompeur.

— « Mais qu'as-tu donc? » s'écria Marguerite.

Fais-moi, je t'en supplie,
Par tes douces vertus,

— « Mais qu'as-tu, qu'as-tu donc? » répétait Marguerite.

Trouver fidèle amie,
Je ne tromperai plus.

— « Ah! Maurice! continuait Marguerite, ne me crois-tu pas? Quels serments veux-tu? quelles preuves? »

Mais Maurice pâle, les yeux fixes, la regardait sans répondre, il ne l'écoutait pas, il écoutait la voix.

—« Parle, reprit-elle, parle-moi donc, tu me fais peur... — Puis, tout à coup et souriant comme si elle eût compris : — Ah! je devine, s'écria-t-elle, mon mari!... mais le pauvre homme ne m'est rien, Maurice, je te le jure. »

Alors, comme il restait toujours immobile, elle s'approcha, et d'une voix pleine de câlinerie :

— « Tu m'aimes, n'est-ce pas? » demanda-t-elle.

Sans répondre, Maurice la regarda encore avec des yeux terribles, puis brusquement, l'éloignant au bout de son bras :

— « Celle que j'aime, s'écria-t-il, ce n'est pas toi, Marguerite, non, ce n'est pas toi, c'est celle qui chante là-bas, c'est Armande; entends-tu bien? c'est Armande! »

Et la repoussant avec violence, il s'enfuit en courant.

En quelques secondes, il fut dans le jardin, et laissant le parc sur sa gauche, il alla vers la lande; bientôt il y arriva et il aperçut à une courte distance, éclairé en plein par la lune qui se levait, *l'Albatros,* immobile, sur la mer calme et argentée.

Alors, en proie à une émotion indicible, il s'approcha à la limite extrême de la falaise, et d'une voix puissante et passionnée, il chanta le second couplet de la romance qu'avait chantée Armande :

Robert aux pieds de Claire
Lui dit : reçois ma foi,
D'un sort toujours contraire
En ce jour venge-moi;
Le trompeur t'en supplie,
Par tes douces vertus,
Sois sa fidèle amie.
Il ne trompera plus,
Non, non, non,
Il ne trompera plus.

Puis cherchant un sentier pour descendre sur la plage, il s'y engagea rapidement.

Quand il fut arrivé sur la grève, *l'Albatros* s'était rapproché, et l'on apercevait distinctement le groupe des amis.

— « Reste là, cria le docteur, on va aller te chercher. »

L'Albatros s'approcha encore, jusqu'à ce qu'il touchât le sable; alors le matelot de M. de Tréfléan retroussa ses braies, descendit dans la mer, et vint prendre Maurice sur ses épaules.

— « Eh bien! tu nous suivais donc? dit le docteur.

— Mes lettres finies, répondit Maurice, je suis venu me promener sur la falaise, et ayant entendu mademoiselle Armande chanter, j'ai couru pour lui répondre. »

Et s'asseyant près d'elle pendant qu'on poussait au large, il lui prit la main.

— « Ah! merci, lui dit-elle tout bas, car en vous voyant triste et nous abandonnant, j'ai cru que vous étiez fâché contre moi.

— Contre vous, chère enfant! oh! non, et je vous jure que je ne vous ai jamais mieux aimée. »

On revint lentement à la rame sur une mer unie comme un miroir, sous un ciel constellé d'étoiles, et par bonheur pour Maurice, encore assez mal remis de ses émotions, Martel fit tous les frais de l'entretien: il avait emporté deux petites barriques vides et se les était attachées sous les deux bras; car, disait-il depuis son naufrage, la mer la plus calme était pour lui la plus dangereuse; et fort gaiement et avec mille drôleries, il répondait aux attaques du docteur.

— « Monsieur, dit Marie-Ange quand on fut rentré, il y a une lettre pour vous.

— De Paris! s'écria le docteur l'ayant prise. — De Me Blanchet. »

Et dépliant une feuille de trente-cinq centimes pliée en quatre, il lut fort joyeusement:

« Par devant Me Blanchet et son collègue, notaires à Paris,

» A comparu:

» M. Pierre Donan de Kergomar, ancien chef de bataillon, demeurant à Paris, cité Fénelon,

» Lequel a, par ces présentes, déclaré consentir au mariage que se propose de contracter

» Mademoiselle Charlotte-Armande de Kergomar, sa fille, demeurant à Plaurach, chez son grand-père,

» Avec

» M. Maurice Berthauld, compositeur, demeurant à Paris. »

Puis se tournant vers Maurice et Armande :

— « C'est aujourd'hui mercredi ; il faut deux dimanches pour les publications, la noce se fera dans trois semaines. Embrassez-vous, mes enfants.

— Mon cher Martel, dit Maurice, tu me feras l'amitié d'être mon garçon d'honneur.

— Et quand Audren sera revenu, poursuivit M. Michon, j'irai l'inviter à être celui d'Armande. »

XII

LE DÉSESPOIR D'UN HOMME DE CŒUR

Les trois semaines fixées par le docteur étaient bien suffisantes pour les formalités légales à Paris et à Plaurach, mais elles ne l'étaient guère pour tous les préparatifs de toilette, de trousseau et de cérémonie.

Aussi, dès le lendemain, s'occupa-t-on activement de ces préparatifs.

Au petit jour, le docteur, déjà descendu depuis longtemps, envoya éveiller Armande et Maurice; le soleil n'était pas levé depuis deux heures qu'on était en route pour Morlaix.

— « Allons déjeuner, dit le docteur en arrivant, et après nous commencerons nos achats : l'œil est plus clair et le jugement plus solide quand l'estomac est plein. »

Le déjeuner fini, on se mit à visiter les magasins. Le docteur avait pris le bras d'Armande, et, entre elle et Maurice, il marchait joyeux et empressé; de temps en temps il s'arrêtait pour les regarder tous deux, puis serrant tendrement la main de sa petite-fille :

— « Je n'ai pas vingt-cinq ans, disait-il; quel fameux médecin que la joie ! Si vous me rendez toujours aussi heureux qu'aujourd'hui, je ne serai plus votre grand-père, je deviendrai votre enfant. »

Et avant d'entrer dans le premier magasin, s'adressant à Maurice :

— « Ah çà, tu sais, mon garçon, que toute marque d'approbation ou d'improbation est sévèrement interdite : c'est Armande qui choisit, nous ne parlerons qu'après elle. »

Mais, malgré cette recommandation, il fut lui-même le premier à parler.

— « Madame, disait-il à la marchande, qu'est-ce que c'est que ça? — et il montrait une étoffe, une dentelle, des manches, un bonnet ; voulez-vous l'essayer à mademoiselle. »

Et comme, le plus souvent, cela allait à merveille à Armande :

— « Je le prends, disait-il.

— Mais, grand-père, voulait-elle interrompre.

— Eh bien quoi, ça ne te plaît pas.

— Oh si... mais vraiment, je n'en ai pas besoin.

— Alors c'est un cadeau que je te fais. »

Presque partout la même chose se renouvelait ; le bon vieillard était pris d'une véritable fièvre de générosité : il eût voulu sans cesse donner, et il lui semblait que plus il serait généreux, plus il prouverait son amour.

— « Comme ça doit être triste pour un pauvre vieux, disait-il, de n'avoir pas d'argent ! »

On parcourut ainsi les boutiques de la ville, toutes les boutiques de soierie, de lingerie, de broderic, et quand on rentra le soir à l'hôtel, on vit arriver, les uns après les autres, des commis chargés de ballots et de cartons ; cependant, on n'avait acheté que les choses indispensables, à Paris seul il appartenait de fournir les bijoux, les châles et les robes de ville.

Ce fut, dans la vieille maison de Plaurach, un désordre général, les repasseuses s'étaient emparées du vestibule, les couturières du salon, et dans la salle à manger les ouvrières ourlaient les serviettes, brodaient les mouchoirs, montaient les cols, piquaient les chemises.

Au milieu de ce bouleversement, les deux amants ne pouvaient guère être seuls ensemble ; et Maurice, pour se trouver plus longtemps avec Armande, passait presque tout son temps dans l'atelier. Souvent le docteur venait les y rejoindre. Il prenait plaisir à faire causer et rire cette bande de jeunes filles ; il les agaçait, il les raillait, et alors elles s'en donnaient à cœur joie, remuant les doigts moins vite que la langue. Mais, souvent aussi, il interrompait ces conversations et se précipitant sur une couturière qui, de son sein, faisait une pelote à aiguilles, il leur racontait quelque épouvantable histoire chirurgicale, où il avait fallu abattre un sein pour une aiguille ainsi imprudemment fichée.

Il y avait déjà plusieurs jours qu'on travaillait sans relâche, lorsqu'un soir le docteur annonça qu'Audren étant revenu de Brest, il se proposait d'aller lui-même, dès le lendemain, l'inviter, comme cela était convenu.

Armande et Maurice furent également frappés en entendant cette communication, quoiqu'ils dussent s'y attendre, et dès que le docteur les laissa seuls ensemble :

— « Armande, dit Maurice, il ne faut pas que ce soit votre grand-père qui aille inviter Audren.

— Et pourquoi donc ? fit-elle.

— Parce que si l'invitation vient de M. Michon, Audren refusera.

— Et alors ?

— Et alors le monde croira qu'il a eu de trop bonnes raisons pour refuser ; on affectera de dire, et peut-être ne sera-t-on pas beaucoup dans l'erreur, qu'Audren vous aime, et que le désespoir d'être témoin de notre union, peut seul le pousser à une telle impolitesse.

— Mais, si grand-père n'y va pas, qui donc ira ?

— Vous, Armande.

— Oh ! cela le fera trop souffrir.

— Les souffrances de M. Audren m'importent moins que votre réputation. Comprenez bien, Armande, que, ne pas y aller, ou recevoir un refus d'Audren, c'est vous exposer à passer pour sa maîtresse. Il faut donc que vous y alliez et que vous le décidiez. »

Ces paroles blessèrent Armande sans la convaincre : elle ne pouvait se rendre aux raisons de Maurice ; pour la première fois, elle voyait en lui de la dureté. Aussi, elle ne céda point d'abord ; elle espérait le ramener par ses raisonnements et sa résistance. Soutenu par son amour-propre féroce, Maurice fut inflexible, il fallut donc que, vaincue et navrée, elle se résignât et promît.

Dans la tâche qui lui était imposée, il y avait à la fois pour elle ennui et douleur : ennui, à prévenir son grand-père qu'elle prenait l'initiative de cette démarche ; douleur, à venir torturer de nouveau celui qu'elle avait déjà tant fait souffrir.

Elle s'adressa d'abord à M. Michon, qui ne lui fit aucune objection sérieuse et se rendit très-volontiers à son désir dès qu'il le lui entendit exprimer.

Le lendemain, comme on finissait de déjeuner dans la bibliothèque, la seule pièce où il n'y eût point d'ouvrières, Audren arriva :

— « C'est moi qui t'ai fait prier de venir, dit le docteur, mais c'est Armande qui a besoin de te parler, nous vous laissons. Viens-tu, Maurice, venez-vous, Martel, nous allons rire un peu et confesser les ouvrières de madame Penazen. »

Puis, s'approchant d'Audren :

— « Elle a voulu te faire sa demande elle-même, continua-t-il, et quand tu sauras de quoi il est question, j'espère que tu me remercieras de lui avoir cédé mon rôle de chef de famille... Allons, venez-vous ? »

Et prenant le bras de Maurice, il sortit.

Depuis qu'Audren était entré, Armande le regardait, et rien qu'à le voir, elle se sentait gagnée par les pleurs : il avait les yeux caves et brûlants, le teint était jaune, les joues étaient creuses, les narines frémissantes, les lèvres amincies, et sur son visage et dans son attitude tout accusait la fièvre et le désespoir.

Ils restèrent quelques secondes sans parler : elle le regardant, lui tenant ses yeux attachés sur le parquet; puis, enfin, d'une voix sourde et venant de la gorge :

— « Eh bien ! dit-il, ne vouliez-vous pas me parler?

— Oui, répondit-elle faiblement, mais avant je voudrais vous remercier...

— Me remercier !

— Je voudrais vous dire combien je vous suis reconnaissante...

—Aujourd'hui ! s'écria-t-il, en faisant un pas vers la porte.

— Audren !

— Vous voulez me remercier?

— Mon ami!

— Armande! on ne remercie pas l'homme qui vient de risquer sa vie pour...

— Non, interrompit-elle vivement et en lui prenant la main, vous avez raison; mais, en vous voyant si changé, l'émotion m'a troublée, ce n'était point vous remercier que je voulais dire, c'était...

— Parlez-moi de votre demande, dit-il, c'est tout ce qui doit nous occuper; le passé est mort, et je vous prie de n'y pas revenir. Que voulez-vous? »

En se résignant à inviter Audren elle-même, Armande avait cédé à cette pensée que venant de sa bouche la demande serait moins cruelle, et que, par des marques de reconnaissance et de tendresse, elle saurait adoucir ce qu'elle avait d'horrible; mais alors elle ne l'avait pas encore revu, elle ne connaissait pas les effrayants changements qui s'étaient faits en lui, et elle avait été loin de prévoir la tournure désespérée que prendrait l'entretien. Cependant il fallait parler : M. Michon et Maurice étaient là qui attendaient, et Audren lui-même l'interrogeait du regard; enfin se décidant :

— « Mon pauvre ami, dit-elle d'une voix tremblante, nous sommes victimes tous les deux d'une écrasante fatalité; il faut que je souffre cruellement pour vous faire ma demande, il faut que vous souffriez pour me l'accorder, et il faut que je souffre encore si vous ne me l'accordez pas.

— Alors, parlez vite! Si je dois être le seul à souffrir, je ne vous refuserai pas; car, maintenant, je ne puis plus, — je ne puis plus souffrir.

— Mais vous pouvez m'accuser et c'est ce que je ne veux pas.

— Parlez, parlez, Armande, et ne craignez rien : je vous aimais pour faire votre bonheur, je vous aime toujours; ce que vous demanderez, je le ferai.

— Eh bien, continua-t-elle d'une voix basse et presque inintelligible, vous savez que le jour... de mon mariage... est fixé...

— Oui, je le sais, — et s'approchant d'Armande comme pour lui présenter son visage, — vous voyez bien que je le sais, dit-il... je sais que vous allez être sa femme, que vous allez être à lui, eh bien! après, après, que voulez-vous?

— On veut que vous soyez... mon garçon d'honneur.

— Moi! moi! »

Et il se mit à marcher à grands pas, se mordant les lèvres pour ne point éclater. Il marcha ainsi plusieurs minutes, agité de mouvements furieux, et regardant Armande avec désespoir : mais il était de ces âmes fortes et stoïques qui mettent leur orgueil dans le sacrifice; la surprise l'avait vaincu : peu à peu il ressaisit sa raison et sa volonté; puis, d'une voix brève et étranglée :

— « Qui le veut? dit-il.

— Grand-père, répondit Armande en tremblant.

— Mais lui? » reprit-il.

Elle baissa les yeux et ne répondit pas. Il y eut un assez long moment de silence. Enfin, s'approchant d'elle, et lui prenant les mains :

— « Eh bien ! je le serai, dit-il. »

Et, anéanti par cet effort, il tomba sur une chaise : longtemps il y resta sans rien dire, ses lèvres étaient pâles, ses dents claquaient.

Cependant, relevant bientôt les yeux et regardant Armande :

— « Moi qui croyais ne plus pouvoir souffrir ! s'écria-t-il. Oh ! Armande ! Armande. »

Puis, comme elle semblait vouloir se défendre :

— « Ah ! je ne vous en veux pas ; vous m'aimez autant que vous le pouvez, et nous sommes bien malheureux tous les deux ; mais vous, au moins, vous avez votre grand-père, vous avez, — et sa voix s'altéra — vous avez votre mari, tandis que moi, je suis tout seul, et je vais partir.

— Partir ?

— Ah ! vous pensez bien, n'est-ce pas, que vous mariée, je ne resterai point ici ? Quand mon frère m'a annoncé votre mariage, j'ai voulu me tuer.

— Audren !

— Mon Dieu ! qu'est-ce que vous voulez que je fasse ? ce n'est pas la douleur que je crains, c'est l'abandon : je voulais me tuer, mais j'ai eu peur d'attrister votre joie et j'ai résisté à ma tentation, je suis parti pour Brest, j'ai trouvé une corvette en armement pour les mers du Sud, dans six mois, je serai au milieu de l'Océanie. »

Sur ces derniers mots, le docteur entra, et allant vers Audren :

— « Eh bien, es-tu invité ? » lui dit-il, avec un affectueux sourire.

Sans répondre, Audren s'inclina; sa voix était trop émue, il craignait de se trahir.

— « Alors, tout est pour le mieux, continua le docteur; j'espère que nous aurons une belle noce, et sois tranquille, va ! je te trouverai une jolie jeune fille pour quêteuse. »

Grâce au mouvement qui, chaque jour, se faisait autour d'elle, grâce à Maurice qui redoublait de soins et de tendresse, grâce aussi à ce féroce égoïsme de l'amour qui envahit même le cœur le plus charitable, Armande ne pensa point trop à Audren et à sa douleur. Sur le premier moment, l'annonce de ce départ l'avait bouleversée; mais, en y songeant bien, elle en vint presque à s'en réjouir; elle se dit qu'au retour, il serait sans doute consolé, et qu'alors, pouvant se voir librement, ils recommenceraient tous ensemble une vie d'amitié toujours paisible, toujours heureuse. Cette idée la rassura, et s'y accoutumant rapidement, attendant tout de l'avenir, le calme et l'oubli, elle s'habitua à trouver Audren moins pâle, moins sombre, moins désespéré.

Il venait presque chaque jour. Quand elle était avec Maurice, il s'en allait aussitôt. Mais quand elle était seule, il s'asseyait près d'elle, la contemplait silencieusement, lui parlait de leur enfance et lui rappelait leurs jeux et leurs bonheurs d'autrefois.

— « Ah ! comme c'est loin ! disait-elle en souriant.

— Ah ! comme c'est près, disait-il tristement; c'était hier. »

Pour lui, ces jours s'écoulèrent rapidement.

Mais ils s'écoulèrent plus rapidement encore pour tout le monde; car, plus on avançait, plus il fallait redoubler d'activité; et chacun avait sa part de soins et de travail.

Le docteur, surtout, commençait à ne plus trop savoir où donner de la tête; car il s'était réservé l'ordonnance de la fête, et, comme il voulait tout faire par lui-même, il était sans cesse sur pied. A cause du deuil encore récent de Maurice, il avait été décidé qu'on ne danserait point officiellement, mais qu'on élèverait, dans la cour, une tente où danseraient et se régaleraient les invités du village; et quand le bon vieillard abandonnait ses charpentiers, c'était pour courir à la cuisine, où un pâtissier et un cuisinier de Morlaix confectionnaient le festin.

Cependant ces soins matériels n'étaient point les seuls qui l'occupassent, et comme il ne croyait point que tout son devoir serait accompli pour avoir donné une belle noce, il avait encore avec Maurice de fréquents et sérieux entretiens :

— « Mon cher enfant, lui disait-il, de tous les actes de ce monde, le mariage est à mes yeux le plus grave, et je voudrais que tu y arrivasses dignement préparé. Car, il faut bien que je te l'avoue, tu y arriveras tout seul; ce n'est pas une femme que je te donne, c'est une enfant. Et, de ce côté, je m'en accuse, j'ai des reproches à me faire. Je m'étais promis de la préparer en quelques mots, et je n'ai point osé : un père, un homme, quelque vieux qu'il soit, est mal à l'aise pour parler de ces choses-là; et si avec mes malades j'y allais carrément, avec elle j'ai peur; elle est la maîtresse, vois-tu, et c'est moi qui suis l'élève. Eh bien ! mon bon Maurice, ce que je n'ai point eu la force de faire, c'est toi qui le feras. Songe que je te livre une petite fille de dix-sept ans. Elle t'aime et tu l'aimes, c'est vrai, mais enfin elle n'a que dix-sept ans. Et voilà en quoi, il faut bien le dire, le mariage est épouvantable : on prend une jeune fille, vierge d'âme et de corps, et on la jette toute tremblante au lit d'un monsieur qu'elle ne connaît presque pas, et qui a plutôt l'air d'un forcené que d'un homme. Toi, mon ami, sois un homme : Armande est cette vierge, gagne tout d'abord son âme, et tu gagneras ta femme pour la vie entière. Moi, je me charge de lui épargner la honte de la cérémonie : le mariage civil se fera ici même, le maire me l'a promis, et elle n'aura point à rougir devant une foule curieuse en prononçant le oui juridique. A table, j'aurai soin d'empêcher les allusions plus ou moins spirituelles; et, le lendemain, vous serez seuls, mes enfants; pour ne point la rendre confuse, je ne la regarderai même pas lorsqu'elle viendra m'embrasser. Ainsi, tu me comprends bien, n'est-ce pas ? Je ne veux point que votre mariage soit une prostitution légale ou une plaisanterie, je veux qu'il soit une chose grande et sainte, je veux qu'il soit chaste dans la cérémonie et spontané dans le dernier consentement. Moi, je le ferai chaste, à toi de le faire spontané. Que ton amour, en domptant tes désirs, assure votre amour. »

Enfin, la veille du jour solennel arriva; et quand le contrat fut lu et signé, quand le docteur, dans une dernière inspection, se fut bien assuré que les préparatifs s'achevaient; quand on eut constaté, en l'essayant, que la robe de noce allait à merveille; quand Armande, tremblante, eut embrassé son grand-père non moins tremblant qu'elle; quand elle eut, en rougissant, tendu la main à Maurice qui la pressa tendrement à plusieurs reprises, chacun gagna sa chambre.

Mais, cette nuit-là, chacun n'eut point un même sommeil également calme et solide.

Maurice, si heureux que tout éveillé il croyait rêver, s'endormit en continuant ses rêves.

Le docteur, l'âme contente, la conscience satisfaite, se serait aussi doucement endormi, s'il eût pu ne point penser que ce mariage allait lui enlever sa fille bien-aimée, qu'il avait soixante-dix ans, et qu'une vieillesse solitaire était bien chagrine et bien douloureuse.

Armande, seule dans sa chambre de jeune fille, se sentit inquiète et troublée. Elle se dit que c'était pour la dernière fois qu'elle se couchait dans ces rideaux blancs, la tête sur cet oreiller qui avait déjà reçu tant de confidences, et elle fut prise d'une tristesse infinie. Elle aimait bien Maurice cependant, elle avait appelé et désiré ce moment avec d'impatientes ardeurs; mais prête à franchir ce seuil derrière lequel tout était sombre, inconnu, mystérieux, elle s'arrêtait effrayée, et quoiqu'elle se sentît entraînée par une main chérie, malgré son amour qui la poussait, elle tournait la tête et regardait en arrière : elle voyait son grand-père qui restait seul, elle voyait cette maison qu'elle abandonnait, elle voyait Audren... mais en même temps elle voyait Maurice; elle se voyait elle-même près de lui, échangeant de tendres regards, écoutant de douces paroles, et, bercée par cette céleste musique d'amour, son agitation s'apaisait, son souffle devenait plus faible, plus régulier, sa poitrine ne se soulevait plus haletante, et tandis que ses paupières se fermaient, ses lèvres, répétant la dernière pensée de son cœur, murmuraient faiblement: « Maurice, Maurice! » Elle dormait enfin et rêvait d'amour.

Mais pendant cette nuit, celui qui ne dormit point du tout, ce fut Audren: à grands pas il marchait dans sa chambre; quand il se croyait un peu plus calme, il se couchait, s'entortillait dans les draps, se couvrait la tête, et, immobile, sans même respirer, il tâchait de s'endormir; mais c'était en vain, la douleur et le désespoir ne le lâchaient pas, et les larmes qu'il avait amassées devant Armande, lui montant aux yeux, coulaient grosses, rapides, brûlantes; les sanglots l'étouffaient, et, pris d'un accès de rage, il se remettait à parcourir sa chambre; puis quand il avait longtemps marché, il se recouchait encore, prenait un livre, s'efforçait de lire, et lisait pages sur pages; mais c'était seulement des yeux qu'il lisait, car son esprit ne pouvait point se détacher d'Armande: lui aussi il revenait au passé; il la revoyait telle qu'elle était autrefois, bonne, affectueuse, souriante, et après un souvenir de bonheur, il lui en revenait un autre; et ainsi toujours, toujours jusqu'au matin.

— « Ah çà, diable! qu'est-ce que j'ai donc? grommelait Martel en se tournant et se retournant aussi dans son lit; — je ne me marie pourtant pas demain et j'ai une anxiété de prétendu : je suis sûr que Maurice dort mieux que moi. — Vont-ils être heureux? — Ma foi! tant mieux pour la petite femme! »

Sur cette affirmation consolante, il plongea résolûment

sa tête dans l'oreiller; il croyait avoir imposé silence à son inquiétude, mais la réflexion ne lui laissa pas longtemps cette joie.

— « Tant mieux ou tant pis! reprit-il avec un soupir, — car qui sait combien durera ce bonheur! Ah! s'il l'avait épousée avant d'avoir connu Marguerite! — Cela serait tout de même drôle, s'il allait lui faire payer les fautes de l'autre; drôle non, mais cruel et lâche. — Bast! Maurice n'est pas méchant! »

Sur cette seconde affirmation, il crut bien que son insomnie n'avait plus de cause légitime, mais la réflexion tenace ne céda point encore : elle se mit à lui inspirer toutes sortes d'appréhensions qui se traduisaient à peu près ainsi :

— « Il n'est pas trop bon non plus : est-il aveugle pour ne pas voir comme souffre ce pauvre Audren? — Quelle singulière idée de le prendre pour leur garçon d'honneur! Il le dédaigne et peut-être il ne le vaut pas. — Qui sait si Armande n'eût pas été plus heureuse avec Audren : elle serait au moins restée près de ce pauvre vieux qu'on va laisser seul et triste. Enfin, qui vivra verra : toutes mes suppositions ne servent à rien; après tout, ils peuvent être parfaitement heureux. »

Et cette fois, moitié conviction, moitié lassitude, il se tint pour satisfait. Quelques minutes après il dormait profondément.

La maison du docteur s'éveilla bruyante et affairée : dans la cour les charpentiers se hâtaient de cogner leurs dernières chevilles, et dans les corridors c'était déjà un joyeux cliquetis de vaisselle et de verrerie.

Maurice descendit le premier au jardin, et ayant ramassé des petits cailloux il les jeta contre les persiennes d'Armande. Bientôt celle-ci parut, enveloppée dans un châle, les yeux encore ensommeillés, mais cependant fraîche et rose sous ses blonds cheveux qui s'ébouriffaient autour de la tête. Les deux amants se regardèrent longtemps, en s'envoyant de la main de sonores baisers; puis, Maurice courut cueillir un petit bouquet de verveine et d'héliotrope, le lia avec une tige de volubilis, l'embrassa tendrement et le lança au milieu de la fenêtre. Armande le reçut au vol, le pressa aussi contre ses lèvres, comme pour y prendre les baisers qu'il avait reçus, et, l'ayant caché dans son sein, elle disparut rouge et confuse, mais, en même temps, bien heureuse et laissant aussi son amant bien heureux.

Vers dix heures les invités commencèrent à arriver les uns après les autres. D'abord ce fut M. Guillaume des Alleux, juge au tribunal de Ploërmel, oncle de Maurice, qui ne connaissait point son neveu, mais qui s'était cependant dérangé quand il avait su qu'il s'agissait d'un mariage d'au moins deux cent cinquante mille francs; puis ce furent les amis et les parents du docteur qui venaient de Lannion, de Morlaix et des communes environnantes; en tout, trente-deux personnes.

Quand tout le monde fut réuni, M. Michon fit prier Armande de descendre, et la présentation officielle commença. Audren était fort pâle; mais ceux qui ne le connaissaient point pouvaient le croire calme et indifférent : la volonté le soutenait.

La cérémonie civile s'étant accomplie, les portes toutes grandes ouvertes, suivant les prescriptions de la loi, on se mit en route pour l'église.

La distance était si petite que le docteur n'avait pas voulu de voiture, et il marchait en tête du cortége, donnant le bras à Armande, qui s'avançait les yeux baissés; il était radieux et, se cambrant hardiment, il saluait d'un geste reconnaissant ceux qui se rangeaient le long des murailles pour les regarder passer.

On entra dans l'église, qui déjà était pleine de monde,

et le bedeau, le sourire aux lèvres, — le sourire des jours de baptême et de mariage, — aligna les invités dans le chœur.

Deux prie-Dieu avaient été placés à la limite du sanctuaire : Armande et Maurice s'y agenouillèrent; et l'abbé Hercoët, portant l'aube et l'étole, sortit de la sacristie; puis, après avoir religieusement salué l'autel, il se couvrit de sa barette et, se tournant vers les époux, il leur adressa son discours obligé.

Il leur rappela la grandeur du sacrement qu'ils allaient recevoir; il leur parla du mariage du Christ avec son Église, et il leur dit comment il s'était livré à elle pour la sanctifier, la purifier, et la faire glorieuse, sans tache, sans ride, pure, immaculée.

Puis après ces banalités, thème de toutes ses allocutions, il se sentit attendri en face de ces deux enfants qu'il avait élevés, et qu'il aimait de grand cœur; il oublia la routine, et s'adressant à eux simplement, sans phrases plus ou moins mystiques :

— « Mes chers enfants, dit-il, le voyage que vous allez entreprendre, est long et périlleux; et moi le pilote, vous lançant sur cette mer de la vie, je suis tout ému et tout effrayé. Quand je ne serai plus près de vous, quand l'âge, les chagrins, les tempêtes seront arrivés, pensez à cette église où vous êtes si souvent venus dans votre enfance, pensez-y, comme au milieu de l'orage y ont souvent pensé tant de marins agenouillés dans cette foule qui m'écoute : ils étaient désespérés sur une mer en fureur, ils étaient sans force et sans courage devant la mort, ils ont pensé à l'église de leur village, ils ont tendu leurs mains suppliantes vers ce Dieu miséricordieux dont l'image est là sur nos têtes, et ils ont été consolés, ils ont été réconfortés, ils ont été sauvés. Vous aussi, mes enfants, si vous êtes battus par les orages du monde, pensez à cette église, tendez vos mains vers le Dieu que je vous ai appris à aimer, et vous aussi, vous serez consolés; vous aussi, vous serez réconfortés; vous aussi, vous serez sauvés.

» Vous, monsieur, — mais, emporté par son attendrissement, il se reprit, — toi, Maurice, n'oublie jamais les puissants secours que ta sainte mère a reçus de la religion, que le courage avec lequel elle a supporté ses dures épreuves, te soit un exemple ; rappelle-toi combien, à l'heure de la mort, elle était édifiante et résignée. Ah ! c'est qu'elle pensait au ciel, d'où maintenant elle te regarde et se réjouit bienheureuse, en voyant la pure et charmante compagne qu'elle-même eût assurément choisie.

» Vous, madame, — vous, ma chère enfant, n'oubliez jamais non plus cette digne femme, rappelez-vous combien elle était bonne, charitable, fervente dans sa simplicité; soyez pour votre époux, ce qu'elle avait été pour le sien, au milieu du monde; ne vous laissez ni éblouir ni tenter, soyez toute la vie ce que vous avez été jusqu'à ce jour; gardez votre âme ardente à la prière, votre cœur sensible à la pitié, et, jusqu'à votre mort, les bénédictions du Seigneur descendront sur votre maison.

» Mes chers enfants, respectez tous deux vos corps, comme le temple de la Divinité, n'ayez qu'un cœur et qu'une âme, partagez également la somme des biens et des maux que Dieu vous enverra, et aimez-vous dès maintenant sur la terre, comme vous vous aimerez un jour dans le ciel : c'est ce que, pour vous, je demande à Dieu. »

Il pleurait, le digne prêtre, en achevant ces paroles; et Armande et Maurice pleuraient aussi.

Le docteur lui-même avait des larmes plein les yeux; mais se penchant vers M. des Alleux, grave et empesé comme s'il était toujours à l'audience :

— « Ce n'est pas le ciel qui me touche, dit-il; mais ces finauds-là ont si bien su mêler leur religion à tous nos sentiments, qu'on ne sait plus trop pourquoi on pleure. »

Quand l'abbé, dans une courte prière, se fut un peu remis, il fit joindre les mains aux deux époux, bénit le mariage et remit l'anneau à Maurice.

Celui-ci le passa au doigt d'Armande; et, tous deux émus et tremblants, ils frissonnèrent longuement : il leur semblait qu'ils se donnaient leur âme.

La messe commença, et commencèrent aussi, en même temps, les conversations à voix basse entre voisins.

Audren, lui, ne parlait pas : il était immobile, les yeux troubles, la tête en feu, et, malgré lui, il entendait un murmure de paroles étouffées et souvent interrompues.

Il était question de Maurice, d'Armande, de robe, de coiffure. — Deux jolis enfants, disait une voix. — Oui, mais ce ne sont que des enfants. — Je trouve le marié bien jeune, et avec ça encore il est artiste. — On dit qu'il a du talent. — On le dit; mais on dit aussi qu'il est sans fortune. — Parbleu! sa mère était simple directrice de la poste. — C'est un mariage d'amour? — Tout à fait, ils s'adorent.

En écoutant ces propos qui lui déchiraient le cœur, Audren se retourna brusquement, et il lança à ses deux voisins un regard si furibond, qu'ils le prirent pour un fou ou un dévot scandalisé; aussi n'osèrent-ils plus échanger leurs observations.

Enfin, arriva le moment terrible où devait commencer son office de garçon d'honneur, on était au *Pater*.

Le suisse vint le chercher; il se leva et le suivit; il lui semblait que les dalles fuyaient sous ses pas, les murs dansaient.

Cependant il allait la tête haute.

On lui mit entre les mains un voile blanc; en face de lui Martel tenait l'autre bout.

Sous le voile, Armande et Maurice étaient agenouillés; l'officiant lisait une oraison dans le missel.

Lui, pour ne point trembler, se tenait raide, les bras serrés contre les côtes.

Mais Armande, qui le touchait presque, sentait les frémissements de son corps, et, voyant cette douleur stoïque, elle fut prise d'une immense pitié, elle oublia Maurice, elle s'oublia elle-même, ne pensa plus qu'à Audren, et, du plus profond de son cœur, elle lui donna la seule chose qu'elle pût donner, sa prière :

— « Mon Dieu, dit-elle, recevez-le, protégez-le, mon Dieu ! soyez bon pour lui, consolez son âme, guérissez son corps. Sainte Vierge, ne l'abandonnez pas, ayez pitié, ayez pitié ! »

Quand le prêtre eut fait l'aspersion, Audren retourna à sa place; et bientôt la cérémonie finit; mais, pour lui, ne finit point encore son martyre.

Il fallut qu'il assistât au déjeuner, ou plus justement au dîner, qui fut long, joyeux, animé. Il fallut qu'il vît Armande et Maurice, placés en face l'un de l'autre, échanger des regards doux comme des caresses, brûlants comme des baisers. Il fallut qu'il écoutât les toasts; on but au bonheur des nouveaux mariés, à leur santé, à leur avenir, à leurs enfants : — « Le mariage n'étant institué à nulle autre fin que la famille, dit superbement M. des Alleux, ce serait le profaner que de ne pas en attendre des enfants. Je bois donc à mes petits-neveux, à mes petites-nièces. »

Audren fut dix fois sur le point de se sauver, mais il avait promis, il resta : il y avait là orgueil pour lui-même, défi pour Maurice, dernière preuve d'amour pour Armande. Cependant, parfois son courage l'abandonnait, il n'avait plus conscience de ce qui se passait autour de lui, et il était comme dans un atroce cauchemar.

Enfin, comme entre le dîner et la fête du soir, il y eut un moment où on abandonna la table pour se promener dans le jardin, il en profita et s'échappa.

Il courut droit devant lui, et, par le chemin de la falaise, il se trouva bientôt au milieu de la lande. Alors il se jeta sur l'herbe et laissa échapper les pleurs qu'il retenait depuis si longtemps; c'était fini, c'était bien fini, elle etait perdue, elle était mariée, et autant il avait été ferme, autant il fut lâche; il était seul, il était libre enfin; il se roula sur le gazon, enfonçant ses doigts dans la terre, sanglotant, criant, hurlant. Puis, quand la machine nerveuse se fut un peu détendue, il tomba dans un abattement stupide; son corps et son âme étaient brisés comme sa vie, ce n'était plus de la souffrance, c'était de la prostration; son cœur ne saignait plus, il était mort; il en était de lui comme d'un homme qui, précipité du haut d'un toit, se voit tomber dans le vide, sans pouvoir s'accrocher à rien. Il se sentait aussi dans le vide, dans le néant.

Et pendant ce temps la fête commençait. Par la grande porte, ouverte à deux battants, les gens du village arrivaient endimanchés. La tente s'emplissait; elle était partagée en trois compartiments: à l'extrémité, on avait disposé un petit salon parqueté pour les invitées à longues robes; au milieu était la salle de danse, et, à l'entrée, un buffet où ceux qui n'avaient point assisté au dîner trouvaient des viandes froides, une barrique de vin en perce, des gâteaux et des rafraîchissements. Le docteur avait fait les choses grandement; heureux, il voulait que tout le monde fût heureux avec lui.

A huit heures la noce fit son entrée, mais les musiciens n'étaient point encore à leur place, et comme M. Michou s'en étonnait, on entendit au dehors les sons du biniou, du fifre et du violon.

Le docteur était fort aimé dans le pays, et comme on voulait lui payer les services qu'il avait rendus, il avait été décidé qu'on célébrerait l'épousée à la mode de Bretagne, que tout le village prendrait part à la fête, et que le père Gouriou, avec six garçons et six jeunes filles, chanterait la complainte du mariage.

C'était donc la députation qui arrivait, musiciens en tête. Bientôt on la vit paraître : le père Gouriou marchait le premier ; ce n'était plus le chanteur des foires et des marchés, c'était le *barz*, c'était le poëte du pays ; ce n'était plus le vieux mendiant, c'était le vaillant compagnon de Georges et de Tinteniak, c'était un grand vieillard superbe dans son antique costume national ; il allait droit et fier, jouant noblement du rebeck ; derrière lui venaient les jeunes garçons, les jeunes filles et la députation du village.

Il traversa la salle, et, arrivé devant les mariés, il s'arrêta, déposa son rebeck dont il dédaignait le secours, fit signe aux musiciens de l'accompagner doucement, et, d'une voix un peu traînante, mais bien accentuée, il commença la complainte :

Nous sommes accourus du fond de notre village
Afin de vous souhaiter bonheur en mariage,
A monsieur votre époux
Aussi bien comme à vous.

Vous n'irez plus au bal, madame la mariée,
Vous n'irez plus aux fêtes ni dans nos assemblées,
Vous resterez à la maison
Tandis que nous irons.

Alors, s'effaçant sur le côté, il fit place à un jeune garçon qui portait un gâteau et qui se mit à chanter :

Acceptez ce gâteau que ma main vous présente,
Il est fait de façon à vous faire comprendre
Qu'il faut travailler et souffrir
Afin de se nourrir.

Puis le jeune garçon, ayant offert son gâteau à Armande,

se retira aussi; il fut remplacé par une jeune fille qui tenait un bouquet, et qui chanta :

Acceptez ce bouquet que ma main vous présente,
Il est fait de façon à vous faire comprendre
Que tous les vains honneurs
Passent comme ces fleurs.

Elle offrit le bouquet, et tout le monde reprit ensemble :

Nous sommes accourus du fond de notre village
Afin de vous souhaiter bonheur en mariage,
A monsieur votre époux
Aussi bien comme à vous.

Aussitôt on se mit en place pour le quadrille : M. Des Alleux conduisait Armande, M. Michon une jeune fille du village.

Et la danse devint générale; seulement, comme beaucoup de Bretons ont encore conservé leur ancienne danse, qui est une sorte de marche rapide et mesurée, l'orchestre alternait : tantôt il jouait un quadrille, tantôt il jouait le pas national.

On ne tarda point à s'entasser, à se pousser, à se coudoyer, et malgré la légèreté des murailles qui étaient en beaux draps blancs enguirlandés de fleurs, l'air devint bientôt plus lourd et plus chaud. Au milieu de la tente, les jeunes gens dansaient; sur les côtés, les hommes regardaient; ils ne parlaient point, ils ne remuaient guère, mais ils souriaient avec l'expression du contentement. Pour ces rudes travailleurs habitués à la fatigue, ne rien faire était déjà un grand plaisir. Au buffet, l'animation était plus vive : là on buvait ferme et l'on criait fort; huit ou dix buveurs s'étaient emparés des tables, et, n'en voulant point *démarer*, ils causaient tranquillement de leurs affaires comme s'ils eussent été au cabaret.

Lorsque Armande eut dansé cinq ou six contredanses, lorsqu'elle eut fait plusieurs fois, au bras de son grand-père, le tour de la tente, parlant à chacun et recevant de chacun des compliments, M. Michon, qui trouvait insensé de laisser sauter jusqu'à deux ou trois heures du matin une pauvre enfant toute brisée d'émotions, toute fiévreuse d'inquiétude, fit un signe à Maurice, prit le bras d'Armande comme pour une nouvelle promenade, et, s'échappant discrètement, il rentra à la maison.

Elle était calme et déserte; invités ainsi que domestiques, tout le monde était sous la tente. Des lampes brûlaient dans le vestibule, M. Michon en prit une, et, tenant toujours Armande qui tremblait comme une feuille, il se dirigea, suivi de Maurice, vers une grande chambre habituellement inoccupée qui se trouvait au rez-de-chaussée, au bout de la bibliothèque.

— « Mes enfants, leur dit-il, voilà votre chambre : les meubles en sont bien vieux, bien rococo, mais ils ont servi à ma chère femme et à moi, c'est la chambre de notre mariage; soyez-y heureux comme nous y avons été heureux. »

Et comme Armande oppressée se serrait contre lui :

— « Allons, chère mignonne, continua-t-il, ne tremble pas, tu es entre ton père et ton mari, et si je tremble aussi en te parlant, ce n'est pas de crainte, c'est d'émotion : vous me ramenez à mon jour de noce. Voilà le fauteuil où je me suis assis pour la prendre sur mes genoux; tiens, Armande, voilà la chaise basse où ta grand'mère se mettait devant le feu pour sécher et emmailloter ta mère; regarde, ma fille, tout ici conserve des souvenirs de bonheur; calme-toi, tu seras heureuse aussi, va. Allons, viens, viens dans mes bras que je t'embrasse. »

Il l'attira sur sa poitrine, y attira aussi Maurice, et, les ayant tous deux embrassés, il les réunit dans une même étreinte. Alors il les regarda doucement une dernière fois, pressa la main de Maurice pour lui rappeler ses promesses, les mit bien étroitement aux bras l'un de l'autre, et, les yeux pleins de larmes, presque aussi troublé que sa fille, il sortit rapidement sans se retourner.

Il croyait les laisser seuls, mais ils ne l'étaient point.

Audren, après sa crise d'affaissement, avait eu une réaction de colère. Pour se calmer, il s'était mis à marcher à travers la lande; mais le mouvement, en activant la circulation sanguine, avait aussi activé l'exaltation cérébrale, et plus les heures de la nuit s'étaient écoulées, plus il s'était senti furieux et désespéré. Il n'avait plus eu qu'une seule pensée, elle et lui dans le même lit; et cela lui avait paru si monstrueux, que, pour ne plus la revoir souillée, il avait décidé de partir pour Brest à l'instant même. Il était revenu sur ses pas; mais alors marchant moins vite, rafraîchi par la brise qui soufflait du large, un peu calmé par cette résolution de s'enfuir, qui le rattachait à quelque chose, il s'était pris à songer tristement à son départ, à son voyage, à son isolement dans la vie, à ce pays qu'il abandonnait, et, s'attendrissant un moment sur lui-même, oubliant insensiblement sa colère, il avait vaguement pensé, — puisque tout était bien fini, — à voir Armande une dernière fois pendant qu'elle était encore la jeune fille pure et vierge qu'il avait si ardemment adorée. Tout d'abord il avait rejeté cette idée comme une faiblesse, puis il y était revenu, puis, entraîné par ce fatal sentiment qui nous pousse à vouloir ne rien perdre de nos douleurs, au lieu d'entrer chez son frère, il avait passé tout droit et était descendu vers le château. Traverser le jardin et entrer par la maison dans la cour d'honneur où se trouvait la tente, était le chemin le plus court; il l'avait pris. Mais, arrivé devant la maison, il avait trouvé fermées les portes de communication, et comme il longeait la muraille en cherchant un passage, il avait été tout surpris de voir de la lumière à travers les persiennes de la grande chambre et d'entendre un bruit de voix. A cette heure, quand tout le monde dansait au bal, qui donc pouvait être là? Il s'était approché. Une porte-fenêtre ouvrait sur un perron; il avait doucement monté les marches. Juste à la hauteur de sa tête, mais plus haut que les yeux, les crémaillères avaient été tirées et les lames de bois étaient parfaitement horizontales; il s'était haussé sur la pointe des pieds, et, au milieu de la chambre, il avait vu le docteur qui tenait dans ses bras Armande et Maurice : la mousseline des rideaux était fine, la lampe donnait une lumière éclatante.

Le vertige le prit, et il retomba sur ses pieds; mais presque aussitôt il se releva, se cramponna des mains à une planchette supérieure, et colla son visage contre la persienne.

Le docteur était sorti, Armande et Maurice se tenaient enlacés.

Ils restèrent quelques minutes ainsi, lui la serrant dans ses bras, elle inclinant la tête sur la poitrine de son époux.

— « Chère Armande! » murmura Maurice d'une voix pleine de prière.

Il l'attira doucement, s'assit, et la fit asseoir sur ses genoux.

Elle se cachait toujours; mais, se penchant vers elle, il lui posa les lèvres sur le front, lui redressa la tête en la poussant à petits coups, et quand il la sentit à la hauteur de son visage, se baissant rapidement, il lui plongea les yeux dans ses yeux.

Longtemps ils se regardèrent.

Puis l'asseyant elle-même sur le canapé, il se laissa glisser à terre, se mit à genoux devant elle, lui prit les deux mains, et la regarda encore avec un ravissement passionné.

Audren aussi regardait, mais avec une poignante anxiété : il était oppressé jusqu'à l'étouffement; ses yeux étaient troubles, ses jambes vacillaient, son cœur battait si fort, qu'il repoussait la fenêtre.

Maurice était toujours à genoux; et, les mains autour du corsage d'Armande, il cherchait à détacher le bouquet.

La pauvre enfant était rouge et tremblante : sa pudeur l'empêchait de s'abandonner, son amour l'empêchait de se défendre; elle avait peur de n'être point assez tendre, elle avait peur d'être trop passionnée.

Le bouquet détaché, Maurice se releva et voulut détacher aussi la couronne, mais c'était plus difficile; prise dans les torsades de la coiffure, elle était retenue par de nombreuses épingles bien cachées.

Enfin, épingle à épingle, il y parvint; et, prenant délicatement la couronne, il alla la poser sur un meuble :

— « Ce sera notre talisman de bonheur, dit-il; nous le garderons toujours, et quand nous serons tristes, nous rappelant cette journée, il nous consolera. »

Il revint vers elle, et il ouvrit les bras pour l'embrasser encore : ses yeux brillaient, ses mains tremblaient.

Elle eut réellement peur, et voulut se reculer; mais, dans le brusque mouvement qu'elle fit, ses cheveux, qui n'étaient plus retenus, s'échappèrent du peigne, et, en une soyeuse cascade, ils tombèrent sur ses épaules. Par un geste de honte et de crainte tout à la fois, elle se jeta les mains sur le visage.

Il s'approcha doucement, l'enlaça d'une main, et, de l'autre, il prit une épaisse torsade de cette chevelure qu'il voyait dans toute sa splendeur pour la première fois, la pressa contre ses lèvres, respirant avec ivresse son parfum tiède et pénétrant :

— « Oh! ne crains rien, dit-il, je ne suis aujourd'hui que ce que j'étais hier, rien de plus, chère mignonne, ton amant qui toujours sera ton amant : ce n'est pas de la loi, ce n'est pas de l'Église que je veux te tenir, c'est de toi, de toi seule. »

Audren les voyait face à face, les yeux dans les yeux, les lèvres presque sur les lèvres. Comme la lame d'un couteau, la planchette de chêne à laquelle il était cramponné, lui entrait dans les doigts; il ne sentait point la douleur physique, il écoutait et regardait, et celle qu'il avait adorée avec la vénération la plus sainte, il la voyait aux bras d'un homme qu'elle aimait, sans défense et sans volonté de défense.

Maurice la contemplait toujours avec ravissement; et elle, sans lever les yeux, se tenait immobile, palpitante. A un mouvement qu'il fit pour l'enlacer plus étroitement encore, elle se recula en se défendant doucement et se réfugia tout émue dans le coin du canapé.

Alors, Maurice la regardant de nouveau avec une expression plus passionnée et plus impatiente, glissa sa main sur la table, approcha doucement la lampe, et, brusquement, l'éteignit.

Audren desserra les doigts et se laissa couler à terre; sa tête éclatait, ses dents claquaient; par un miracle de volonté, il avait pu se contenir jusqu'alors, mais sa raison lui échappa, et, s'élançant en avant, il examina la persienne comme pour trouver un moyen de l'arracher: il voulait sauter dans la chambre, et étrangler Maurice; par bonheur, elle était solidement fermée et n'offrait pas la moindre prise. Quoique bien court, ce moment d'examen fut assez long, cependant, pour le rappeler à lui : ses bras qu'il portait en avant, crispés et menaçants, tombèrent; sa tête s'inclina sur sa poitrine, et tout son corps s'affaissa. Il demeura quelques secondes anéanti, puis, redescendant les marches :

— « Oh! Armande, murmura-t-il avec un sanglot déchirant, — je t'aime encore. »

Et, se traînant plutôt que marchant, il reprit la grande allée, sortit du jardin, et lentement, en s'appuyant de temps en temps contre un arbre, il se dirigea du côté de la grève.

On dansait toujours, et le son du fifre passait avec la brise.

Oh ! les joyeux rayons de soleil, qui, le lendemain, glissèrent à travers les persiennes : les oiseaux chantaient dans les feuilles, il y avait dans l'air des musiques et des parfums. Armande, dans le bras de Maurice, dormait ; et lui, tourné vers elle, il la regardait dormir. Un rayon de soleil, reflété par la glace, vint s'abattre sur ce visage souriant, et les légers cheveux, qui frisaient, étincelèrent comme des fils d'or. Sa paupière cligna, sensible et nerveuse, sous la lumière trop vive ; puis elle ouvrit doucement les yeux, rencontra ceux de Maurice, et les refermant aussitôt, rouge et frémissante, elle se blottit dans son cou. Oh ! les joyeuses paroles, les pénétrantes caresses, les tendres regards, les éloquents silences, les riants projets, les douces promesses.

Ce furent des journées enivrantes et radieuses. Ils étaient tout à eux-mêmes, et jouissaient délicieusement d'eux-mêmes.

Il y avait cinq jours qu'ils étaient mariés, et, tendrement enlacés l'un à l'autre, ils se promenaient sur la grève. Ils allaient lentement, à pas cadencés, et ils parlaient de cette voix basse, mais vibrante, qui vient du cœur.

Suivant toujours le rivage, ils arrivèrent devant l'île de Goë : la passe était à sec.

— « Il n'est pas encore six heures et demie, dit Maurice, la mer ne remontera pas avant deux heures ; nous avons le temps de faire le tour de l'île ; le veux-tu ? »

Ils traversèrent à pied sec le chenal, où six semaines auparavant, Maurice avait si miraculeusement échappé à la mort.

— « Sans ces rochers splendides, dit-il, qui sait où nous en serions encore de notre mariage ?

— Ah ! s'écria Armande, j'étais folle d'anxiété.

— Et, par bonheur aussi, tu as été folle de joie.

— Pauvre Audren, c'est lui qui t'a sauvé! Où est-il, maintenant?

— A Brest, probablement, à moins qu'il ne soit déjà en mer.

— Ah! pourquoi est-il parti sans nous faire ses adieux? J'en ai presque un remords.

— Allons donc! chère enfant, la jalousie le mordait, il n'a pas voulu te voir ma femme ; deux ou trois ans d'absence le rendront raisonnable, et quand il reviendra, il sera sans doute guéri. »

Tout en parlant ainsi, ils s'avançaient sur la grève sourde et moelleuse : le soir commençait, et, par un singulier effet de mirage, il y avait deux soleils; un qui se couchait dans la mer, l'autre qui miroitait sur le sable humide.

Ils avaient déjà doublé la pointe, et ils revenaient vers le chenal, lorsque sur la mer, qui reflétait une légère teinte orange restée au ciel, ils aperçurent un point noir.

— « Une baleine! dit Maurice, en riant.

— Ou un marsouin, répondit Armande.

— Non, ça ne nage pas, ça flotte, c'est une épave.

— Penchons-nous sur le sable, nous verrons mieux. »

Ils se penchèrent et regardèrent : le point noir faisait une bosse sur la ligne jaunâtre de l'horizon, et s'avançait lentement, poussé par la marée montante :

— « C'est un ballot, dit Maurice.

— Ou une barrique, continua Armande.

— Nous allons la sauveter.

— Si c'est une barrique, nous la ferons scier en deux, et nous la mettrons sur notre terrasse, pour en faire un bassin.

— Et si elle est pleine, on ne boira le vin ou le rhum qu'elle renferme, qu'aux anniversaires de notre mariage ou au baptême de nos enfants.

— Oui, mais si c'est un ballot?

— Je ne sais pas ce que c'est, mais, à coup sûr, ce ne doit être ni une barrique, un ballot. »

Le point noir s'avançait toujours en dérivant vers la passe, et,on le voyait un peu plus distinctement; il paraissait partagé en trois, le point du milieu plus gros que ceux des extrémités.

Ils regardaient toujours, mais ils ne parlaient plus; ils avaient peur de se communiquer leurs suppositions.

— « Allons-nous-en, dit Maurice.

— Allons-nous-en, » répondit Armande.

Ils marchèrent vers le chenal; mais comme si elle eût été animée, l'épave, ballot ou barrique, portée par le courant, les suivit en s'approchant toujours du rivage

Arrêtés par une barrière de rocs éboulés, ils durent remonter un peu vers la terre, et quand ils redescendirent sur le sable, — le seul chemin praticable au milieu de cet amas de pierres,— l'épave, qui toujours s'était avancée en ligne droite, se trouva devant eux.

— « Ah! mon Dieu! s'écria Armande, c'est un homme.

— Allons-nous-en, dit Maurice, » et il voulut l'entraîner.

Mais elle résista; elle regardait avec une poignante curiosité.

On distinguait des cheveux noirs, une poitrine, des pointes de pieds.

La lame poussa encore le cadavre; mais il touchait le sable, il s'arrêta. Alors la lame qui vint, rencontrant un obstacle, passa par-dessus et balaya les cheveux qui couvraient le visage; quand elle se retira, aux dernières clartés du jour finissant, on aperçut ce visage.

— « Ah! s'écria Armande avec un horrible déchirement, Audren! »

Et elle tomba sur le sable; mais presque aussitôt elle se releva, et, malgré Maurice qui la retenait, elle courut jusqu'auprès du corps.

C'était bien Audren, les yeux ouverts, la face blanche, marquée de taches livides.

— « Mort! mort! » s'écria-t-elle, et elle se renversa dans les bras de Maurice.

Il voulut l'emmener: sans en avoir conscience, elle fit quelques pas, mais s'arrêtant:

— « Ah! ne l'abandonnons pas! dit-elle faiblement.

— Mais, mon enfant...

— La mer monte; elle va le battre sur les rochers.

— Nous enverrons du monde. Viens, viens.

— Oh! Maurice, si vous vouliez?

— Eh bien?

— On ne peut pourtant pas le laisser comme ça. Et les sanglots lui coupèrent la voix.

— Allons, du courage, dit Maurice, partons.

— Oh! non, non, s'écria-t-elle; puis avec force: — Maurice, il le faut, portons-le sur le galet. »

Il hésita; mais elle le regardait à travers ses larmes d'une façon si pressante et si résolue, qu'il n'osa point reculer.

Ils se rapprochèrent du cadavre; il était presque entièrement hors de l'eau et de travers: la mer le poussait à chaque coup de lame.

Ils se penchèrent tous deux en même temps, mais tous deux aussi, en même temps, ils se redressèrent brusquement: prêts à toucher ce cadavre, ils avaient eu la même pensée; heureusement la nuit était venue, ils étaient séparés par trois pas de distance, leurs yeux ne purent point se la communiquer.

— « Attends, dit-il, je vais le traîner tout seul.

— Oh! non, pas le traîner, murmura-t-elle. »

Et, se penchant vivement, elle saisit les pieds.

Maurice prit les épaules.

Ils le soulevèrent tout d'une pièce: c'était bien lourd pour Armande, et, malgré son exaltation, elle tordait sous le poids; ses pieds aussi s'embarrassaient dans sa robe.

— « Maurice, dit-elle sourdement, ses jambes sont attachées avec un mouchoir. »

Arrivés au galet qui formait un talus, elle glissa et tomba sur les genoux; mais elle se releva.

— « Encore! » dit-elle.

Ils montèrent encore; les cailloux ronds roulaient sous leurs pas.

— « Je ne peux plus, » fit-elle.

Et laissant échapper les pieds d'Audren, elle s'affaissa sur elle-même.

Maurice, lâchant brusquement le cadavre, courut à elle.

— « Armande! dit-il, Armande! »

Elle ne répondit pas; elle était évanouie. Il la serra contre lui, la secoua, lui frappa dans les mains; elle ne répondit pas. Il chercha sa bouche, et rencontra les dents froides.

Alors il la prit dans ses bras et redescendit le chemin qu'il venait de monter. Il entra dans la mer jusqu'à la cheville, et se courbant à moitié, appuyant Armande sur son genou plié, de sa main restée libre il lui jeta de l'eau sur la figure, l'appelant et l'embrassant toujours.

Enfin elle ouvrit les yeux; puis, éclatant en sanglots, elle se suspendit à son cou. Longtemps elle suffoqua en haletant péniblement, mais peu à peu elle recouvra la respiration et pleura sans étouffer.

Alors Maurice, qui la soutenait toujours :

— « Mon enfant, dit-il, peux-tu marcher; la mer monte, l'heure nous presse, le chenal va s'emplir.

— Le chenal... fit-elle; ah! oui, je veux bien.

— Appuie-toi, sur mon bras. »

Ils se mirent en marche. Elle ne voyait pas, ses yeux étaient pleins de larmes; souvent elle se cramponnait à Maurice, sentant l'étourdissement qui la reprenait.

Malgré leurs efforts, ils allaient lentement.

Ils arrivèrent; mais la mer, rapide et clapoteuse, courait dans le milieu du chenal, et blanchissait contre les blocs de granit qui déjà disparaissaient à demi submergés.

— « Ah! s'écria Maurice, il est trop tard, le flot nous a devancés.

— Mon Dieu! dit Armande avec abattement.

— Ne crains rien, chère petite, je vais appeler, on nous entendra, et on viendra nous chercher. »

Il appela et cria de toutes ses forces; mais les premières maisons du village étaient à plus d'un kilomètre, et la mer, qui était calme au large, faisait en s'engouffrant dans la passe un bruit sourd et continu : la voix de Maurice se perdit dans ce bruit.

— « Si nous voyons un douanier passer sur la falaise, dit Maurice découragé, mais ne voulant point le laisser paraître, nous l'appellerons; en attendant, allons nous mettre à l'abri de la dune. »

Ils y allèrent, et s'assirent sur le sable.

— « Comme tu trembles, pauvre enfant, dit Maurice.

— Ah! j'ai bien froid, » dit-elle en grelottant. Elle avait les jambes mouillées, et en lui jetant de l'eau au visage pour la ranimer, il en avait coulé dans la robe.

Il la prit dans ses bras, l'enveloppa dans un châle de laine qu'il portait pour les promenades de nuit, lui sécha les cheveux avec un mouchoir, et la déchaussa : les pieds étaient glacés; il les prit entre ses mains pour les réchauffer.

Ils restèrent longtemps ainsi sans voir le moindre douanier; loin de faiblir, le clapotement des flots devenait plus fort à mesure que la mer montait; la brise soufflait de la terre, et la pâle lueur qui tombait du ciel étoilé laissait à peine apercevoir la côte.

— « Ah! il ne viendra personne, dit Armande un peu plus calme, grand-père se sera couché pensant que nous rentrerions par la porte du jardin, et les douaniers ne passeront pas sur la falaise, car ils savent bien qu'on ne peut pas aborder de mer haute.

— Eh bien! mon enfant, il faut nous résigner; attendons que la mer baisse. As-tu encore froid?

— Presque plus. »

Il se fit un silence; puis bientôt elle reprit doucement, et d'une voix suppliante :

— « Maurice, si tu voulais?

— Quoi? mon enfant.

— Puisque personne ne viendra et que nous devons rester ici encore quatre ou cinq heures, nous irions là-bas.

— Où, là-bas?

— C'est mal de le laisser tout seul; si les oiseaux de mer...

— Auprès de...

— Oui, le veiller.

— Allons donc!... et puis dans l'état nerveux où tu es, ce serait folie; d'ailleurs nous ne serions plus à l'abri du vent.

— Il y a un peu de falaise, nous serions mieux au contraire.

— Je t'en prie, n'en parlons plus.

— Je t'en prie, moi, Maurice, ne me refuse pas. Il me semble que c'est un devoir: il t'a sauvé, il a été mon frère; dis, veux-tu?

— Mais...

— Ah! c'est nous qui l'avons tué; épargnons-nous un nouveau remords. Je t'en supplie. J'aurai du courage, va; et j'en serais malheureuse pour toujours. »

Elle insista, et il se laissa gagner; il eut peur de paraître avoir peur. La pensée que plus tard elle pourrait lui faire un reproche de son refus le décida tout à fait.

Sur le galet mouvant ils se remirent en route; elle marchait presque sans avoir besoin de s'appuyer sur lui.

Le cadavre était toujours tel qu'ils l'avaient abandonné;

seulement, sous la clarté bleue des étoiles, les mains et la figure paraissaient phosphorescentes : on eût dit qu'elles étaient recouvertes d'écailles argentées et lumineuses.

Ils trouvèrent un abri contre le vent; la mer avait mangé le granit et l'avait taillé en talus: sur le sable sec ils s'assirent, Maurice s'appuya le dos contre la pierre et il prit Armande dans ses bras; du châle il lui fit un manteau qui la couvrit entièrement.

La nuit était douce et tranquille, le ciel était sans nuages, et sur la grève la mer brisait avec un bruit lent et monotone qui retentissait dans l'âme.

Ils ne parlaient point. De temps en temps Armande tressaillait et serrait vivement Maurice comme si elle eût eu peur; de temps en temps aussi elle pleurait, et lui, sans oser rien dire pour la consoler, il s'attendrissait à cette douleur.

Une clarté blanche parut derrière les falaises, et dans le ciel pâle la lune monta lentement : la marée commençait à redescendre.

Armande, accablée par la fatigue et l'émotion, s'était à la fin endormie, mais son sommeil était fiévreux ; souvent, sur les genoux de Maurice, elle tressautait brusquement, souvent aussi elle soupirait.

Maurice était donc seul, et à vingt-cinq ou trente pas le corps d'Audren se profilait en une silhouette dure sur le flot argenté; tout à l'entour et jusqu'à perte de vue, les rochers, qui se dressaient sur la plage, faisaient de grandes ombres noires et douteuses.

Ce cadavre le gênait horriblement et finissait par l'exaspérer; il voulait n'y point penser, il voulait en détourner les yeux; mais malgré lui il y revenait toujours de l'esprit et du regard. Le souvenir de leurs luttes et de leur rivalité l'étreignait impérieusement; il le revoyait vivant, et cette idée le remuait et le troublait si profondément que son esprit se perdait en d'étranges hallucinations. Devant lui tout prenait des formes bizarres et fantastiques, et une sauterelle de mer, qui remuait dans le sable, le fit tressaillir; il avait réellement peur. Par un mouvement rapide et instinctif, il serra fortement Armande dans ses bras.

Elle se réveilla, et, poussant un cri, elle se pressa contre lui.

— « Ne crains rien, dit-il, c'est moi, moi, Maurice; voici l'heure, chère enfant, la mer baisse.

— J'ai bien froid, dit-elle.

— Marchons, le mouvement te réchauffera. »

Il la fit lever, et brusquement il l'entraîna; il avait hâte de s'enfuir.

La mer se retirait de dedans le chenal; ils purent le traverser presque à pied sec.

Ils rentrèrent par le perron du jardin, celui où Audren avait roulé.

— « Couche-toi vite, dit Maurice, et après j'irai éveiller M. Michon. »

Il la déshabilla et la mit dans le lit, puis il monta chez le docteur.

Il lui conta tout en peu de mots.

« Le malheureux enfant, s'écria M. Michon, il s'est tué! Mais Armande?

— Elle est couchée.

— C'est bien, je vais la voir. »

Et il s'habilla promptement : tout en endossant ses habits, il faisait questions sur questions, et il répétait à chaque instant : « Le pauvre enfant! le pauvre enfant! il faut cacher le suicide. »

Ils descendirent. Armande, ramassée sur elle-même, grelottait et pleurait : en voyant son grand-père, elle fondit en larmes.

— « Tâche de la réchauffer, dit M. Michon à Maurice, je vais lui faire faire une infusion de tilleul, et j'irai après prévenir M. de Tréfléan. Surtout, qu'elle dorme; j'ajouterai quelques gouttes de laudanum à sa potion. Toi, bois aussi une bonne tasse de vin chaud. »

Quand il revint, quatre heures après, le soleil était levé, et Armande dormait toujours, mais d'un sommeil brûlant et spasmodique.

— « Eh bien? dit Maurice, à voix basse.

— Nous l'avons porté chez son frère, répondit le docteur. Pauvre M. de Tréfléan! J'ai fait la visite du cadavre, et comme il avait une cicatrice au front, ça m'a servi à prétendre que la mort était le résultat d'un accident; ça n'est pas fort, mais ça sauve les apparences. J'ai obtenu du maire, que vous ne feriez votre déposition que demain. Comme le suicide n'est pas prouvé, l'abbé ne refuse pas ses cérémonies.

— A quelle heure l'enterrement?

— A dix heures. Si Armande s'éveille, tu tâcheras de l'étourdir; et, surtout, tu la garderas ici : tu diras que je le veux. »

Ce fut seulement le glas funèbre des cloches, qui réveilla Armande : elle écouta quelques instants, puis elle eut un brusque frisson; et, se cachant le visage entre ses mains, elle enfonça sa tête dans l'oreiller. Mais presque aussitôt, se redressant, elle voulut se lever.

— « C'est pour ce matin? dit-elle.

— Non, répondit Maurice; » et il la força à se recoucher.

Cependant les cloches reprirent bientôt plus fortement : alors, comprenant qu'on l'avait trompée, elle voulut encore se lever; mais Maurice intervint de nouveau :

— « Reste, reste, dit-il, il le faut.

— Oh! non, non, s'écria-t-elle, notre devoir est d'être là-bas.

— Votre devoir, Armande, est de m'écouter : d'ailleurs, votre grand-père veut que nous restions ici; ce serait folie d'aller à l'enterrement, dans l'état de fièvre où vous êtes. »

En entendant cette voix brève, qui, pour la première

fois, parlait impérieusement, Armande, surprise et blessée, leva les yeux sur Maurice ; mais elle les rebaissa bien vite, et elle éclata en sanglots.

Quand Maurice avait reconnu le cadavre, il avait été ému et attendri ; mais cette pitié, toute de premier mouvement, n'avait point duré longtemps, l'horrible veillée sur la grève l'avait sourdement irrité, et, maintenant, les plaintes d'Armande l'irritaient plus fortement encore ; il était jaloux de la douleur qu'inspirait Audren mort, comme il avait été jaloux de la tendresse qu'avait inspirée Audren vivant. Ce suicide ne lui paraissait qu'une lâche vengeance tentée pour détruire son bonheur, ou tout au moins, pour en flétrir les premières et plus belles journées.

Aussi par la chambre marchait-il à grands pas, regardant sa femme qui suffoquait ; et, plus elle gémissait, plus il sentait sa colère s'accroître.

Enfin, s'approchant d'elle :

— « Que diriez-vous donc, demanda-t-il, si c'était moi qu'on enterrât ? »

Elle se retourna vers lui, le regarda avec une indéfinissable expression d'amour et de reproche, remua les lèvres comme pour parler ; mais les larmes et les sanglots l'étouffèrent encore, et elle recommença à pleurer.

Maurice aussi recommença sa marche impatiente. Cependant ce regard l'avait touché et rappelé à la raison. Bientôt il vint s'asseoir sur le lit, et, soulevant délicatement Armande :

— « Pardonne-moi, » murmura-t-il doucement ; et il se mit à lui dire de tendres paroles d'excuse.

Longtemps elle pleura sans répondre, mais enfin elle écouta un peu plus calme, et ses yeux restèrent attachés sur les yeux de Maurice. La consolation écartait maintenant la pensée d'Audren, comme tout à l'heure la peine personnelle l'avait déjà écartée.

Cependant les cloches sonnaient toujours. A chaque reprise, Armande frémissait; mais Maurice continuait de parler, et bientôt elle se remettait à écouter.

Tout à coup, on entendit un vague murmure dans la rue, puis le bruit devint plus fort, plus distinct; puis on reconnut la marche d'une foule, les sons de l'ophicléide et le chant de plusieurs voix qui psalmodiaient : « *In paradisum deducant te angeli, in tuo adventu suscipiant te martyres...* »

— « Ah! s'écria Armande, en s'abattant contre la poitrine de Maurice, l'enterrement! »

C'était, en effet, le cortége qui longeait les murailles du jardin, pour se rendre au cimetière.

Maurice tint Armande serrée contre lui, jusqu'à ce qu'on n'entendît plus les chants funèbres; puis, se penchant vers elle et la forçant à le regarder :

— « Calme-toi, chère enfant, dit-il, si l'amour fait mourir, il fait vivre aussi; ne crains rien, nous serons heureux, va! l'avenir est à nous. »

Au bout d'une heure, M. Michon et Martel rentrèrent de l'enterrement.

En apercevant son grand-père, Armande fut reprise d'un accès de désespoir; et, se jetant dans ses bras, elle recommença à pleurer, sans pouvoir articuler une seule parole.

Alors, Martel s'approchant de Maurice, et l'attirant dans dans un coin :

— « Comment est-elle? demanda-t-il à voix basse.

— Fiévreuse et brisée, répondit celui-ci. Si le docteur y consent, j'ai le désir de partir tout de suite pour Paris :

le voyage et le changement l'étourdiront, il ne faut pas qu'elle revoie la plage.

— Tr as raison, répliqua Martel, la distraire, c'est ce qu'il faut, et surtout la rendre heureuse.

— Que veux-tu dire?

— Je veux dire que, jusqu'à présent, ton bonheur a coûté cher aux autres : ta mère et Audren, c'est assez comme ça, vois-tu : Armande ce serait trop.

FIN DES AMANTS

TABLE DES MATIÈRES

FIN DE LA TABLE.

LAGNY. — Typographie de A. VARIGAULT

LIBRAIRIE DE MICHEL LÉVY FRÈRES

NOUVEAUX OUVRAGES PARUS FORMAT GRAND IN-18
à 3 francs le volume.

D'HEURE EN HEURE
Par Alfred Assollant. . . . . 1 vol.

MONSIEUR X ET MADAME ***
Par Un Inconnu . . . . 1 vol.

LA COMTESSE D'ALBANY
Par Saint-René Taillandier . . . . 1 vol.

CES PAUVRES FEMMES!
Par Max Valrey. . . . . 1 vol.

LES JEUDIS DE MADAME CHARBONNEAU
Par A. de Pontmartin . . . . 1 vol.

ALGER
Par Ernest Feydeau. . . . . 1 vol.

QUELQUES PAGES D'HISTOIRE CONTEMPORAINE
Par Prévost-Paradol . . . . 1 vol.

UNE FAMILLE TRAGIQUE
Par Charles Hugo. . . . . 1 vol.

LA MAIN COUPÉE
Par Henri Rivière. . . . . 1 vol.

ESSAIS HISTORIQUES ET LITTÉRAIRES
Par L. Vitet, de l'Académie française. . . . . . . 1 vol.

QUATRE FEMMES ET UN HOMME
Par Paul Féval. . . . . 1 vol.

LECTURES A L'ACADÉMIE
Par Ernest Legouvé. . . . . 1 vol.

SOUVENIRS D'UN DÉPAYSÉ
Par Charles Edmond. . . . . 1 vol.

LE CHEVALIER DE CHASOT
Mémoires du temps de Frédéric le Grand, par H. Blaze de Bury. . . . . 1 vol.

MADAME BOVARY
Par Gustave Flaubert. Nouvelle édition. . . . . . 1 vol.

HISTOIRE D'UN DIAMANT
Par Léon Gozlan. . . . . 1 vol.

VESPER
Par l'auteur des Horizons prochains. 3e édition. . 1 vol.

LA FAMILLE DE GERMANDRE
Par George Sand. 2e édition. . . . . 1 vol.

PARIS. — IMPRIMERIE J. CLAYE, RUE SAINT-BENOIT, 7.

www.ingramcontent.com/pod-product-compliance
Lightning Source LLC
LaVergne TN
LVHW020558110826
845149LV00002B/298

* 9 7 8 2 0 1 1 8 7 6 8 2 9 *